本书是浙大宁波理工学院第一批专业综合改革项目
“全媒体视域下新媒体写作的教学改革与成果培育研究”相关研究成果。

编委会名单

主　编　陈雪军

副主编　文　娟　胡晓梅　聂晶磊

编委会成员（按姓氏拼音排序）

陈雪军　胡晓梅　孟　超
聂晶磊　邱建新　文　娟

浙江省普通高校"十三五"新形态教材

Reading & Writing

阅读与写作

陈雪军 / 主编

（第三版）

ZHEJIANG UNIVERSITY PRESS
浙江大学出版社
· 杭州 ·

图书在版编目（CIP）数据

阅读与写作 / 陈雪军主编. —3 版. —杭州：浙江大学出版社，2022.8

ISBN 978-7-308-22957-9

Ⅰ.①阅… Ⅱ.①陈… Ⅲ.①大学语文课—阅读教学—高等学校—教材 ②汉语—应用文—写作—高等学校—教材 Ⅳ.①H19 ②H152.3

中国版本图书馆 CIP 数据核字（2022）第 153018 号

阅读与写作（第三版）

YUEDU YU XIEZUO

陈雪军 主编

责任编辑 陈丽勋

责任校对 葛 娟

封面设计 续设计

出版发行 浙江大学出版社

（杭州市天目山路 148 号 邮政编码 310007）

（网址：http://www.zjupress.com）

排 版 杭州青翊图文设计有限公司

印 刷 浙江全能工艺美术印刷有限公司

开 本 710mm×1000mm 1/16

印 张 28.5

字 数 520 千

版 印 次 2022 年 8 月第 3 版 2022 年 8 月第 1 次印刷

书 号 ISBN 978-7-308-22957-9

定 价 75.00 元

前　言

文学家能写出好文章，原因是多方面的，但一个很重要的原因是他们在青少年时代，不怕辛苦地大量阅读。阅读是写作的基础，阅读越多越广，就越有助于写作能力的提高。多阅读，可以使我们开阔眼界，扩大知识面；多阅读，也可以使我们学习到如何选材立意、谋篇布局、选词炼句和使用不同的表达方法。读书是理解和欣赏，写作是表达和运用；读书是吸收他人成果，作文是内化为己所用。如果说生活是作文的源头活水，那么读书又何尝不是浇灌心田的佳酿琼浆？一篇文章，除了可资借鉴的立意、选材、结构、艺术手法，其文本更是倾注了作者的文化人格和理想情操，若能以情理并融的文本去熏陶学生，长期积淀，或许更有利于发挥学生个体的生活体验和智慧灵性。正所谓“他山之石，可以攻玉”。但凡读书量充沛者，必定视野开阔，储备全面，语感上佳，文字的使用也比较得心应手，挥洒自如。因此，汉代的大作家扬雄说：“能读千赋则善赋。”唐代大诗人杜甫说：“读书破万卷，下笔如有神。”《唐诗三百首》的编者蘅塘退士也说：“熟读唐诗三百首，不会作诗也会吟。”他们的这些话，可以说是历史经验的总结。凡是历史上有定评的作家、学者，无不推崇多读书。

读书与写作之密切关系，已如上述。也正因为如此，从小学到高中的语文教学，也历来是阅读与写作并重的，从来没有教材是把两者截然分开的。但是在高校的语文教学中却把两者泾渭分明地割裂开来了，把“大学语文”和“应用写作”作为限选课，规定每个学生任选一门。但是这两门课程的定位是截然不同的：大学语文是我国高等教育的一门文化教育、人文教育基础课，设置的目的是在高中语文学习的基础上，进一步提高大学生的人文精神素养和阅读分析能力。大学生毕业之后走上工作岗位，无论是日常生活还是工作中都需要至少具有一般应用文写作的能力，应用写作课的设置就是为了培养大学生的实际应用写作能力，从而在专门知识与实际训练方面早日帮助学生具有这种非常必要的能力。本来，这两门课对提高大学生的人文素养和应用写作能力都是非常重要的，甚至可以说是缺一不可的。但由于学时及其他方面因素，限制学生只能学一门课，结果自然造成了偏废的不良后果，选大学语文者，其应用写作的能力得不到锻炼的机会；选应用写作者，则缺少了优秀作品的熏陶，使写作成为无源之水，写作能力自然也得不到有效提高。这样势必造成一部分学生学不好写作，导致了写作能力的欠缺；另一部分学生学不好文学，写作缺少了活的源头，虽开设了课程，对于学生写作能力的提高，却收效甚微。在一个以提高学生的应用能力为培养目标的学校，目前这种语文课程的设置格局存在着较大的缺陷。

今天，改变这种课程格局显得尤为必要和紧迫。当务之急是编写一本兼顾阅读与写作的教材。而今大多数高校依然是理、工、医、农、哲、史、法、政同用一本《大学语文》，不看对象，各类学校、专业一刀切，统得太死，没有特色，缺乏学生专业个性，缺乏地域色彩，不能充分利用本土丰厚的传统文化资源。有感于此，本教材的编写成员结合多年的教学实践，通过问卷调查等方式，了解学生的需要，潜心研究，编写了这本有创新和特色的教材。

本教材主要包括阅读文选和写作两大部分。阅读文选部分汇聚了古今中外一百余篇风格各异的诗词、散文和小说作品，每篇作品分别有导读、分析和点评，视角独特。阅读文选按照时间顺序，分为中国古代文学作品选读、中国现当代文学作品选读和外国文学作品选读三大块。

写作部分分章节编排，根据学习写作的顺序和当代大学生学习、工作和生活的需要来选择文体：第一章为写作基础知识，下分文章构成要素（材料、主题、结构和表达方式等）；第二章介绍文学类文体写作，下分散文写作和杂文写作；第三章是行政公文的写作，下分概述、种类和格式；第四章为事务文书的写作，下分概述、计划、总结、调查报告和简报；第五章是毕业论文的写作；第六章为公关礼仪文书的写作，下分求职信、感谢信、贺信、竞聘演讲稿、致辞等。

作为教材，本书在编写过程中，对前人和同行的成果多有借鉴，有的在书中作了注释，有的则列入书后的参考书目，另外还参考了一些网站的资料，未能一一列出，在此深表感谢。

本书由浙江大学人文学院、浙大宁波理工学院和宁波工程学院的老师编写，具体分工是：陈雪军老师撰写了阅读文选部分的中国古代文学作品选读，邱建新、胡晓梅和文娟三位老师分别撰写了阅读文选部分的中国现当代文学作品选读、外国文学作品选读和写作部分的第三章行政公文、第五章毕业论文和第六章公关礼仪文书，孙欣和孟超老师撰写了写作部分的第一章写作基础知识和第二章文学类文体，聂晶磊老师撰写了写作部分的第四章事务文书。全书最后由陈雪军老师审订。本书的编写得到了浙大宁波理工学院法律与传媒分院龚缨晏院长和晁秀棠副院长的大力支持。在此，对所有关心和支持本书编写出版的领导和老师表示最诚挚的感谢！

由于大家的努力，本书得以出版。也由于多人合作编写，本书在文风上难免有不一致的地方，希望读者朋友和专家批评指正，并提出宝贵的意见，以便我们再版时修订。

编　者

2022年5月10日于杭州华家池畔

目　　录

阅读文选

中国古代文学作品选读

中国现当代文学作品选读

写　　作

阅读文选

中国古代文学作品选读

蒹　　葭[1]

《诗经》

【作者简介】《诗经》是我国第一部诗歌总集，先秦称为《诗》，或取其整数称《诗三百》。西汉时被尊为儒家经典，始称《诗经》，并沿用至今。《诗经》收录了自西周初年至春秋中叶500多年的诗歌305篇，分风、雅、颂三个部分。其中"风"，又叫"国风"，包括15个地方的民歌，共160篇，是《诗经》中的核心部分。"雅"分大雅、小雅，共105篇，其中大雅31篇，小雅74篇。"颂"是祭祀乐歌，分周颂、鲁颂、商颂，共40篇。

《诗经》的内容极为丰富，有周民族的史诗，有政治讽喻诗，还有优美的情歌和劳动歌谣，以及反抗奴役和压迫的诗歌等。《诗经》的表现手法有赋、比、兴三类，宋代朱熹在《诗集传》中对赋、比、兴作了简洁而确切的解释："赋者，敷陈其事而直言之也；比者，以彼物比此物也；兴者，先言他物以引起所咏之词也。"句式上以四言为主，兼有杂言。在结构上多采用重章叠句的形式，富有音乐性和节奏感。

秦代曾经焚毁包括《诗经》在内的所有儒家典籍，但因为《诗经》易于记诵，所以口头上流传了下来。汉初传授《诗经》的共有四家：齐之辕固生，鲁之申培，燕之韩婴，赵之毛亨、毛苌，简称齐诗、鲁诗、韩诗、毛诗。到南宋以后，其他三家完全失传，只有毛诗传了下来。

【作品】

蒹葭苍苍②，白露为霜。所谓伊人③，在水一方。溯洄从之④，道阻且长。溯游从之⑤，宛在水中央。

蒹葭凄凄⑥，白露未晞⑦。所谓伊人，在水之湄⑧。溯洄从之，道阻且跻⑨。溯游从之，宛在水中坻⑩。

蒹葭采采，白露未已。所谓伊人，在水之涘。溯洄从之，道阻且右。溯游从之，宛在水中沚⑪。

【注释】

①选自《诗经・秦风》。蒹葭(jiānjiā)：芦苇。　②苍苍：茂盛的样子。下文"凄凄""采采"意同。　③伊人：这个人，即自己的意中人。　④溯(sù)洄：逆流而上。洄：盘旋曲折的水道。　⑤溯游：顺流而下。游：通"流"，指直流的水道。　⑥凄凄：同"萋萋"。　⑦晞：晒干。　⑧湄(méi)：河岸，水与草交接的地方。　⑨跻(jī)：攀登。　⑩坻(chí)：水中高地。⑪沚(zhǐ)：水中小块陆地。

【阅读提示】

《诗经》作品视频讲解

编选自《蒹葭》，载程俊英译注《诗经译注》，上海古籍出版社2012年版，第128页。

这是一篇意境优美、情味深长的诗歌，也是一首千百年来传唱不衰、脍炙人口的诗歌。这首诗看似简单，其实要解释明白，又远非想象得那样简单。关于这首诗的主题，历来存在意见分歧。归纳起来，主要有下列三种说法：一是"刺襄公"说（《毛诗序》持此说）；二是"招贤"说（姚际恒的《诗经通论》和方玉润的《诗经原始》皆持此说）；三是"爱情"说（今人多持此说）。由于此诗之本事无从查实，诗中的"伊人"所指亦难征信，故而以上三说均难以最终定论。在这里，我们姑且先把它当作一首爱情诗来解读，如今人吕恢文所说："这是一首恋歌，由于所追求的心上人可望而不可即，诗人陷入烦恼。说河水阻隔，是含蓄的隐喻。"但如果我们把"在水一方"视作一种象征，那么这首诗可以说就象征了世间各种可望而难即的人生境遇，诸如贤才难寻的苦闷、知己难求的哀怨，乃至理想失落的怅惘等人生的境遇，均能从《蒹葭》的意境中得到映照。

本诗在结构上采用重章叠句的形式，富有浓厚的民歌风味，不仅收到了回环往复、一唱三叹的修辞效果，而且起到了深化诗歌意境的作用。

郑伯克段于鄢[1]

《左传》

【作者简介】 《左传》是我国早期的一部编年体历史著作，原名《左氏春秋》。西汉刘歆认为《左传》是传《春秋》的，故称为《春秋左氏传》，简称《左传》。相传《左传》的作者是春秋末年鲁国的左丘明，但也有人认为不是他所写。

《左传》记叙了春秋时期从鲁隐公元年（前 722）到鲁哀公二十七年（前 468）250 多年间各诸侯国的重要史实，着重记叙了当时诸侯列国之间的矛盾和争夺，保存了大量春秋时期的历史资料，史料价值极高。《左传》同时也是一部优秀的历史散文集，叙事有条不紊、详略得当，尤其擅长描写战争，主要着笔于各诸侯国之间错综复杂的关系及战场内外的各种活动，擅长描述人物的言行及内心活动，具有鲜明的文学色彩，对《史记》及后世史传文学的发展有重要的影响。

【作品】

初，郑武公娶于申[2]，曰武姜[3]。生庄公及共叔段。庄公寤生[4]，惊姜氏，故名曰寤生，遂恶之。爱共叔段，欲立之。亟请于武公[5]，公弗许。

及庄公即位，为之请制[6]。公曰："制，岩邑也[7]，虢叔死焉[8]，佗邑唯命[9]。"请京[10]，使居之，谓之京城大叔[11]。祭仲曰[12]："都城过百雉[13]，国之害也。先王之制，大都不过参国之一[14]，中五之一，小九之一。今京不度[15]，非制也[16]，君将不堪。"公曰："姜氏欲之，焉辟害[17]？"对曰："姜氏何厌之有[18]？不如早为之所[19]，无使滋蔓[20]，蔓，难图也。蔓草犹不可除，况君之宠弟乎？"公曰："多行不义必自毙，子姑待之。"

既而大叔命西鄙、北鄙贰于己[21]。公子吕曰[22]："国不堪贰，君将若之何？欲与大叔，臣请事之；若弗与，则请除之。无生民心。"公曰："无庸[23]，将自及。"大叔又收贰以为己邑，至于廪延[24]。子封曰："可矣，厚将得众。"公曰："不义不暱[25]，厚将崩。"大叔完聚[26]，缮甲兵[27]，具卒乘[28]，将袭郑。夫人将启之[29]。公闻其期，曰："可矣！"命子封帅车二百乘以伐京[30]。京叛大叔段，段入于鄢，公伐诸鄢。五月辛丑[31]，大叔出奔共[32]。

遂寘姜氏于城颍[33]，而誓之曰："不及黄泉，无相见也。"既而悔之。颍考叔为颍谷封人[34]，闻之，有献于公，公赐之食，食舍肉。公问之，对曰："小人有母，皆尝小人之食矣，未尝君之羹，请以遗之[35]。"公曰："尔有母遗，繄我独无[36]！"颍考叔曰："敢问何谓也？"公语之故，且告之悔。对曰："君何患焉？若阙地及泉[37]，隧而相见[38]，其谁曰不然？"公从之。公入而赋："大隧之中，其乐也融融[39]！"姜出而赋："大隧之外，其乐也泄泄。"遂为母子如初。君子曰[40]："颍考叔，纯孝也，爱其母，施及庄公。《诗》曰：'孝子不匮，永锡尔类。[41]'其是之谓乎。"

【注释】

①选自《左传·隐公元年》。郑伯：郑庄公。郑属伯爵，所以称郑伯。段：郑庄公之弟。鄢(yān)：郑地名，在今河南省鄢陵县境内。　②郑武公：名掘突，"武"是谥号。郑桓公的儿子。申：春秋时国名，姜姓，在今河南省南阳市北。　③武姜：郑武公之妻，"姜"是她娘家的姓，"武"是她丈夫的谥号。　④寤(wù)生：难产的一种，胎儿的脚先生出来。寤：通"牾"，逆。⑤亟(qì)：屡次。　⑥制：地名，即虎牢，在今河南省荥(xíng)阳市西北。　⑦岩邑：险要的地方。　⑧虢叔：指东虢国国君。　⑨佗：通"他"。　⑩京：郑邑名，在今河南省荥阳市东南。⑪大：通"太"。　⑫祭(zhài)仲：郑国的大夫。　⑬都城：国都的城墙。雉(zhì)：古代度量名。古代城墙长三丈、高一丈为"一雉"。　⑭大都：指诸侯下属的大城邑。参国之一：国都的三分之一。参：通"三"。　⑮不度：不合法度。　⑯非制：不合先王规定的制度。　⑰焉：疑问代词，哪里，怎么。辟：同"避"。　⑱何厌之有："有何厌"。厌：同"餍"，满足。　⑲早为(wéi)之所：早点给他安排个地方。　⑳滋蔓：滋长蔓延。此指势力壮大。　㉑鄙：边邑。贰于己：两属于自己，即原属于庄公的西鄙、北鄙，也要向自己纳贡。　㉒公子吕：字子封，郑国的大夫。　㉓庸：同"用"。　㉔廪延：地名，今河南省延津县北。　㉕暱(nì)：通"昵"，亲近。㉖完聚：修治（城郭），聚集（百姓）。完：修葺(qì)。　㉗缮：修理。甲：盔甲。兵：兵器。㉘具卒乘(shèng)：准备步兵和战车。乘：四匹马拉的战车。古代每辆战车配备甲士三人，步卒七十二人。　㉙启：打开城门。　㉚二百乘：共甲士六百人，步卒一万四千四百人。㉛五月辛丑：鲁隐公元年五月二十三日。　㉜共(gōng)：古国名，在今河南省辉县市。㉝寘：同"置"，安置，此处有放逐的意思。城颍：地名，在今河南省临颍县西北。　㉞颍考叔：郑国大夫。颍谷：郑边邑。封人：管理边界的小官。　㉟遗(wèi)：赠，送给。　㊱繄(yī)：句首语气助词。　㊲阙：通"掘"。　㊳隧而相见：挖个地道，在那里见面。隧：用作动词，指挖隧道。　㊴融融：同下文的"泄泄(yì)"，都是形容快乐自得的心情。　㊵君子曰：《左传》中用来发表评论的方式，或作者的议论，或借用他人的言论。　㊶"孝子"二句：见《诗经·大雅·既醉》。匮(kuì)：竭尽。锡：通"赐"。

【阅读提示】

编选自左丘明:《郑伯克段于鄢》,载左丘明《左传》(上册),杜预注,上海古籍出版社 2016 年版,第 4-5 页。有删节。

《左传》作品
视频讲解

本文记叙了春秋初期郑国王室内部郑庄公与其弟共叔段之间的一场政治角逐,兄弟之间为了争夺权力,不惜兵戎相见、骨肉相残,由此揭露了当时统治阶级的残酷无情和虚伪卑鄙。文章故事曲折生动,人物个性鲜明。文章将各色人等置于尖锐的矛盾冲突之中,通过他们不同的言行,来刻画他们不同的性格。其中庄公的阴险狠毒、老谋深算,共叔段的贪婪愚昧,姜氏的偏狭昏聩,都刻画得比较成功。

《左传》善于剪裁史料的特点,在本文中也有很好的体现。作者将笔墨集中在这场战争的起因及矛盾激化的过程上,而对于"郑伯克段于鄢"的战争经过,则用省俭的笔墨一笔带过。这样更有利于揭示人物的内心世界,从而更好地突出文章的主题。

冯谖客孟尝君[1]

《战国策》

【作者简介】 《战国策》,又名《国策》《国事》《长书》等,是一部国别体史书。约成书于秦代,文章大都出自战国中晚期各国史官之手,后经西汉末年刘向编定为 33 篇,书名亦为刘向所拟定。主要记述了战国时期的纵横家的政治主张和策略,展示了战国时代的历史特点和社会风貌,书中记事起于周贞定王十四年(前 455),止于秦始皇三十一年(前 216),是研究战国历史的重要典籍。

《战国策》是我国古代一部优秀的历史散文集,它文笔恣肆,语言流畅,长于议论和叙事,善于描写人物,还善于运用寓言故事和新奇的比喻来说理,具有浓厚的文学趣味。著名的寓言,如"画蛇添足""亡羊补牢""狡兔三窟""狐假虎威"等,就出自《战国策》。

【作品】

齐人有冯谖者[2],贫乏不能自存,使人属孟尝君[3],愿寄食门下。孟尝君曰:"客何好[4]?"曰:"客无好也。"曰:"客何能?"曰:"客无能也。"孟尝君笑而受之曰:"诺。"左右以君贱之也,食以草具[5]。

居有顷[6],倚柱弹其剑,歌曰:"长铗归来乎[7]!食无鱼。"左右以告。孟尝君曰："食之，比门下之客。"居有顷，复弹其铗，歌曰："长铗归来乎！出无车。"左右皆笑之，以告。孟尝君曰："为之驾[8]，比门下之车客。"于是乘其车，揭其剑，过其友曰[9]："孟尝君客我[10]。"后有顷，复弹其剑铗，歌曰："长铗归来乎！无以为家[11]。"左右皆恶之，以为贪而不知足。孟尝君问："冯公有亲乎[12]？"对曰："有老母。"孟尝君使人给其食用[13]，无使乏。于是冯谖不复歌。

后孟尝君出记[14]，问门下诸客："谁习计会，能为文收责于薛者乎[15]？"冯谖署曰："能。"孟尝君怪之，曰："此谁也？"左右曰："乃歌夫长铗归来者也。"孟尝君笑曰："客果有能也，吾负之，未尝见也。"请而见之。谢曰[16]："文倦于事，愦于忧，而性懧愚，沉于国家之事[17]，开罪于先生。先生不羞，乃有意欲为收责于薛乎？"冯谖曰："愿之。"于是约车治装[18]，载券契而行，辞曰："责毕收，以何市而反[19]？"孟尝君曰："视吾家所寡有者。"

驱而之薛[20]，使吏召诸民当偿者，悉来合券[21]。券遍合，起矫命以责赐诸民[22]，因烧其券[23]，民称万岁。

长驱到齐，晨而求见。孟尝君怪其疾也，衣冠而见之[24]，曰："责毕收乎？来何疾也！"曰："收毕矣。""以何市而反？"冯谖曰："君云'视吾家所寡有者'。臣窃计，君宫中积珍宝，狗马实外厩，美人充下陈[25]。君家所寡有者以义耳！窃以为君市义[26]。"孟尝君曰："市义奈何？"曰："今君有区区之薛，不拊爱子其民，因而贾利之[27]。臣窃矫君命，以责赐诸民，因烧其券，民称万岁。乃臣所以为君市义也。"孟尝君不说，曰："诺，先生休矣[28]！"

后期年[29]，齐王谓孟尝君曰[30]："寡人不敢以先王之臣为臣。"孟尝君就国于薛，未至百里，民扶老携幼，迎君道中。孟尝君顾谓冯谖[31]："先生所为文市义者，乃今日见之。"冯谖曰："狡兔有三窟，仅得免其死耳。今君有一窟，未得高枕而卧也。请为君复凿二窟。"

孟尝君予车五十乘，金五百斤[32]，西游于梁[33]，谓惠王曰："齐放其大臣孟尝君于诸侯，诸侯先迎之者，富而兵强。"于是，梁王虚上位，以故相为上将军，遣使者，黄金千斤，车百乘，往聘孟尝君。冯谖先驱诫孟尝君曰："千金，重币也；百乘，显使也，齐其闻之矣。"梁使三反，孟尝君固辞不往也[34]。齐王闻之，君臣恐惧，遣太傅赍黄金千斤[35]，文车二驷，服剑一，封书谢孟尝君曰："寡人不祥，被于宗庙之祟[36]，沉于谄谀之臣，开罪于君，寡人不足为也。愿君顾先王之宗庙，姑反国统万人乎[37]？"冯谖诫孟尝君曰："愿请先王之祭器[38]，立宗庙于薛。"庙成，还报孟尝君曰："三窟已就，君姑高枕为乐矣。"

孟尝君为相数十年，无纤介之祸者，冯谖之计也。

【注释】

①选自《战国策·齐策四》。冯谖（xuān）：齐国的策士，谖，一作"煖"。孟尝君：姓田名文，是齐国的贵族。以好养门客而著称，与魏国的信陵君、楚国的春申君和赵国的平原君并称"战国四公子"。 ②齐：战国时为七雄之一，在今山东省北部。 ③属（zhǔ）：同"嘱"，嘱托，请托。 ④何好：爱好什么。 ⑤左右：指孟尝君身边的办事人。贱：轻视，看不起。食（sì）：给……吃。草具：粗劣的饭菜。 ⑥居有顷：过了不久。 ⑦铗（jiā）：剑把，这里指剑。归来乎：回家去吧。 ⑧为（wèi）之驾：给他配备车马。 ⑨揭：高举。过：访问，拜访。 ⑩客我：意动用法，以我为客，把我当作上客看待。 ⑪无以为家：没有什么用来养家。 ⑫亲：父母。 ⑬给：供给。 ⑭记：通告，文告，一说指账簿。 ⑮习：熟悉。计会（kuài）：会计工作。为文：替我。文：孟尝君自称其名。责：同"债"，下同。薛：齐国地名，在今山东省济宁市东南，孟尝君的封地。 ⑯谢：道歉。 ⑰愦：昏乱。懧（nuò）：同"懦"。沉：有"陷在……"的意思。 ⑱约车：准备车马。约：把马系于车前。治装：整理行装。 ⑲毕收：全部收齐。市：买。反：同"返"。 ⑳驱：赶着车。之：到。 ㉑当偿者：应当还债的。合券：验合债券。 ㉒矫命：假托（孟尝君的）命令。 ㉓因：表顺承关系的连词，意为"随即"。㉔疾：快。衣冠：名词用作动词，穿好衣服，戴好帽子。 ㉕充：充满。下陈：堂屋外面的台阶，是婢妾站立的地方。 ㉖窃以为君市义：我私下里用收来的债款替您买来了仁义。㉗区区：小小的。拊（fǔ）爱：爱抚，爱护。子其民：以其民为子。贾（gǔ）：商人，这里用作状语，意即"用商人的手段"。利之：从人民身上谋取利益。 ㉘休矣：算了，罢了。 ㉙期（jī）年：一周年。 ㉚齐王：指齐湣（mǐn）王。 ㉛顾：回头看。 ㉜予：给。乘（shèng）：用四匹马拉的一辆车。 ㉝游：游说。梁：魏国，这里指魏国国都大梁（今河南省开封市）。 ㉞固辞：坚决谢绝。 ㉟赍（jī）：拿东西送人。 ㊱被于宗庙之祟：受到祖宗神灵的警告。 ㊲姑：姑且。 ㊳祭器：宗庙里用于祭祀祖先的器皿。

【阅读提示】

编选自《齐人有冯谖者》，载刘向集录《战国策》（上），上海古籍出版社 1985 年版，第 395-401 页。

《战国策》作品视频讲解

本文记叙冯谖为巩固孟尝君的政治地位而谋凿"三窟"（焚券市义，谋复相位，在薛建立宗庙），表现了冯谖卓越的政治才华，同时也向我们展现了一个战国时期奇特的策士形象，冯谖那种不甘屈居人后的性格、报效知己的品格和深谋远虑的才干，也刻画得非常细致。此外还展现了孟尝君宽容大度和礼贤下士的品德。另外，冯谖认识到争取民心对巩固贵族统治具有极其重大的意义，这在一定程度上可以反映出儒家的民本思想对冯谖的影响。当然，冯谖游说梁惠王，采用权谋欺诈的做法，又反映出冯谖具有当时策士的一些共同特点。

本文写法方面的主要特点，一是采用欲扬先抑和层层深入的方法，开篇写他的“无好”和“无能”，写他的一再弹铗而歌发牢骚提要求，似乎是一个“贪得无厌”的反面人物，而后写他自告奋勇替孟尝君收债市义，营造“三窟”，展示其远见卓识和政治才干，写来一波三折，引人入胜，充分展示了作者独特的艺术构思与匠心。二是善于用对比手法，当冯谖一再弹铗发牢骚时，孟尝君的手下始则“笑之”，继而“恶之”，反观孟尝君则始终满足冯谖看似无理的要求，通过对比手法，充分展示了孟尝君宽容大度和礼贤下士的品德。又如，冯谖焚券市义，早已凿就“一窟”，早早替孟尝君安排了一条退路，而孟尝君则到“后期年”，“为文市义者，乃今日见之”。孟尝君是战国著名的贤相，却如此短视，两相对照，冯谖的远见卓识表露无遗。

胠　箧

庄　子

【作者简介】 庄子(约前369—前286)，名周，字子休(一说子沐)，战国时宋国蒙(今河南省商丘市东北)人，曾做过漆园吏。他生活贫穷困顿，却蔑视富贵利禄，拒绝和统治者合作，力图在乱世保持独立的人格，追求逍遥无待的精神自由。

庄子是老子之后道家学说的主要代表，与老子并称“老庄”。他们的哲学思想体系，被思想学术界尊为“老庄哲学”。庄子主张顺应自然，提倡无为而无不为。在政治上主张“无为而治”，反对一切社会制度，摈弃一切文化知识。他激烈批判“窃钩者诛，窃国者为诸侯。诸侯之门，而仁义存焉”的社会现实，在一定程度上揭露了剥削阶级残暴和虚伪的本质。

庄子的文章，想象力很强，文笔变化多端，辞藻瑰丽诡异，多采用寓言故事的形式，具有浓厚的浪漫主义色彩，对后世文学有很大影响。鲁迅在《汉文学史纲要》中说过：“大抵寓言，人物土地，皆空言无事实。其文汪洋辟阖，仪态万方，晚周诸子之作，莫能先也。”

《汉书·艺文志》著录《庄子》52篇，但留下来的只有33篇。其中内篇7篇，一般定为庄子著；外篇杂篇可能掺杂有他的门人和后来道家的作品。

【作品】

将为胠箧探囊发匮之盗而为守备①，则必摄缄縢②，固扃鐍③，此世俗之所谓知也。然而巨盗至，则负匮揭箧担囊而趋，唯恐缄縢扃鐍之不固也。然则乡之所谓知者④，不乃为大盗积者也⑤？

夫川竭而谷虚，丘夷而渊实⑥。圣人已死，则大盗不起，天下平而无故矣⑦。

圣人不死，大盗不止。虽重圣人而治天下⑧，则是重利盗跖也⑨。为之斗斛以量之⑩，则并与斗斛而窃之；为之权衡以称之⑪，则并与权衡而窃之；为之符玺以信之⑫，则并与符玺而窃之；为之仁义以矫之⑬，则并与仁义而窃之。何以知其然邪？彼窃钩者诛⑭，窃国者为诸侯，诸侯之门而仁义存焉，则是非窃仁义圣知邪⑮？故逐于大盗，揭诸侯，窃仁义并斗斛权衡符玺之利者⑯，虽有轩冕之赏弗能劝⑰，斧钺之威弗能禁。此重利盗跖而使不可禁者，是乃圣人之过也。

故曰："鱼不可脱于渊，国之利器不可以示人。"⑱彼圣人者，天下之利器也，非所以明天下也。故绝圣弃知，大盗乃止；擿玉毁珠⑲，小盗不起；焚符破玺，而民朴鄙；掊斗折衡⑳，而民不争；殚残天下之圣法㉑，而民始可与论议。擢乱六律㉒，铄绝竽瑟，塞瞽旷之耳㉓，而天下始人含其聪矣；灭文章㉔，散五采，胶离朱之目㉕，而天下始人含其明矣；毁绝钩绳而弃规矩，攦工倕之指㉖，而天下始人有其巧矣。故曰："大巧若拙。"削曾史之行㉗，钳杨墨之口㉘，攘弃仁义，而天下之德始玄同矣㉙。

【注释】

①胠箧(qūqiè)：从旁边打开箱子。与下文的"探囊、发匮"皆属偷盗行为。匮(guì)：后作"柜"。　②摄：绑紧。缄、縢：均指绳子。　③扃鐍(jiōngjué)：门闩和插闩。　④乡：通"向"，先前。　⑤不乃……也：不就是……吗？后有删节。　⑥夷：平。渊：山谷。实：满。　⑦平：太平。故：事故。⑧重、治：都用作动词，使动用法。使……重要；使……太平。　⑨重利：使……有厚利。　⑩为之斗斛：给天下人制定斗斛制度，是双宾语结构。下三句结构同。斛(hú)：古代的容量单位，十斗为一斛。　⑪权衡：秤锤和秤杆，这里指秤。　⑫符：古代用以作凭据的东西，用玉、铜、木等制成。玺：印章。信：作动词，立信用。　⑬仁义：指儒家的仁义之道。显然庄子本文的矛头是针对儒家思想的。　⑭钩：衣带钩，这里泛指不值钱的东西。　⑮知：通"智"。邪：通"耶"。　⑯逐：追随。揭诸侯：居诸侯之上。　⑰轩冕：官车和官帽，这里代指高官厚禄。劝：鼓励。　⑱"故曰"二句：见《老子》。国之利器：指圣人的

法制。示：给……看。 ⑲擿：同“掷”。 ⑳掊（pǒu）：打破。 ㉑殚、残：都是使动用法，使……尽；使……残。 ㉒擢（zhuó）：拔掉。乱：使动用法，使……乱。六律：指律管和乐律。这句的意思是：拔掉律管，使乐律混乱。 ㉓瞽旷：春秋时期晋国的著名乐师。 ㉔文章：青色、赤色相配叫“文”，赤色、白色相配叫“章”，这里泛指“文采”。 ㉕胶：粘住。离朱：传说中眼力最好的人，亦作离娄。 ㉖攦（lì）：折断。工倕（chuí）：名倕，工是其职业，传说中尧时候的巧匠。 ㉗削：除去。曾：指曾参；史：史鳝，是卫灵公时的正直之臣。 ㉘杨：指杨朱；墨：指墨翟。 ㉙玄同：混同。

【阅读提示】

编选自庄周：《胠箧》，载庄周《庄子集释》，郭庆藩辑，王孝鱼点校，中华书局2018年版，第353-365页。有删节。

庄子在本文中宣扬了“绝圣弃知”的思想，主张社会回到原始状态中去，他一方面竭力抨击所谓圣人的“仁义”，一方面倡导抛弃一切文化和智慧。这是庄子社会观和政治观的消极面。同时，庄子对当时的社会现实也有一定程度的揭露和批判，一针见血地批判“窃钩者诛，窃国者为诸侯”的黑暗现实，在一定程度上揭露了剥削阶级残暴和虚伪的本质。

庄子散文构思奇特，想象丰富，具有浓厚的浪漫主义色彩。如他在文中语带夸张地说：“夫川竭而谷虚，丘夷而渊实。圣人已死，则大盗不起，天下平而无故矣！圣人不死，大盗不止。”大盗四起之后，仿佛自然界的面貌也为之改变，这类夸张的描述充分体现其丰富的想象力和奇特的构思，给人以风诡云谲、变化莫测的感觉。

庄子行文笔法变化万千，抑扬捭阖，如长江大河，浩瀚流转。此外，庄子散文语汇丰富，造语奇特，文辞富丽，有浓厚的抒情色彩。

齐桓晋文之事章①

孟　子

【作者简介】 孟子（约前372—前289），名轲，字子舆，战国中期邹国人。他继承并发扬了孔子的思想，是孔子之后儒家学派的主要代表，有“亚圣”之称，与孔子合称“孔孟”。孟子主张施仁政，行王道，倡导“民为贵，社稷次之，君为轻”的民本思想。

孟子善于采用“欲擒故纵，引君入彀”的论辩手法，还擅长运用多种多样具有独特风格的比喻。《孟子》散文的特点是气势充沛，感情强烈，笔带锋芒，富于鼓动性，有纵横家、雄辩家气概，充分反映了战国时代尖锐激烈的阶级斗争。

《孟子》共七篇，分别为《梁惠王》《公孙丑》《滕文公》《离娄》《万章》《告子》《尽心》。各章又都分为上、下两篇。作为一部语录体著作，它记录的是有关孟子重要思想的一些言论。

【作品】

齐宣王问曰[②]："齐桓晋文之事，可得闻乎？"

孟子对曰："仲尼之徒，无道桓文之事者，是以后世无传焉，臣未之闻也。无以，则王乎[③]？"

曰："德何如则可以王矣？"

曰："保民而王，莫之能御也[④]？"

曰："若寡人者，可以保民乎哉？"

曰："可。"

曰："何由知吾可也？"

曰："臣闻之胡龁曰[⑤]：'王坐于堂上，有牵牛而过堂下者，王见之，曰：'牛何之[⑥]？'对曰：'将以衅钟[⑦]。'王曰：'舍之，吾不忍其觳觫若无罪而就死地[⑧]。'对曰：'然则废衅钟与？'曰：'何可废也？以羊易之。'不识有诸[⑨]？"

曰："有之。"

曰："是心足以王矣。百姓皆以王为爱也[⑩]；臣固知王之不忍也。"

王曰："然。诚有百姓者，齐国虽褊小[⑪]，吾何爱一牛？即不忍其觳觫若无罪而就死地，故以羊易之也。"

曰："王无异于百姓之以王为爱也[⑫]。以小易大，彼恶知之？王若隐其无罪而就死地[⑬]，则牛羊何择焉[⑭]？"

王笑曰："是诚何心哉？我非爱其财而易之以羊也。宜乎百姓之谓我爱也。"

曰："无伤也[⑮]，是乃仁术也。见牛未见羊也。君子之于禽兽也，见其生，不忍见其死；闻其声，不忍食其肉。是以'君子远庖厨'也。"

王说[⑯]，曰："诗云：'他人有心，予忖度之[⑰]。'夫子之谓也。夫我乃行之，反而求之，不得吾心；夫子言之，于我心有戚戚焉[⑱]。此心之所以合于王者，何也？"

曰："有复于王者曰：'吾力足以举百钧，而不足以举一羽；明足以察秋毫之末，而不见舆薪[19]。'则王许之乎？"

曰："否。"

"今恩足以及禽兽，而功不至于百姓者，独何与？然则一羽之不举，为不用力焉；舆薪之不见，为不用明焉；百姓之不见保，为不用恩焉。故王之不王，不为也。非不能也。"

曰："不为者与不能者之形，何以异？"

曰："挟太山以超北海[20]，语人曰：'我不能。'是诚不能也。为长者折枝[21]，语人曰：'我不能。'是不为也，非不能也。故王之不王，非挟太山以超北海之类也；王之不王，是折枝之类也。

"老吾老以及人之老，幼吾幼以及人之幼，天下可运于掌。诗云：'刑于寡妻，至于兄弟，以御于家邦[22]。'——言举斯心加诸彼而已。故推恩足以保四海，不推恩无以保妻子。古之人所以大过人者，无他焉，善推其所为而已矣。今恩足以及禽兽，而功不至于百姓者，独何与？

"权[23]，然后知轻重；度[24]，然后知长短；物皆然，心为甚。王请度之。

"抑王兴甲兵，危士臣[25]，构怨于诸侯[26]，然后快于心与？"

王曰："否，吾何快于是？将以求吾所大欲也。"

曰："王之所大欲，可得闻与？"

王笑而不言。

曰："为肥甘不足于口与[27]？轻暖不足于体与[28]？抑为采色不足视于目与[29]？声音不足听于耳与？便嬖不足使令于前与[30]？王之诸臣皆足以供之，而王岂为是哉？"

曰："否，吾不为是也。"

曰："然则王之所大欲可知已：欲辟土地[31]，朝秦楚[32]，莅中国，而抚四夷也[33]。以若所为，求若所欲，犹缘木而求鱼也。"

王曰："若是其甚与？"

曰："殆有甚焉：缘木求鱼，虽不得鱼，无后灾；以若所为，求若所欲，尽心力而为之，后必有灾。"

曰："可得闻与？"

曰："邹人与楚人战[34]，则王以为孰胜？"

曰："楚人胜。"

曰:“然则小固不可以敌大,寡固不可以敌众,弱固不可以敌强。海内之地,方千里者九[35],齐集有其一;以一服八,何以异于邹敌楚哉?盖亦反其本矣[36]。”

“今王发政施仁,使天下仕者皆欲立于王之朝,耕者皆欲耕于王之野,商贾皆欲藏于王之市[37],行旅皆欲出于王之涂[38],天下之欲疾其君者,皆欲赴愬于王[39]:其若是,孰能御之?”

王曰:“吾惛[40],不能进于是矣。愿夫子辅吾志,明以教我。我虽不敏,请尝试之。”

曰:“无恒产而有恒心者[41],惟士为能。若民,则无恒产,因无恒心;苟无恒心,放辟邪侈[42],无不为已。及陷于罪,然后从而刑之,是罔民也[43]。焉有仁人在位,罔民而可为也?

“是故明君制民之产,必使仰足以事父母,俯足以畜妻子;乐岁终身饱[44],凶年免于死亡;然后驱而之善,故民之从之也轻[45]。今也制民之产,仰不足以事父母,俯不足以畜妻子;乐岁终身苦,凶年不免于死亡:此惟救死而恐不赡,奚暇治礼义哉?

“王欲行之,则盍反其本矣:五亩之宅[46],树之以桑,五十者可以衣帛矣[47]。鸡豚狗彘之畜[48],无失其时,七十者可以食肉矣。百亩之田,勿夺其时,八口之家可以无饥矣。谨庠序之教[49],申之以孝悌之义,颁白者不负戴于道路矣[50]。老者衣帛食肉,黎民不饥不寒[51],然而不王者,未之有也。”

【注释】

①选自《孟子·梁惠王上》。齐桓:齐桓公,名小白,春秋时期齐国国君。晋文:晋文公,名重耳,春秋时晋国国君。齐桓公、晋文公与秦穆公、楚庄王、宋襄公合称“春秋五霸”。②齐宣王:姓田,名辟疆,战国初期齐国的第四代国君。公元前319年至公元前300年在位。③“无以”二句:如果一定要我说说,那就说一下王天下之道吧。 ④“保民”二句:只要保护老百姓,施行王道,就没有人能抵御他。 ⑤胡龁(hé):人名,齐宣王的近臣。 ⑥何之:同“之何”,到哪里去? ⑦衅(xìn)钟:古代的一种祭祀仪式,新钟铸成,杀牲取血涂钟行祭,叫“衅钟”。 ⑧觳觫:恐惧不安的样子。 ⑨有诸:有这样的事情吗?诸:“之乎”的合音词。 ⑩爱:吝啬。 ⑪褊(biǎn)小:狭小。 ⑫无异:不要觉得奇怪。 ⑬隐:恻隐,哀怜。 ⑭择:区别。 ⑮无伤:不妨,没关系。 ⑯说:通“悦”。 ⑰“他人”二句:见《诗经·小雅·巧言》。别人有什么心思,我能够揣测到。忖度(cǔnduó):揣想。 ⑱戚戚:内心有所触动的样子。 ⑲舆薪:整车的柴草。 ⑳挟太山以超北海:挟着泰山越过北海。太山:泰山。北海:渤海。 ㉑为长者折枝:为年长者按摩。一说向长辈弯腰作揖。 ㉒“刑

于"三句:见《诗经·大雅·思齐》。刑:通"型",作榜样。寡妻:国君的正妻。御:治理。㉓权:用秤称。㉔度:用尺量。㉕危:使……受到危害。㉖构怨:结怨。㉗肥甘:指肥美香甜的食物。㉘轻暖:指轻便而温暖的衣服。㉙采色:彩色,指悦目的色彩。㉚便嬖(piánbì):君主身边受宠的人。㉛辟:开辟,开拓。㉜朝秦楚:使秦、楚来朝贡。㉝莅(lì)中国:统治中原地区。㉞邹:当时的一个小国,即邾国。㉟方千里者九:《礼记·王制》:"凡海之内九州,州方千里。"纵横各一千里的地方有九块。㊱盖:通"盍",何不。反其本:返回到根本,即实施仁政。㊲商贾(gǔ):泛指商人。古有"行商坐贾"之说。㊳涂:通"途"。㊴愬(sù):同"诉"。㊵惛(hūn):昏聩,糊涂。㊶恒产:可以维持生活的固定产业。恒心:处于常态的本心,即善心。㊷放辟(pì)邪侈(chǐ):指放荡不羁的行为。㊸罔民:陷害人民。罔:通"网",网罗。㊹乐岁:丰年。㊺轻:容易。㊻五亩之宅:指住宅四周的土地。五亩相当于现在的一亩二分多。㊼衣(yì)帛:穿丝织的衣服。㊽豚:小猪。彘:大猪。㊾庠序:泛指学校。周代叫庠,殷代叫序。㊿颁白者:头发花白的老年人。颁白:斑白。负戴:身背、头顶东西。(51)黎民:此指黑发的青壮年。与"颁白者"相对。

【阅读提示】

孟子作品
视频讲解

编选自孟子:《齐桓晋文之事章》,载胡毓寰编著《孟子本义》,上海书店 1936 年版,第 18-24 页。

本文记录的是孟子和齐宣王的一次谈话,孟子用迂回曲折的方式,劝说齐宣王施行仁政,放弃霸道,阐述了"保民而王"的仁政思想。

在看似散漫的对话中,孟子始终围绕"保民而王"这一中心论点层次清晰地步步深入,全面地表达了他的"仁政"理论和具体主张。孟子一开始就标举"保民而王"的旗号,将齐桓、晋文的霸业撇在一边。然后通过"以羊易牛"事例的分析,说明齐宣王具有"不忍之心",由此推出他有行王道的基础。进而论述不行王道是不为,而非不能,并希望他善于"推恩",这样就可以实现"保民而王"的仁政。随后又以"缘木求鱼"一喻,劝阻齐宣王,不要试图以武力用霸道来征服天下。最后水到渠成地推出一套施行"仁政"的具体方案,展示其仁政理想的美好蓝图,令齐宣王心动。全文如滔滔江河,一气呵成。文章说理透彻,气势充沛,比喻生动,是《孟子》论辩散文的杰出代表作。

垓下之围

司马迁

【作者简介】 司马迁（约前145—约前87），字子长，西汉夏阳（今陕西韩城）人，伟大的史学家、思想家和文学家，著有《史记》。司马迁10岁后随家迁到京城长安，从孔安国学《尚书》，从董仲舒学《春秋》。随后他继承父业为太史令。于太初元年（前104）开始编写《史记》。天汉二年（前99），他因为替投降匈奴的李陵求情，触怒了汉武帝，被捕入狱，不久又遭受宫刑。出狱后任中书令，继续发愤著书，终于完成了《史记》。

《史记》记载了上自中国上古传说中的黄帝时代，下至汉武帝太初年间，共3000多年的历史，是我国第一部纪传体通史。共50多万字，130篇，其中"本纪"12篇，"世家"30篇，"列传"70篇，"表"10篇，"书"8篇。在史学和文学方面，都对后世产生了积极而深远的影响，被鲁迅誉为"史家之绝唱，无韵之《离骚》"。

【作品】

项王军壁垓下[①]，兵少食尽，汉军及诸侯兵围之数重。夜闻汉军四面皆楚歌，项王乃大惊曰："汉皆已得楚乎？是何楚人之多也？"项王则夜起，饮帐中。有美人名虞，常幸从；骏马名骓[②]，常骑之。于是项王乃悲歌慷慨，自为诗曰："力拔山兮气盖世，时不利兮骓不逝。骓不逝兮可奈何，虞兮虞兮奈若何！"歌数阕[③]，美人和之。项王泣数行下，左右皆泣，莫能仰视。

于是项王乃上马骑，麾下壮士骑从者八百余人，直夜溃围南出[④]，驰走。平明[⑤]，汉军乃觉之，令骑将灌婴以五千骑追之[⑥]。项王渡淮，骑能属者百余人耳[⑦]。项王至阴陵[⑧]，迷失道，问一田父，田父绐曰[⑨]："左。"左，乃陷大泽中。以故汉追及之。项王乃复引兵而东，至东城[⑩]，乃有二十八骑。汉骑追者数千人。项王自度不得脱，谓其骑曰："吾起兵至今八岁矣，身七十余战，所当者破，所击者服，未尝败北，遂霸有天下。然今卒困于此。此天之亡我，非战之罪也。今日固决死[⑪]，愿为诸君快战[⑫]，必三胜之，为诸君溃围，斩将、刈旗[⑬]，令诸君知天亡我，非战之罪也。"乃分其骑以为四队，四向。汉军围之数重，项王谓其骑曰"吾为公取彼一将"。令四面骑驰下，期山东为三处[⑭]。于是项王大呼驰下，汉军皆披靡，遂斩汉一将。是时，赤泉侯为骑将[⑮]，追项王，项王瞋目而叱之，赤泉侯人马俱惊，辟易数里[⑯]。与其骑会为三处，汉军不知项王所在，乃分军为三，复围之。项王乃驰，复斩汉一都尉，杀数十百人，复聚其骑，亡其两骑耳。乃谓其骑曰："何如?"骑皆伏曰[17]："如大王言!"

于是项王乃欲东渡乌江[18]。乌江亭长檥船待[19]，谓项王曰："江东虽小，地方千里，众数十万人，亦足王也。愿大王急渡。今独臣有船，汉军至，无以渡。"项王笑曰："天之亡我，我何渡为！且籍与江东子弟八千人渡江而西，今无一人还，纵江东父兄怜而王我，我何面目见之？纵彼不言，籍独不愧于心乎?"乃谓亭长曰："吾知公长者，吾骑此马五岁，所当无敌，尝一日行千里，不忍杀之，以赐公。"乃令骑皆下马步行，持短兵接战。独籍所杀汉军数百人。项王身亦被十余创[20]。顾见汉骑司马吕马童曰[21]："若非吾故人乎?"马童面之[22]，指王翳曰："此项王也。"项王乃曰："吾闻汉购我头千金[23]，邑万户，吾为汝德[24]。"乃自刎而死……

太史公曰：吾闻之周生曰[25]："舜目盖重瞳子[26]"，又闻项羽亦重瞳子。羽岂其苗裔邪[27]？何兴之暴也！夫秦失其政，陈涉首难，豪杰蜂起，相与并争，不可胜数。然羽非有尺寸，乘势起陇亩之中[28]，三年，遂将五诸侯灭秦，分裂天下，而封王侯，政由羽出，号为"霸王"，位虽不终，近古以来未尝有也。及羽背关怀楚[29]，放逐义帝而自立，怨王侯叛己，难矣。自矜功伐，奋其私智而不师古，谓霸王之业，欲以力征经营天下，五年卒亡其国，身死东城，尚不觉寤而不自责[30]，过矣。乃引"天亡我，非用兵之罪也"，岂不谬哉！

【注释】

①壁：作动词，筑营驻扎。 ②骓(zhuī)：毛杂苍白色的马。 ③阕：曲终一次为一阕。 ④直夜：当夜。 ⑤平明：天刚亮。 ⑥灌婴：年轻时以贩帛为业，后从刘邦定天下，封为颍阴侯。 ⑦属：跟随。 ⑧阴陵：秦县名，县治在今安徽省定远县西北。 ⑨绐：欺骗。 ⑩东城：秦县名，在今安徽省定远县东南。 ⑪决死：决一死战。 ⑫快战：痛快地一战。 ⑬刈旗：砍倒旗帜。 ⑭期山东为三处：约定在山的东面分三处会合。 ⑮赤泉侯：指杨喜。后因破项羽有功而封为赤泉侯。 ⑯辟易：倒退。辟：通"避"。 ⑰伏：通"服"。 ⑱乌江：今安徽省和县东北四十里长江西岸的乌江浦。 ⑲亭长：秦汉时在乡村每十里设一亭，置亭长，掌治安，捕盗贼，理民事，兼管停留旅客。檥：停船靠岸。 ⑳被：遭受。创：伤。 ㉑骑司马：骑兵中的军官名。 ㉒面之：背对着他(项羽)。面：通"偭"。 ㉓购：悬赏征求。 ㉔吾为汝德：我给你点好处吧，意为拿我的头去领赏吧。 ㉕周生：名不详，可能是与司马迁同时代的儒生。 ㉖重瞳子：一只眼睛里有两个眸子。 ㉗苗裔：后代。邪：通"耶"。 ㉘陇亩：田间，此指民间。 ㉙背关怀楚：背弃关中，怀念楚地。 ㉚寤：通"悟"。

【阅读提示】

编选自司马迁:《垓下之围》,载司马迁《百家汇评本〈史记〉》,张大可辑评,商务印书馆2020年版,第97-99页。

司马迁作品视频讲解

本文主要记叙了项羽败走东城、自刎乌江的史事片段,塑造了项羽这一个性鲜明的悲剧英雄形象,既肯定了项羽起兵灭秦的重大历史功绩,又批评了他缺乏政治远见,以武力争霸、经营天下的致命错误。

本文通过三个场面的描写,进行了多角度的人物个性描写和心理刻画,增强了人物形象的立体感。第一个场面是四面楚歌中项羽慷慨悲歌,哭别虞姬;这里展示了项羽多情的一面,同时也写出了项羽身处众叛亲离的困境和无可奈何的心态。第二个场面是东城之战中项羽勇猛无比,连斩数将;这里展露了项羽勇猛的英雄本色,同时也表明他有勇无谋,爱逞匹夫之勇,以至于死到临头仍不明白自己失败的原因。第三个场面是乌江边项羽因愧见江东父老而自刎身亡;这里揭示了项羽内心世界中知耻重义的一面,同时也反映了英雄末路时走投无路的心情。总之,多角度的人物个性描写和细腻的人物心理刻画,大大丰富了项羽这一历史人物的立体感。

有血有肉的细节描写,是文学作品塑造人物形象、表现人物性格、展现其内心世界的基本手段。这在一般历史著作中出现很少,在《史记》中却相当多。"虞兮虞兮"的慷慨悲歌、三次"天之亡我"的无奈悲叹、"瞋目而叱"吓退杨喜的英武气势、自刎前"吾为若德"的视死如归,这些细腻动人的细节,将一个多情而又无可奈何、勇猛而又不知觉悟、重义而又走投无路的末路英雄刻画得感人至深。

《史记》的语言艺术,历来受到人们的推崇,被尊为典范。司马迁抛弃了铺张排比,形成了淳朴简洁、疏宕从容、变化多端、通俗流畅的散文风格。本文中的"霸王别姬""四面楚歌""羞见江东父老"等内涵丰富的成语,就是司马迁留给我们的语言财富。

有所思

汉乐府

【作者简介】 乐府是自秦代以来设立的配置乐曲、训练乐工和采集民歌的专门官署。后世将乐府所唱的诗歌简称为“乐府”,“汉乐府”指由汉时乐府机关所采制的诗歌。这些诗,原本在民间流传,经由乐府保存下来,汉人叫作“歌诗”,魏晋时始称“乐府”或“汉乐府”。后世文人仿此形式所作的诗,亦称“乐府诗”。

现存汉乐府民歌40余篇,保存在宋人郭茂倩所编《乐府诗集》中。汉乐府民歌继承了《诗经》以来的现实主义传统,往往具有浓厚的生活气息,表现了激烈而直露的感情,形式朴素自然,句式以杂言和五言为主,语言清新活泼,长于叙事铺陈,为中国古代叙事诗奠定了基础。汉乐府是中国诗歌发展史上五言诗体发展的一个重要阶段,在文学史上有极高的地位,与《诗经》《楚辞》可鼎足而立。

【作品】

有所思①,乃在大海南。

何用问遗君②,双珠玳瑁簪③。用玉绍缭之④。

闻君有他心,拉杂摧烧之⑤。

摧烧之,当风扬其灰。

从今以往,勿复相思。

相思与君绝！鸡鸣狗吠⑥,兄嫂当知之。

妃呼豨⑦！秋风肃肃晨风飔⑧,东方须臾高知之⑨。

【注释】

①有所思:指主人公所思念的那个人。 ②问遗(wèi):赠送。“问”“遗”二字同义。 ③玳瑁(dàimào):玳瑁,是一种龟类动物,其甲壳光滑而多文采,可制装饰品。簪:古人用来别住发髻的一种条状饰物。 ④绍缭:缠绕。 ⑤拉杂:堆集。 ⑥鸡鸣狗吠:指惊动了鸡狗。古诗中常以“鸡鸣狗吠”借指男女幽会。 ⑦妃(bēi):“悲”。呼豨(xūxī):通“歔欷”。 ⑧肃肃:飕飕,形容风声。晨风:指晨风鸟,即雉。语出《诗经·秦风·晨风》。飔(sī):通“思”。雉鸡常晨鸣求偶。 ⑨高:通“皓”。东方皓,即天亮了。

【阅读提示】

编选自《有所思》,载《乐府诗集》卷十六,《四库全书》第1347册,第153页。

这是《汉铙歌十八曲》之一,铙歌本为军乐,但今传十八曲中内容庞杂,叙战阵、表武功、写爱情者皆有。本篇就是用第一人称,表现一位女子在遭到爱情波折前后的复杂情绪。闻一多认为《上邪》即本篇下文,应合为一篇;余冠英亦认为“合之则双美,离之则两伤”。此说确实发人深省。

开头五句写以物寄情，用信物赠予情郎，来坚其心而表己意，表达其对远方的情郎心怀真挚热烈的相思爱恋。这五句以少总多，表达已言简意丰，情调复缠绵悱恻。可惜天有不测风云，晴光潋滟的爱河上顿生惊涛骇浪。“闻君有他心”以下六句，写出了这场爱情风波及其严重后果：当闻知情郎已然变心，爱的柔情瞬间化作了恨的力量，悲痛的心窝燃起了愤怒的烈火。“拉、摧、烧、扬”，一连串动作，干脆利落，可见其心中是何等愤激！“从今以后，勿复相思！”一刀两断，又是何等决绝！接着“相思与君绝”以下六句，写其由激怒渐趋冷静之后，欲断不能的种种矛盾、彷徨的复杂心态。“相思”是感情长期积淀的结果，而“与君绝”只是一时的愤激之念，故此句实乃出于矛盾心情的哀叹，大有“剪不断，理还乱”之意蕴。由此，自然生出“鸡鸣狗吠，兄嫂当知之”的回忆和忧虑。“妃呼狶”，正是她在瞻前顾后、心乱如麻的处境中情不自禁地发出的一声歔欷长叹。最后两句写女子在悲叹中但闻秋风阵阵凄紧，野雉求偶不得的悲鸣不时传来，使她更加感物共鸣，相思弥甚，犹豫不决。然而她又自信：只待须臾东方皓白，定会知道该如何解决这一难题的。

此诗结构上以赠送爱情信物为线索，通过赠、毁及毁后三个阶段，来表现主人公的爱与恨、决绝与不忍的感情波折，从而构成了描写女子热恋、失恋、眷恋的心理三部曲。层次清晰而又错综，感情跌宕而有韵致。另外，此诗通过典型的细节描写和景物的比兴烘托来刻画人物的细微心曲，也是相当成功的。

洛神赋①

曹植

【作者简介】 曹植(192—232)，字子建，沛国谯县(今安徽省亳州市)人。曹操第三子，曹丕同母弟。封陈王，谥思，故世称陈思王。早年曾以才学备受曹操宠爱，一度欲立为太子，尝随征伐，诗文多写其安逸生活和建功立业的抱负。及曹丕、曹叡相继称帝，备受曹丕父子迫害，郁郁而终，诗文多表现其愤抑不平之情及要求个人自由解脱的心境。

曹植是建安文学的杰出代表，他的诗歌艺术成就较高，《诗品》称其“骨气奇高，词采华茂”，对五言诗的发展起了很大的推动作用。有《曹子建集》。

【作品】

黄初三年②，余朝京师③，还济洛川④。古人有言，斯水之神名曰宓妃⑤。感宋玉对楚王说神女之事[⑥]，遂作斯赋。其词曰：

余从京域[⑦]，言归东藩[⑧]，背伊阙[⑨]，越轘辕[⑩]，经通谷[⑪]，陵景山[⑫]。日既西倾，车殆马烦[⑬]。尔乃税驾乎蘅皋[⑭]，秣驷乎芝田[⑮]，容与乎阳林[⑯]，流眄乎洛川[⑰]。于是精移神骇，忽焉思散，俯则未察，仰以殊观[⑱]。睹一丽人，于岩之畔。乃援御者而告之曰[⑲]："尔有觌于彼者乎[⑳]？彼何人斯，若此之艳也！"御者对曰："臣闻河洛之神，名曰宓妃。然则君王之所见也，无乃是乎！其状若何？臣愿闻之。"

余告之曰：其形也，翩若惊鸿，婉若游龙[㉑]。荣曜秋菊，华茂春松[㉒]。髣髴兮若轻云之蔽月，飘飖兮若流风之回雪[㉓]。远而望之，皎若太阳升朝霞；迫而察之，灼若芙蓉出渌波[㉔]。秾纤得中，修短合度[㉕]。肩若削成，腰如约素[㉖]。延颈秀项，皓质呈露[㉗]。芳泽无加，铅华弗御[㉘]。云髻峨峨，修眉连娟。丹唇外朗，皓齿内鲜[㉙]。明眸善睐，辅靥承权[㉚]。瑰姿艳逸，仪静体闲。柔情绰态[㉛]，媚于语言。奇服旷世，骨像应图[㉜]。披罗衣之璀粲兮，珥瑶碧之华琚[㉝]。戴金翠之首饰，缀明珠以耀躯。践远游之文履，曳雾绡之轻裾[㉞]。微幽兰之芳蔼兮，步踟蹰于山隅[㉟]。于是忽焉纵体，以遨以嬉。左倚采旄，右荫桂旗[㊱]。攘皓腕于神浒兮，采湍濑之玄芝[㊲]。

余情悦其淑美兮，心振荡而不怡。无良媒以接欢兮，托微波而通辞。愿诚素之先达兮，解玉佩以要之[㊳]。嗟佳人之信修兮，羌习礼而明诗[㊴]。抗琼珶以和予兮，指潜渊而为期[㊵]。执眷眷之款实兮，惧斯灵之我欺[㊶]！感交甫之弃言兮，怅犹豫而狐疑[㊷]。收和颜而静志兮，申礼防以自持。

于是洛灵感焉，徙倚彷徨。神光离合，乍阴乍阳[㊸]。竦轻躯以鹤立，若将飞而未翔。践椒途之郁烈，步蘅薄而流芳[㊹]。超长吟以永慕兮[㊺]，声哀厉而弥长。

尔乃众灵杂遝，命俦啸侣[㊻]，或戏清流，或翔神渚，或采明珠，或拾翠羽。从南湘之二妃，携汉滨之游女[㊼]。叹匏瓜之无匹兮，咏牵牛之独处[㊽]。扬轻袿之猗靡兮，翳修袖以延伫[㊾]。体迅飞凫，飘忽若神。陵波微步[㊿]，罗袜生尘。动无常则，若危若安。进止难期，若往若还。转眄流精[51]，光润玉颜。含辞未吐，气若幽兰。华容婀娜，令我忘餐。

于是屏翳收风，川后静波[52]。冯夷鸣鼓，女娲清歌[53]。腾文鱼以警乘，鸣玉鸾以偕逝[54]。六龙俨其齐首，载云车之容裔[55]。鲸鲵踊而夹毂[56]，水禽翔而为卫。于是越北沚，过南冈，纡素领[57]，回清扬[58]。动朱唇以徐言，陈交接之大纲[59]。恨人神之道殊兮，怨盛年之莫当。抗罗袂以掩涕兮，泪流襟之浪浪[60]。悼良会之永绝兮，哀一逝而异乡。无微情以效爱兮[61]，献江南之明珰。虽潜处于太阴[62]，长寄心于君王。忽不悟其所舍，怅神宵而蔽光[63]。

于是背下陵高[64]，足往神留。遗情想像[65]，顾望怀愁。冀灵体之复形，御轻舟而上溯。浮长川而忘反，思绵绵而增慕。夜耿耿而不寐[66]，沾繁霜而至曙。命仆夫而就驾，吾将归乎东路。揽騑辔以抗策[67]，怅盘桓而不能去[68]。

【注释】

①《文选》李善注引《记》称：曹植求甄逸女未遂，为曹丕所得。甄逸女被曹丕皇后郭氏谗死，曹植有感而作《感甄赋》，魏明帝改题为《洛神赋》。此说与史实、情理难合，不足信。洛神，洛水女神，传为古帝宓（fú 伏）羲氏之女宓妃淹死洛水后所化。 ②黄初三年：系公元223年。黄初是魏文帝曹丕的年号。 ③朝京师：到京城洛阳朝拜魏文帝。 ④济：渡。洛川：洛水，源出陕西，经洛阳，入黄河。 ⑤宓妃：相传古帝宓羲氏之女宓妃淹死洛水，遂为洛水之神。 ⑥"感宋玉"句：指宋玉《高唐赋》《神女赋》中所写楚襄王与巫山神女相遇之事。 ⑦京域：指魏都洛阳地区。 ⑧言：发语词。东藩：指在洛阳东北的曹植封地鄄城。藩：诸侯为王室屏藩，故称藩国。 ⑨背：背离，即离开。伊阙：山名，在洛阳南，又名龙门山、阙塞山。 ⑩轘（huán）辕：山名，在今河南省洛阳市东南。 ⑪通谷：山谷名，在洛阳城南。 ⑫陵：登上。景山：山名，在今河南省洛阳市。 ⑬殆：通"怠"。烦：疲乏。 ⑭尔乃：于是。税驾：停车。蘅皋：生长杜蘅香草的河岸。 ⑮秣驷：喂马。芝田：种芝草的田野。 ⑯容与：从容悠闲的样子。阳林：地名，不详。 ⑰流盼：纵目四望。 ⑱殊观：谓看到异常的景象。 ⑲援：拉着。御者：驾车者。 ⑳觌（dí）：见。 ㉑"翩若"二句：形容洛神体态轻盈。翩：鸟疾飞的样子。婉：曲折的样子。 ㉒"荣曜"二句：以秋菊的鲜艳和春松的华美来形容洛神女容光焕发。荣：盛。曜：照耀。 ㉓"髣髴"二句：形容洛神行动的飘忽回旋。髣髴：同"彷佛"。飘飖：鸟飞翔的样子。 ㉔渌（lù）：水清的样子。 ㉕秾纤：此指体貌的丰盈和苗条。修短：此指身材的高矮。 ㉖约素：捆扎起来的白绢。形容腰肢线条圆美。 ㉗"延颈"二句：洛神洁白、长长的脖子，露在衣领外面。延、秀：皆有修长的意思。 ㉘"芳泽"二句：洛神不涂脂抹粉。芳泽：指化妆用的香油。铅华：指化妆用的脂粉。弗御：不用。 ㉙朗：明亮；鲜：鲜明。 ㉚辅靥（yè）承权：颧下有酒窝承接。辅：通"酺"，面颊。靥：酒窝。权：颧。 ㉛绰态：从容的姿态。 ㉜骨像：骨相。应图：与相书中骨相好的图像相合。 ㉝璀（cuǐ）粲：鲜明亮丽。珥（ěr）：原是一种珠玉的耳饰，此指佩戴。瑶、碧、琚（jū）：皆是美玉。 ㉞文履：有文饰的鞋。曳：拖着。雾绡（xiāo）：轻纱。裾（jū）：衣襟，此指衣裙。 ㉟微：指香气微通。芳蔼：香气浓郁。踟蹰：徘徊。 ㊱采旄（máo）：此指旗杆上用旄牛尾做的装饰品。桂旗：用桂枝做旗杆的旗帜。 ㊲攘：挽起衣袖。湍濑（tuānlài）：急流。玄芝：黑色的灵芝。 ㊳要：通"邀"。

㊴信修：确实美好。羌，发语词。 ㊵抗：举。琼、瑀(dì)：皆是美玉名。和(hè)：应答。潜渊：深渊，此指洛神的住所。 ㊶款实：诚恳的心意。斯灵：指洛神。我欺：欺我。 ㊷交甫：事见《文选》李善注引《神仙传》，郑交甫于江边遇仙女，“目而挑之，女遂解佩与之。交甫行数步，空怀无佩，女亦不见”。弃言：指仙女背弃诺言。犹豫、狐疑：皆有迟疑不决之意。 ㊸神光离合：神女的灵光聚散不定。乍阴乍阳：时暗时明，此指洛神的来去。 ㊹椒途：用椒泥涂饰的道路。蘅：杜蘅。薄：草聚生的地方。 ㊺超：惆怅。 ㊻杂遝(tà)：形容众多。命俦啸侣：呼朋唤侣。 ㊼“从南湘”二句：湘水女神，相传舜的二妃娥皇、女英投湘水而死，遂为湘水之神。游女：指汉水的女神。见注㊷。 ㊽匏瓜：星名，一名天鸡，不与他星相接。牵牛：星名，与织女星隔天河相对而处。 ㊾袿(guī)：妇女的上衣。猗(yī)靡：随风飘忽。翳(yì)：遮蔽。延伫：久久站立。 ㊿陵波微步：在水波上细步而行。 (51)转盼流精：顾盼之间，神采奕奕。 (52)屏翳：风神名。川后：河伯。 (53)冯夷：河伯名。女娲：女神名，相传笙簧是她造的。 (54)文鱼：一种会飞的鱼。警乘：警卫车驾。玉銮：鸾鸟形的玉制车铃。偕逝：一起驰骋。 (55)齐首：并首，指驾车的六龙齐头并进。云车：神以云为车。容裔(yì)：形容车行时起伏的样子。 (56)鲸鲵(ní)：一种似鱼的巨型水栖哺乳动物。雄性为鲸，雌性为鲵。毂(gǔ)：车轴，此代指车。 (57)纡素领：指回头看。素领：指洁白的颈项。 (58)清扬：指眉目之间。 (59)这句是说陈述交往的行动纲领。 (60)抗罗袂：举罗袖。浪浪：眼泪流下来的样子。 (61)微情：微末之情。效爱：表示爱慕之意。 (62)太阴：众神所居的幽远之处，此指洛神住处。 (63)“忽不悟”二句：言神女形消光隐。不悟：不见。舍：止，即住的地方。宵：通“消”。蔽光：隐去光彩。 (64)背下陵高：离开低地，登上高处。 (65)遗情：留情。想像：回想。 (66)耿耿：心神不定。 (67)騑(fēi)：服马右边的马。辔(pèi)：马缰绳。抗策：扬鞭。 (68)盘桓：徘徊。

【阅读提示】

编选自曹植：《洛神赋》，载曹植《曹植集校注》，赵幼文校注，人民文学出版社1984年版，第282-285页。

作者借助神话传说中关于宓妃的题材，展开美丽的想象，描写了一个人神相恋，终因人神道殊，含情痛别的悲剧故事。

《洛神赋》全篇大致可分为六个部分：第一部分从开头到“臣愿闻之”，是全文的引线，写作者从洛阳回封地途中，看到宓妃伫立山崖。第二部分从“余告之曰”到“采湍濑之玄芝”，写宓妃容仪服饰之美。第三部分从“余情悦其淑美兮”到“令我忘餐”，写“我”非常爱慕洛神，向她表达自己的真情，并赠以信物，但又担心受欺骗，极言爱慕之深。第四部分从“于是屏翳收风”到“怅神宵而蔽光”，写洛神为“我”之诚意所感后的情状。第五部分写“恨人神之道殊”，寄托自己政治失意的苦闷，是此赋的主旨所在。最后一个自然段为第六部分，写别后“我”对洛神的思念。

全篇想象丰富，辞藻华丽而不浮躁，清新之气四溢，令人神清气爽。讲究排偶、对仗和音律，语言整饬凝练、生动优美。篇中写人神之间的恋情，也是真情流露，深挚感人，充满了浓郁的抒情意味。总之，从文字的华美，到情感的动人，汉赋中无出其右者。

白马篇[①]

曹植

【作品】

白马饰金羁[②]，连翩西北驰[③]。借问谁家子，幽并游侠儿[④]。

少小去乡邑，扬声沙漠垂[⑤]。宿昔秉良弓，楛矢何参差[⑥]。

控弦破左的，右发摧月支。仰手接飞猱，俯身散马蹄[⑦]。

狡捷过猿猴，勇剽若豹螭[⑧]。边城多警急，胡虏数迁移[⑨]。

羽檄从北来，厉马登高堤[⑩]。右驱蹈匈奴[⑪]，左顾陵鲜卑[⑫]。

寄身锋刃端，性命安可怀[⑬]？父母且不顾，何言子与妻！

名编壮士籍，不得中顾私[⑭]。捐躯赴国难，视死忽如归。

【注释】

①本篇属《杂歌曲·齐瑟行》，又名《游侠篇》。　②羁：马络头。　③连翩：接连不断，这里形容轻捷迅急的样子。魏初西北方为匈奴、鲜卑等少数民族居住区，驰向西北即驰向边疆战场。　④幽并：幽州和并州，即今河北、山西和陕西诸省的一部分地区。游侠儿：重义轻生的青年男子。　⑤“少小”二句：青壮年时期即离开家乡，为保卫国家而扬名于边疆。扬：传扬。垂：边疆。　⑥“宿昔”二句：意思是说昔日良弓不离手，箭出尽楛矢。宿昔：昔时，往日。秉：持。楛(hù)矢：用楛木做箭杆的箭。何：多么。　⑦控：引，拉开。左的：左方的射击目标。摧：毁坏。与下文的“散”(破裂)，都有穿透之意。月支：与“马蹄”都是射贴(箭靶)的名称。接：迎接飞驰而来的东西。猱(náo)：猿类，善攀缘，上下如飞。　⑧剽：行动轻捷。螭(chī)：传说中的猛兽，如龙而黄。　⑨胡虏：古时对北方少数民族的蔑称。数：屡次。　⑩羽檄：檄是军事方面用于征召的文书，插上羽毛表示军情紧急，所以叫羽檄。厉马：奋马，策马。⑪蹈：奔赴。　⑫陵：威压。　⑬怀：顾惜。　⑭中：心中。顾：念。

【阅读提示】

编选自曹植：《白马篇》，载《乐府诗集》卷六十三，《四库全书》第1347册，第

557-558页。

这首诗写于曹植的早期阶段，也就是曹丕被封为太子进而继承王位之前。这一时期，曹植在政治上抱负远大，还没有经历打击和迫害，所以这个阶段的作品，以慷慨激昂、“任气”、“使才”为主。如果说其父曹操的《龟虽寿》是一位“幽燕老将”的“战斗之歌”，那么《白马篇》则是一位英雄少年的“理想之歌”。在这首诗中，曹植以浓墨重彩描绘了一位武艺精绝、忠心报国甚至不惜牺牲生命的“白马”英雄形象，借以抒发自己的报国激情。诗歌风格雄放，气氛热烈，语言精美，称得上是情调兼胜。

登楼赋

王粲

【作者简介】 王粲(177—217)，字仲宣，山阳高平(今山东省微山县西北)人。东汉末年著名文学家。曾祖王龚、祖王畅，都曾位列三公。父王谦，为大将军何进长史。王粲曾投奔荆州刘表，未被重用，羁留荆州达15年之久。32岁开始依附曹操，生活于邺城，是邺下文人集团重要成员，在“建安七子”中地位最高，成就亦最高，《文心雕龙·才略》称其为“七子之冠冕”。建安二十一年(216)冬，随军征吴，次年春，病逝于返邺途中。后人辑有《王侍中集》。

【作品】

登兹楼以四望兮，聊暇日以销忧。览斯宇之所处兮，实显敞而寡仇[①]。挟清漳之通浦兮[②]，倚曲沮之长洲[③]。背坟衍之广陆兮[④]，临皋隰之沃流[⑤]。北弥陶牧，西接昭丘[⑥]。华实蔽野，黍稷盈畴。虽信美而非吾土兮，曾何足以少留！遭纷浊而迁逝兮，漫逾纪以迄今[⑦]。情眷眷而怀归兮，孰忧思之可任？凭轩槛以遥望兮，向北风而开襟。平原远而极目兮，蔽荆山之高岑[⑧]。路逶迤而修迥兮，川既漾而济深。悲旧乡之壅隔兮，涕横坠而弗禁。昔尼父之在陈兮，有“归欤”之叹音[⑨]。钟仪幽而楚奏兮[⑩]，庄舄显而越吟[⑪]。人情同于怀土兮，岂穷达而异心！惟日月之逾迈兮，俟河清其未极。冀王道之一平兮，假高衢而骋力。惧匏瓜之徒悬兮，畏井渫之莫食[⑫]。步栖迟以徙倚兮[⑬]，白日忽其将匿。风萧瑟而并兴兮，天惨惨而无色。兽狂顾以求群兮，鸟相鸣而举翼。原野阒其无人兮，征夫行而未息。心凄怆以感发兮，意忉怛而憯恻[⑭]。循阶除而下降兮，气交愤于胸臆。夜参半而不寐兮，怅盘桓以反侧。

【注释】

①显敞:明亮宽敞。仇:匹敌。 ②漳:水名,在湖北省当阳市境内。 ③沮:水名,也在当阳市境内,与漳水汇合后往南流入长江。 ④坟衍:地势高起为坟,广平为衍。 ⑤皋隰(xí):水边高地为皋,低湿之地为隰。 ⑥陶:地名,相传为陶朱公范蠡的葬地。牧:郊野。昭丘:楚昭王的坟墓。 ⑦纪:十二年为一纪。 ⑧荆山:在今湖北省南漳县。 ⑨“昔尼父”二句:据《论语·公冶长》,孔子在陈绝粮,叹曰:“归欤! 归欤!”尼父,即孔子。 ⑩钟仪:楚国乐官,被晋国俘虏后,晋侯让他弹琴,所奏仍为楚调。 ⑪庄舄:越人,后在楚国做官,病中思念故土,仍旧讲越国的语言。 ⑫“惧匏瓜”二句:比喻自己不能像匏瓜那样只是挂着不为人所用,也担心像淘干净了的井水却没有人来饮用。 ⑬栖迟:游息。徙倚:行止不定的样子。 ⑭忉(dāo)怛(dá):悲痛。憯(cǎn)恻:悲伤。

【阅读提示】

编选自王粲:《登楼赋》,载王粲《王粲集注》,吴云、唐绍忠注,中州书画社1984年版,第46页。

这篇抒情小赋是王粲于建安九年(204)在荆州登麦城城楼时所作。王粲才华卓越,却不被刘表重用,长期滞留荆州。建安九年秋,当作者登上城楼,纵目四望,不禁感慨万分,于是挥毫写下了这篇抒写故土之思和怀才不遇苦闷的名赋。

这篇抒情小赋主要抒发了作者的个人感情,而抒情又以真切动人的直接抒情为主。文章开篇一段,即以一“忧”字奠定全文的抒情基调,并以此贯穿全篇。接着第二段集中表达作者内心由山高水长而引发的浓浓乡情,而第三段则由思乡之情进一步揭示出内心忧思的深层政治内涵。第二段与第三段相辅相成,这样本文就超越了一般的怀乡之作,揭示了深厚的政治内涵。由此,作者通过登楼四望,抒发了浓重的故土之思,倾吐了宏图难展的悲慨,表达了建功立业的迫切愿望。

此外,情景交融也是此赋的一大特色,文中的写景往往对抒情起到陪衬和辅佐的作用。如第一段实写异乡风光、秋野景色:地势开阔,山川秀美,物产富饶,以眼前乐景反衬心中哀情。又如第三段写傍晚昏暗暮景:日惨风萧,兽狂鸟倦,原野寂寥,以此烘托出内心的凄怆。总之,景物描写往往能做到或即景生情,或寓情于景,或乐或悲,相互照应,都有情景相生之妙。

全文风格清雅,语言清丽,措辞洗练,用典贴切,音节流畅,是魏晋南北朝抒情小赋的代表作。

咏　怀[①]

阮　籍

【作者简介】 阮籍(210—263),字嗣宗,陈留尉氏(今属河南)人,是"建安七子"之一阮瑀的儿子。曾任步兵校尉,世称阮步兵。崇奉老庄之学,政治上则采取谨慎避祸的态度。与嵇康、刘伶等七人为友,常集于竹林之下肆意酣畅,世称"竹林七贤"。阮籍是"正始之音"的代表,阮籍作品今存赋6篇、散文较完整的9篇、诗90余首,其中以《咏怀》82首最为著名。

【作品】

夜中不能寐,起坐弹鸣琴。薄帷鉴明月[②],清风吹我襟。

孤鸿号外野[③],翔鸟鸣北林[④]。徘徊将何见,忧思独伤心。

【注释】

①阮籍《咏怀诗》共82首,这是第一首。　②帷:帐幔。鉴:映照。　③孤鸿:离群的大雁。　④北林:北面的树林。《诗经·秦风·晨风》:"鴥(yù)彼晨风,郁彼北林。未见君子,忧心钦钦。"后常用"北林"寄寓文人心神忧郁之意。

【阅读提示】

编选自阮籍:《咏怀》,载阮籍《阮籍集校注》,郭光校注,中州古籍出版社1991年版,第126页。

此诗通过作者夜深不能寐、起坐弹琴的情景,抒写了诗人找不到人生出路的孤独、落寞、忧愁和不安。开头"夜中不能寐"两句,诗人以一个"夜"字领起,写自己在夜半更深,仍辗转反侧,难以成眠,无奈起来弹琴。由此,我们不难想见诗人此刻极度不安的心境。可见这个"夜"字在结构上又具有统领全篇的作用,给读者留下了一个内涵深厚的悬念。"薄帷鉴明月"两句写诗人起坐弹琴时的所见所感:所见气氛肃杀,寒气森森;所感孤独凄冷,落寞至极。"孤鸿号外野"两句镜头从室内推到了室外,从视觉、触觉转为听觉,"外野"和"北林"大背景中的"孤鸿"哀鸣和"翔鸟"惊叫,更加增添了几分凄凉迷惘的气氛。最后"徘徊将何见"两句归结到诗人的主观动作行为上来,抒写了心中的感受,诗人的情感思绪仿佛滞留在那无边无际的忧愁哀伤的心理状态之中了。

钟嵘在《诗品》中评其诗,"言在耳目之内,情寄八荒之表",精准地抓住了阮籍诗歌的特色。此诗采用动静相形的手法,以人、物的活动衬托夜的死寂和沉重,这茫茫的夜色正象征着诗人心灵上承受着的重压,言近旨远,寄托幽深。

咏史(其二)

左　思

【作者简介】 左思(约250—305),字太冲,齐国临淄(今山东省淄博市)人。西晋著名文学家。他博学能文,但出身寒门,仕途不得意,唯以著述为事。晋武帝时,因妹左棻被选入宫,举家迁居洛阳,任秘书郎。晋惠帝时,依附权贵贾谧,为文人集团"二十四友"的重要成员。他曾以十年时间写成《三都赋》,人们争相传抄,一时洛阳为之纸贵。今存者仅赋两篇,诗14首,左思的作品收录于严可均所辑《全上古三代秦汉三国六朝文》和逯钦立所辑《先秦汉魏晋南北朝诗》。

【作品】

郁郁涧底松①,离离山上苗②。以彼径寸茎③,荫此百尺条④。
世胄蹑高位⑤,英俊沉下僚。地势使之然,由来非一朝。
金张藉旧业⑥,七叶珥汉貂⑦。冯公岂不伟⑧,白首不见招。

【注释】

①郁郁:茂盛的样子。涧底松:比喻才高位卑的寒士。　②离离:下垂的样子。　③径寸茎:直径一寸的茎。　④荫:遮盖。　⑤世胄:世家子弟。蹑(niè):登。　⑥金:金日磾(mì dī),他家自汉武帝到汉平帝,七代为内侍。张:张汤,他家自汉宣帝以后,有十余人为侍中、中常侍。　⑦七叶:七代。珥(ěr)汉貂:汉代侍中、中常侍的帽子上皆插貂尾。珥:插。　⑧冯公:冯唐,他生于汉文帝时,到武帝时仍居郎官小职。

【阅读提示】

编选自左思:《咏史(其二)》,载逯钦立辑校《先秦汉魏晋南北朝诗》,中华书局1983年版,第733页。

《咏史》八首是左思诗歌的代表作,这里选的是第二首。这首诗以山上苗和涧底松为喻,抒发了在门阀制度下,有才能而出身寒微的人对于无才能的世家大族子弟占据要位的愤慨。故题为《咏史》,实为诗人的咏怀,诗人是借历史来抒发自己的抱负,进而对不合理的社会现象进行揭露和抨击。

开头"郁郁涧底松"四句,采用比兴手法,以"涧底松"比喻出身寒微的士人,以“山上苗”比喻世家大族子弟，来表达诗人对于“上品无寒门，下品无士族”社会不公平现象的愤懑。接着“世胄蹑高位”四句，写当时的世家大族子弟占据高官之位，而出身寒微的士人却沉没在低下的官职上。这种不合理的社会现象由来已久，门阀制度在东汉末年已经有所发展，至曹魏推行“九品中正制”，再到西晋时期继续实行，门阀制度的弊病也日益明显。这里诗人以形象的语言，有力地揭露了门阀制度所造成的社会弊端。最后“金张藉旧业”四句，紧承“由来非一朝”，内容也由一般而至个别，更为具体。接着用冯唐的沉沦潦倒来做对比，是“英俊沉下僚”的具体表现。

对比手法是贯穿全诗的主要方法，从“涧底松”到“山上苗”，从“世胄蹑高位”到“英俊沉下僚”，再从“金张”的“七叶珥汉貂”到“冯公”的“白首不见招”，处处都有对比，而且一层比一层具体，所以收到了良好的艺术效果。

饮　酒

陶渊明

【作者简介】 陶渊明（约365—427），字元亮，一说名潜，字渊明，号五柳先生，卒后友人私谥“靖节”。东晋浔阳柴桑（今江西省九江市）人。29岁入仕，曾做过几年小官。41岁任彭泽县令，上任81天，因不堪官场污浊，毅然挂冠弃职，辞官回家，从此隐居农村。田园生活是陶渊明诗的主要题材，相关作品有《饮酒》《归园田居》《桃花源记》《五柳先生传》《归去来兮辞》等。在陶渊明笔下，农村生活、田园风光才第一次被当作重要的审美对象，由此为后人开辟了一片情味独特的天地。其诗自然中显淳厚，平淡中见邈远。有《陶渊明集》。

【作品】

清晨闻叩门

清晨闻叩门，倒裳往自开①。问子为谁欤？田父有好怀②。
壶浆远见候③，疑我与时乖④。“褴缕茅檐下⑤，未足为高栖。
一世皆尚同⑥，愿君汩其泥⑦”。“深感父老言，禀气寡所谐⑧。
纡辔诚可学⑨，违己讵非迷！且共欢此饮，吾驾不可回⑩。”

【注释】

①倒裳：颠衣倒裳。语出《诗经·齐风》："东方未明，颠倒衣裳。"此句是说来不及穿戴整齐了去见客人。　②好怀：好意。　③壶浆：用壶盛的酒。　④疑：怪。乖：背戾。　⑤褴缕：同"蓝缕"，衣衫破烂。　⑥尚同：以同于流俗为贵。　⑦汩其泥：语出《楚辞·渔父》："世人皆浊，何不淈其泥而扬其波？"意即与世俗同流合污。　⑧禀气：天性。　⑨纡辔：回车，即委屈自己，逢迎别人。纡：屈曲。辔：马缰绳。　⑩吾驾：我的车驾，借指我的道路、我的人生方向。

【阅读提示】

编选自陶渊明：《饮酒（其九）》，载陶渊明《陶渊明集》，《四库全书》第 1063 册，第 494 页。

陶渊明作品视频讲解

这是陶渊明《饮酒》组诗的第九首，是一篇假设问答以表示诗人坚持隐居避世、拒绝仕宦决心的诗作，这首诗使我们能更清楚地了解陶渊明归隐后的生活，以及他对"仕"与"隐"的思考和选择。

此诗将日常生活中的琐细之事，如开门迎客、对酒谈天，都写入诗中，而且又写得亲切自然，丰腴有味，纯朴动人。全篇看似舒缓，却于表面散漫的行文中，处处蕴含着不流于世俗的高尚精神，正如苏轼所评"质而实绮，癯而实腴"，是陶诗中的佳作。

晚登三山还望京邑①

谢　朓

【作者简介】　谢朓（464—499），字玄晖，南朝齐代著名诗人。曾出任宣城太守，世称"谢宣城"，又与谢灵运并称"大小谢"。与沈约等人开创了以注重声律、讲究词采、对偶为特征的"永明体"。其诗以描绘山水的成就为高，诗风清丽俊美。钟嵘称其"奇章秀句，往往警遒"。有《谢宣城集》5 卷存世。

【作品】

灞涘望长安②，河阳视京县③。白日丽飞甍④，参差皆可见。
余霞散成绮⑤，澄江静如练⑥。喧鸟覆春洲，杂英满芳甸⑦。
去矣方滞淫，怀哉罢欢宴⑧。佳期怅何许⑨，泪下如流霰⑩。
有情知望乡，谁能鬒不变⑪。

【注释】

①三山：山名，在今南京市西南的长江南岸，上有三峰，南北相连，故名。京邑：指金陵，故址在今南京市东南。 ②灞涘：灞水的岸边。灞水，出陕西省蓝田县，流经长安。 ③河阳：县名，今河南省孟州市西。京县：指西晋京城洛阳。 ④飞甍(méng)：两檐张开如飞鸟的屋脊。 ⑤绮：锦缎。 ⑥练：白绸子。 ⑦芳甸：长满芳草的郊野。 ⑧"去矣"二句：虽然想走了，却还滞留此处；想念家乡，连欢乐的宴会也不想参加了。滞淫：淹留。 ⑨佳期：指还乡之期。 ⑩霰：小雪珠。 ⑪鬒：黑发。

【阅读提示】

编选自谢朓：《晚登三山还望京邑》，载谢朓《谢宣城集校注》，曹融南校注，上海古籍出版社2001年版，第278页。

这首诗是诗人于晚春登上三山，回首眺望京城金陵(即今南京)所作，抒发了诗人由于瞻望京城而引起的游宦无成、思念家乡的心情。谢朓的山水诗既吸取了谢灵运诗歌观察细致、描绘逼真的长处，又避免了谢灵运诗歌晦涩、呆板的弊病，形成了清新流丽的风格。此诗中的"余霞"两句就代表了谢朓诗歌的特色，是历来公认的写景佳句：白日西沉，绚丽的晚霞洒满天空，犹如散开的锦缎；清澈的江水蜿蜒伸向远方，宛似一条明净的白练。这两句诗想象奇妙，大笔挥洒，写出了黄昏时分江天的辽阔景象，显得空灵澄澈，余味不尽，全篇也因此生辉，并千古传颂。

总而言之，此诗以登山眺望为线索，写望之所见、望之所感，抒发了诗人由望京城而引发的思乡之深情。读之，余韵悠然，正如清代沈德潜所说："觉笔墨之中，笔墨之外，别有一段深情妙理。"

西洲曲

南北朝民歌

【作者简介】 南朝乐府民歌大部分保存在清商曲辞中。南朝的清商曲又分为若干类，其中最重要的是"吴声歌曲"和"西曲歌"两类，民歌大都属于这两类。这两类诗歌保存在宋郭茂倩所编《乐府诗集·清商曲辞》中。"吴声歌曲"产生于江南吴地，以当时的都城建业(今南京)为中心地带。"西曲歌"产生于长江中游和汉水两岸的城市，这些都是当时商业发达的城市。"吴声歌曲"和"西曲歌"现存近500首，其中大部分是民歌。"吴声歌曲"中以《子夜歌》为最著名，一共42首，都以描写少女热恋为题材。“西曲歌”中的重要歌词，有《三洲歌》《石城乐》《孟珠》《估客乐》《乌夜啼》《莫愁乐》《襄阳乐》等，大都是描写女子的别情。

北朝乐府民歌大多保存在《乐府诗集·梁鼓角横吹曲》中，少数收在“杂曲歌辞”和“杂歌谣辞”中。横吹曲是军队中应用的音乐，要求雄伟悲壮。横吹曲中的梁鼓角横吹曲，就是长时期从北入南的乐歌被梁代乐府官署采用演唱的部分。北朝的乐府民歌，数量上远不如南朝的多，但内容却广泛地反映了社会生活的各个方面，不似吴声、西曲那样单调，它从很多方面表现出北方民族的刚强爽直，充满了北方的景色和风趣。杰出的代表作品有《敕勒歌》和《木兰诗》。

【作品】

忆梅下西洲①，折梅寄江北②。单衫杏子红③，双鬓鸦雏色④。
西洲在何处？两桨桥头渡。日暮伯劳飞⑤，风吹乌臼树。
树下即门前，门中露翠钿⑥。开门郎不至，出门采红莲⑦。
采莲南塘秋，莲花过人头。低头弄莲子，莲子清如水。
置莲怀袖中，莲心彻底红⑧。忆郎郎不至，仰首望飞鸿⑨。
鸿飞满西洲，望郎上青楼⑩。楼高望不见，尽日栏杆头。
栏杆十二曲，垂手明如玉。卷帘天自高，海水摇空绿⑪。
海水梦悠悠，君愁我亦愁。南风知我意，吹梦到西洲。

【注释】

①下：落。 ②江北：男子所住的地方。 ③杏子红：杏红色的单衫。 ④鸦雏色：像小乌鸦一样的颜色，此指女子乌黑的头发。 ⑤伯劳：鸟名，农历五月开始啼叫，喜欢单栖。 ⑥翠钿：用翠玉做成或镶嵌的首饰。 ⑦莲：与“怜”谐音，有双关意，下同。 ⑧彻底红：隐喻爱怜之深厚。 ⑨望飞鸿：盼望书信。 ⑩青楼：涂饰清漆的楼房，借指古代女子的居处。 ⑪海水：此指江水。摇空绿：江水空自摇荡。

【阅读提示】

编选自《西洲曲》，载《乐府诗集》卷七十二，《四库全书》第1347册，第621页。

这首诗歌最早出现在南朝梁徐陵所编辑的《玉台新咏》之中。宋郭茂倩《乐府诗集》把它收入《杂曲歌辞》。有的选本认为此诗是江淹或梁武帝所作，又有人以为是经过文人加工的南朝民歌。

这首诗歌写一个女子对江北情人的深长思念。全诗可分为三层：前六句为第一层，写少女重游西洲，忆梅思人。中间二十句为第二层，描写了少女从夏季写到秋季的种种行为动作，表现少女无论春夏秋冬，思念之情始终无法排解。最后六句为第三层，写少女渴望随南风飞到情人的身边。

此诗最突出的艺术特点是把具有季节特征的景物描写与人物的动作描写有机地结合在一起，深挚而曲婉地表达出了缠绵悱恻、刻骨铭心的相思之情。这里，景色与主人公的心理融合在一起，衬托出主人公细腻、缠绵的情感；而忆梅、折梅、寄梅、开门、出门、采莲、弄莲、置莲、忆郎、望鸿、上楼、垂手、卷帘等一系列具体的动作，将少女坚贞不渝的爱情和连绵不断的相思之情，深婉动人地表现出来，细腻地表现了少女的情感世界。此外，诗中多用"接字"和"钩句"的手法，使意义连贯并形成优美的节奏，形成了句句相承、段段相绾、连绵不断的连环式的主体结构，这也便于表现少女缠绵悱恻的相思之情，显示出成熟的艺术技巧。

和晋陵陆丞早春游望[①]

杜审言

【作者简介】 杜审言（约 645—708），字必简，祖籍襄阳（今属湖北）。青年时期与李峤、苏味道、崔融合称"文章四友"。为人狂放，常以文章自负。诗有不少朴素自然的佳作，以五律著称，格律谨严，技巧纯熟，对推进律诗的成熟颇有贡献，是唐代近体诗的奠基人之一。他是杜甫的祖父，其律诗对杜甫有所影响。《全唐诗》录存其诗 1 卷，共 40 余首。有《杜审言集》。

【作品】

独有宦游人，偏惊物候新。
云霞出海曙，梅柳渡江春。
淑气催黄鸟[②]，晴光转绿蘋[③]。
忽闻歌古调[④]，归思欲沾巾。

【注释】

①这是首和诗。晋陵即今江苏省常州市。陆丞，作者友人，名字不详。武则天永昌元年(689)前后，杜审言任江阴县令，与陆某是同郡邻县的僚友。 ②黄鸟：黄莺，又名鸧鹒。③晴光：春光。 ④古调：指陆丞的原唱《早春游望》。

【阅读提示】

编选自杜审言:《和晋陵陆丞早春游望》,载《全唐诗》,上海古籍出版社 1986 年版,第 177 页。

这首和诗写得非常别致。江南仲春二月,新春伊始,一派春光明媚、鸟语花香的景象。但诗人于此流露出的却是宦游江南时的怀乡之情,可以说是惊新而不快、赏心而不乐,于优美景色的歌咏中流露出一丝淡淡的,甚而有些伤感的思乡之愁,而且言外还透露了自己对仕途失意的满腹牢骚和不平。

杜审言作品
视频讲解

在狱咏蝉

骆宾王

【作者简介】 骆宾王(约 630—684),字观光,婺州义乌(今浙江省义乌市)人,为"初唐四杰"中最富于传奇色彩的诗人和文章家。7 岁时赋《咏鹅》诗,被传为佳话,目为神童。骆宾王现存的作品有《骆临海集》10 卷,《全唐诗》中收入其诗 3 卷,共 100 多首。

【作品】

西陆蝉声唱①,南冠客思侵②。
那堪玄鬓影③,来对白头吟④。
露重飞难进,风多响易沉。
无人信高洁,谁为表予心?

【注释】

①西陆:指秋天。《隋书·天文志》:"日循黄道东行……行西陆谓之秋。" ②南冠:指囚徒。《左传·成公九年》:"晋侯观于军府,见钟仪,问之曰:'南冠而絷者谁也?'有司对曰:'郑人所献楚囚也'。" ③玄鬓:指蝉。 ④白头:指诗人自己。

【阅读提示】

编选自骆宾王:《在狱咏蝉》,载《全唐诗》,上海古籍出版社 1986 年版,第 202 页。

这是一首咏物诗。诗人以秋蝉起兴,以蝉声逗起客思;接着用流水对"那堪"和"来对"联系物我,巧妙地借两鬓乌玄的秋蝉来反衬白头诗人的自伤老大,无一字涉及"悲愁"而凄恻之情

骆宾王作品
视频讲解

尽在言外。五六两句纯用比体，字面上在说蝉受到风露的压力而实际上却是字字在说自己政治上受到的压制，物我在这里完全打成了一片，这是咏物诗的最高境界。第七句仍用比体，以餐风饮露、不食人间烟火的秋蝉喻自己高洁的品格；最后一问，蝉与诗人又浑然为一，达到了物我一体的境界。

题大庾岭北驿①

宋之问

【作者简介】 宋之问（约656—713），一名少连，字延清，汾州（今山西省汾阳市）人。与著名诗人沈佺期齐名，并称“沈宋”。他的主要功绩和沈佺期一样，在创作实践中使六朝以来的格律诗的法则更趋细密，使五言律诗的体制更臻完善，并创造了七言律诗的新体。他也是律诗的奠基人之一。

【作品】

阳月南飞雁②，传闻至此回。
我行殊未已，何日复归来？
江静潮初落，林昏瘴不开。
明朝望乡处，应见陇头梅③。

【注释】

①大庾岭：在今江西大庾，岭上多生梅花，又名梅岭。 ②阳月：农历十月。 ③陇头梅：南朝梁时陆凯有诗云：“折梅逢驿使，寄与陇头人。江南无所有，聊赠一枝春。”陇头梅由此而来。

【阅读提示】

编选自宋之问：《题大庾岭北驿》，载《全唐诗》，上海古籍出版社1986年版，第159页。

宋之问在武后、中宗两朝颇得宠幸，但景云元年（710）睿宗即位后，认为他依附张易之，投靠武三思，屡不悔改，便将他流放钦州（今广西壮族自治区钦州市）。当他到达大庾岭北驿，放眼茫茫山色，遥想明日一旦越过山岭，不知何时得以重返中原故土，一念及此，不禁悲从中来。但全诗却无一字道及悲愁。诗人以情布景，又以景衬情，写出了自己的真情实感，自然也就能感动读者了。

感遇三十八首(其二)[1]

陈子昂

【作者简介】 陈子昂(659—700),字伯玉,梓州射洪(今四川省射洪市西北)人。唐睿宗文明元年(684)举进士,拜麟台正字,后迁右拾遗。后因痛感自己的政治抱负和许多进步主张不能实现,便于圣历初(698)辞官返乡。武三思命县令段简诬陷他,因此入狱,后忧愤而死。终年仅42岁。陈子昂在诗歌的理论与创作上都表现出大胆的创新精神。他提倡汉魏风骨,主张“风雅”“兴寄”,反对齐梁“绮靡颓废”的诗风。他是倡导唐代诗歌革新的先驱,其诗质朴刚健,明朗豪放,对唐诗的发展影响很大。著有《陈伯玉集》。

【作品】

兰若生春夏,芊蔚何青青[2]!
幽独空林色,朱蕤冒紫茎[3]。
迟迟白日晚,袅袅秋风生。
岁华尽摇落,芳意竟何成?

【注释】

①《感遇》是陈子昂所写的、以感慨身世为主旨的组诗,共38首,本篇是其中的第2首。 ②芊蔚:草木茂盛的样子。 ③朱蕤:朱红色的花。

【阅读提示】

编选自陈子昂:《感遇三十八首(其二)》,载《全唐诗》,上海古籍出版社1986年版,第211页。

这首诗通篇用比兴手法,借歌咏香兰杜若,赞美兰若压倒群芳的风姿,来寄托自己年华流逝、理想破灭的悲叹,寓意凄婉,寄慨遥深。这首诗和陈子昂其他《感遇》诗一样,继承的是阮籍《咏怀》诗托物感怀的传统手法,它们扭转了初唐诗坛“采丽竞繁”的形式主义诗风,为盛唐之音的到来奏响了强劲的号角。

陈子昂作品
视频讲解

春江花月夜[1]

张若虚

【作者简介】 张若虚(约660—720),扬州(今江苏省扬州市)人,曾任兖州兵曹。唐中宗李显神龙年间与贺知章等人同以吴越名士扬名京都。唐玄宗李隆基开元初年(713)又和贺知章、张旭、包融齐名,号称“吴中四士”。今仅存诗2首。《春江花月夜》别具特色,历来为人们所称颂。

【作品】

春江潮水连海平,海上明月共潮生。
滟滟随波千万里,何处春江无月明?
江流宛转绕芳甸[2],月照花林皆似霰。
空里流霜不觉飞,汀上白沙看不见。
江天一色无纤尘,皎皎空中孤月轮。
江畔何人初见月?江月何年初照人?
人生代代无穷已,江月年年只相似。
不知江月待何人,但见长江送流水。
白云一片去悠悠[3],青枫浦上不胜愁[4]。
谁家今夜扁舟子?何处相思明月楼?
可怜楼上月徘徊,应照离人妆镜台。
玉户帘中卷不去,捣衣砧上拂还来。
此时相望不相闻,愿逐月华流照君。
鸿雁长飞光不度,鱼龙潜跃水成文[5]。
昨夜闲潭梦落花[6],可怜春半不还家。
江水流春去欲尽,江潭落月复西斜。
斜月沉沉藏海雾,碣石潇湘无限路[7]。
不知乘月几人归,落月摇情满江树。

【注释】

①《春江花月夜》是乐府旧题,属《清商曲·吴声歌曲》,相传创自南朝陈后主叔宝。②芳甸:花草丛生的原野。 ③白云:此喻指游子。 ④青枫浦:故址在今湖南浏阳境内。此泛指送别之地。 ⑤鸿雁、鱼龙:皆喻指信使。 ⑥闲潭:平和、幽静的水潭。 ⑦碣石潇

湘:借指天南地北。碣石:山名,故址在今河北省。潇湘:水名,在今湖南省。

【阅读提示】

编选自张若虚:《春江花月夜》,载《全唐诗》,上海古籍出版社1986年版,第273-274页。

这首七言古诗描绘了春江花月夜的优美景色,并由此生发出对宇宙无穷、人生短暂的思索和对游子思妇在今宵明月下天各一方的惋惜。诗的开头先以大笔挥洒,勾勒出一幅江潮连海、月共潮生的壮丽画面,接着轻轻挥洒一笔,从细处点染月色迷茫、浸染春江花林的奇妙效果,创造了一个神话般美妙的清明澄澈境界。然后由月色笼罩的纯净世界引发了诗人的遐思冥想,并从前人关于宇宙永恒、人生短暂的慨叹中翻出新意:"人生代代无穷已,江月年年只相似。"个人的生命是短暂的,而人类绵延久长的历史却与宇宙同在,这种"哀而不伤"的开朗感情基调正是初盛唐时代精神的体现。江月有恨,流水无情,诗人十分自然地将笔触由大自然景色转到了男女相思的离愁别恨。诗人从咏月着眼,以孤月的徘徊不定、月色的拂卷不去烘托思妇中夜徘徊、难以驱遣的惆怅,以落花流水、残月满江烘托游子眷恋春光、思念家乡的深情。诗人以月光统摄群像,描绘了江水、波光、芳甸、花林、沙滩、夜空、白云、青枫、扁舟、妆楼、镜台、海雾等一系列景象,画面清丽,意趣盎然。本诗语言优美自然,声韵和谐,声情与文情丝丝入扣,深沉柔和,婉转谐美。所以闻一多热情地赞美它是"诗中的诗,顶峰上的顶峰"(《宫体诗的自赎》),前人也有"孤篇横绝,竟为大家"和"以孤篇压倒全唐"的感叹。

从军行(其五)

王昌龄

【作者简介】 王昌龄(698—约757),唐代诗人。字少伯,唐京兆长安(今陕西省西安市)人。唐玄宗开元十五年(727)进士,为校书郎。王昌龄当时曾名重一时,有"诗家夫子王江宁"之称,被誉为"七绝圣手"。其诗多为当时边塞军旅生活题材,描绘边塞风光,气势雄浑,以《从军行》7首、《出塞》2首最为有名。有《王昌龄集》。

【作品】

大漠风尘日色昏[①]，红旗半卷出辕门。

前军夜战洮河北[②]，已报生擒吐谷浑[③]。

【注释】

①大漠：辽阔无际的沙漠。 ②洮河：黄河上游支流，在今甘肃西南。 ③吐谷(yù)浑：我国古代的少数民族名，此借指敌方首领。

【阅读提示】

编选自王昌龄：《从军行(其五)》，载《全唐诗》，上海古籍出版社 1986 年版，第 230 页。

用绝句来描写一场殊死的决战，这本非其长。王昌龄不愧为“七绝圣手”。他用短短 28 字的七言绝句，避实就虚，为我们演绎了一场惊心动魄的激战。前两句既是写景也是渲染气氛，既写出了作战环境、气候的恶劣，也写出了唐军的军威，同时也让人感觉到一场恶战已经迫在眉睫。但是作者笔锋一转，却说前锋传来捷报：已经生擒敌首，战争结束。一场激战，就这样以轻快跳脱之笔，通过侧面的烘托、点染表现出来了，真是高明之极！

过故人庄[①]

孟浩然

【作者简介】 孟浩然(689—740)，本名浩，字浩然，襄州襄阳(今湖北省襄阳市)人。早年隐居家乡襄阳附近的鹿门山，闭门读书，以诗自娱。40 岁时游长安，应进士不第，布衣而终。与王维交谊甚笃，诗风相近，同为盛唐山水田园诗派的主要作家，号“王孟”。其诗意境清远，有恬淡清纯之妙。李白、杜甫都十分尊崇他的人格与诗句。有《孟浩然集》。

【作品】

故人具鸡黍，邀我至田家。

绿树村边合，青山郭外斜[②]。

开筵面场圃，把酒话桑麻。

待到重阳日，还来就菊花。

【注释】

①过故人庄：去拜访老朋友的村庄。 ②郭：古代城外再加筑的一道城墙。

【阅读提示】

编选自孟浩然:《过故人庄》,载《全唐诗》,上海古籍出版社1986年版,第376页。

孟浩然作品视频讲解1

沈德潜在《唐诗别裁》中称赞孟浩然的诗是“语淡而味终不薄”,闻一多在《孟浩然》中也说孟浩然的诗是“淡到看不见诗”,这首《过故人庄》就是这样一首“淡到看不见”的诗。这里几乎没有一个夸张的句子,也没有一个使人兴奋的词语。诗人平实的叙述,却把一个普通的农庄,一回鸡黍饭的普通款待,表现得如此富有诗意。而且透过平淡的语言,我们又能实实在在地感受到诗人和朋友之间那份纯真朴实的情谊。真是“语淡而味终不薄”啊!

临洞庭湖赠张丞相

孟浩然

【作品】

八月湖水平①,涵虚混太清②。
气蒸云梦泽,波撼岳阳城。
欲济无舟楫,端居耻圣明③。
坐观垂钓者④,徒有羡鱼情。

【注释】

①八月:指农历八月。 ②“涵虚”句:是说湖水浩瀚,水天一色。这里“虚”和“清”都指天空。③端居:闲居,此指隐居。 ④垂钓者:隐喻执政者。

【阅读提示】

编选自孟浩然:《临洞庭湖赠张丞相》,载《全唐诗》,上海古籍出版社1986年版,第373页。

孟浩然作品视频讲解2

这是一首干谒诗。唐玄宗开元二十一年(733),孟浩然来到长安,写了这首诗给当时的宰相张九龄,希望得到他的推荐和提携。前四句写景,写洞庭湖波涛汹涌、辽阔无际的壮观景象。后四句由眼前的景转为抒情。诗人面对这浩瀚无际的湖水,想到了自己要从政却无人引荐,就如同想要横渡洞庭湖却没有船和桨一样。最后向张丞相表白自己出仕求官的想法。因为有了前面壮阔景象的衬托，使后面的求人之词显得不卑不亢，非常得体。整首诗委婉含蓄，不落俗套，是干谒诗中的上乘之作。

渭川田家

王 维

【作者简介】 王维(701—761)，字摩诘，祖籍太原祁县(今属山西)。21岁中进士。宰相张九龄执政时，王维被提拔为右拾遗，转监察御史。天宝年间，王维在终南山和辋川过着亦官亦隐的生活。唐肃宗至德元年(756)，王维被攻陷长安的安禄山叛军所俘，被迫做伪职。因在被俘期间作《凝碧池》诗怀念朝廷、痛骂安禄山，得到唐肃宗的赞许，升迁为尚书右丞。晚年在半官半隐、奉佛参禅、吟山咏水的生活中度过。王维的诗歌多是描山摹水、歌咏田园风光的，苏轼称赞说："味摩诘之诗，诗中有画；观摩诘之画，画中有诗。"王维不仅工诗善画，且精通音律，擅长书法。有《王右丞集》。

【作品】

斜光照墟落①，穷巷牛羊归②。
野老念牧童，倚杖候荆扉。
雉雊麦苗秀③，蚕眠桑叶稀。
田夫荷锄至，相见语依依。
即此羡闲逸，怅然吟式微④。

【注释】

①墟落：村庄。 ②穷巷：隐僻的里巷。 ③雉雊(gòu)：野鸡啼叫。 ④吟式微：意即想归隐田园。《诗经·邶风》有《式微》篇，是归隐之歌。

【阅读提示】

王维作品视频讲解

编选自王维：《渭川田家》，载《全唐诗》，上海古籍出版社1986年版，第287页。

这首诗用清新自然的笔触，勾勒出一幅春末夏初农村傍晚的田园风光图。"归"是此诗的核心，是"诗眼"。夕阳西下，夜幕降临，这是农家晚归的时候。慈祥的老农拄着拐杖正迎接放牧归来的牧童；茂盛的麦地里野鸡为找到归宿而欢快地叫着；蚕儿吃完桑叶正准备吐丝营筑自己的归巢；农夫们扛着锄头收工归来，在村口相遇，快乐地交谈着。在宦海浮沉中苦闷失意的王维，面对这一切，心中艳羡不已。诗歌以别人的“归”得及时、“归”得其所，来反衬自己的独无所归，从而表达自己对官场的厌倦和渴望归隐田园的心情。

燕歌行[①]

高　适

【作者简介】 高适（约700—765），字达夫，一字仲武，渤海蓨（今河北省景县）人。20岁后曾到长安，求仕不遇。后漫游燕赵，客居梁、宋等地。天宝三年（744）秋，与李白、杜甫相会，共同饮酒赋诗，结下深厚的友谊。“安史之乱”起，他协助哥舒翰守潼关以抵抗叛军，升侍御史、谏议大夫。肃宗至德二年（757），因围攻永王璘有功，得唐肃宗嘉许，官职累进，历任淮南节度使、蜀彭二州刺史、西川节度使和大都督府长史等职。后封渤海县侯。与岑参并称“高岑”，同为盛唐边塞诗人代表。有《高常侍集》。

【作品】

开元二十六年，客有从御史大夫张公出塞而还者[②]，作《燕歌行》以示适。感征戍之事，因而和焉。

汉家烟尘在东北[③]，汉将辞家破残贼。
男儿本自重横行，天子非常赐颜色。
摐金伐鼓下榆关[④]，旌旗逶迤碣石间[⑤]。
校尉羽书飞瀚海[⑥]，单于猎火照狼山[⑦]。
山川萧条极边土，胡骑凭陵杂风雨[⑧]。
战士军前半死生，美人帐下犹歌舞。
大漠穷秋塞草腓，孤城落日斗兵稀。
身当恩遇恒轻敌，力尽关山未解围。
铁衣远戍辛勤久，玉箸应啼别离后。
少妇城南欲断肠，征人蓟北空回首[⑨]。
边庭飘飖那可度，绝域苍茫更何有。
杀气三时作阵云[⑩]，寒声一夜传刁斗。
相看白刃血纷纷，死节从来岂顾勋。

君不见沙场征战苦，至今犹忆李将军[11]。

【注释】

①燕歌行：乐府旧题，内容多写征戍之事。　②张公：张守珪。开元二十六年(738)因隐瞒部下的败绩，被贬为括州刺史。　③汉家：实指唐朝，唐人诗中写时事，多以汉喻唐。④摐(chuāng)金：指击钲，古代行军常用以协调步伐。榆关：今山海关。　⑤碣石：山名，在今河北昌黎县。　⑥羽书：指军中的紧急文书。　⑦狼山：狼居胥山，在今内蒙古西北部。⑧凭陵：指依仗某种有利条件而去侵凌别人。　⑨蓟北：指唐蓟州(在今天津市)以北一带，此处当泛指唐朝东北边地。　⑩三时：意指历时很久。　⑪李将军：指西汉名将李广。

【阅读提示】

高适作品视频讲解

编选自高适：《燕歌行》，载《全唐诗》，上海古籍出版社1986年版，第501页。

唐玄宗开元二十一年(733)后，张守珪担任幽州长史、营州都督、河北节度副大使，反击契丹在边境的骚扰有功。但是后来在开元二十四年(736)和二十六年(738)的两次战争中，他的部下安禄山、赵堪先后为契丹所败。高适对这两次战败，感慨很深，因此写了这首诗。此诗不仅是高适的"第一大篇"(近人赵熙语)，而且是整个唐代边塞诗中的杰作。诗歌通过一次战役全过程的叙写，讽刺、抨击了将领的骄傲轻敌、荒淫失职和不体恤士兵，赞扬战士英勇卫国的精神，还表现了战士长期戍边征战之苦以及征人思妇的两地相思之情。全诗气势畅达，笔力矫健，不愧为唐代边塞诗中的名篇。

将进酒[1]

李　白

【作者简介】　李白(701—762)，字太白，号青莲居士，祖籍陇西成纪(今甘肃省静宁县西南)。先世于隋末流徙中亚，李白即生于中亚的碎叶城(今吉尔吉斯斯坦托克马克附近)。五岁时随其父迁居绵州昌隆(今四川省江油市)的青莲乡。天宝初，因道士吴筠的推荐，受到唐玄宗李隆基的特殊礼遇，供奉翰林。晚年漂泊于武昌、浔阳、宣城等地。代宗宝应元年(762)病死于其族叔当涂县令李阳冰处。李白存诗990多首，这些诗歌，或以奔放的激情表达对理想政治的热烈追求，对建功立业的渴望；或以善描的画笔点染祖国壮丽的山河，无论五言七言，无论古体近体，无不别具风格，具有强烈的浪漫主义色彩。有《李太白集》。

【作品】

君不见黄河之水天上来，奔流到海不复回。
君不见高堂明镜悲白发，朝如青丝暮成雪。
人生得意须尽欢，莫使金樽空对月。
天生我材必有用，千金散尽还复来②。
烹羊宰牛且为乐，会须一饮三百杯。
岑夫子③，丹丘生④，将进酒，杯莫停。
与君歌一曲，请君为我倾耳听：
钟鼓馔玉不足贵⑤，但愿长醉不复醒。
古来圣贤皆寂寞，惟有饮者留其名。
陈王昔时宴平乐，斗酒十千恣欢谑⑥。
主人何为言少钱，径须沽取对君酌。
五花马⑦，千金裘⑧，呼儿将出换美酒⑨。
与尔同销万古愁！

【注释】

①《将进酒》：原是汉乐府短箫铙歌的曲调，是一首劝酒歌。　②千金散尽：李白《上安州裴长史书》："曩昔东游维扬，不逾一年，散金三十余万。有落魄公子，悉皆济之。"　③岑夫子：岑勋，南阳人，作者的朋友。　④丹丘生：元丹丘，作者的朋友。此诗即写于元丹丘在嵩山的颍阳山居。　⑤钟鼓馔玉：指富贵生活。古时富贵人家宴会常鸣钟击鼓作乐。馔玉，指精美的食物。　⑥"陈王"二句：曹植封为陈王。曹植《名都篇》："归来宴平乐，美酒斗十千。"平乐：指平乐观，汉宫阙名。　⑦五花马：五色花纹的名马。　⑧千金裘：价值千金的皮衣。　⑨将出：拿出。

【阅读提示】

编选自李白：《将进酒》，载《全唐诗》，上海古籍出版社 1986 年版，第 383 页。

这首诗以奔放的笔调，傲岸不羁的豪情，畅快淋漓地抒发了理想与现实矛盾的极端苦闷心情。这里有黄河伟大永恒而生命渺小脆弱的巨人式感伤，也有因人生短促而欲纵情畅饮的狂放；这里有蔑视权贵，视王侯如粪土的气概，也有英雄失意、怀才不遇的牢骚和不平。但是跃动其间更多的是"天生我材必有用"

的自信和乐观的强者之音。一首《将进酒》，五音繁会，气度不凡。一首《将进酒》，笔酣墨饱，诗情豪迈。如此鸿篇巨章，没有李白的性情才气，凡庸之辈是断然做不来的。

菩萨蛮[①]

李　白

【作品】

平林漠漠烟如织[②]。寒山一带伤心碧。暝色入高楼[③]。有人楼上愁。
玉阶空伫立[④]。宿鸟归飞急。何处是回程。长亭接短亭[⑤]。

【注释】

①这首词的作者归属问题，是一桩聚讼的公案，现在一般认为是李白写的。主要依据是北宋释文莹所著《湘山野录》，其中记载："'平林漠漠烟如织'云云，此词不知何人写在鼎州沧水驿楼，复不知何人所撰，魏道辅见而爱之，后至长沙，得《古风集》于曾子宣内翰家，乃知太白所作。"　②漠漠：烟雾弥漫的样子。　③暝色：暮色。　④玉阶：台阶的美称。　⑤亭：古代设在路边供人休息的建筑，一般是五里一短亭，十里一长亭。

【阅读提示】

李白作品视频讲解

编选自李白：《菩萨蛮》，载张璋、黄畬编《全唐五代词》卷一，上海古籍出版社 1986 年版，第 34 页。

登高远眺，平野上树林已笼罩在层层烟雾之中。远山一片青绿，仿佛带着一丝伤感的情怀。暮色慢慢爬上了高楼，有一位游子目睹着眼前的秋色，心中充满了乡愁。他久久地站立在台阶上，看着飞鸟急匆匆地归巢，忍不住问自己：哪里是我的回家路？但是长亭连着短亭，归路茫茫，故乡茫茫，心中也是一片迷茫。此词借景抒情，写得苍茫凄凉，历来深受好评。明代卓人月《古今词统》卷五评价说："词林以此为鼻祖，其古致遥情，自然压卷。"

哀江头[①]

杜　甫

【作者简介】　杜甫(712—770)，字子美，生于河南巩县(今河南省巩义市西南)一个官僚家庭。祖父杜审言是唐初著名诗人。杜甫少时曾漫游吴越、齐鲁。35岁到长安，奔走谋求功名十年，才得到右卫率府胄曹参军的小官。值安史乱起，一度被俘，后脱身潜投肃宗，初授左拾遗，后贬华州司功参军，不久弃官入蜀，被荐为节度参谋、检校工部员外郎，后世称“杜工部”。他离开成都后，全家寄居夔州（今重庆市奉节县），后在江陵、衡阳一带辗转流离。唐代宗大历五年（770），病死在湘江的一只小船中。他的诗在艺术上以丰富多彩著称，风格或雄浑奔放，或沉郁顿挫。他擅长律诗，又是新乐府诗体的开创者。他的诗声律和谐，选字精练。杜甫有“诗圣”之称，其诗留存至今的有1400多首，有《杜少陵集》。

【作品】

少陵野老吞声哭②，春日潜行曲江曲。
江头宫殿锁千门③，细柳新蒲为谁绿？
忆昔霓旌下南苑，苑中万物生颜色。
昭阳殿里第一人④，同辇随君侍君侧。
辇前才人带弓箭，白马嚼啮黄金勒。
翻身向天仰射云，一箭正坠双飞翼。
明眸皓齿今何在？血污游魂归不得⑤。
清渭东流剑阁深，去住彼此无消息。
人生有情泪沾臆，江水江花岂终极？
黄昏胡骑尘满城⑥，欲往城南忘南北⑦。

【注释】

①江：指曲江，在长安城南。 ②少陵野老：诗人自称。杜甫曾在少陵居住过。 ③江头宫殿：曲江为唐玄宗和杨贵妃的游幸之地，筑有行宫。 ④“昭阳”句：用汉成帝皇后赵飞燕指代杨贵妃。 ⑤血污游魂：指杨贵妃被缢死马嵬坡之事。 ⑥胡骑：指安禄山的骑兵。 ⑦城南忘南北：也作“城南望城北”。唐代长安城南为居民住宅区，杜甫也住在这里。城北为宫阙所在地。

【阅读提示】

编选自杜甫：《哀江头》，载《全唐诗》，上海古籍出版社1986年版，第513页。

唐肃宗至德二年（757）春，诗人被安禄山叛军掳至长安。诗人来到曲江，抚事伤时，写下了这首诗。前四句为第一部分，写长安沦陷后曲江的荒凉衰败；中间八句是第二部分，回忆安史之乱以前唐玄宗、杨贵妃游幸曲江的盛况；最后八句是第三部分，写诗人在曲江水边产生的感慨和对国难之时帝妃的哀怜。三个部分的核心是一个“哀”字，第一部分无事不哀，第三部分乐极生哀，第二部分承上写“哀”的根源是唐玄宗、杨贵妃极度逸乐的腐朽生活，启下是以乐衬哀，写出了诗人内心难以抑止的哀痛。通过今昔对照，哀乐反衬，把诗人内心对国破家亡的深哀大恸刻画得淋漓尽致。

蜀　相①

杜　甫

【作品】

丞相祠堂何处寻，锦官城外柏森森②。
映阶碧草自春色，隔叶黄鹂空好音。
三顾频烦天下计③，两朝开济老臣心④。
出师未捷身先死⑤，长使英雄泪满襟。

【注释】

①蜀相：指诸葛亮。　②锦官城：成都的别称。诸葛亮的祠堂(今名武侯祠)，现在成都市南郊公园内。　③“三顾”句：刘备三顾茅庐于隆中(今湖北省襄阳市西)，向诸葛亮请教天下大计。　④“两朝”句：诸葛亮辅佐先主刘备开创大业，又在刘备死后，助后主刘禅支撑危局，经历两朝，开业济危，表现出老臣的一片忠心。　⑤“出师”句：诸葛亮于建兴十二年(234)春出兵伐魏，功未立而病死于渭水南五丈原军中。

【阅读提示】

杜甫作品
视频讲解

编选自杜甫：《蜀相》，载《全唐诗》，上海古籍出版社1986年版，第551页。

诸葛亮是杜甫心目中的偶像和楷模，诸葛亮的雄才伟略，赫赫业绩，以及鞠躬尽瘁、死而后已的精神，都令杜甫崇仰敬慕。诸葛亮与刘备之间君臣相得的鱼水之情，更令杜甫羡慕不已。但是，庸懦无能的后主，听信奸邪，致使诸葛亮功亏一篑，统一大业无法成就，这令杜甫感慨万千、伤痛不已。于是，到成都后的杜甫拜谒武侯庙，写下了这首缅怀先贤、寄寓感慨的诗篇。

走马川行奉送封大夫出师西征

岑　参

【作者简介】 岑参（约715—770），南阳（今属河南）人。天宝进士。曾两次到西北边陲，在高仙芝、封常清幕府中度过六七年的边塞生活。后官至嘉州刺史，卒于成都。长于七言歌行，所作善于描绘塞上风光和战争景象。其诗气势雄健，情辞慷慨，风格明快，语言变化自如。与高适并称“高岑”，同为盛唐边塞诗人代表。有《岑嘉州诗集》。

【作品】

君不见走马川①，雪海边，平沙莽莽黄入天。
轮台九月风夜吼②，一川碎石大如斗，随风满地石乱走。
匈奴草黄马正肥，金山西见烟尘飞③，汉家大将西出师。
将军金甲夜不脱，半夜军行戈相拨，风头如刀面如割。
马毛带雪汗气蒸，五花连钱旋作冰④，幕中草檄砚水凝。
虏骑闻之应胆慑，料知短兵不敢接，车师西门伫献捷⑤。

【注释】

①走马川：一作“走马川行”。“行”，是古诗的一种体裁，不应该出现在正文中。　②轮台：唐时属庭州，隶北庭都护府。在今新疆轮台县。　③金山：西部有几处叫金山的，这里是泛指塞外的山脉。　④五花连钱：一说指斑驳的毛色，一说指名贵的马。　⑤车师：安西都护府所在地，在今新疆吐鲁番市。

【阅读提示】

编选自岑参：《走马川行奉送封大夫出师西征》，载《全唐诗》，上海古籍出版社1986年版，第467页。

岑参作品
视频讲解

唐玄宗天宝十三年（754），封常清担任北庭都护、西伊节度、翰海军使，调岑参为安西北庭节度判官。这首诗是岑参在轮台送封常清出师西征播仙时写的。岑参的边塞诗意奇语奇，气势磅礴，想象新奇，充满浪漫色彩。他的边塞诗多歌颂边防将士英勇献身的精神，描绘雄奇壮丽的边塞风光。这首诗也具有这些特点，风沙的猛烈、人物的豪迈，都给人以雄浑壮美之感，体现了盛唐社会蓬勃向上的时代精神。

省试湘灵鼓瑟[①]

钱 起

【作者简介】 钱起(约720—约782),字仲文,吴兴(今浙江省湖州市一带)人。玄宗天宝十年(751)进士,历任校书郎、考功郎中、翰林学士,"大历十才子"之一。有《钱考功集》。

【作品】

善鼓云和瑟[②],常闻帝子灵[③]。
冯夷空自舞[④],楚客不堪听。
苦调凄金石,清音入杳冥。
苍梧来怨慕,白芷动芳馨[⑤]。
流水传潇湘,悲风过洞庭。
曲终人不见,江上数峰青。

【注释】

①省试:唐时各州县贡士到京师,由尚书省的礼部主试,通称省试。湘灵鼓瑟:这里用作试题名,出自《楚辞·远游》:"使湘灵鼓瑟兮,令海若舞冯夷。" ②云和:古山名。 ③帝子:指尧的两个女儿娥皇、女英,也是舜的妻子。 ④冯(píng)夷:传说中的河神名。 ⑤白芷:一种香草,夏天开小白花。

【阅读提示】

编选自钱起:《省试湘灵鼓瑟》,载《全唐诗》,上海古籍出版社1986年版,第596页。

这是一首试帖诗,也就是考生在考场上写就的诗。考场上一般难得有佳作,钱起此诗一向为人称道,在中晚唐一直被公认为试帖诗的范本。钱起驰骋想象,将无形的乐声写得十分形象,成为一种看得见、听得到的东西。尤其是最后两句,可以说是神来之笔,湘灵鼓瑟的余音尚袅袅在耳,眼前一江如带、数峰似染的美景又将人带到了似真如幻的世界中,具有言有尽而意无穷的神韵。

宫　怨

李　益

【作者简介】　李益(746—829),字君虞,陇西姑臧(今甘肃省武威市)人。唐代宗大历四年(769)中进士。其诗在艺术上能够吸收乐府民歌的特点,节奏和谐,语言优美精练。擅长绝句、七律。有《李君虞诗集》。

【作品】

露湿晴花春殿香,月明歌吹在昭阳①。
似将海水添宫漏②,共滴长门一夜长③。

【注释】

①昭阳:汉朝宫殿名,是汉成帝皇后赵飞燕的居处。后泛指得宠宫人住地。　②宫漏:古代的计时器。　③长门:汉朝宫殿名,汉武帝的陈皇后失宠后的居处。后泛指失宠宫人住地。

【阅读提示】

编选自李益:《宫怨》,载《全唐诗》,上海古籍出版社1986年版,第718页。

这首诗第一句写春天美好的景色,晴花沾露,越发娇艳;夜来花香,更是暗香满殿。第二句写昭阳殿里歌舞者的快乐心情,在快乐者的眼里,似乎连宫中的月亮也特别的明亮、特别的美丽。一、二两句相得益彰,写尽了得承皇帝恩宠者的快乐,与下两句的宫怨恰成鲜明对比。后两句突转,这里没有了春天的花香,也没有了欢乐的歌吹,有的只是那流不尽、滴不完的漏声,仿佛将那大海的水注入了宫漏中,永远滴不完了。这里用海水的巨大容量来夸大长门宫的夜长漏永,写尽了失意宫人心中的痛苦和煎熬。

秋怀(其二)①

孟　郊

【作者简介】　孟郊(751—814),字东野,湖州武康(今浙江省德清县)人。屡试不第,直到46岁才中进士。年50才开始担任溧阳县尉等小官,贫寒至死。他为人耿介倔强,一生穷愁潦倒。他的诗大多抒发个人的坎坷不遇,揭露世态炎凉,抨击统治者的骄奢淫逸,对劳动人民的悲惨处境深表同情。他写诗强调诗歌的“风骨”传统,多用五言古体,用字追求“瘦硬”、奇险,诗风与韩愈相近,后人将他与韩愈并称“韩孟”。存诗400余首，有《孟东野集》。

【作品】

秋月颜色冰，老客志气单。
冷露滴梦破，峭风梳骨寒。
席上印病文，肠中转愁盘。
疑怀无所凭，虚听多无端。
梧桐枯峥嵘，声响如哀弹。

【注释】

①孟郊晚年住在洛阳，在河南尹郑余庆幕下充当僚吏，贫病交加，潦倒不堪。《秋怀》就是在洛阳写的一组嗟老伤病的诗歌，其中以第二首为最好。

【阅读提示】

编选自孟郊：《秋怀（其二）》，载《全唐诗》，上海古籍出版社1986年版，第932页。

金代元好问《论诗三十首》评孟郊说：“东野穷愁死不休，高天厚地一诗囚。”对于孟郊诗中一味地写自己的穷愁潦倒提出了批评，批评他的诗气度窄，格局小。其实，此诗还是有真情实感的。在这首诗中，孟郊抒写了自己晚境的凄凉，一定程度上反映了封建制度对人才的摧残和世态人情的冷酷。韩愈在《荐士》诗里说孟郊的诗“横空盘硬语，妥帖力排奡”，此诗中的“颜色冰”“志气单”“滴梦破”“梳骨寒”等，即属于坚挺有力的“硬语”。

祭十二郎文①

韩　愈

【作者简介】 韩愈（768—824），字退之，河内河阳（今河南省孟州市）人。祖籍昌黎（今河北省昌黎县），世称韩昌黎。唐德宗贞元八年（792）进士。宪宗时，他随宰相裴度平定淮西之乱，升任刑部侍郎，因上疏反对迎佛骨，被贬为潮州（今广东省潮州市）刺史。穆宗时，官至吏部侍郎。韩愈和柳宗元同是古文运动的倡导者，其散文被列为“唐宋八大家”之首。他主张继承先秦两汉散文的传统，反对六朝以来讲究声律、对仗而忽视内容的骈体文，提倡散体，主张“辞必己出”“唯陈言之务去”。韩愈的诗歌气势壮阔，笔力雄健，力求新奇，自成一家，开了“以文为诗”的风气，对后来的宋诗影响很大，但有时不免流于险怪。有《昌黎先生集》。

【作品】

年、月、日[②]，季父愈闻汝丧之七日，乃能衔哀致诚，使建中远具时羞之奠[③]。告汝十二郎之灵：

呜呼！吾少孤[④]，及长，不省所怙[⑤]，惟兄嫂是依[⑥]。中年兄殁南方[⑦]，吾与汝俱幼，从嫂归葬河阳[⑧]，既又与汝就食江南[⑨]，零丁孤苦，未尝一日相离也。吾上有三兄，皆不幸早逝。承先人后者，在孙惟汝，在子惟吾，两世一身[⑩]，形单影只。嫂常抚汝指吾而言曰："韩氏两世，惟此而已。"汝时尤小，当不复记忆；吾时虽能记忆，亦未知其言之悲也。

吾年十九，始来京城。其后四年，而归视汝。又四年，吾往河阳省坟墓[⑪]，遇汝从嫂丧来葬[⑫]。又二年，吾佐董丞相于汴州[⑬]，汝来省吾；止一岁，请归取其孥。明年，丞相薨[⑭]，吾去汴州，汝不果来。是年，吾佐戎徐州[⑮]，使取汝者始行，吾又罢去，汝又不果来。吾念汝从于东，东亦客也，不可以久；图久远者，莫如西归，将成家而致汝[⑯]。呜呼！孰谓汝遽去吾而殁乎！吾与汝俱少年，以为虽暂相别，终当久相与处，故舍汝而旅食京师[⑰]，以求斗斛之禄；诚知其如此，虽万乘之公相，吾不以一日辍汝而就也！

去年孟东野往[⑱]，吾书与汝曰："吾年未四十，而视茫茫，而发苍苍，而齿牙动摇。念诸父与诸兄[⑲]，皆康强而早世，如吾之衰者，其能久存乎？吾不可去，汝不肯来，恐旦暮死，而汝抱无涯之戚也[⑳]。"孰谓少者殁而长者存，强者夭而病者全乎？呜呼！其信然邪？其梦邪？其传之非其真邪？信也，吾兄之盛德，而夭其嗣乎？汝之纯明，而不克蒙其泽乎？少者强者而夭殁，长者衰者而存全乎？未可以为信也。梦也，传之非其真也？东野之书，耿兰之报[㉑]，何为而在吾侧也？呜呼！其信然矣！吾兄之盛德，而夭其嗣矣！汝之纯明，宜业其家者[㉒]，不克蒙其泽矣！所谓天者诚难测，而神者诚难明矣！所谓理者不可推，而寿者不可知矣！虽然，吾自今年来，苍苍者，或化而为白矣，动摇者，或脱而落矣。毛血日益衰，志气日益微，几何不从汝而死也！死而有知，其几何离？其无知悲不几时，而不悲者，无穷期矣。汝之子始十岁，吾之子始五岁[㉓]，少而强者不可保，如此孩提者，又可冀其成立邪？呜呼哀哉！呜呼哀哉！

汝去年书云："比得软脚病[㉔]，往往而剧。"吾曰："是疾也，江南之人，常常有之。"未始以为忧也。呜呼！其竟以此而殒其生乎？抑别有疾而至斯极乎[㉕]？汝之书，六月十七日也。东野云，汝殁以六月二日。耿兰之报无月日。盖东野之使者，不知问家人以月日；如耿兰之报，不知当言月日。东野与吾书，乃问使者，使者妄称以应之耳。其然乎？其不然乎？

今吾使建中祭汝，吊汝之孤，与汝之乳母，彼有食可守，以待终丧[26]，则待终丧而取以来；如不能守以终丧，则遂取以来。其余奴婢，并令守汝丧。吾力能改葬，终葬汝于先人之兆[27]，然后惟其所愿。

呜呼！汝病吾不知时，汝殁吾不知日。生不能相养以共居，殁不得抚汝以尽哀。敛不凭其棺[28]，窆不得临其穴。吾行负神明，而使汝夭，不孝不慈，而不得与汝相养以生，相守以死。一在天之涯，一在地之角。生而影不与吾形相依，死而魂不与吾梦相接。吾实为之，其又何尤[29]！彼苍者天，曷其有极[30]！

自今已往，吾其无意于人世矣。当求数顷之田，于伊、颍之上[31]，以待余年，教吾子与汝子，幸其成；长吾女与汝女，待其嫁，如此而已。

呜呼！言有穷而情不可终，汝其知也邪？其不知也邪？呜呼哀哉！尚飨[32]。

【注释】

①本文选自《昌黎先生集》卷二十三。十二郎：韩愈的侄子韩老成，在叔伯兄弟中排行第十二。韩愈之父生三子，长子韩会，次子韩介，季子韩愈。韩老成本是韩介的次子，出嗣给韩会为子。 ②年、月、日：一般指写本文的时间。 ③建中：人名，可能是韩家的仆人。时羞：时鲜的食品。羞：通“馐”。奠：此指祭品。 ④吾少孤：韩愈三岁丧父。 ⑤省：知道。所怙：指父亲。怙：依靠。 ⑥兄嫂：指韩会及其妻郑氏。 ⑦“中年”句：韩会卒于韶州（今广东省韶关市）刺史任上，时年42。 ⑧河阳：韩家祖坟所在地，在今河南省孟州市西。 ⑨就食江南：指到江南谋生。建中二年（781），中原发生战乱。韩家避居宣州（今安徽省宣城市）。 ⑩两世一身：指儿孙两代，都只剩下一个男丁。 ⑪省坟墓：指凭吊祖先坟墓。 ⑫“遇汝”句：指当韩愈往河阳祭扫祖坟时，韩老成正好护送他母亲郑氏的灵柩来祖坟安葬，韩愈叔侄相遇。 ⑬董丞相：指董晋。他于贞元十二年（796）以检校尚书左仆射、同中书门下平章事任宣武军节度使，征召韩愈为节度推官。 ⑭薨：唐代三品以上的官员死亡称薨。 ⑮左戎徐州：贞元十五年（799），韩愈护送董晋灵柩离开汴州（今河南省开封市），四天之后，汴州发生兵变。这年秋天，宁武军节度使张建封辟韩愈为节度推官，节度使府在徐州（今属江苏）。 ⑯成家：把家安顿好。致汝：把你接来。 ⑰旅食京师：去京城长安谋生。斗斛：指微薄的俸禄。 ⑱去年：贞元十八年（802）。孟东野：孟郊，东野是其字，中唐著名诗人。 ⑲诸父：指叔伯辈；诸兄：指叔伯兄弟。 ⑳无涯之戚：无穷的忧伤。戚：忧伤。 ㉑耿兰：韩老成家的仆人。 ㉒宜业其家：应当继承先人的事业。 ㉓“汝之子”二句：韩老成有子二人，即长子韩湘和次子韩滂，这里指韩滂。韩老成去世时，韩滂才一岁。韩愈长子

韩昶，这年五岁。 ㉔软脚病：双脚萎弱，不能行走。一说，脚气病。 ㉕斯极：这种地步，指死亡。 ㉖守终丧：守丧到丧期结束。 ㉗兆：坟地。 ㉘敛：为死者更衣称小敛，把尸体放入棺材称大敛。这里指大敛。 ㉙其又何尤：这又能责怪谁呢？尤：埋怨，责怪。 ㉚“彼苍者天”二句：出自《诗经·唐风·鸨羽》：“悠悠苍天，曷其有极。”呼天告地，是人非常悲痛而无可奈何的表现。 ㉛伊、颍：指河南的伊水和颍水，这里代指韩愈的家乡。 ㉜尚飨：古代祭文结尾时常用的格式，表示请死者的魂灵来享用祭品。

【阅读提示】

编选自韩愈：《祭十二郎文》，载韩愈《韩昌黎集》第五册，商务印书馆万有文库本民国26年版，第64-66页。

韩愈三岁丧父，由长兄韩会抚养长大，从小与侄子韩老成朝夕相伴，名为叔侄，情同手足。后来兄嫂又相继谢世，叔侄俩更是相依为命。没想到侄子韩老成英年早逝。韩愈悲痛欲绝，写下了这篇如泣如诉、情真意切的祭文。全文不拘古代祭文的常格，有三个主要特点：一是内容上一反古代祭文多写死者功德言行的俗套，一一细数家常琐事，从极其平常的家庭琐事中见出不同寻常的感情。二是文章自始至终扣住叔侄关系来写，既写出了叔侄之间多年唇齿相依的深厚情意，又表明了自己希望与韩老成“相养以生、相守以死”的愿望。三是语言形式上也一改祭文习用的四言韵语，采用散文的句式和对话的方式，使千里之外对韩老成的遥祭变为当面的凭吊，使文章显得格外的真切感人，增强了文章的感染力。

左迁至蓝关示侄孙湘①

韩　愈

【作品】

一封朝奏九重天②，夕贬潮州路八千。
欲为圣朝除弊事，肯将衰朽惜残年？
云横秦岭家何在，雪拥蓝关马不前。
知汝远来应有意，好收吾骨瘴江边③。

【注释】

①左迁：贬官。蓝关：蓝田关，在今陕西省蓝田县南。侄孙湘：韩愈的侄子韩老成的儿子韩湘。 ②“一封”句：指韩愈的《论佛骨表》。 ③瘴江：指充满瘴气的江，此指潮阳。

【阅读提示】

编选自韩愈:《左迁至蓝关示侄孙湘》,载《全唐诗》,上海古籍出版社 1986 年版,第 853 页。

韩愈一生以恢复儒家传统、消除佛道影响为己任。元和十四年(819)正月,唐宪宗迎佛骨于凤翔,大兴佛事。韩愈上《论佛骨表》,力谏宪宗"迎佛骨入大内",触犯"人主之怒",几乎被定为死罪,后经裴度等人说情,由刑部侍郎贬为潮州刺史。走到蓝关,侄孙韩湘来送他。韩愈写了这首诗。此诗笔势纵横,大气磅礴,有撼动人心的力量。在艺术手法上,既有格律诗谨严的特点,同时又以"文章之法"行之,表现了韩愈诗歌"以文为诗"的特点,从中可见杜甫诗歌对韩愈的影响。

蝜蝂传①

柳宗元

【作者简介】 柳宗元(773—819),字子厚,河东(今山西省永济市)人。是唐代杰出的文学家和思想家。贞元九年(793)进士。参加了以王叔文为首的政治改革集团,反对藩镇割据和宦官专权,推行免除部分苛捐杂税等具有进步意义的政策,因此触犯了宦官权豪的利益,遭到权贵的阻挠。革新失败后,柳宗元先被贬为永州(今湖南省永州市)司马,10 年后,改为柳州(今属广西)刺史,最后病死在柳州,年仅 46 岁。人称柳河东,有《柳河东集》。

【作品】

蝜蝂者,善负小虫也。行遇物,辄持取。卬其首负之②。背愈重,虽困剧不止也。其背甚涩,物积因不散,卒踬仆不能起③。人或怜之,为去其负。苟能行,又持取如故。又好上高,极其力不已,至坠地死。今世之嗜取者,遇货不避,以厚其室,不知为己累也,唯恐其不积。及其怠而踬也,黜弃之,迁徙之④,亦以病矣。苟能起,又不艾⑤,日思高其位、大其禄,而贪取滋甚,以近于危坠,观前之死亡不知戒。虽其形魁然大者也,其名,人也,而智则小虫也。亦足哀夫!

【注释】

①蝜蝂(fùbǎn):一种小爬虫。　②卬(áng):同"昂"。　③踬仆(zhìpū):跌倒。　④迁徙:因遭贬谪而被外放。　⑤艾(yì):自责,悔改。

【阅读提示】

编选自柳宗元:《蝜蝂传》,载《柳河东集》,上海人民出版社 1974 年版,第 312-313 页。

这是一则讽刺性的寓言故事。文中描述了一种喜欢负物、爬高的小虫,一直到累死、摔死仍然没有觉悟,仍然没有想到要改变这种负物、爬高的习性。柳宗元写小虫的目的是嘲讽那些腐败官僚对高官厚禄的贪欲,指出他们最后也难免自取灭亡的命运,并嘲笑他们的见识与小虫一样低下。

段太尉逸事状[①]

柳宗元

【作品】

太尉始为泾州刺史时[②],汾阳王以副元帅居蒲[③]。王子晞为尚书[④],领行营节度使,寓军邠州[⑤],纵士卒无赖[⑥]。邠人偷嗜暴恶者[⑦],率以货窜名军伍中[⑧],则肆志,吏不得问。日群行丐取于市,不嗛[⑨],辄奋击折人手足,椎釜鬲瓮盎盈道上[⑩],袒臂徐去,至撞杀孕妇人。邠宁节度使白孝德以王故[⑪],戚不敢言[⑫]。

太尉自州以状白府[⑬],愿计事。至则曰:"天子以生人付公理[⑭],公见人被暴害,因恬然。且大乱,若何?"孝德曰:"愿奉教。"太尉曰:"某为泾州,甚适,少事;今不忍人无寇暴死[⑮],以乱天子边事。公诚以都虞候命某者[⑯],能为公已乱,使公之人不得害。"孝德曰:"幸甚!"如太尉请。

既署一月,晞军士十七人入市取酒,又以刃刺酒翁,坏酿器,酒流沟中。太尉列卒取十七人[⑰],皆断头注槊上[⑱],植市门外。晞一营大噪,尽甲。孝德震恐,召太尉曰:"将奈何?"太尉曰:"无伤也! 请辞于军[⑲]。"孝德使数十人从太尉,太尉尽辞去。解佩刀,选老躄者一人持马[⑳],至晞门下。甲者出,太尉笑且入曰:"杀一老卒,何甲也? 吾戴吾头来矣!"甲者愕。因谕曰:"尚书固负若属耶? 副元帅固负若属耶? 奈何欲以乱败郭氏? 为白尚书,出听我言。"

晞出见太尉。太尉曰:"副元帅勋塞天地,当务始终。今尚书恣卒为暴,暴且乱,乱天子边,欲谁归罪? 罪且及副元帅。今邠人恶子弟以货窜名军籍中,杀害人,如是不止,几日不大乱? 大乱由尚书出,人皆曰尚书倚副元帅,不戢士[㉑]。然则郭氏功名,其与存者几何?"言未毕,晞再拜曰:"公幸教晞以道,恩甚大,愿奉军以从。"顾叱左右曰:"皆解甲,散还火伍中[㉒],敢哗者死!"太尉曰:"吾未晡食[23]，请假设草具[24]。”既食，曰：“吾疾作，愿留宿门下。”命持马者去，旦日来。遂卧军中。晞不解衣，戒候卒击柝卫太尉[25]。旦，俱至孝德所，谢不能[26]，请改过。邠州由是无祸。

先是太尉在泾州，为营田官[27]。泾大将焦令谌取人田，自占数十顷，给与农[28]，曰：“且熟，归我半。”是岁大旱，野无草，农以告谌。谌曰：“我知入数而已，不知旱也。”督责益急，农且饥死，无以偿，即告太尉。

太尉判状辞甚巽[29]，使人求谕谌。谌盛怒，召农者曰：“我畏段某耶？何敢言我！”取判铺背上，以大杖击二十，垂死，舆来庭中[30]。太尉大泣曰：“乃我困汝！”即自取水洗去血，裂裳衣疮，手注善药，旦夕自哺农者，然后食。取骑马卖市谷代偿，使勿知。

淮西寓军帅尹少荣，刚直士也。入见谌，大骂曰：“汝诚人耶？泾州野如赭[31]，人且饥死；而必得谷，又用大杖击无罪者。段公，仁信大人也，而汝不知敬。今段公唯一马，贱卖市谷入汝，汝又取不耻。凡为人傲天灾、犯大人、击无罪者，又取仁者谷，使主人出无马，汝将何以视天地，尚不愧奴隶耶！”谌虽暴抗，然闻言则大愧流汗，不能食，曰：“吾终不可以见段公！”一夕，自恨死[32]。

及太尉自泾州以司农征[33]，戒其族：“过岐[34]，朱泚幸致货币[35]，慎勿纳。”及过，泚固致大绫三百匹[36]。太尉婿韦晤坚拒，不得命[37]。至都，太尉怒曰：“果不用吾言[38]！”晤谢曰[39]：“处贱无以拒也[40]。”太尉曰：“然终不以在吾第[41]。”以如司农治事堂[42]，栖之梁木上。泚反，太尉终[43]，吏以告泚，泚取视，其故封识具存[44]。

太尉逸事如右。

元和九年月日[45]，永州司马员外置同正员柳宗元谨上史馆。今之称太尉大节者出入[46]，以为武人一时奋不虑死，以取名天下，不知太尉之所立如是。宗元尝出入岐周邠斄间[47]，过真定[48]，北上马岭，历亭障堡戍[49]，窃好问老校退卒，能言其事。太尉为人姁姁[50]，常低首拱手行步，言气卑弱，未尝以色待物[51]；人视之，儒者也。遇不可，必达其志，决非偶然者。会州刺史崔公来[52]，言信行直，备得太尉遗事，覆校无疑，或恐尚逸坠，未集太史氏，敢以状私于执事[53]。谨状。

【注释】

①段太尉：名秀实，字成公。唐汧阳（今陕西省千阳县）人。官至泾州刺史兼泾原郑颍节度使。朱泚作乱，段秀实斥骂朱泚，并用朝笏击其面，被朱杀。卒后追赠太尉。这里以段秀

实死后追赠的官名称呼他，以示尊敬。状：行状，古代的一种文体，指详细记录死者的世系、名字、爵里、行实等的文体。逸事状：只记录逸事，是行状的一种变体。 ②泾州：今甘肃省泾川县一带。唐代宗广德二年(764)，因邠宁节度使白孝德的推荐，段秀实任泾州刺史。③汾阳王：郭子仪。唐肃宗时，郭子仪平安史之乱有功，封汾阳王，兼任关内、河东副元帅。蒲：州名，唐代河中府府治所在地(今山西省永济市)。 ④晞：郭晞，郭子仪第三子，官至御史中丞，卒后追赠兵部尚书。 ⑤寓军：驻军。邠(bīn)州：治所在今陕西省彬州市。 ⑥无赖：胡作非为。 ⑦偷嗜暴恶者：懒惰、贪婪、残暴和凶恶的人。 ⑧"率以"句：大都用财物行贿，得以在军队的名册中添上自己的名字。货：财物，这里指用财物去行贿。 ⑨嗛(qiè)：通"慊"，满足。 ⑩椎釜鬲(lì)瓮盎：用木棍把各种瓦器都砸碎。椎：用作动词。 ⑪白孝德：安西(治所在今新疆库车市)人，李光弼部将，广德二年任邠宁节度使。 ⑫戚：忧虑，忧伤。 ⑬以状白府：把这种情况禀告邠宁节度使白孝德。状：情况。白：告知。 ⑭以生人付公理：把老百姓交给您治理。生人：生民，老百姓。理：治。这里用"人"和"理"是为了避李世民和李治讳而改。 ⑮无寇：没有战乱。 ⑯都虞候：军队中的执法官。 ⑰列卒：布置士兵。 ⑱注槊(shuò)上：(把人头)插在长矛上。注：放，插。槊：长矛。 ⑲辞：用作动词，说理。 ⑳老躄(bì)者：年老且瘸腿的人。 ㉑戢(jí)：管束。 ㉒火伍：队伍。古代军队编制，十人为火，五人为伍。 ㉓晡食：晚饭。晡：申时，即下午三点到五点。 ㉔假设草具：代办粗菜淡饭。 ㉕候卒：哨兵。柝(tuò)：古代巡逻打更用的梆子。 ㉖谢：道歉。 ㉗营田官：唐制，诸军万人以上置营田副使一人，掌管军队屯垦。 ㉘给与农：租给农民。 ㉙巽(xùn)：通"逊"，委婉。 ㉚舆：抬。 ㉛野如赭：田野像赤土。意即干旱严重，寸草不生。㉜自恨死：这可能是作者得之传闻的夸大不实之词。焦令谌大历八年(773)尚在泾原兵马使任上。 ㉝司农：司农卿，掌管国家储粮用粮之事。德宗建中元年(780)二月，段秀实由泾原节度使征调为司农卿。 ㉞朱泚(cǐ)：昌平(今北京市昌平区)人，时为凤翔府尹。岐：州名，治所在今陕西省宝鸡市凤翔区南。 ㉟幸：或许。货币：物品或钱币。 ㊱固致：坚持要赠送。 ㊲不得命：指推辞不掉。 ㊳果：竟然。 ㊴谢：谢罪。 ㊵处贱：居于卑下的地位。㊶第：宅第。 ㊷如：到，送到。 ㊸终：去世。 ㊹故封识：原来封存的标记。识：通"志"，标记。 ㊺元和：唐宪宗李纯年号(806—820)。 ㊻出入：指不符合实际情况。 ㊼岐周：在岐山下，今陕西省眉县一带。斄(tái)：同"邰"，今陕西省武功县西南。贞元十年(794)，柳宗元曾游历邠州一带。 ㊽真定：不详。或疑为"真宁"之误。真宁，今甘肃省正宁县。㊾亭障堡戍：皆为边塞用于瞭望、防御的建筑物。 ㊿姁(xǔ)姁：温和的样子。 51色：脸色，此指傲慢的脸色。物：此指人。 52州刺史崔公：指永州刺史崔能，柳宗元的上司。53执事：对对方的敬称，此指韩愈。当时韩愈在史馆任职。

【阅读提示】

编选自柳宗元:《段太尉逸事状》,载柳宗元《柳河东集》,上海人民出版社1974年版,第110-113页。

本文是柳宗元人物传记中的代表作,文言文中的典范之作。作者选取段太尉一生中的三件逸事:勇服郭晞、仁愧焦令谌、节显治事堂,以彰显其刚勇仁义、外柔内刚、勇毅见于平易的个性特征,多侧面、多角度刻画了一位封建时代正直廉洁的官吏形象。

柳宗元在本文中未发一句评论,用冷静从容的写实手法,用富有个性化的言语、行为来表现段秀实的思想性格,而在客观的叙述中隐含着深沉的歌颂之情。此外,三件逸事中涉及的三个人物,如白孝德的怯懦、焦令谌的跋扈和朱泚的奸诈,又对段秀实的形象起到了对比烘托的作用,强化了文章的艺术效果。

秋　来

李　贺

【作者简介】　李贺(790—816),字长吉,河南昌谷(今河南省宜阳县)人。唐皇室远支。因避父亲晋肃讳,不能参加进士科考试,堵塞了仕进之路,仅做过几年奉礼郎。年少失意,心情抑郁,年仅27岁就去世了。李贺早年即工诗,有才名,受知于韩愈、皇甫湜。其诗继承了《楚辞》的浪漫主义精神,以丰富的想象力和新颖诡异的语言,表现出幽奇神秘的意境,形成了自己的独特风格。有《李长吉歌诗》4卷,《外集》1卷。

【作品】

桐风惊心壮士苦①,衰灯络纬啼寒素②。
谁看青简一编书,不遣花虫粉空蠹。
思牵今夜肠应直,雨冷香魂吊书客。
秋坟鬼唱鲍家诗③,恨血千年土中碧④。

【注释】

①壮士:指有才、有理想的人。　②络纬:蟋蟀,俗名络丝娘、纺织娘。　③鲍家诗:指南朝宋文学家鲍照的作品,鲍照写了很多挽诗。　④土中碧:用苌弘碧血的典故。《庄子》中记载:"苌弘死于蜀,藏其血,三年化为碧。"

【阅读提示】

编选自李贺:《秋来》,载《全唐诗》,上海古籍出版社1986年版,第975页。

这首诗写秋天来临时诗人的愁苦情怀,抒发诗人怀才不遇的感慨。前两句是全诗的引子,“苦”字奠定了全诗的基调,并笼罩以下六句。秋风吹落梧桐,残灯照壁,墙边络纬哀鸣,岁月流逝,又是一年将尽,诗人因此而觉无限的悲苦。“谁看”两句,与首句“苦”字呼应,写诗人感慨万千的叹息:“自己呕心沥血写下的诗篇,又有谁来赏识而不至于让书虫白白地蛀蚀成粉末呢?”五六两句承上,诗人辗转反侧,忧思缠绕,似乎九曲回肠都要被拉直了;诗人苦苦思索着,衰灯明灭中,仿佛看到了一位古代诗人的“香魂”前来凭吊自己这个“书客”。这两句用笔极其诡谲多姿,写尽了诗人沉痛的心情,是典型的李贺笔法。最后两句,借鲍照的酒杯,浇诗人自己胸中的块垒,有志之士怀才不遇,正是千古同恨。

杜陵叟[①]

伤农夫之困也[②]

白居易

【作者简介】 白居易(772—846),字乐天,晚年号香山居士。祖籍太原(今属山西),后迁居下邽(今陕西省渭南市)。唐德宗贞元十六年(800)中进士,授秘书省校书郎。唐宪宗元和年间任左拾遗及左赞善大夫。元和十年(815),因宰相武元衡遇刺而死一事,上表急请严缉凶手,得罪权贵,贬为江州司马。唐敬宗宝历元年(825)任苏州刺史,后官至刑部尚书。在文学上,他与元稹同为新乐府运动的倡导者和中坚,主张“文章合为时而著,歌诗合为事而作”,其讽喻诗《秦中吟》《新乐府》,揭露了当时政治上的黑暗,思想倾向鲜明。此外,长篇叙事诗《长恨歌》《琵琶行》也独具特色,为千古绝唱。其诗语言通俗,深入浅出,平易自然,相传老妪能解。有《白氏长庆集》71卷。

【作品】

杜陵叟,杜陵居,岁种薄田一顷余。
三月无雨旱风起,麦苗不秀多黄死[③]。
九月降霜秋早寒,禾穗未熟皆青干[④]。
长吏明知不申破,急敛暴征求考课[⑤]。
典桑卖地纳官租,明年衣食将何如?

剥我身上帛，夺我口中粟。

虐人害物即豺狼[6]，何必钩爪锯牙食人肉？

不知何人奏皇帝[7]，帝心恻隐知人弊。

白麻纸上书德音[8]，京畿尽放今年税。

昨日里胥方到门，手持尺牒榜乡村[9]。

十家租税九家毕，虚受吾君蠲免恩[10]。

【注释】

①此诗是白居易《新乐府》50首的第30首。杜陵：地名，今陕西省西安市东南。西汉时为杜县，因汉宣帝筑陵于此，故名。 ②伤农夫之困也：白居易的新乐府，每首诗的题目下都有用以表明该诗创作意图的小序。困：困厄。 ③秀：开花。 ④青干：庄稼未成熟就已干枯。 ⑤考课：按照一定的标准考核官吏的政绩，并以此来定官吏的升降或赏罚。 ⑥虐人：虐民，侵害百姓。 ⑦不知何人：实际上是作者本人。 ⑧白麻纸：唐代专门用来书写皇帝重要诏书的一种纸。 ⑨尺牒：指免租税的公文。 ⑩蠲(juān)：免除。

【阅读提示】

编选自白居易：《杜陵叟》，载《全唐诗》，上海古籍出版社1986年版，第1048页。

唐宪宗元和三年(808)冬天到第二年春，江南的许多地区和京城长安一带遭受了非常严重的旱灾。时任左拾遗的白居易和友人李绛一起上疏皇帝，陈述民间疾苦，请求“减免租税”“以实惠及人”。唐宪宗勉强批准了白居易的奏请，还下了罪己诏。但实际上只不过是笼络人心的骗局，等到“德音”下达的时候，百姓的租税大多已经交纳完毕，免税的诏书对老百姓来说等于是一纸空文。为此，白居易写了《轻肥》和这首《杜陵叟》。

西塞山怀古[1]

刘禹锡

【作者简介】 刘禹锡(772—842)，字梦得，洛阳人。他和柳宗元等人同为永贞革新的核心人物。革新失败后被贬为朗州司马，后任连州、夔州等地刺史。晚年任太子宾客，世称“刘宾客”。官终检校礼部尚书。其诗精练含蓄，往往能以清新的语言表达自己对人生或历史的深刻理解，白居易对他推崇备至，誉之为“诗豪”。有《刘梦得集》。

【作品】

王濬楼船下益州②，金陵王气黯然收。
千寻铁锁沉江底，一片降幡出石头③。
人世几回伤往事，山形依旧枕寒流。
从今四海为家日，故垒萧萧芦荻秋④。

【注释】

①西塞山：在今湖北省大冶市东，六朝时是长江中流的军事要塞之一。 ②王濬：西晋武帝时益州（今四川省成都市）刺史，武帝任命他为龙骧将军伐吴，沿长江东下。 ③石头：指石头城，旧址在南京清凉山，孙权时所筑。 ④故垒：古战场上的营垒。

【阅读提示】

编选自刘禹锡：《西塞山怀古》，载《全唐诗》，上海古籍出版社 1986 年版，第 898 页。

这是首歌咏六朝兴亡历史的怀古名篇。开头两句“下”“收”对举，写出了一方的声势显赫和另一方的闻风丧胆。三、四两句顺势而下，一直写到战事结束。东吴国君孙皓以为凭借长江天险，再在江底暗置铁锥、江面横锁千寻铁链，一定万无一失了。谁料想王濬用大筏冲垮铁锥，用火炬烧毁铁链，一鼓作气，直取金陵。第五句隐括六朝以来的变迁，有言简意赅的效果。第六句点西塞山，“依旧”二字更凸显人事之变化。第七句宕开一笔，以四海一统点题收结；第八句是说往日的军事营垒现已荒废在一片秋风芦荻之中。诗人怀古慨今，借古喻今，以警告当时凭险割据的藩镇。

题李凝幽居

贾　岛

【作者简介】 贾岛（779—843），字阆仙，河北幽州范阳县（今河北省涿州市）人。一生不喜与常人往来，他唯喜作诗苦吟，在字句上狠下功夫。人称“诗奴”，与孟郊共称“郊寒岛瘦”。元和五年（810）冬，至长安，见张籍。次年春，至长安，始谒韩愈，以诗深得赏识。后还俗，屡举进士不第。文宗时，因诽谤，贬长江（今四川省大英县）主簿。唐武宗会昌年初由普州司仓参军改任司户，未任病逝。有诗文集《长江集》。

【作品】

闲居少邻并，草径入荒园。
鸟宿池边树，僧敲月下门。
过桥分野色，移石动云根。
暂去还来此，幽期不负言。

【阅读提示】

编选自贾岛：《题李凝幽居》，载《全唐诗》，上海古籍出版社 1986 年版，第 1462 页。

贾岛写诗，以刻苦认真著称。这在他自己的诗句中也有所反映。如他在《送无可上人》诗“独行潭底影，数息树边身”句下就自注：“二句三年得，一吟双泪流。知音如不赏，归卧故山秋。”“二句三年得”自然是夸张说法，但他吟诗常常煞费苦心却真有其事。贾岛一生，为诗艺洒尽心血。“二句三年得，一吟双泪流”，锤炼出许多精品。韩愈赠诗云：“孟郊死葬北邙山，从此风云得暂闲。天恐文章浑断绝，故生贾岛著人间。”

这首诗以“鸟宿池边树，僧敲月下门”一联著称。贾岛之所以成名，却并非由于他的英雄气概，而是由于他的苦吟。人们最熟悉的“推敲”的典故，便是出于此公身上。毫无疑问，写“僧敲月下门”当然比“僧推月下门”的句子要好得多。这几乎已经成了讲究炼字的一个最寻常的例证。全诗只是抒写了作者走访友人李凝未遇这样一件寻常小事。诗中的草径、荒园、宿鸟、池树、野色、云根，无一不是寻常所见景物；闲居、敲门、过桥、暂去等，无一不是寻常的行事。然而诗人偏于寻常处道出了人所未道之境界，表达了对隐逸生活的向往之情。全诗语言质朴简练，而又韵味醇厚。

过华清宫绝句三首之一①

杜　牧

【作者简介】 杜牧(803—853)，字牧之，号樊川，京兆万年(今陕西省西安市)人。他是宰相杜佑的孙子，考上进士后，先在江西、淮南等地做幕僚，后内迁监察御史，官终中书舍人。在文学上他主张“以意为主”“不务奇丽”，对纠正晚唐浮艳的文风起过积极的作用。和李商隐并称“小李杜”。有《樊川集》。

【作品】

长安回望绣成堆[2],山顶千门次第开[3]。
一骑红尘妃子笑,无人知是荔枝来。

【注释】

①华清宫:唐玄宗与杨贵妃游乐、休息的地方,在今陕西省西安市临潼区骊山。 ②绣成堆:骊山右面有东绣岭,左面有西绣岭,岭上树木如锦绣。 ③山顶千门:唐天宝年间,骊山上有羯鼓楼、长生殿等楼台宫殿。

【阅读提示】

编选自杜牧:《过华清宫绝句三首之一》,载《全唐诗》,上海古籍出版社1986年版,第1320页。

这首诗是杜牧经过骊山华清宫有感于唐玄宗和杨贵妃之事而写的。吴乔《围炉诗话》说:"诗贵有含蓄不尽之意,尤以不著意见声色故事议论者为最上。"杜牧这首诗的魅力就在于含蓄,诗中不直接议论讽刺,不直接说出唐玄宗的荒淫好色和杨贵妃的骄奢淫逸,只是用"一骑红尘"与"妃子笑"的鲜明对比,唐玄宗的荒淫好色和杨贵妃的骄奢淫逸尽在不言中了,而感慨讽刺的艺术效果更加强烈。

锦　瑟[1]

李商隐

【作者简介】 李商隐(813—858),字义山,号玉谿生,怀州河内(今河南省沁阳市)人。开成二年(837)进士,授秘书省校书郎,补弘农尉。当时牛、李党争激烈,他也被卷入其中。早年他受到牛僧孺党令狐楚的赏识,并因此考上进士。后受到李德裕党人河阳节度使王茂元的宠爱,任为书记,并娶他女儿为妻。李商隐和牛李两派的人都有交往,但不因某一方得势而趋附。所以他常常遭到攻击,一生不得志,没有担任过重要官职。45岁死于郑州。其诗善用典故,构思精巧,风格浓丽,意旨比较隐晦,以《无题》组诗最为著名。有《李义山诗集》。

【作品】

锦瑟无端五十弦[2],一弦一柱思华年。
庄生晓梦迷蝴蝶[3],望帝春心托杜鹃[4]。
沧海月明珠有泪[5],蓝田日暖玉生烟[6]。
此情可待成追忆,只是当时已惘然。

【注释】

①本诗以首句二字为题,相当于无题诗,并不是咏物之作。 ②"锦瑟"句:瑟是古代一种弹奏的弦乐器。锦瑟是瑟的美称。传说古瑟本为五十弦,后改为二十五弦。 ③"庄生"句:《庄子·齐物论》上说他梦见自己变为蝴蝶,醒来感到迷茫,不知是庄周梦为蝴蝶,还是蝴蝶梦为庄周。这句大意是说理想破灭、往事如梦。 ④"望帝"句:周末蜀国君主杜宇,号望帝,传说他死后魂魄化为杜鹃鸟,啼声哀怨。春心:指对某种美好希望的向往和追求。 ⑤珠有泪:传说古时南海有鲛人,其哭泣时流下的眼泪,就是亮晶晶的珠子。 ⑥蓝田:蓝田山,在今陕西省蓝田县,著名的产玉之地。

【阅读提示】

编选自李商隐:《锦瑟》,载《全唐诗》,上海古籍出版社 1986 年版,第 1360 页。

《锦瑟》是李商隐最享有盛名的代表作,爱诗的人都喜吟乐道。《锦瑟》是一个谜语,是一个李商隐没有注明谜底的谜语,解诗的人都试图破译它。这首《锦瑟》是最不易讲解的一首难诗。自宋元以来,对这首诗的主题众说纷纭,莫衷一是。我们认为这是李商隐晚年自伤身世的"自传"性诗篇,开头两句见物(瑟)起兴,由瑟的五十根弦,想到了自己走过的人生历程,中间四句用了几个象征性的典故,情绪性地回忆了自己的人生经历,这里既有对人生如梦的感叹,也有对青春年华流逝的悲痛,更有对自己怀才不遇的愤懑。最后两句收束全篇,意思是说,如此情怀,不要说现在追怀甚感怅恨,即便在当时也已是令人不胜怅然了。

菩萨蛮

温庭筠

【作者简介】 温庭筠(约 801—866),本名岐,字飞卿,太原(今山西省太原市西南)人。恃才不羁,生活放浪,屡举进士不第,终生不得志。工诗,与李商隐齐名,时称"温李",但成就不及李。以词著名,其词艺术成就在晚唐诸词人之上,为"花间派"词人,对词的发展影响较大。在词史上,温庭筠与韦庄齐名,并称"温韦"。相传温庭筠文思敏捷,每入试,押官韵,八叉手而成八韵,所以也有"温八叉"之称。现存词 60 余首。后人辑有《温飞卿集》及《金奁集》。

【作品】

小山重叠金明灭。鬓云欲度香腮雪[①]。懒起画蛾眉[②]。弄妆梳洗迟。

照花前后镜。花面交相映。新帖绣罗襦③。双双金鹧鸪。

【注释】

①香腮雪:形容女子脸颊香艳洁白。 ②蛾眉:形容女子眉毛细长。 ③帖:熨平。襦:上衣,短袄。

【阅读提示】

编选自温庭筠:《菩萨蛮》,载张璋、黄畲编《全唐五代词》卷二,上海古籍出版社 1986 年版,第 194 页。

温庭筠作品视频讲解

这首词写一个独处闺中的女子,从起床到梳妆以至穿衣等一系列的动作,来反映她的处境及内心情感。早上,太阳照进房间,照在屏风的金碧山水画上,金光忽明忽灭;鬓边如云的黑发轻轻地飘过少妇雪白香艳的脸颊。她懒懒地坐起来,慢吞吞地梳洗、画眉、化妆。用前后相映的两面镜子,映照如花的新妆,只见人面和插在头上的花互相辉映。穿上新熨的绣花罗襦,上面有翩翩双飞的金色鹧鸪鸟。此词不直接写人的怨愁,而是着力细写少妇的神态、动作和服饰,层层暗示她的内心情感,写得温婉绮丽,意在言外,最能代表温庭筠词的风格。

菩萨蛮

韦 庄

【作者简介】 韦庄(约 836—910),字端己,长安杜陵(今陕西省西安市东南)人。是诗人韦应物的后代。早年屡试不第,直到年近 60 方考取进士,任校书郎。后入蜀为王建掌书记,自此终身仕蜀。工词,与温庭筠同为“花间派”代表作家,并称“温韦”。其词多写自身的生活体验及离情别绪,善用白描手法,词风清丽。《全唐诗》录存其诗 6 卷,录诗 316 首。另有《浣花词》辑本,存词 55 首。

【作品】

人人尽说江南好。游人只合江南老①。春水碧于天。画船听雨眠。 垆边人似月②。皓腕凝霜雪。未老莫还乡。还乡须断肠。

【注释】

①合:应该。 ②垆边人:指卖酒的女子。垆:古代酒店里安放酒瓮的土台子。据《史记·司马相如传》,司马相如携卓文君奔蜀后,“买一酒舍酤酒,而令文君当垆”,此以卓文君借指江南女子。

【阅读提示】

编选自韦庄:《菩萨蛮》,载张璋、黄畬编《全唐五代词》卷五,上海古籍出版社 1986 年版,第 527 页。

韦庄现存《菩萨蛮》词五首,非一时所作,这是第二首。上片赞美江南的美好风光。开头两句用“人人尽说”,表明江南的美好是得到普遍认可的。接着四句具体描述江南的美景,能抓住江南水乡的特点,写得极富诗意。下片从人事方面入手,先赞美酒家女的美貌,再表达自己的留恋之情。其实,此词在对江南景美人更美的称颂中,还隐藏了深深的故乡之思,以江南美景来反衬作者对故乡的思念。此词语意自然,毫无雕琢之痕,是韦庄清新明朗词风的代表作。

谒金门

冯延巳

【作者简介】 冯延巳(903—960),南唐词人。字正中,广陵(今江苏省扬州市)人,南唐宰相。他是南唐词人中存词最多的一个,也是唐五代词人中的大家,对北宋早期词人晏殊、欧阳修等产生了直接的影响。有《阳春集》,但其中杂有温庭筠、韦庄、李煜、欧阳修等人的作品。

【作品】

风乍起[1]。吹皱一池春水。闲引鸳鸯香径里。手挼红杏蕊[2]。　　斗鸭阑干独倚[3]。碧玉搔头斜坠[4]。终日望君君不至。举头闻鹊喜。

【注释】

①乍:突然。　②挼:用手揉搓。　③斗鸭阑干:古人用阑干圈养一些鸭子,使之相斗以为戏。　④碧玉搔头:指碧玉簪。

【阅读提示】

冯延巳作品视频讲解

编选自冯延巳:《谒金门》,载张璋、黄畬编《全唐五代词》卷四,上海古籍出版社 1986 年版,第 392 页。

这首词写一个女子在春天里愁思无法排遣的苦闷和希望心上人早日到来的情感。开头写景,用的是“起兴”的手法,春风骤然吹来,吹皱了一池春水,也吹动了“她”的心。接着用“闲引”“手挼”“独倚”等一系列动作,写出了女主人公无所事事、百无聊赖的惆怅心情。就思想内容来说，此词跟花间派的其他作品并无多少差别。但或许还包含了作者的言外之意。此词写得简练生动而又细致委婉，尤其是开头的“风乍起，吹皱一池春水”，与李璟的“小楼吹彻玉笙寒”同为千古传诵的名句。

摊破浣溪沙

李　璟

【作者简介】 李璟(916—961)，字伯玉，徐州人，南唐烈祖李昪的长子，公元943年嗣位称帝。周世宗南征，李璟割地称臣，削去帝号，迁都洪州(今江西省南昌市)，以太子李煜留守金陵，后抑郁而死。现存词4首，在晚唐五代词中意境较高。

【作品】

菡萏香销翠叶残[1]。西风愁起绿波间。还与韶光共憔悴[2]，不堪看。细雨梦回鸡塞远[3]。小楼吹彻玉笙寒。多少泪珠何限恨，倚阑干。

【注释】

①菡萏(hàndàn)：荷花的别名。　②韶光：美好的时光。　③鸡塞：鸡鹿塞，故址在今内蒙古。这里泛指边塞。

【阅读提示】

编选自李璟：《浣溪沙》，载张璋、黄畬编《全唐五代词》卷三，上海古籍出版社1986年版，第439页。

此词借写思妇的怨恨，寄托了词人的家国衰败之感。荷花落尽，香气消失，翠叶凋零，深秋的西风从绿波中吹起，满眼萧瑟，使人发愁。自己的青春和美好的时光一起消失了。人显得憔悴了，再也不忍心去看花叶的凋零了。睡梦中梦到了遥远的边关，醒来后眼前不见那思念的人，靠着栏杆，想着远方的人，眼泪忍不住纷纷落下。王国维《人间词话》非常推崇“菡萏香销翠叶残，西风愁起绿波间”两句，认为“大有众芳芜秽，美人迟暮之感”。也就是说此词是别有寄托的。

破阵子

李　煜

【作者简介】 李煜(937—978)，字重光，号钟隐，南唐皇帝，世称李后主。

徐州人。宋建隆二年(961)在金陵即位，在位15年。他嗣位的时候，南唐已奉宋正朔，苟安于江南一隅。公元975年11月，宋兵攻破金陵，后主肉袒出降，被俘到汴京，封违命侯。公元978年的七夕是他42岁生日，宋太宗恨他有“故国不堪回首月明中”之词，将他毒死。后主前期词作风格绮丽柔靡，还不脱“花间”习气。后期词作，凄凉悲壮，意境深远，已为苏辛“豪放”派开了先声。正如王国维《人间词话》所言：“词至李后主而眼界始大，感慨遂深。”今人辑有《南唐二主词》，是李煜和其父李璟的合集。

【作品】

四十年来家国[①]，三千里地山河。凤阁龙楼连霄汉，玉树琼枝作烟萝[②]。几曾识干戈。　　一旦归为臣虏，沈腰潘鬓消磨[③]。最是仓皇辞庙日，教坊犹奏别离歌[④]。垂泪对宫娥。

【注释】

①四十年：指从南唐烈祖李昪建国到后主被宋灭亡，共39年，此举其成数。　②烟萝：云霞草木，此指隐居生活。　③沈腰：沈约曾因病而腰围减损，用此典故表示自己因亡国之痛而消瘦。潘鬓：潘岳年32，两鬓已有白发。用此典故表示因亡国之痛而愁白头发。　④教坊：古代朝廷中掌管女乐的官署。

【阅读提示】

李煜作品
视频讲解

编选自李煜：《破阵子》，载张璋、黄畬编《全唐五代词》卷四，上海古籍出版社1986年版，第487页。

上片回忆南唐强盛时的繁华逸乐。那40年来的家国基业，那三千里地的辽阔疆域，那巍峨的、装饰着龙凤的宫殿楼阁，这一切都已如过眼云烟，一去不复返了！当初过着富丽浪漫的生活，哪里懂得战争的滋味？下片写被俘时，慌慌张张哭辞宗庙的情景。印象最深、令他最刻骨铭心的是离开宫殿时教坊演奏的离歌和自己垂泪哭别宫女的情景。后主被俘时的情况，后世文人多有记载，但由后主自己写来，更觉凄苦。

南歌子二首

敦煌曲子词

【作者简介】 20世纪初，大量五代写本被发现于甘肃敦煌莫高窟（又称千佛洞)。随之而重新问世的唐五代民间词曲,或称为敦煌曲子词,或称为敦煌歌辞。它们是千年词史的椎轮大辂,内容广泛,形式活泼,风格繁富,有鲜明的个性特征和浓郁的生活气息,反映了词兴起于民间时的原始形态。今人王重民汇录诸家藏本敦煌词,辑成《敦煌曲子词集》,1950 年由商务印书馆出版。全书分三卷:上卷为长短句,中卷为《云谣集》,下卷为乐府,合称曲子词。是书所辑录有 161 首,内 7 首残。书后有附录,收诸家对《云谣集杂曲子》30 首跋文。

《云谣集》,是自敦煌石室发现写本诸词后,我国今存最早的一部唐代民间词集,共收词 30 首。其中法人伯希和窃走一卷 14 首,今藏巴黎国家图书馆;英人斯坦因窃走一卷 18 首,今藏伦敦博物馆。两本有《凤归云》2 首重复,刚好配合成一部较完整的《云谣集》。嗣后国内学者分别录归,龙沐勋辑《彊村丛书》时刻入,是书全本遂流传于世。

现存的敦煌曲子词,不仅题材广阔,内容丰富,同时在艺术上也保留了民间作品那种质朴与清新的特点,风格也较为多样。正是这种流传在下层人民中间的民间词哺育了文人,促进了文人词的创作和发展。同时,在敦煌发现的曲子词里,还保存下一些在现存唐代文人词中很少见的长调。

【作品】

其一

斜倚朱帘立,情事共谁亲?分明面上指痕新。罗带同心谁绾?甚人踏破裙?　　蝉鬓因何乱?金钗为甚分?红妆垂泪忆何君?分明殿前实说,莫沉吟。

其二

自从君去后,无心恋别人。梦中面上指痕新,罗带同心自绾,被狲儿踏破裙。　　蝉鬓朱帘乱,金钗旧股分。红妆垂泪哭郎君。妾是南山松柏,无心恋别人。

【阅读提示】

编选自:《南歌子二首:敦煌曲子词》,载曾昭岷等编《全唐五代词》下册,中华书局 1999 年版,第 926-927 页。

这两首词是二人对唱联章体,这说明当曲子词兴起并盛行于民间之时,原本有着多种多样的表演形式,可以朝着各个不同的方向发展,从中可以看到民间曲子词里曾经孕有过后世戏剧的胚胎。

在这两首词中，出场的两名演员分别扮演一对青年夫妻。

第一首词，丈夫从远处归来，乍进房门，见妻子倚帘伫立，若有顾盼，顿时起了疑心，只当她果真做出什么丑事，于是因疑生妒，由妒转怒，怒不可遏，就以喝问的口气唱出一连串的责问。

这一连六问，看似有些杂乱无章，实际上那编排顺序着实是经过一番精心构思。上阕由问面痕、而问罗带而问裙裾，接着不免收拢目光，盯住妻子的头发、脸庞，再作一番仔细的观察。于是就有下阕“鬓乱”“钗分”“泪垂”等新发现，于是越发要打破砂锅问到底了。也难怪，种种症状显示自己的媳妇可能出轨，做丈夫的不由得不急。所以词人不仅要让他问，而且要让他逼。这就十分符合夫权社会生活的逻辑。“分明殿前实说，莫沉吟。”九个字里饱含着许多法官讯问囚犯似的苛词，声色俱厉，真能传神。听到这一凶神恶煞般的吼叫，我们不禁要为那女子捏一把汗。

第二首词，妻子逐一答对。词开头两句先做总的剖白。以下即针对丈夫的诘问，委婉地予以正面回答。这一大段，貌似消极被动、平淡无奇，但细细咀嚼，却也话中有话。——说话听声，锣鼓听音，无辜而善良的妻子据实以对，有理、有利、有节。妻子反复强调了“无心恋别人”，表明了感情的各个方面，表现了对丈夫的怀念真情，也表现了对丈夫爱情的坚贞，还表现了忍辱辩解和委屈难受的急切心理，更表现了妻子的聪慧、机智和伶俐。至此，一场天大的误会涣然冰释。丈夫转怒为喜，妻子破涕而笑，夫妻重归于好。词中不曾写出来，但想必场上效果自见。

这一段对唱把两人的内心世界都活灵活现地刻画出来，具有浓郁的生活气息，又具有民间歌谣清新的风韵，更具有幽默诙谐的人情味，这正是因为采用民歌的问答体，才能表现得这么生动有趣。

渔家傲

范仲淹

【作者简介】 范仲淹(989—1052)，字希文，吴县(今属江苏)人。为官颇有政绩。宋真宗朝进士。庆历三年(1043)七月，授参知政事，主持庆历改革，因守旧派阻挠而未果。次年罢政，自请外任，历知邓州、杭州、青州。卒谥文正，世称范文正公。范仲淹流传下来的词只有6首，但意境开阔，沉郁苍凉，突破了唐末五代词的绮靡风气，为豪放词派的先声。有《范文正公集》。

【作品】

塞下秋来风景异①。衡阳雁去无留意②。四面边声连角起③。千嶂里。长烟落日孤城闭。　浊酒一杯家万里。燕然未勒归无计④。羌管悠悠霜满地。人不寐。将军白发征夫泪。

【注释】

①塞下：关塞之下，此指西北边塞。　②“衡阳”句：衡阳有回雁峰，相传秋日南归的雁至此不再南飞。　③边声：边地的悲凉之声，如马嘶风鸣之类。　④燕然未勒：指还没有打败敌军，建立功名。燕然：山名，在今内蒙古境内。东汉窦宪曾北伐大破匈奴，在燕然山刻石记功而回。

【阅读提示】

编选自范仲淹：《渔家傲》，载唐圭璋编《全宋词》第一册，中华书局1965年版，第11页。

范仲淹作品
视频讲解

上片写边塞秋景。边塞的秋天风景萧瑟荒凉，与内地很不相同。大雁头也不回地飞向衡阳，毫无留恋之意。但是，战士还得在这里战斗、生活。边塞的风鸣声、人喊马嘶声等边地的凄凉之声伴随着军营的号角声在四面回响。傍晚，层层山岭包围之中的一座孤城已是城门紧闭，壁垒森严。下片抒写思乡之情。一杯浊酒难销万里乡愁，敌人还没有消灭，战争还没有结束，归乡之计无从谈起。深夜里传来了悠扬的羌笛声，大地上洒满了秋霜。自己彻夜不寐，愁白了头发，战士的乡泪沾湿了衣襟。此词写得苍凉悲壮、深沉豪迈，为北宋初期的词坛注入了一股清新的空气。

天仙子

张　先

【作者简介】　张先(990—1078)，字子野，乌程(今浙江省湖州市)人。宋仁宗天圣八年(1030)进士。康定二年(1041)为嘉禾(今浙江省嘉兴市)判官。后知渝州等地。英宗治平元年(1064)以尚书都官郎中致仕。词与柳永齐名，擅长小令，亦作慢词。其词含蓄工巧，情韵浓郁。题材大多为男女之情、相思离别，或反映封建士大夫的闲适生活。一些清新深婉的小词写得很有情韵，如“云破月来花弄影"(《天仙子》)、"娇柔懒起，帘压卷花影"(《归朝欢》)、"柳径无人，堕飞絮无影"(《剪牡丹》)，因自称"张三影"。有《张子野词》，存词 180 多首。

【作品】

时为嘉禾小倅[1]，以病眠，不赴府会。

水调数声持酒听[2]。午醉醒来愁未醒[3]。送春春去几时回？临晚镜。伤流景[4]。往事后期空记省[5]。　沙上并禽池上暝[6]。云破月来花弄影。重重帘幕密遮灯，风不定。人初静。明日落红应满径。

【注释】

①嘉禾：宋朝郡名，今浙江省嘉兴市。小倅：小官。倅：副职。当时张先在嘉兴做判官。②《水调》：曲调名，相传为隋炀帝所制。唐宋时这个歌曲很流行。　③愁未醒：愁未消。④流景：年华似水一样流逝。　⑤记省：记忆。　⑥并禽：双飞双宿的禽鸟。

【阅读提示】

张先作品
视频讲解

编选自张先：《天仙子》，载唐圭璋编《全宋词》第一册，中华书局 1965 年版，第 70 页。

品酒听曲，本是当时士大夫的一种享乐或雅兴，但词人并未从中得到快乐。自然界的春天明年还会再来，但人的春天去了就不会再来了。词人临镜自照，看到自己的青春已去而壮志未酬，感伤之情油然而生。回首往事，时光如流水一去不复回；展望未来，前途渺茫。上片写人之愁闷无聊。下片专写夜晚的景象。明月冲破云层，将花的影子投射在地上；花影摇曳婆娑，好像是花在月下摆弄着自己的身影。明天一定是落花满路了，春天就这样走了。此词将慨叹年老无成与伤悼春天流逝有机地交融在一起，是张先词中最负盛名的一首。

望海潮

柳　永

【作者简介】 柳永(约 987—约 1053)，字耆卿，初名三变，字景庄。福建崇安(一作乐安)人。因排行第七，故又称柳七。为人落拓不羁，常出入于秦楼楚馆，为妓女、乐工们填词。柳永是北宋第一个专力写词的作家，他精通音律，大量制作慢词，对我国词体的发展起到了重要的作用。柳词善于运用铺叙、渲染等手法，擅长以俚语、俗语入词，雅俗共赏，所以流传很广，甚至连西夏也"凡有井水饮处，皆能歌柳词”。有《乐章集》传世，存词 210 多首，按宫调编次，共 16 个宫调 150 个词调。

【作品】

东南形胜，三吴都会[1]，钱塘自古繁华。烟柳画桥，风帘翠幕[2]，参差十万人家。云树绕堤沙[3]。怒涛卷霜雪，天堑无涯[4]。市列珠玑，户盈罗绮，竞豪奢。

重湖叠巘清嘉[5]。有三秋桂子，十里荷花。羌管弄晴，菱歌泛夜，嬉嬉钓叟莲娃。千骑拥高牙[6]。乘醉听箫鼓，吟赏烟霞。异日图将好景，归去凤池夸[7]。

【注释】

①三吴：古时指吴兴（今浙江省湖州市）、吴郡（今江苏省苏州市）和会稽（今浙江省绍兴市）。 ②风帘翠幕：挡风的帘子和翠色的帷幕。 ③云树：形容树木远望如云。堤沙：指钱塘江堤。④天堑：天然的壕沟。此指钱塘江。 ⑤重湖：西湖有里湖、外湖之别，故云。叠巘：层层叠叠的山峰。 ⑥高牙：军前大旗，借指高级军官。此指词人的朋友、两浙转运使孙何。 ⑦凤池：凤凰池，原是皇帝禁苑中池沼，此借指朝廷。

【阅读提示】

编选自柳永：《望海潮》，载唐圭璋编《全宋词》第一册，中华书局 1965 年版，第 39 页。

柳永作品
视频讲解 1

此词写尽了杭州的繁华昌盛，写尽了西湖的佳丽秀美，是咏城市的名作。无论是形容杭城的物阜民康、钱江潮的雄伟壮观，还是铺叙西湖的秀丽、山色的明媚，都抓住了典型事物，用赋体的写法，一一铺陈，写得有声有色，声情并茂。向来被人们视为用词写就的杭州赋。尤其是“三秋桂子，十里荷花”更是简洁而又典型地写出了杭州夏秋两季的代表景物，传唱千古。宋代罗大经《鹤林玉露》云：“此词流播，金主亮闻歌，欣然有慕于‘三秋桂子，十里荷花’，遂起投鞭渡江之志。”由此可见，柳永此词在当时就已远播北方的金朝。

八声甘州

柳　永

【作品】

对潇潇[1]、暮雨洒江天，一番洗清秋。渐霜风凄紧[2]，关河冷落，残照当楼。是处红衰翠减[3]，苒苒物华休[4]。惟有长江水，无语东流。　　不忍登高临远，望故乡渺邈，归思难收。叹年来踪迹，何事苦淹留[5]。想佳人、妆楼颙望[6]，误几回、天际识归舟。争知我[7]、倚阑干处，正恁凝愁。

【注释】

①潇潇：下雨声。　②凄紧：寒气逼人。　③红衰翠减：指花叶凋零。　④物华休：美丽的景物凋零了。　⑤留：久留他乡。　⑥颙望：抬头凝望。　⑦争：怎么。

【阅读提示】

柳永作品视频讲解 2

编选自柳永：《八声甘州》，载唐圭璋编《全宋词》第一册，中华书局 1965 年版，第 43 页。

这是柳永抒写羁旅行役之苦的名作。上片用层层铺叙的手法描绘登高所见的萧瑟秋景，词人登上临江的高楼，感到寒风渐冷渐急，眼中所见到处是花叶凋零，一片凄凉。长江默默地向东流去，不管词人的乡愁，不管万物的凋残！下片用委婉曲折的笔法抒写归心似箭的思乡之情。真不该登高眺望，本想看一眼远方的故乡，但故乡遥不可及，反而触发了自己绵绵不尽的思归之情。想来家中的亲人也一定在妆楼上天天盼着自己回家，也不知有多少次错把天边驶来的船看作是我的归舟呢。她哪里知道我此刻也正在靠着栏杆，因为不能回家而发愁。

鹊踏枝

晏　殊

【作者简介】　晏殊（991—1055），字同叔，抚州临川（今属江西）人。7 岁能文，14 岁以神童召试，赐同进士出身。官至同中书门下平章事、集贤殿大学士兼枢密使。谥元献。平生爱荐举贤才，范仲淹、韩琦、欧阳修等名臣皆出其门下。其词笔调娴婉，理致深蕴，音律谐适，词语雅丽，为当时词坛耆宿，在北宋文坛上享有很高的地位。诗、文、词兼擅。有《珠玉词》，存词 130 多首。

【作品】

槛菊愁烟兰泣露[1]。罗幕轻寒，燕子双飞去。明月不谙离恨苦。斜光到晓穿朱户[2]。　　昨夜西风凋碧树。独上高楼，望尽天涯路。欲寄彩笺兼尺素[3]。山长水阔知何处！

【注释】

①槛(jiàn)：栏杆。　②斜光：残月的清光。　③彩笺：古人用来题诗的一种精美的纸

张，借指诗词。

【阅读提示】

编选自晏殊：《鹊踏枝》，载唐圭璋编《全宋词》第一册，中华书局1965年版，第93页。

此词为晏殊写闺思的名篇。词之上片运用移情于景的手法，选取眼前的景物，注入主人公的感情，点出离恨。菊花笼罩在雾气里好像是含着愁意，兰花沾上了露水好像在哭泣。尽管隔着层层帷幕，仍能感到阵阵的寒意；燕子自管自地穿过帘幕，双双飞走了。明月不懂得离别的愁苦，竟然就这样照了整整一夜，使人无法入睡；而且还不肯罢休，到了清晨余晖还穿过朱户，斜照在辗转难眠的离人身上。下片承离恨而来，通过高楼独望把主人公望眼欲穿的神态生动地表现出来。走出卧室，登高远望，只见昨夜的秋风已把树上的绿叶都吹落了，一片空旷，但是亲人的行踪遥不可见，似乎远在天涯之外！想给她寄首诗，想给她寄封信，但是，山是这样连绵不断，水是如此广阔无边。心上人，你究竟在哪里？

此词格调疏淡，意境高远；深婉中见含蓄，广远中有蕴涵，有一种耐人咀嚼的情味。王国维《人间词话》中把此词"昨夜西风"三句和柳永、辛弃疾的词句一起比作治学的三种境界，足见本词之盛名。

五代史·伶官传序[①]

欧阳修

【作者简介】 欧阳修（1007—1072），北宋政治家、文学家。字永叔，号醉翁，晚年又号六一居士，吉州庐陵（今江西省吉安市）人。仁宗天圣八年（1030）中进士。英宗时，官至枢密副使、参知政事。神宗朝，迁兵部尚书，以太子少师致仕。卒谥文忠。他既是文学家，又是史学家、经学家、金石学家，诗、词、散文均为一时之冠。他领导北宋诗文革新运动取得了胜利。又喜奖掖后进，在唐宋八大家中，除他之外的北宋五家，不是出自他的门下，就是受过他的奖引扶掖。有《六一词》。

【作品】

呜呼！盛衰之理，虽曰天命，岂非人事哉！原庄宗之所以得天下[②]，与其所以失之者，可以知之矣。

世言晋王之将终也[③]，以三矢赐庄宗而告之曰："梁，吾仇也[④]；燕王，吾所立[5]；契丹与吾约为兄弟[6]，而皆背晋以归梁。此三者，吾遗恨也。与尔三矢，尔其无忘乃父之志！"庄宗受而藏之于庙[7]。其后用兵，则遣从事以一少牢告庙[8]，请其矢，盛以锦囊，负而前驱，及凯旋而纳之。方其系燕父子以组[9]，函梁君臣之首[10]，入于太庙，还矢先王，而告以成功，其意气之盛，可谓壮哉！及仇雠已灭，天下已定，一夫夜呼[11]，乱者四应，苍皇东出，未及见贼而士卒离散，君臣相顾，不知所归，至于誓天断发，泣下沾襟，何其衰也！岂得之难而失之易欤？抑本其成败之迹，而皆自于人欤？

《书》曰[12]："满招损，谦得益。"忧劳可以兴国，逸豫可以亡身，自然之理也。故方其盛也，举天下之豪杰，莫能与之争；及其衰也，数十伶人困之[13]，而身死国灭，为天下笑。夫祸患常积于忽微，而智勇多困于所溺，岂独伶人也哉！

作《伶官传》。

【注释】

①选自《新五代史·伶官传》。五代：指唐朝衰亡后在中原更替出现的后梁、后唐、后晋、后汉、后周五个王朝。伶官：古代宫廷中授有官职的伶人。　②庄宗：李存勖，唐末西突厥沙陀部族的首领，消灭后梁后称帝，建立后唐。　③晋王：指李存勖的父亲李克用，曾助唐镇压黄巢起义，因功封陇西郡王，后又封为晋王。　④梁，吾仇也：黄巢将领朱温投降唐朝后，封为梁王，改名朱全忠。他曾企图杀害李克用。朱全忠篡夺唐政权后建国，国号梁。　⑤燕王：指刘仁恭，李克用曾帮他夺得幽州，并保举他为卢龙节度使。后刘仁恭叛晋归梁。⑥契丹：唐末北方少数民族，此指其首领耶律阿保机。李克用曾与他结拜为兄弟，相约合兵灭梁。后来耶律阿保机背约而与梁结盟。　⑦庙：此指太庙，帝王祭祀祖先的宗庙。　⑧从事：指办理具体事务的官员。少牢：祭祀时用猪、羊各一头作祭品。⑨系燕父子以组：公元912年，李存勖攻破幽州，俘获了刘仁恭及其儿子刘守光。　⑩函梁君臣之首：公元923年，李存勖攻破大梁，梁皇帝朱友贞（朱温的儿子）令部将皇甫麟杀死自己，后皇甫麟也刎颈自杀。函：名词用作动词，意为用木匣子装。　⑪"一夫"八句：公元926年，驻守贝州（今河北省清河县）的军人皇甫晖发动兵变，邢州（今河北省邢台市）和沧州（今河北省沧州市）的军队纷纷响应。庄宗派李嗣源（李克用养子）前往镇压，不料李嗣源被手下拥立为帝，联合皇甫晖的叛军进攻京都洛阳。庄宗仓促应战，东进至万胜镇，听说李嗣源已经占据开封，无奈带兵退回，至洛阳城东的石桥，部将元行钦等人剪断头发，对天发誓，愿以死尽忠，君臣相顾悲泣。⑫《书》：指《尚书》。《尚书·大禹谟》原文是"满招损，谦受益"。　⑬"数十伶人"三句：庄宗灭梁以后，纵情声色，宠用伶人，朝政日非。伶人出身的皇帝近卫军首领郭从谦乘机作乱，庄宗中流矢而死。

【阅读提示】

编选自欧阳修:《五代史·伶官传序》,载欧阳修《欧阳修集》,刘扬忠编选,凤凰出版社2014年版,第191-192页。

这是一篇著名的史论。宋初的薛居正编了一本《五代史》,欧阳修也曾经编过一部《五代史》。为了区别,通称薛著为《旧五代史》,欧著为《新五代史》。欧阳修编《新五代史》时,仿照司马迁《史记·滑稽列传》的体例,写了《伶官传》。本文就是《伶官传》前面的序言。文章开篇就提出了中心论点:“盛衰之理,虽曰天命,岂非人事哉!”接着用五代后唐庄宗李存勖盛衰成败的历史事实来佐证。写法上欲抑先扬,先盛赞庄宗成功时的意气风发,再渲染其失败时的衰态,通过盛衰的强烈对比,来突出其失败的根由正在于宠信伶官、耽于逸乐。文章最后说:“智勇多困于所溺,岂独伶人也哉!”借古讽今的意味是十分明显的了。

踏莎行

欧阳修

【作品】

候馆梅残[①],溪桥柳细。草薰风暖摇征辔。离愁渐远渐无穷,迢迢不断如春水。　　寸寸柔肠,盈盈粉泪[②]。楼高莫近危阑倚[③]。平芜尽处是春山[④],行人更在春山外。

【注释】

①候馆:迎候宾客的旅舍。　②盈盈:指泪水充满眼眶。　③危阑:指高楼上的栏杆。　④平芜:平坦的草地。

【阅读提示】

编选自欧阳修:《踏莎行》,载唐圭璋编《全宋词》第一册,中华书局1965年版,第123页。

欧阳修作品视频讲解

这首词写的是一个游子在旅途中的感受。此词上片写行人途中所见所感。开头三句是一幅洋溢着春天气息的溪山行旅图:旅舍旁的梅花只剩下几朵残英,溪桥边的柳树刚抽出嫩叶。春风吹来,已经是暖洋洋的了,春草也散发出阵阵的清香。游子就在这美好的环境中摇动马缰,赶马行路。而离愁就像眼前这一溪春水一样,来路无穷,去程不尽。下片写行人想象中女性居者对他的怀念,写得情真意切，细腻生动。过片两对句，由游子转写居家的思妇。接着一句“楼高莫近危阑倚”，是游子心中对泪眼盈盈的闺中人深情的劝慰。最后两句写游子想象中闺中人凭高望远而不见所思之人的情景。

此词由陌上游子而及楼头思妇，由实景而及想象，上下片层层递进，以发散式结构将离愁别恨表达得荡气回肠、意味深长，是欧词深婉风格的代表作。

答司马谏议书[①]

王安石

【作者简介】 王安石(1021—1086)，字介甫，号半山，抚州临川(今属江西)人。庆历进士。神宗即位，陈述北宋开国至今各项制度弊端，阐明必须改革。熙宁二年(1069)，为参知政事，次年拜相。推行青苗、均输、市易、免役、农田水利等新法，史称王安石变法。王安石是欧阳修倡导的诗文革新运动的积极参加者，唐宋八大家之一。其散文雄健峭拔，诗歌遒劲清新。他的文学主张核心是“文贵致用”。有《王文公文集》《临川先生文集》两种。

【作品】

某启：昨日蒙教，窃以为与君实游处相好之日久[②]，而议事每不合，所操之术多异故也。虽欲强聒[③]，终必不蒙见察，故略上报，不复一一自辨。重念蒙君实视遇厚，于反覆不宜卤莽，故今具道所以[④]，冀君实或见恕也[⑤]。

盖儒者所争，尤在于名实。名实已明，而天下之理得矣。今君实所以见教者[⑥]，以为侵官、生事、征利、拒谏，以致天下怨谤也。某则以谓受命于人主[⑦]，议法度而修之于朝廷，以授之于有司，不为侵官；举先王之政，以兴利除弊，不为生事；为天下理财，不为征利；辟邪说[⑧]，难壬人[⑨]，不为拒谏。至于怨诽之多，则固前知其如此也。人习于苟且非一日，士大夫多以不恤国事、同俗、自媚于众为善，上乃欲变此[⑩]，而某不量敌之众寡，欲出力助上以抗之，则众何为而不汹汹然[⑪]？盘庚之迁[⑫]，胥怨者民也，非特朝廷士大夫而已。盘庚不为怨者故改其度，度义而后动[⑬]，是而不见可悔故也。

如君实责我以在位久，未能助上大有为，以膏泽斯民[⑭]，则某知罪矣；如曰今日当一切不事事，守前所为而已，则非某之所敢知。

无由会晤，不任区区向往之至[⑮]。

【注释】

①司马谏议：司马光，时任右谏议大夫。谏议大夫是负责向皇帝进言的官员。本文是答复司马光批评的书信体政论文。 ②君实：是司马光的字，古人同辈交往时，自称称名，称人称字。 ③强聒(qiāngguō)：强为解释。 ④具道所以：详细说明这样做的理由。 ⑤见恕：原谅我。 ⑥所以见教者：用来指教我的。 ⑦以谓：以为。 ⑧辟：驳斥。 ⑨壬人：善于拍马逢迎的人。壬：通“佞”。 ⑩上：皇帝，此指宋神宗。 ⑪汹汹：通“讻讻”，大吵大闹的样子。 ⑫盘庚之迁：盘庚是商王朝的一个君王。商朝原来的都城常受水灾，盘庚执政时，决定迁都于殷(今河南省安阳市)，遭到臣民的反对。 ⑬度(duó)义而后动：考虑自己做得正确就采取行动。度：作动词用。 ⑭膏泽斯民：施恩泽给老百姓。膏泽：名词用作动词。⑮区区：拳拳，诚心诚意的意思。向往之至：仰慕到了极点。

【阅读提示】

编选自王安石：《答司马谏议书》，载王安石《王临川全集》卷七十三，清光绪九年听香馆刻本，第3页。

这是一篇书信体的驳论文。北宋神宗熙宁二年，王安石出任参知政事(相当于副宰相)。在宋神宗的支持下，针对宋王朝财政不足的困境，推行了一系列的改革措施。但是遭到了以司马光为代表的保守势力的竭力反对。司马光一再写书信给王安石，要求废除新法，并对王安石横加指责。王安石的这封信就是针对司马光的一封三千多字的长信而写的。他把司马光长信中对新法的种种责难归纳为“侵官、生事、征利、拒谏”等罪名，然后再一一加以反驳，驳得简洁而又十分有力，要言不烦，势如破竹。

明妃曲二首[①](其一)

王安石

【作品】

明妃初出汉宫时，泪湿春风鬓脚垂[②]。
低回顾影无颜色[③]，尚得君王不自持。
归来却怪丹青手[④]，入眼平生几曾有？
意态由来画不成，当时枉杀毛延寿。
一去心知更不归，可怜着尽汉宫衣。
寄声欲问塞南事[⑤]，只有年年鸿雁飞。

家人万里传消息，好在毡城莫相忆[⑥]。

君不见咫尺长门闭阿娇[⑦]，人生失意无南北。

【注释】

①明妃曲：《乐府诗集》归于《相和歌辞·吟叹曲》。明妃：王嫱，字昭君。晋时因避司马昭讳，改称明君。 ②春风：指脸。杜甫咏昭君有“画图省识春风面”之句。 ③“低回”二句：《后汉书·南匈奴传》说王昭君临行时“丰容靓饰，光明汉宫，徘回顾影，竦动左右。帝见大惊，意欲留之，而难于失信，遂与匈奴”。 ④丹青手：画师，指毛延寿。 ⑤塞南：塞北为胡地，问塞南事，指问家人消息。 ⑥毡城：匈奴是游牧民族，住毡帐，这里指匈奴单于的居处。 ⑦长门：汉时宫殿名。阿娇：汉武帝陈皇后的小名。她失宠后被贬居长门宫。

【阅读提示】

王安石作品视频讲解

编选自王安石：《明妃曲二首》，载王安石《王安石全集》，秦克、巩军标点，上海古籍出版社 1999 年版，第 351 页。

自汉代以后，“怜昭君远嫁”成为骚人墨客常常慨叹的主题，恨画工毛延寿丑化昭君使其不遇君王，更是诗人们无尽的浩叹，但是王安石在传神写出昭君临别的泪光盈盈、低回顾影后，独抒己见：“意态由来画不成，当时枉杀毛延寿。”昭君的内在美，那不同凡响的神情意态美，又岂是画工所能图画出来的？一笔勾销了前人对毛延寿的指责，更显出昭君的出众。至于前人认为昭君远嫁多么不幸，王安石更是大不以为然，一句“君不见咫尺长门闭阿娇，人生失意无南北”，石破天惊，令多少后宫佳丽的悲怨，多少文人的失意，同化作千古一叹！

定风波

苏轼

【作者简介】 苏轼(1037—1101)，字子瞻，号东坡居士，世称苏东坡。眉州眉山(今属四川)人。苏轼政治上几经挫折，始终对人生和美好事物有着执着的追求。他的思想主体是儒家思想，又吸收释老思想中与儒家相通的部分，保持达观的处世态度。苏轼是北宋中期的文坛领袖，散文成就很高，唐宋八大家之一。词作多达 340 多首，突破了相思离别、男女之情的藩篱，反映社会现实生活，抒写报国爱民的情怀。词风大多雄健激昂，顿挫排宕。语言和音律上亦有创新。在词的发展史上开创了豪放词派，与辛弃疾并称“苏辛”。有《东坡乐府》。

【作品】

三月七日，沙湖道中遇雨。雨具先去，同行皆狼狈，余独不觉。已而遂晴，故作此词。

莫听穿林打叶声。何妨吟啸且徐行[1]。竹杖芒鞋轻胜马[2]。谁怕？一蓑烟雨任平生。　　料峭春风吹酒醒。微冷。山头斜照却相迎。回首向来潇洒处[3]。归去。也无风雨也无晴。

【注释】

①吟啸：吟诗、长啸，以示洒脱。　②芒鞋：草鞋。　③潇洒处：指遇雨的地方。

【阅读提示】

编选自苏轼：《定风波》，载唐圭璋编《全宋词》第一册，中华书局1965年版，第288页。

苏轼作品视频讲解1

此词作于苏轼黄州之贬后的第三个春天。此词借道中遇雨之小事，即景抒情，于简朴中见深意，于寻常处生奇警，抒写词人被贬黄州、备受打击后，仍能旷达处世、超然物外的心情，表现出旷达超脱的胸襟，寄寓着超凡脱俗的人生理想。不要去听穿林打叶的雨声，不妨边吟诗长啸，边慢慢踱行。手拄着竹杖，脚穿着草鞋，走起来比骑马还要轻快。怕什么风吹雨打？披着蓑衣，顶着风雨，漫步在崎岖的人生旅途上，这是自己平生经历惯了的。春风料峭，吹醒酒意；身上感到一丝寒意，山头夕阳西下，给自己送来一点温暖。回望刚才走过的风雨萧瑟之处，已经云消雾散了。纵观全词，一种醒醉全无、无喜无悲、胜败两忘的人生哲学和处世态度呈现在我们面前。读罢全词，人生的沉浮、情感的忧乐，我们自会有一番全新的体悟。

江城子

苏　轼

【作品】

密州出猎[1]

老夫聊发少年狂[2]。左牵黄。右擎苍[3]。锦帽貂裘[4]，千骑卷平冈。为报倾城随太守，亲射虎，看孙郎⑤。　酒酣胸胆尚开张。鬓微霜，又何妨。持节云中，何日遣冯唐⑥？会挽雕弓如满月，西北望，射天狼⑦。

【注释】

①密州：今山东省诸城市。宋神宗熙宁八年(1075)苏轼做密州太守。　②老夫：苏轼自指。　③黄：借指黄狗。苍：借指苍鹰。　④锦帽貂裘：锦蒙帽和貂鼠裘。　⑤孙郎：指孙权，孙权年轻时曾骑马射虎。　⑥“持节”二句：用汉文帝时魏尚、冯唐的典故，暗示自己希望得到朝廷的重用。　⑦天狼：星名，古人以为天狼星出现必有外敌入侵。这里喻指西夏对北宋的威胁。

【阅读提示】

苏轼作品
视频讲解 2

编选自苏轼：《江城子·密州出猎》，载唐圭璋编《全宋词》第一册，中华书局 1965 年版，第 299 页。

宋神宗熙宁八年十月，东坡任密州知州，曾因旱去常山祈雨，归途中与同官梅户曹会猎于铁沟附近，作此词以抒怀，抒发了为国效力疆场、抗击侵略的雄心壮志和豪迈气概。

此词上片写打猎的壮阔场面。开篇“老夫聊发少年狂”，出手不凡，一个“狂”字贯穿全篇。接着的四句写出猎的雄壮场面，表现了猎者威武豪迈的气概：我左手牵着黄毛猎狗，右臂上站着苍鹰；戴着锦蒙帽，穿着貂鼠皮袄，带着千名骑兵随从，疾风般卷过平坦的高冈。替我通知全城老百姓，都跟我去打猎，看我像当年孙权那样亲射猛虎！下片抒发戍边杀敌报国的雄心壮志。我酒意正浓，心高胆壮，鬓边增添几根白发又算得了什么？什么时候朝廷能派人来重用我？那时，我要把雕弓拉得像十五的满月，去射杀那凶残的天狼！此词通篇纵情放笔，风格豪迈奔放，气势雄壮，具有一种阳刚之美，是苏轼豪放词的代表作。

前赤壁赋①

苏　轼

【作品】

壬戌之秋②，七月既望③，苏子与客泛舟，游于赤壁之下。清风徐来，水波不兴。举酒属客④，诵“明月”之诗，歌“窈窕”之章⑤。少焉，月出于东山之上，徘徊于斗、牛之间⑥。白露横江，水光接天。纵一苇之所如⑦，凌万顷之茫然。浩浩乎如冯虚御风[8]，而不知其所止；飘飘乎如遗世独立，羽化而登仙[9]。

于是饮酒乐甚，扣舷而歌之。歌曰：“桂棹兮兰桨[10]，击空明兮溯流光。渺渺兮予怀，望美人兮天一方。”客有吹洞箫者，倚歌而和之。其声呜呜然，如怨如慕，如泣如诉。余音袅袅，不绝如缕。舞幽壑之潜蛟，泣孤舟之嫠妇[11]。

苏子愀然，正襟危坐[12]，而问客曰：“何为其然也？”客曰：“‘月明星稀，乌鹊南飞’。此非曹孟德之诗乎[13]？西望夏口，东望武昌[14]；山川相缪[15]，郁乎苍苍。此非孟德之困于周郎者乎[16]？方其破荆州、下江陵、顺流而东也，舳舻千里[17]，旌旗蔽空，酾酒临江，横槊赋诗，固一世之雄也，而今安在哉？况吾与子渔樵于江渚之上，侣鱼虾而友麋鹿[18]。驾一叶之扁舟，举匏樽以相属。寄蜉蝣于天地[19]，渺沧海之一粟。哀吾生之须臾，羡长江之无穷。挟飞仙以遨游，抱明月而长终。知不可乎骤得，托遗响于悲风。”

苏子曰：“客亦知夫水与月乎？逝者如斯，而未尝往也；盈虚者如彼，而卒莫消长也。盖将自其变者而观之，而天地曾不能以一瞬；自其不变者而观之，则物与我皆无尽也。而又何羡乎？且夫天地之间，物各有主。苟非吾之所有，虽一毫而莫取。惟江上之清风，与山间之明月，耳得之而为声，目遇之而成色；取之无禁，用之不竭。是造物者之无尽藏也[20]，而吾与子之所共食。”

客喜而笑，洗盏更酌。肴核既尽，杯盘狼藉。相与枕藉乎舟中[21]，不知东方之既白。

【注释】

①赤壁：其实黄州的赤鼻矶，不是三国时赤壁大战的旧址，当地人误以为“赤壁”，苏轼将错就错，借以抒发自己的怀抱。苏轼曾于宋神宗元丰五年(1082)七月十六日和十月十五日两次泛游赤壁，并写了两篇赋，第一篇称《前赤壁赋》，第二篇称《后赤壁赋》。 ②壬戌：宋神宗元丰五年。 ③既望：农历每月十五日为“望”，十六日为既望。 ④属(zhǔ)客：意为劝客人喝酒。属：倾注，引申为劝酒。 ⑤“诵明月”二句：《诗经》中有《陈风·月出》篇，其中“月出皎兮”一章里有“舒窈纠兮”的句子，“窈纠”同“窈窕”。 ⑥斗牛：星座名，即斗宿(南斗)和牛宿。 ⑦一苇：喻指苇叶似的小船。 ⑧冯(píng)虚御风：指在天空中乘风遨游。冯：通“凭”，依靠。虚：指天空。 ⑨羽化：道教称成仙为羽化，意为成仙后就能像鸟一样飞升。⑩桂棹：桂树做的棹；兰桨：木兰树做的桨。这里都是为了美化划船用具。 ⑪舞、泣：都用作使动词。潜蛟：指潜藏的蛟龙。嫠(lí)妇：寡妇。 ⑫正襟：整理衣襟。危坐：端正地坐着。⑬“月明”二句：是曹操《短歌行》中的诗句。 ⑭夏口：今湖北武昌；武昌：今湖北鄂城(非今之武昌)。 ⑮缪(liáo)：通“缭”，盘绕。 ⑯“孟德”句：指曹操在赤壁大战中被周瑜击败一

事。孟德：曹操的字。周郎：周瑜 24 岁时为中郎将，吴中皆称他为周郎。 ⑰舳舻(zhúlú)：指战船。船尾称舳，船头称舻。 ⑱侣、友：都用作动词。 ⑲蜉蝣：夏秋之交，生长在水边的一种小虫，朝生暮死，生命极其短促。 ⑳造物者：指大自然。无尽藏：佛教用语，指无穷无尽的宝藏。 ㉑枕藉：互相枕靠着交错地躺在一起。

【阅读提示】

编选自苏轼：《前赤壁赋》，载张志烈、马德富、周裕锴主编《苏轼全集校注》，河北人民出版社 2011 年版，第 27-29 页。

宋神宗元丰二年(1079)，苏轼因“乌台诗案”被捕入狱，经弟弟苏辙等人的多方营救，才免于死罪，被贬到黄州担任团练副使。

第一部分写诗人置身于水光月色之中，遗世独立，飘飘欲仙的心情，为下文抒情、议论作铺垫。第二部分写饮酒唱歌，由喜而愁、由乐而悲的情感变化，摹写箫声的凄恻悲凉和无限的苦情悲怨，其中“扣舷之歌”在文章中起到了由乐跌入悲的过渡作用。客人即景生情，从月夜泛舟，引发赤壁怀古，由赤壁其地、曹操其人，引发宇宙永恒、人生短暂的悲叹。第三部分写因得到解脱而复喜。苏子借眼前的流水和当空的明月作比喻，反驳客人关于人生、宇宙的看法，说出了人生变与不变的道理。最后“客喜而笑”，主客认识取得一致。这两部分的主客对话，实际上反映了作者思想中积极的人生观与消极的人生观的矛盾斗争，主人最后说服了客人，表明作者思想中积极的一面战胜了消极的一面。整篇文章即景生情、借物喻理，将写景、抒情、说理融为一体，是唐宋文赋中的佼佼者。

临江仙

晏几道

【作者简介】 晏几道(1038—1110)，字叔原，抚州临川(今属江西)人。宰相晏殊的幼子，性情孤傲耿介，不肯攀附权贵，因此郁郁不得志。其词与晏殊齐名，人称“二晏”，是婉约派的代表作家之一。有《小山词》，存词 260 首。前人对《小山词》的评价甚高，冯煦在《宋六十一家词选例言》中说：“淮海、小山，古之伤心人也。其淡语皆有味，浅语皆有致，求之两宋，实罕其匹。”

【作品】

梦后楼台高锁，酒醒帘幕低垂①。去年春恨却来时。落花人独立，微雨燕双飞。　　记得小苹初见[②]，两重心字罗衣[③]。琵琶弦上说相思。当时明月在，曾照彩云归[④]。

【注释】

①低垂：虚掩。　②小苹：歌女名。　③“两重”句：被心字香薰过两次的罗衣。　④彩云：比喻小苹。

【阅读提示】

编选自晏几道：《临江仙》，载唐圭璋编《全宋词》第一册，中华书局1965年版，第222页。

此词是晏几道的代表作，借暮春景物的描绘来表达怀念歌女小苹的相思之情，最能体现作者流连歌酒、无意仕途的心境和曲折深婉的词风。上片写“春恨”，描绘梦后酒醒、落花微雨的情景。下片写相思，追忆“初见”及“当时”的情况，表现词人苦恋之情、孤寂之感。全词怀人的同时，也抒发了人世无常、欢娱难再的淡淡哀愁。这首词代表了小山词艺术上的最高成就，堪称婉约词中的绝唱。

踏莎行

秦　观

【作者简介】　秦观（1049—1100），字少游、太虚，号淮海居士，扬州高邮（今江苏省高邮市）人。元丰八年（1085）中进士。和黄庭坚、张耒、晁补之同出苏轼之门，人称“苏门四学士”。秦观工诗词。词多写男女情爱，也颇有感伤身世之作，风格委婉含蓄，清丽淡雅。诗风与词风相近。秦观的《淮海词》基本上没有跳出相思离别题材的藩篱，在艺术手法上，摄取了柳永词铺叙渲染、委曲尽致的优点，形成了清丽典雅的词风。千百年来，秦观一直被视为第一流的正宗婉约作家，对后代词的发展产生了深远的影响。

【作品】

郴州旅舍[①]

雾失楼台，月迷津渡。桃源望断无寻处[②]。可堪孤馆闭春寒，杜鹃声里斜阳暮。　　驿寄梅花，鱼传尺素。砌成此恨无重数。郴江幸自绕郴山，为谁流下潇湘去[③]？

【注释】

①郴州：今湖南省郴州市。　②桃源：晋陶渊明《桃花源记》里虚构的世外仙境，在郴州市北。　③潇湘：指湖南境内的潇江、湘江二水，汇合后称潇湘。

【阅读提示】

秦观作品视频讲解

编选自秦观：《踏莎行·郴州旅舍》，载唐圭璋编《全宋词》第一册，中华书局1965年版，第460页。

此词为词人绍圣四年(1097)贬谪郴州时寓居旅店所写。词中抒写了作者流徙僻远之地的凄苦失望之情和思念家乡的怅惘之情。词的上片以写景为主，描写了词人谪居郴州登高怅望时的所见和谪居的环境，而又景中有情，表现了他苦闷迷惘、孤独寂寞的情怀。下片以抒情为主，写他谪居生活中的无限哀愁，偶尔也情中带景。此词即景生情，寓情于景，写得婉转含蓄，尤其是最后两句用郴江、郴山喻人的分别，似乎问得十分无理，但是有力地写出了内心的沉痛，深受苏轼的好评。

鹧鸪天

贺　铸

【作者简介】　贺铸(1052—1125)，北宋词人。字方回，号庆湖遗老。祖籍山阴(今浙江省绍兴市)，生在卫州共城(今河南省辉县)。他秉性刚直，不阿权贵，因此一生屈居下僚。其词善于融化前人成句，兼有豪放、婉约二派之长。有《东山词》1卷、《贺方回词》2卷，共280多首。

【作品】

重过阊门万事非①。同来何事不同归？梧桐半死清霜后②，头白鸳鸯失伴飞。

原上草，露初晞。旧栖新垅两依依③。空床卧听南窗雨，谁复挑灯夜补衣？

【注释】

①阊门：本是苏州的西门，这里借指苏州。　②梧桐半死：比喻丧偶。　③旧栖：旧居；新垅：新坟。

【阅读提示】

编选自贺铸：《半死桐》，载唐圭璋编《全宋词》第一册，中华书局1965年版，第502页。

这是一首悼亡词，表现作者对亡妻赵氏的深挚追怀，写得真挚、沉痛，是与晋潘岳《悼亡》3首、唐元稹《遣悲怀》3首、宋苏轼《江城子·十年生死两茫茫》并存不朽的悼亡名作。

贺铸作品
视频讲解

上片起二句用赋的手法，直抒胸臆。又来到了苏州，一切都变了。以前我们一起来到这里，为什么不能一起回去呢？以下两句，以连理树的半死、双栖鸟的失伴来比拟自己的丧偶：霜降以后枝叶凋零梧桐半死，头白鸳鸯在失伴孤飞。下片起二句，承上启下，亦比亦兴。本自汉乐府丧歌《薤露》："薤上露，何易晞！"原野上的青草，上面的露水已经晒干。旧居新坟，两情依依。"旧栖"句至结尾复用赋体。夜卧空床，独宿孤眠，听着窗外淅淅沥沥的雨声，有谁再为我挑灯补衣呢？最后两句，既是抒情最高潮，也是全词中最感人的两句。这两句，平实的细节与意象中表现妻子的贤惠，勤劳与恩爱，以及伉俪间的相濡以沫，一往情深，读来令人哀婉凄绝，感慨万千。

全词触景生情，出语沉痛，情真意切，哀怨凄婉，动人肺腑。

兰陵王

周邦彦

【作者简介】 周邦彦（1056—1121），字美成，号清真居士，钱塘（今浙江省杭州市）人。他精通音律，能自度曲，曾提举大晟府，是北宋重要词家。其词集北宋婉约派大成，多写男女之情，讲究形式格律和语言技巧，历来被奉为词坛正宗，对南宋及后代均有巨大影响。有《片玉词》，又叫《清真集》，存词206首。

【作品】

咏　柳

柳阴直。烟里丝丝弄碧。隋堤上[1]，曾见几番，拂水飘绵送行色[2]。登临望故国[3]。谁识京华倦客。长亭路，年去岁来，应折柔条过千尺[4]。　　闲寻旧踪迹。又酒趁哀弦，灯照离席。梨花榆火催寒食[5]。愁一箭风快[6]，半篙波暖，回头迢递便数驿。望人在天北。　　凄恻。恨堆积。渐别浦萦回，津堠岑寂[7]。斜阳冉冉春无极。念月榭携手，露桥闻笛。沉思前事，似梦里，泪暗滴。

【注释】

①隋堤：汴河堤，为隋炀帝所筑，堤上多种柳树。 ②飘绵：指飞舞的柳花。 ③故国：指故乡。 ④柔条：指柳条。古人折柳赠别，以示留恋之意。 ⑤梨花榆火：指梨花盛开、榆柳取火的寒食节。 ⑥一箭风快：比喻顺风的船像箭一样飞快。 ⑦津堠：渡口边用来指路的土堆。

【阅读提示】

编选自周邦彦：《兰陵王·咏柳》，载唐圭璋编《全宋词》第一册，中华书局1965年版，第611页。

这首词的题目是咏柳，实际上是借咏柳来写离别。第一片，紧扣题目，从柳树上说出别恨。起句直点本题。“隋堤上”三句，写垂柳送行之态，“登临”句逆接，“谁识”笔触落到自身。“长亭路”三句更见长久漂泊之苦。第二片转入自己当前的情事，写送别时的情景。“闲寻”承“登临”而来，“又酒趁”三句，从追想旧踪迹，回到了眼前的别筵。“愁一箭”四句是代行者设想之词，这种翻进一层，从想象中着笔的手法，是周邦彦最擅长的。第三片写别后情怀，正面抒写离恨。别浦、津堠，斜阳冉冉，开拓了绮丽悲壮之境界。“念月榭”二句，转到对往事的回忆，用笔极吞吐之妙。这种笔法也是周邦彦最擅长的。此词通篇构思措辞都很工巧，结尾收以重拙之笔，更显词风的浑厚。

苏幕遮

周邦彦

【作品】

燎沉香①，消溽暑②。鸟雀呼晴，侵晓窥檐语。叶上初阳干宿雨。水面清圆，一一风荷举。　　故乡遥，何日去？家住吴门③，久作长安旅④。五月渔郎相忆否？小楫轻舟，梦入芙蓉浦⑤。

【注释】

①燎：小火烧炙；沉香：一种用沉香木制成的香气很浓的香料。 ②溽暑：潮湿闷热的天气。 ③吴门：本指苏州，这里借指作者的故乡杭州。 ④长安：借指北宋汴京。 ⑤芙蓉浦：荷花塘。

【阅读提示】

编选自周邦彦：《苏幕遮》，载唐圭璋编《全宋词》第二册，中华书局1965年版，第603页。

这首词前段描绘雨后风荷的神态，后段写小舟的归梦，显得清新淡雅，别具一格。尤其是写风荷十分传神，王国维说是“能得荷花之神理者”。

渔家傲

李清照

【作者简介】 李清照（1084—约1151），号易安居士，齐州章丘（今属山东省济南市）人，以词著称，有较高的艺术造诣。其词，前期多写其悠闲生活，后期多悲叹身世。形式上善用白描手法，自辟途径，语言清丽。论词强调协律，崇尚典雅、情致，提出词“别是一家”之说，反对以作诗文之法作词。后人有《漱玉词》辑本。今人有《李清照集校注》。

【作品】

天接云涛连晓雾。星河欲转千帆舞。仿佛梦魂归帝所[①]。闻天语[②]。殷勤问我归何处。　　我报路长嗟日暮。学诗谩有惊人句[③]。九万里风鹏正举[④]。风休住。蓬舟吹取三山去[⑤]。

【注释】

①帝所：天帝住的地方。　②天语：天帝的话语。　③谩有：空有。　④鹏正举：像大鹏一样高飞远举。　⑤蓬舟：轻如蓬草的小舟。三山：指传说中的蓬莱、瀛洲、方丈三座仙岛。

【阅读提示】

编选自李清照：《渔家傲》，载唐圭璋编《全宋词》第二册，中华书局1965年版，第927页。

此词表现了词人博大的襟怀、昂扬的志向和远大的追求，不仅没有一丝脂粉气，即使放在男性作品中也是较为突出的。只是这种飞扬豪放的词作在李清照词中是较为少见的。

声声慢

李清照

【作品】

寻寻觅觅，冷冷清清，凄凄惨惨戚戚。乍暖还寒时候[①]，最难将息[②]。三杯两盏淡酒，怎敌他、晚来风急。雁过也，正伤心，却是旧时相识。　满地黄花堆积，憔悴损，如今有谁忺摘？守着窗儿，独自怎生得黑③。梧桐更兼细雨，到黄昏、点点滴滴。这次第④，怎一个愁字了得⑤？

【注释】

①乍：突然。　②将息：调养。　③怎生：怎样。　④次第：一连串的情况。　⑤了：完毕，了结。

【阅读提示】

李清照作品视频讲解

编选自李清照：《声声慢》，载唐圭璋编《全宋词》第二册，中华书局1965年版，第932页。

这首词是李清照晚年的代表作，抒发了词人晚年漂泊独处、孤苦无依的生活景况以及内心深处一种绝望的哀愁。由此也写出了南渡初期许多离乡背井、骨肉分离之人的共同感受，有一定的现实意义。此词一字一泪，字字都是由作者的血泪凝结而成，写得缠绵哀怨，极富艺术感染力。此外，在语言上也很有特点：开头连用14个叠字，极富创新性；用了“将息、怎生、次第”等口语词汇，显得朴素自然。总之，这是李清照南渡以后一首震动词坛的力作。

满江红

岳　飞

【作者简介】 岳飞(1103—1142)，字鹏举，相州汤阴(今属河南)人，南宋初年的抗金名将。因坚持抗敌，反对议和，被奸相秦桧以“莫须有”的罪名谋害。词仅存3首，内容皆表达抗金的伟大抱负和壮志难酬的深沉慨叹。风格悲壮，意气豪迈。有《岳武穆集》。

【作品】

怒发冲冠，凭栏处，潇潇雨歇。抬望眼，仰天长啸，壮怀激烈。三十功名尘与土①，八千里路云和月②。莫等闲，白了少年头，空悲切。　靖康耻③，犹未雪。臣子恨，何时灭？驾长车，踏破贺兰山缺④。壮志饥餐胡虏肉，笑谈渴饮匈奴血。待从头，收拾旧山河，朝天阙⑤。

【注释】

①尘与土：意即功名犹如尘土，指报国壮志未能实现而言。　②八千里路：岳飞20岁从

军，十余年间转战南北，八千里路是约数。 ③靖康：宋钦宗赵桓年号。靖康元年(1126)，金兵攻陷汴京，徽宗赵佶、钦宗赵桓被俘北去，北宋灭亡。 ④贺兰山：在今宁夏银川西，当时为西夏统治区。 ⑤天阙：指宫门。朝天阙：指班师回京。

【阅读提示】

编选自岳飞：《满江红》，载唐圭璋编《全宋词》第二册，中华书局1965年版，第1246页。

这首词上片凭栏对雨，感情汹涌澎湃，报国的热忱、建功的渴望交响在一起；下片情词慷慨，倾诉了报仇雪恨、收复失地的雄心壮志，正是英雄将个人命运与国家前途紧密相连的内心独白。整首词写得声情激越，具有很强的感染力，是民族危亡关头的战斗号角。慷慨悲歌，正是英雄本色！

卜算子

陆　游

【作者简介】 陆游(1125—1210)，字务观，号放翁，越州山阴(今浙江省绍兴市)人。绍兴中应礼部试，为秦桧所黜。后孝宗即位，赐进士出身，曾任镇江、隆兴通判，官至宝章阁待制。晚年退居家乡。他是南宋的大诗人，词也很有成就。有《剑南诗稿》《放翁词》传世。

【作品】

驿外断桥边，寂寞开无主。已是黄昏独自愁，更著风和雨①。　　无意苦争春，一任群芳妒。零落成泥碾作尘，只有香如故②。

【注释】

①著(zhuó)：值，遇。 ②如故：依旧。

【阅读提示】

编选自陆游：《卜算子》，载唐圭璋编《全宋词》第三册，中华书局1965年版，第1586页。

此词字面上句句歌咏梅花，实际上又处处在写词人自己，写自己的气节与品格，写自己的理想与追求。唐圭璋《唐宋词简释》云："此首咏梅，取神不取貌，梅之高格劲节，皆能显出。……咏梅即以自喻，与东坡咏鸿同意。东坡、放翁，固皆为忠忱郁勃，念念不忘君国之人也。"

关山月[①]

陆　游

【作品】

和戎诏下十五年[②]，将军不战空临边。
朱门沉沉按歌舞，厩马肥死弓断弦。
戍楼刁斗催落月[③]，三十从军今白发。
笛里谁知壮士心？沙头空照征人骨。
中原干戈古亦闻，岂有逆胡传子孙？
遗民忍死望恢复[④]，几处今宵垂泪痕！

【注释】

①关山月：汉乐府横吹曲名。　②和戎：指隆兴元年（1163）的宋金和议，至淳熙四年（1177）首尾正好15年。　③戍楼：边防的岗楼。刁斗：铜锅，古代行军时白天用作炊具，夜间敲着它打更。　④遗民：指留在金统治区的人民。

【阅读提示】

编选自陆游：《关山月》，载陆游《陆游集》，蒋凡、白振奎编选，凤凰出版社2014年版，第43页。

一轮关山月，照着沉沉朱门，照着沙头白骨，悬挂了几个世纪，并将永远凝固在历史的长廊中。陆游用满腔的悲愤绘制了一幅南宋小朝廷的社会缩影。展开这幅历史画卷，我们真切地看到了很多很多：从守边不战的将军，到白了少年头空悲切的征人；从戍楼上的冷月，到沙场中的白骨，还有空自盼望的遗民……而这一切悲剧皆源于“和戎诏下”，于是诗人将批判的锋芒直指腐朽软弱的南宋王朝。陆游一生志在恢复中原，他的诗和辛弃疾的词是南宋爱国诗词的两大旗帜。

书　愤

陆　游

【作品】

早岁那知世事艰，中原北望气如山。
楼船夜雪瓜洲渡[①]，铁马秋风大散关[②]。

塞上长城空自许[3],镜中衰鬓已先斑。

出师一表真名世[4],千载谁堪伯仲间。

【注释】

①楼船:战船。瓜洲渡:在镇江对岸。这句是写隆兴二年(1164)为镇江通判时的事。 ②大散关:在陕西省宝鸡市西南,为宋、金交界处。乾道八年(1172),陆游为四川宣抚司幕僚,到过大散关。 ③塞上长城:南朝宋文帝杀名将檀道济,檀道济脱帻投地,愤怒地说:"乃坏汝万里长城!"唐太宗也曾把名将李勣比为长城。这里是陆游自比。 ④出师一表:蜀汉建兴五年(227),诸葛亮伐魏,北驻汉中,临行时上表后主刘禅,后人称为《出师表》。

【阅读提示】

编选自陆游:《书愤》,载陆游《陆游集》,蒋凡、白振奎编选,凤凰出版社2014年版,第78页。

陆游虽是诗人,但也曾习武,他早年也曾豪情万丈,气冲斗牛,北望中原,壮志凌云。他曾经想乘上楼船冒着夜雪从瓜洲渡北上杀敌,他曾想骑上铁马迎着秋风向大散关英勇出击。但理想在现实面前破碎了。南宋小朝廷自毁长城,陷害忠良爱国之士。陆游自己也长期被投闲置散,壮志未酬而白发增生。题为"书愤",并非抒写一己之私人怨愤,而是爱国诗人无路请缨、无由雪耻的悲愤。诗中无一"愤"字,却是字字含愤,句句是愤。

念奴娇

张孝祥

【作者简介】 张孝祥(1132—1170),字安国,号于湖居士,历阳乌江(今安徽省和县)人。他的词气势豪迈、境界阔大,词风接近苏轼。有《于湖居士文集》和《于湖词》。

【作品】

洞庭青草[1],近中秋,更无一点风色。玉鉴琼田三万顷[2],著我扁舟一叶。素月分辉,明河共影,表里俱澄澈[3]。悠然心会,妙处难与君说。　应念岭海经年[4],孤光自照[5],肝胆皆冰雪。短发萧骚襟袖冷[6],稳泛沧浪空阔。尽吸西江[7],细斟北斗,万象为宾客[8]。扣舷独笑,不知今夕何夕!

【注释】

①洞庭:湖名,在今湖南省岳阳市西面。青草:湖名,在今岳阳市西南面,与洞庭湖相通,

总称洞庭湖。 ②玉鉴:玉镜。 ③表里:里外、上下。 ④岭海:五岭以南,今广东、广西地区。 ⑤孤光:指月亮。 ⑥萧骚:萧疏,这里指头发稀疏。 ⑦西江:从西面流来的长江。 ⑧万象:宇宙万物。

【阅读提示】

编选自张孝祥:《念奴娇》,载唐圭璋编《全宋词》第三册,中华书局1965年版,第1690页。

在众多写洞庭湖的诗词中,张孝祥此词别出心裁,不落前人窠臼,写出了一种别样的境界,富有独特的艺术成就,是张孝祥词的代表作。正如魏了翁《鹤山题跋》卷二说:"(张孝祥)洞庭所赋,在集中最为杰特。"此词的特色主要有二:一是通篇景中见情,以景显情,且笔势雄奇。二是想象奇特,运笔空灵,且从中流露出词人轩昂豪迈的情怀。总之,此词足以和苏轼《水调歌头》中秋词相媲美。

摸鱼儿

辛弃疾

【作者简介】 辛弃疾(1140—1207),字幼安,号稼轩,历城(今山东省济南市)人。早年曾率众参加耿京领导的抗金义军,任掌书记。义军失利,生擒叛徒张安国后南归,历任地方通判、提点刑狱、转运副使、安抚使等职。多次上书,力主抗金复国。不为所用,闲居江西上饶等地达20年之久,忧愤以终。其词抒写力图恢复国家统一的爱国热情,倾诉壮志难酬的悲愤,艺术风格多样,而以豪放为主。热情洋溢,慷慨悲壮,笔力雄厚,与苏轼并称为"苏辛"。有《稼轩长短句》,存词600多首。

【作品】

淳熙己亥①,自湖北漕移湖南②,同官王正之置酒小山亭③。为赋。

更能消、几番风雨。匆匆春又归去。惜春长恨花开早,何况落红无数。春且住。见说道、天涯芳草迷归路。怨春不语。算只有殷勤画檐蛛网,尽日惹飞絮。 长门事④,准拟佳期又误。蛾眉曾有人妒⑤。千金纵买相如赋⑥,脉脉此情谁诉?君莫舞。君不见、玉环飞燕皆尘土⑦。闲愁最苦。休去倚危楼,斜阳正在,烟柳断肠处。

【注释】

①淳熙己亥:宋孝宗淳熙六年(1179)。 ②漕:漕司,转运使的简称。移:调任。 ③王

正之：名特起，作者的朋友。小山亭：在漕司衙内。 ④长门事：汉武帝陈皇后失宠后居住在长门宫，后用以代指失宠。 ⑤蛾眉：细长弯曲的眉毛，代指美女。 ⑥相如赋：陈皇后以黄金百斤请司马相如写了《长门赋》，武帝读后颇受感动，陈皇后复得宠幸。 ⑦玉环：杨贵妃，唐玄宗最宠爱的妃子，安史之乱时在马嵬坡被迫缢死。飞燕：汉成帝的皇后赵飞燕，一度受到宠爱，后废为平民，自杀而死。

【阅读提示】

编选自辛弃疾：《摸鱼儿》，载唐圭璋编《全宋词》第三册，中华书局 1965 年版，第 1867 页。

上片写暮春的景物，是借物起兴。还能再经受几次风雨的摧残？春天就这样匆匆地回去了。算来只有屋檐边的蛛丝网整天殷勤地粘住纷飞的柳絮，似乎在挽留春天。这里用江南暮春的衰败景象来象征南宋微弱的抗金力量。下片托古喻今。陈皇后寂寞地住在长门宫里，那约定的佳期又被耽误了。红颜美人总会遭到别人的嫉妒。这里自比陈皇后，来暗示自己南渡以来屡遭朝廷冷落、排挤的遭遇，抒发报国无门、有志难伸的悲愤。此词语句哀婉缠绵，深切感人，而仍有一股豪气行乎其间，是辛稼轩词中具有“情致缠绵”而“词意激切”风格的代表作。

水龙吟

辛弃疾

【作品】

登建康赏心亭①

楚天千里清秋，水随天去秋无际。遥岑远目，献愁供恨，玉簪螺髻②。落日楼头，断鸿声里，江南游子。把吴钩看了③，栏干拍遍，无人会、登临意。　休说鲈鱼堪脍。尽西风、季鹰归未④。求田问舍，怕应羞见，刘郎才气⑤。可惜流年，忧愁风雨，树犹如此⑥！倩何人，唤取盈盈翠袖⑦，揾英雄泪！

【注释】

①建康：今江苏省南京市。赏心亭：遗址在今南京市水西门。 ②玉簪螺髻：如簪如髻的山峰。 ③吴钩：吴地产的宝刀。 ④季鹰：西晋张翰，字季鹰。他在洛阳做官，见秋风起，因思吴中莼菜羹、鲈鱼脍，遂弃官回家（《世说新语·识鉴篇》）。 ⑤刘郎：指刘备。 ⑥树犹如此：东晋时桓温北征，路过金城，见前种柳树皆已十围，慨叹说：“‘木犹如此，人何以

堪!'攀枝折条,泫然流泪。"(见《世说新语·言语篇》)意即光阴易过,人生易老。 ⑦盈盈翠袖:女子装束,借指歌女。

【阅读提示】

编选自辛弃疾:《水龙吟》,载唐圭璋编《全宋词》第三册,中华书局1965年版,第1869页。

这首词写辛弃疾因壮志未酬、国事日非而抑郁愤激的心情。上片借景抒情。登高远望,一目千里,天高云淡的秋天空旷开阔,滚滚长江向天边流去,更是一望无际。看着落日西沉、听着孤雁哀鸣,词人空有杀敌报国的雄心而没有杀敌的机会,只能徒然地细看宝刀,把栏杆拍遍,也没有人能理解词人此时的心情。下片借历史人物抒发自己失意的悲痛。不要提那美味的鲈鱼,自己不会像张翰那样忘怀时事、回乡隐居。但是,年华如流水般消逝,树都长得这般高大了,国家形势风雨飘摇,不能不令人忧愁。此词情景交融,抒情与议论结合,内容深广而感情激烈,是辛弃疾的代表作。

扬州慢

姜 夔

【作者简介】 姜夔(约1155—1209),字尧章,号白石道人,饶州鄱阳(今属江西)人。他擅长诗词,精通音律与书法,是南宋词坛上成就较高、影响较大的作家。有《白石道人歌曲》,今存词80多首,多为记游、咏物和抒写个人身世、离别相思之作,偶然也流露出对于时事的感慨。其词情意真挚,格律严密,语言华美,风格清幽冷隽。姜夔上承周邦彦,下开吴文英、张炎一派,是南宋典雅词派的代表作家,对后世影响较大。《白石道人歌曲》中有17首自度曲,并注有旁谱,是流传至今的唯一完整的南宋乐谱资料。

【作品】

淳熙丙申至日,予过维扬。夜雪初霁,荠麦弥望。入其城则四顾萧条,寒水自碧,暮色渐起,戍角悲吟。予怀怆然,感慨今昔,因自度此曲。千岩老人以为有《黍离》之悲也。

淮左名都[①],竹西佳处[②],解鞍少驻初程。过春风十里[③],尽荠麦青青。自胡马窥江去后[④],废池乔木,犹厌言兵。渐黄昏、清角吹寒,都在空城。 杜郎俊赏[⑤],算而今、重到须惊。纵豆蔻词工,青楼梦好[⑥],难赋深情。二十四桥仍在[⑦],波心荡、冷月无声。念桥边红药[⑧],年年知为谁生。

【注释】

①淮左:宋代在淮扬一带设置淮南东路和淮南西路。淮南东路称淮左,扬州是淮左地区著名的都会。 ②竹西:扬州城东禅智寺侧有竹西亭。唐杜牧《题扬州禅智寺》诗:"谁知竹西路,歌吹是扬州?" ③春风十里:喻扬州的繁荣。此句及下面"豆蔻词工"等句,均出自杜牧《赠别》诗:"娉娉袅袅十三余,豆蔻梢头二月初。春风十里扬州路,卷上珠帘总不如。" ④胡马窥江:金兵于宋高宗建炎三年(1129)和绍兴三十一年(1161)两次南侵,扬州都受到严重破坏。 ⑤杜郎:杜牧。 ⑥青楼:妓楼。杜牧《遣怀》:"十年一觉扬州梦,赢得青楼薄幸名。" ⑦二十四桥:旧址在今扬州市西郊。相传古时有二十四位美人吹箫于此,故名。 ⑧红药:红芍药花。

【阅读提示】

编选自姜夔:《扬州慢》,载唐圭璋编《全宋词》第三册,中华书局1965年版,第2180-2181页。

地处大运河和长江航运枢纽的扬州,自隋唐以来就是个商业发达、市肆繁华的都市。唐末的著名诗人杜牧曾在这里生活多年,写下了许多诗篇。但是,南宋建炎三年(1129),金人攻破扬州,烧杀抢掠,繁华的都市变为断井颓垣。淳熙三年(1176),姜夔路过扬州,目睹扬州的残败景象,心里感到万分悲痛,写下了这首著名的《扬州慢》。此词层次清晰,语意含蓄,言有尽而意无穷,颇有杜甫诗沉郁顿挫之风,是姜夔词的代表作。

莺啼序

吴文英

【作者简介】 吴文英(约1212—约1272),字君特,号梦窗,晚号觉翁,四明(今浙江省宁波市鄞州区)人。他终生坎坷,长期居住苏州、杭州等地,足迹不出江浙二省。其词语言清丽,组织缜密,运意曲折幽深;上承温庭筠,近师周邦彦,在辛弃疾、姜夔词之外,自成一格。在中国词史中,吴文英是一个引起过不少争论的人。他的词一向被人批评,被认为晦涩难懂。如南宋词人张炎就认为梦窗词"如七宝楼台,眩人眼目。碎拆下来,不成片断"。另外又有人对他却倍加推崇,如清代学者周济在《宋四家词选目录序论》中称道说"梦窗奇思壮采,腾天潜渊,反南宋之清泚,为北宋之秾挚",又说他"运意深远,用笔幽邃,炼字炼句,迥不犹人。貌观之雕缋满眼,而实有灵气行乎其间"。有《梦窗甲乙丙丁稿》4卷,存词 340 多首。

【作品】

残寒正欺病酒[①]，掩沉香绣户。燕来晚、飞入西城，似说春事迟暮。画船载、清明过却，晴烟冉冉吴宫树。念羁情游荡，随风化为轻絮。　十载西湖，傍柳系马[②]，趁娇尘软雾[③]。溯红渐、招入仙溪[④]，锦儿偷寄幽素[⑤]。倚银屏、春宽梦窄[⑥]，断红湿、歌纨金缕[⑦]。暝堤空，轻把斜阳，总还鸥鹭。　幽兰旋老，杜若还生，水乡尚寄旅。别后访、六桥无信，事往花委，瘗玉埋香，几番风雨？长波妒盼，遥山羞黛，渔灯分影春江宿，记当时、短楫桃根渡。青楼仿佛，临分败壁题诗，泪墨惨澹尘土。　危亭望极，草色天涯，叹鬓侵半苎。暗点检、离痕欢唾。尚染鲛绡，亸凤迷归，破鸾慵舞。殷勤待写，书中长恨，蓝霞辽海沉过雁，漫相思、弹入哀筝柱。伤心千里江南，怨曲重招，断魂在否[⑧]？

【注释】

①病酒：饮酒沉醉，醒后困乏如得病。　②傍柳系马：指年轻时的冶游生活。　③娇尘软雾：指游春者的车马扬起的尘雾，也指美丽的西湖春光。　④入仙溪：用刘晨入天台遇仙女的故事。　⑤锦儿：当时钱塘名妓杨爱爱的侍婢。　⑥银屏：镶嵌有银饰的屏风。　⑦歌纨：歌女唱歌时用作道具的纨扇。金缕：绣有金线的华美衣服。　⑧“伤心”三句：化用宋玉《招魂》诗中的“目极千里兮伤春心，魂兮归来哀江南”。

【阅读提示】

编选自吴文英：《莺啼序》，载唐圭璋编《全宋词》第四册，中华书局 1965 年版，第 2907-2908 页。

《莺啼序》是词中最长的词调，全词有 240 个字，由吴文英首创，《梦窗词》中共有三首《莺啼序》。这首词集中地表现了梦窗的伤春伤别之情，在结构上也体现出其词时空交错的显著特点。全词共四叠，即四段。第一段写现实，词人将伤别放在伤春这一特定的情境中来写。时值暮春时节，残寒病酒，自己在爱妾死后，犹自在苏州伤春。语气舒缓，意境深长。此段末三句承上启下，自己的一片羁情融化在茫茫飞絮中，随风游荡，随风展开，而下面三段所写内容，便都包含在此三句中了。第二段追溯杭州刻骨铭心的情事，写初遇时的欢情，时节在清明，地点在西湖。《梦窗词》经常写到自己在西湖的情事，夏承焘《吴梦窗年谱》说：“集中怀人诸作……其时在春，其地杭州者，则悼杭州亡妾。”第三段写别后情事，在时空安排上很见功力。先写暮春又至，自己依然客居水乡，与二叠过去的“十载西湖”相应，又逗起当前的伤春伤别之情。于是从别后重寻旧地时展开想象，回首初遇、临分等难以忘怀的种种情景。第四段淋漓尽致地写对逝者的凭吊之情。这里有怅望（“危亭望极”），也有寄恨（“殷勤待写，书中长恨”）；有凭吊（“怨曲重招”），也有回忆（“暗点检、离恨欢唾”）。此词在叙事时的时空安排、上下映带和突接突转等方面做得非常出色，我们读词时应该细细品味，潜心体会，这样我们阅读《梦窗词》才不至于入宝山而空手归了。

过零丁洋[①]

文天祥

【作者简介】 文天祥（1236—1283），字宋瑞，一字履善，自号文山，吉州庐陵（今江西省吉安市）人。宋理宗时进士。官至丞相，封信国公。南宋末年，元兵南侵，他在家乡招募义军勤王，力图恢复失地，转战东南。祥兴元年（1278）在五坡岭（今广东省海丰县北）被俘。拘囚大都三年，坚贞不屈，从容就义。有《文山先生全集》20卷，其诗表现了作者崇高的爱国主义精神，忠愤慷慨，苍凉悲壮，堪称诗史。

【作品】

辛苦遭逢起一经[②]，干戈落落四周星[③]。
山河破碎风抛絮，身世飘摇雨打萍。
皇恐滩头说皇恐[④]，零丁洋里叹零丁。
人生自古谁无死？留取丹心照汗青[⑤]。

【注释】

①零丁洋：伶仃洋，在广东珠江口外。 ②起一经：以通一经起用，指由科第出身。宋理宗宝祐四年（1256），文天祥20岁，举进士第一。 ③四周星：由于地球运转，人所见的星位，一年一回复，一周星便是一周年。德祐元年（1275），文天祥闻元兵渡江，便起兵勤王，至祥兴元年被俘，正是四年。 ④皇恐滩：也作“惶恐滩”，在今江西省万安县，是赣江十八滩之一。德祐元年，文天祥自赣江起兵经惶恐滩北上，当时元兵攻破建康，逼近临安，形势紧急，故云“说惶恐”。 ⑤汗青：指史册。

【阅读提示】

编选自文天祥：《过零丁洋》，载文天祥《文天祥集》，邓碧清导读，凤凰出版社2020年版，第89页。

人终有一死，或重于泰山，或轻于鸿毛。为国家而死，为民族而死，其人虽死，其形虽灭，其精神则永存人们心中，其英名将长久地回荡在历史的上空。文天祥以自己舍生取义的英勇壮举，再次向世人昭示了这一颠扑不破的真理。其人流芳百世，永垂史册；其诗亦与日月争辉，与天地共存。

〔中吕〕山坡羊·潼关怀古[①]

张养浩

【作者简介】 张养浩(1270—1329)，字希孟，号云庄，元代济南(今属山东)人。张养浩少年知名，19岁被荐为东平学正，历官堂邑县尹、监察御史、翰林学士、礼部尚书、参议中书省事。后因上疏谏元夕内庭张灯获罪，辞官归隐，屡召不赴。天历二年(1329)，关中大旱，特拜陕西行台中丞。张养浩散尽家资，登车就道，星夜奔赴任所。到任四月，劳瘁而卒。追封滨国公，谥文忠。

张养浩是元代著名的散曲家，长于散曲，著有《云庄休居自适小乐府》一卷，主要是归隐期间的作品，晚年也写了一些揭露社会黑暗、同情民间疾苦的作品，格调较高。这首《山坡羊·潼关怀古》就是其中之一。

【作品】

峰峦如聚，波涛如怒，山河表里潼关路[②]。望西都[③]，意踌躇，伤心秦汉经行处[④]。宫阙万间都做了土[⑤]。兴，百姓苦！亡，百姓苦！

【注释】

①中吕：宫调名。山坡羊：曲牌名。“潼关怀古”是标题。潼关：古关口名，在陕西省潼关县北，形势险要，是西安的天然屏障。 ②山河表里：潼关背靠华山，下临黄河，地势险要。 ③西都：陕西省西安市长安区，是汉代的西京。 ④经行：经过，一说经营。 ⑤宫阙：宫殿。秦始皇曾在这一带大造宫殿，秦亡时为项羽焚毁。

【阅读提示】

编选自张养浩：《山坡羊·潼关怀古》，载赵义山选注《元曲选》，上海古籍出版社2008年版，第206-207页。

这篇散曲是诗人晚年在陕西赈济饥民、路经潼关时写的，是一首怀古抒怀的小令，表现了作者对民间疾苦的关心和同情。

全曲分三层：前三句为第一层，扣题写潼关雄伟险要的形势。一“聚”一“怒”，用拟人手法，赋予山河以人的动态，写得鲜明生动。中间四句为第二层，扣题写怀古之意。诗人遥望古都长安，凭吊古迹，思绪万千，激愤难平。由此，顺势推出末两句的“曲眼”：“兴，百姓苦；亡，百姓苦。”历史上无论哪一个朝代，它们兴盛也罢，败亡也罢，老百姓总是遭殃受苦。对百姓来说，改朝换代、连年征战是苦；朝代兴起、大兴土木也是苦。这样，使普通的怀古主题升华到了一个新的思想高度。

这首小令篇制短小，但内容精深，将雄浑苍茫的景色、真挚深沉的感慨和精辟深刻的议论三者完美结合在一起，是元代散曲中最优秀的篇章之一。

般涉调·哨遍

睢景臣

【作者简介】 睢景臣（约 1275—约 1320），一名舜臣，后字嘉贤，后字景贤，又字嘉宾。江苏扬州人，后来移居杭州。元代钟嗣成《录鬼簿》将其列在“方今已亡名公才人，余相知者”一栏，并为之作传云：“大德七年（1303），公自维扬来杭州，余与之识。”又云其“自幼读书，以水沃面，双眸红赤，不能远视”，然“心性聪明，酷爱音律”。睢景臣一生，只在书会才人之中生活，未能仕进。全部情感，亦倾注于曲作之中。所作杂剧有《千里投人》《莺莺牡丹记》《屈原投江》三种，今均不传。后人辑有《睢景臣词》。

【作品】

高祖还乡[1]

〔哨遍〕社长排门告示[2]，但有的差使无推故[3]。这差使不寻俗：一壁厢纳草除根[4]，一边又要差夫，索应付[5]。又言是车驾，都说是銮舆[6]，今日还乡故。王乡老执定瓦台盘，赵忙郎抱着酒葫芦。新刷来的头巾，恰糨来的绸衫[7]，畅好是妆幺大户[8]。

〔耍孩儿〕瞎王留引定火乔男女[9]，胡踢蹬吹笛擂鼓[10]。见一彪人马到庄门，匹头里几面旗舒[11]。一面旗白胡阑套住个迎霜兔[12]。一面旗红曲连打着个毕月乌[13]，一面旗鸡学舞[14]，一面旗狗生双翅[15]，一面旗蛇缠葫芦[16]。

〔五煞〕红漆了叉，银铮了斧[17]，甜瓜苦瓜黄金镀[18]。明晃晃马镫枪尖上挑[19]，白雪雪鹅毛扇上铺[20]。这几个乔人物，拿着些不曾见的器仗，穿着些大作怪衣服。

〔四煞〕辕条上都是马，套顶上不见驴[21]。黄罗伞柄天生曲[22]。车前八个天曹判[23]，车后若干递送夫[24]。更几个多娇女[25]，一般穿着，一样妆梳。

〔三煞〕那大汉下的车，众人施礼数。那大汉觑得人如无物。众乡老展脚舒腰拜，那大汉挪身着手扶。猛可里抬头觑[26]，觑多时认得，险气破我胸脯！

〔二煞〕你身须姓刘，你妻须姓吕[27]，把你两家儿根脚从头数。你本身做亭长耽几盏酒[28]，你丈人教村学读几卷书。曾在俺庄东住，也曾与我喂牛切草，拽坝扶锄[29]。

〔一煞〕春采了桑，冬借了俺粟，零支了米麦无重数[30]。换田契强秤了麻三秤[31]，还酒债偷量了豆几斛。有甚胡涂处[32]？明标着册历[33]，见放着文书。

〔尾声〕少我的钱差发内旋拨还[34]，欠我的粟税粮中私准除[35]。只道刘三谁肯把你揪捽住[36]？白甚么改了姓更了名[37]，唤做汉高祖！

【注释】

①高祖还乡：高祖，汉高帝刘邦。汉十二年（前 195）十月，刘邦平定淮南王英布后，途经故乡沛县，曾逗留了十几天。 ②社长排门告示：社长挨家挨户去通知。元代乡村中以 50 户为一社，选年老有地位的人为社长。 ③无推故：不要借故推托。 ④一壁厢：一边，一旁。纳草：交纳草料，为牲畜马匹准备饲料。除根：当为“输粮”之误。 ⑤索应付：要认真对待。 ⑥“又言”二句：这里“车驾”和“銮舆”都是用皇帝的坐骑来借代皇帝。 ⑦刷：洗。糨(jiàng)：衣服洗净后打一层米汁在上面叫糨。 ⑧畅好是：真正是、恰好是。妆么大户：装模作样的大户、阔人。 ⑨瞎王留：乡民的诨名。杂剧中常以王留作为插科打诨的角色，犹言张三李四。火：同“伙”。乔：拿腔作势。 ⑩胡踢蹬：胡乱，乱七八糟地。 ⑪匹头里：犹“劈头里”，指打头的。旗舒：旗子飘扬。 ⑫白胡阑套住个迎霜兔：指白圆圈内有一只兔，这句写月旗。这曲和下两曲都是写乡民眼中所见的仪仗，表面上看是嘲笑乡民无知，实质上是对皇权威仪的揶揄与挖苦。 ⑬红曲连打着个毕月乌：曲连，“圈”的合音；传说日中有三足乌，所以用红圈套住乌鸦代表日。这句写日旗。 ⑭鸡学舞：指旗仗中的飞凤旗。 ⑮狗生双翅：指飞虎旗，也叫飞黄旗。 ⑯蛇缠葫芦：指游龙戏珠旗，也叫蟠龙旗。以上旗仗中的五旗，都用农民的口吻一一加以嘲讽。 ⑰“红漆了叉”二句：叉和斧都是銮驾前导仪仗。银铮(zhēng)：指镀银。 ⑱甜瓜苦瓜黄金镀：指仪仗中的金瓜锤。 ⑲明晃晃马镫枪尖上挑：指朝天镫。镫：同“镫”，指马鞍两边的脚踏。 ⑳白雪雪鹅毛扇上铺：指鹅毛宫扇类的仪仗。 ㉑套顶：套车的绳。 ㉒黄罗伞柄天生曲：皇帝的曲柄车盖。 ㉓天曹判：天上的判官。这里指农民眼中的皇帝侍从人员，就像泥塑的判官面无表情。 ㉔递送夫：跟在车后面应差使的内官。 ㉕多娇女：宫女。 ㉖猛可里：猛然间。 ㉗须姓吕：本姓吕，即指吕后。 ㉘做

亭长耽几盏酒：刘邦年轻时曾做过泗水亭长，喜欢饮酒。秦时十里为一亭，十亭为一乡，亭有亭长。 ㉙拽坝扶锄：扶犁耕锄。古时乡间以两牛并耕为一坝。坝，通“耙”，一种平整土地的农具。 ㉚无重数（shǔ）：数不清。 ㉛麻三秆（chèng）：三秤麻。 ㉜胡涂：同“糊涂”。 ㉝册历：账册。 ㉞差发内旋拨还：立刻从官差钱里扣除。 ㉟私准除：暗中扣除。 ㊱刘三：刘邦排行第三，故称。 ㊲白甚么：平白无故。

【阅读提示】

编选自睢景臣：《般涉调·哨遍·高祖还乡》，载《元散曲选注》，王季思等编，北京出版社 1981 年版，第 137-139 页。

这是历来传诵的元曲名篇，受到人们的好评。钟嗣成在《录鬼簿》中说：“维扬诸公俱作《高祖还乡》套数，惟公《哨遍》制作新奇，诸公者皆出其下。”郑振铎更是在《中国俗文学史》中称赞说：“《高祖还乡》，确是奇作。他能够把流氓皇帝刘邦的无赖相，用旁敲侧击的方法曲曲传出。他使刘邦荣归故乡的故事，从一个村庄人眼里和心底说出。村庄人心直嘴快，直把这个故使威风的大皇帝，弄得啼笑皆非。这虽是游戏之作，却嬉笑怒骂，皆成文章了。”

这套曲借一个熟悉刘邦的乡民之口，对汉高祖荣归故里的历史事件，作了无情的揶揄和讽刺。这种将讽刺的矛头直接指向封建社会最高统治者的立意，在中国文学史上是十分罕见的。因此，可以说《高祖还乡》是元散曲中现实性最强的作品，是同类题材中的新奇之作。它不仅在元散曲中是一首具有特色的扛鼎之作，在中国文学史上也是绝无仅有的。

蚊　　对

方孝孺

【作者简介】 方孝孺（1357—1402），字希直，一字希古，号逊志。曾以“逊志”名其书斋，蜀献王替他改为“正学”，因此世称“正学先生”。浙江宁海人。方孝孺曾从宋濂学习，他的文章、学问为宋濂诸弟子之冠。洪武二十五年（1392），授汉中府学教授，深为蜀献王赏识，聘为世子师。洪武三十一年（1398），朱允炆（建文帝）继位，召孝孺入京，任翰林侍讲学士。次年，值文渊阁，尊师以礼。惠帝建文元年（1399），燕王朱棣起兵争夺皇位，惠帝廷议讨伐，诏檄多出方孝孺之手。朱棣夺得皇位后要他投降并起草即位诏书，他拒不从命，遂磔于市，祸及十族及弟子，宗族亲友株连者数百人。著有《逊志斋集》。

【作品】

天台生困暑[①]，夜卧絺帷中[②]。童子持翣飏于前[③]，适甚就睡。久之，童子亦睡，投翣倚床，其音如雷，生惊寤以为风雨且至也[④]。抱膝而坐，俄而耳旁闻有飞鸣声。如歌如诉，如怨如慕。拂肱刺肉[⑤]，扑股噆面[⑥]，毛发尽竖，肌肉欲颤，两手交拍，掌湿如汗，引而嗅之，赤血腥然也。大愕不知所为，蹴童子呼曰："吾为物所苦!"亟起索烛照。烛至，絺帷尽张，蚊数千皆集帷旁，见烛乱散，如蚁如蝇[⑦]，利嘴饫腹[⑧]，充赤圆红。生骂童子曰："此非噆吾血者耶？皆尔不谨，褰帷而放之入。且彼异类也，防之苟至，乌能为人害？"童子拔蒿束之，置火于端，其烟勃郁，左麾右旋，绕床数匝，逐蚊出门，复于生曰："可以寝矣，蚊已去矣。"生乃拂席将寝，呼天而叹曰："天胡产此微物而毒人乎？"

童子闻之哑尔笑曰："子何待己之太厚，而尤天之固也？夫覆载之间，二气细缊[⑨]，赋形受质，人物是分。大之为犀象，怪之为蛟龙，暴之为虎豹，驯之为麋鹿与庸狨[⑩]，羽毛而为禽为兽，臝身而为人为虫[⑪]。莫不皆有所养。虽巨细修短之不同，然寓形于其中则一也。自我而观之，则人贵而物贱；自天地而观之，果孰贵而孰贱耶[⑫]？今人乃自贵其贵，号为长雄。水陆之物，有生之类，莫不高罗而卑网，山贡而海供，蛙黾莫逃其命[⑬]，鸿雁莫匿其踪。其食乎物者可谓泰矣[⑭]，物独不可食于人耶？兹夕蚊一举喙，即号天而诉之。使物为人所食者，亦皆呼号告于天，则天之罚人又当何如耶？且物之食于人，人之食于物，异类也，犹可言也。而蚊且犹畏谨恐惧，白昼不敢露其形，瞰人之不见，乘人之困怠，而后有求焉。今有同类者，啜粟而饮汤，同也；畜妻而育子，同也。衣冠仪貌无不同者。白昼俨然乘其同类之间而陵之[⑮]。吮其膏而盬其脑[⑯]，使其饿踣于草野[⑰]，离流于道路，呼天之声相接也，而且无恤之者。今子一为蚊所噆，而寝辄不安，闻同类之相噆，而若无闻，岂君子先人后身之道耶？"天台生于是投枕于地，叩心太息，披衣出户，坐以终夕。

【注释】

①天台生：作者自称。 ②絺(chī)：细葛布。 ③翣(shà)：古代仪仗中用的大掌扇，此指大扇子。飏：同"扬"。 ④寤(wù)：醒。 ⑤肱(gōng)：肘到肩的部分，泛指胳膊。 ⑥噆(zǎn)：蚊虫叮咬。 ⑦蚁：同"蚁"。 ⑧饫(yù)：饱。 ⑨细缊(yīnyūn)：云气弥漫的样子。 ⑩庸狨：庸指一种大牛，狨指金丝猴。 ⑪臝：同"裸"。 ⑫孰：谁。 ⑬黾(mǐn)：一种蛙。 ⑭泰：大、多。 ⑮陵：同"凌"，欺侮、侵犯。 ⑯盬(gǔ)：吸饮。 ⑰踣(bó)：跌倒。

【阅读提示】

编选自方孝孺:《蚊对》,载方孝孺《方孝孺集》上册,浙江古籍出版社 2013 年版,第 227-228 页。

这是一篇政论性小品文,作者借鉴赋体主客问答的传统写法,通过专吃人血的蚊子与残酷恶毒的剥削者相对比,从而指出后者比前者更为野蛮、残酷,因而也更值得痛恨。

文章采用大胆的夸张,重笔渲染,故颇多现代戏剧的效果,如写童子鼾声如雷,竟使天台生"以为风雨且至也"。又如童子驱蚊一段,都有很浓的戏剧效果。

祭外姑文[①]

归有光

【作者简介】 归有光(1506—1571),字熙甫,又字开甫,号震川,又号项脊生,江苏昆山人。明代散文家。嘉靖十九年(1540)中举,后曾八次应进士试皆落第,徙居嘉定(今上海市嘉定区)安亭,教书授徒 20 余年。60 岁始成进士,授湖州长兴县知县。官至南京太仆寺丞,留掌内阁制敕,修《世宗实录》。文学上,归有光以散文创作为主,他反对以李攀龙、王世贞为首的"后七子"拟古主义文风,主张继承唐宋散文的优良传统,并且取得较高的成就,使当时的文风有所转变。他的散文长于记叙抒情,以简洁的语言写人叙事,寄托自己的真挚感情。有《震川先生集》。

【作品】

昔吾亡妻[②],能孝于吾父母,友于吾女兄弟,知夫人之能教也;粗食之养,未尝不甘,知夫人之俭也;婢仆之御,未尝有疾言厉色,知夫人之仁也。癸巳之岁[③],秋冬之交,忽遘危疾,气息掇掇[④],犹日念母,扶而归宁[⑤]。疾既大作,又扶以东。沿流二十里,如不能至。十月庚子[⑥],将绝之夕,问侍者曰:"二鼓矣。"闻户外风淅淅,曰:"天寒,风且作,吾母其不能来乎?吾其不能待乎?"呜呼!颠危困顿,临死垂绝之时,母子之情何如也。

甲午丙申三岁中[⑦],有光应有司之贡,驰走二京[⑧],提携二孤[⑨],属之外母。夫人抚之,未尝不泣。自是每见之必泣也。

呜呼!及今儿女几有成矣,夫人奄忽长逝。闻讣之日,有光寓松江之上,相去百里,戴星而往,则就木矣。悲夫!吾妻当夫人之生,既以遗夫人之悲,而死又无以悲夫人。夫人五女，抚棺而泣者，独无一人焉。今兹岁辂车将次于墓门[10]。呜呼！死者有知，母子相聚，复已三年也。哀哉！尚享[11]。

【注释】

①外姑：岳母。其岳母姓顾氏，卒于嘉靖二十五年(1546)农历八月二十五日，时年62岁。 ②亡妻：指归有光的原配魏氏，为南京光禄寺典簿魏庠的次女，嘉靖七年(1528)嫁到归家，嘉靖十二年(1533)冬十月卒。归有光写此文时，其前妻已去世16年。 ③癸巳之岁：嘉靖十二年。 ④气息掇掇(duó)：气喘吁吁。掇：通"惙"。 ⑤归宁：古时出嫁女子回娘家看望父母称归宁。 ⑥十月庚子：嘉靖十二年农历十月无"庚子"日，庚子日当为该年农历十一月初二日。 ⑦甲午丙申三岁：甲午即嘉靖十三年(1534)秋，归有光赴应试(南京)乡试下第；丙申即嘉靖十五年(1536)，应选贡赴北京廷试，入南京国子监。 ⑧二京：指南京与北京。 ⑨二孤：指归有光的长女如兰与长子子孝。 ⑩辂(qiàn)车：装载灵柩的车子。 ⑪尚享：同"尚飨"，请享用祭品，是古代祭文结尾的惯用套语。

【阅读提示】

编选自归有光：《祭外姑文》，载欧明俊主编《明清名家小品精华》，安徽文艺出版社2007年版，第66-67页。

这是一篇哀婉动人、写法别致的祭文，而语言朴素自然，不事雕琢。归有光夫妻伉俪情笃，而妻子也是他与外姑(即岳母)的联系，故本文悼岳母始终以妻子为中介。首先忆亡妻孝、友、仁、俭的品德，从而点明"知夫人之能教也"。接着细致描绘妻子与岳母之间的母女深情，而又始终从妻子的角度入笔，用笔可谓深婉含蓄。赞岳母而言妻子，悼岳母亦悼亡妻，两份哀思，一样情深。

写岳母"提携二孤"，一"泣"字贯穿始终，丧女之痛亦隐含其中，语约情深，催人泪下。归有光以没能见岳母最后一面为憾，也写得语淡而情深。接着，作者从岳母之"奄忽长逝"，又想到亡妻，从妻之丧给岳母带来生前的哀痛、身后的凄凉，再次一笔而兼悼岳母与亡妻，可谓哀情满纸，读之令人断肠。

全篇文字简洁省净，情感含蕴多藏，寄深味于平易质朴之中，作者不动声色而使读者深受感动，是这篇文章的主要魅力。

《娑罗馆清言》六则

屠隆

【作者简介】 屠隆(1542—1605)，字长卿，一字纬真，号赤水，晚号鸿苞居士。明鄞县(今浙江省宁波市)人。万历四年(1576)中举,次年成进士,授颍上知县,后改调青浦令,万历十一年(1583)升礼部仪部司主事。后被刑部主事俞识轩挟私告讦,削籍归田。归田后遨游吴越间,卒于家。屠隆是个怪才,好游历,有博学之名,尤其精通曲艺。是晚明复古派"后五子"之一。著有《由拳集》《白榆集》《栖真馆集》等。

【作品】

一

口中不设雌黄[①],眉端不挂烦恼,可称烟火神仙;随宜而栽花竹,适性以养禽鱼,此是山林经济。风晨月夕,客去后,蒲团可以双跏[②];烟岛云林,兴来时,竹杖何妨独往。

【注释】

①雌黄:本为一种黄色颜料,古人常用来涂改错别字。这里引申指随意地议论别人。②蒲团:用蒲草编制的垫子,僧人常用以坐禅或跪拜。双跏:僧人的一种坐姿,指双足交叠而坐。

二

盘飧一菜,永绝腥膻,饭僧宴客,何烦六甲行厨[①];茅屋三楹,仅蔽风雨,扫地焚香,安用数童缚帚。未见元放脩然[②],尚觉右丞多事[③]。

【注释】

①六甲:道教的神名,即供天帝驱使的阳神,道士可用符箓召请以祈禳驱鬼。 ②元放:左慈,字元放。东汉人。脩然:逍遥自在的样子。 ③右丞:指唐代诗人王维,官至尚书右丞。其《田园乐》云:"花落家童未扫,莺啼山客犹眠。""右丞多事"当指家童扫花。

三

痴矣狂客,酷好宾朋;贤哉细君[①],无违夫子。醉人盈座,簪裾半尽酒家;食客满堂,瓶瓮不离米肆。灯烛荧荧,且耽夜酌;爨烟寂寂[②],安问晨炊。生来不解攒眉,老去弥堪鼓腹[③]。

【注释】

①细君:古称诸侯之妻,后为妻的通称。 ②爨(cuàn):烧火做饭。 ③鼓腹:指饱食而无所事事。

四

明霞可爱[①],瞬眼而辄空;流水堪听,过耳而不恋。人能以明霞视美色,则业障自轻[2]；人能以流水听弦歌，则性灵何害。

【注释】

①明霞：灿烂的云霞。 ②业障：佛教指妨碍个人修行的罪业。

五

水色澄鲜，鱼排荇而径度[1]；林光澹荡[2]，鸟拂阁以低飞。曲径烟深，路接杏花酒舍；澄江日落，门通杨柳渔家。

【注释】

①荇（xìng）：荇菜。一种多年生水生草本，叶略呈圆形，浮在水面，根生水底，夏天开黄花。 ②澹（dàn）荡：荡漾，飘动。

六

人若知道[1]，则随境皆安；人不知道，则触涂成滞。人不知道，则居闹市生嚣杂之心[2]，将荡无定止；居深山起枯寂之想[3]，或转忆炎嚣[4]。人若知道，则履喧而灵台寂若[5]，何有迁流[6]；境寂而真性冲融[7]，不生枯槁。

【注释】

①道：道理，规律。 ②嚣杂：喧闹嘈杂。 ③枯寂：寂寞，冷清。 ④炎嚣：指红尘的喧扰。 ⑤灵台：心。 ⑥迁流：变化，演变。 ⑦冲融：冲和，恬适。

【阅读提示】

编选自屠隆：《婆罗馆清言（节选）》，载欧明俊主编《明清名家小品精华》，安徽文艺出版社 2007 年，第 155-157 页。

屠隆生性豪放不羁，喜欢登山临水，饮酒赋诗。他学魏晋风流，清谈而成清言，谈禅论道，评诗品艺，在污浊的现实中，为求心灵的纯净，只得在花草泉石、琴棋书画及儒释道经典里寻找乐趣和慰藉。他才思敏捷，《明史·文苑传》称他的诗文："率不经意，一挥数纸。尝戏命两人对案拈二题，各赋百韵，咄嗟之间，二章并就。又与人对弈，口诵诗文，命人书之，书不逮诵也。"他是晚明小品大家，所著清言小品《婆罗馆清言》《续婆罗馆清言》，以其独特的形式和韵味开启了一代文风。从这里节选的几则可以看出，作者对自然、社会和人生有深刻精微的体验和把握。他"栽花竹""养禽鱼""扫地焚香""耽夜酌""看明霞""听流水"，皆是"真性冲融"的外化。

妄　心

江盈科

【作者简介】 江盈科(1553—1605),字进之,号渌萝山人。明代桃源(今属湖南)人。万历二十年(1592)三月,与袁宏道同榜进士及第。八月,授长洲(今属江苏苏州)县令,任职六载,贤令名声远播。但因为官廉正,被人中伤,贬为廷尉。后升户部员外郎并主试四川。万历三十二年(1604)七月,擢四川提学副使。次年八月,病逝于四川,后归葬桃源苏溪。江盈科与"三袁"友善,视袁宏道为同胞兄弟,为明代"公安派"中坚人物之一。有《雪涛阁集》,多寓言小品,寓庄于谐,幽默风趣,切中时弊。

【作品】

见卵求夜①,庄周以为早计;及观恒人之情②,更有早计于庄周者。一市人贫甚,朝不谋夕。偶一日拾得一鸡卵,喜而告其妻曰:"我有家当矣。"妻问安在,持卵示之,曰:"此是。然须十年,家当乃就。"因与妻计曰:"我持此卵,借邻人伏鸡乳之③,待彼雏成,就中取一雌者,归而生卵④,一月可得十五鸡。两年之内,鸡又生鸡,可得鸡三百,堪易十金;我以十金易五牸⑤,牸复生牸,三年可得二十五牛,牸所生者,又复生牸,三年可得百五十牛,堪易三百金矣;吾持此金举债,三年间,半千金可得也;就中以三之二市田宅,以三之一市僮仆,买小妻。我乃与尔优游以终余年,不亦快乎?"妻闻欲买小妻,怫然大怒,以手击鸡卵碎之,曰:"毋留祸种。"夫怒挞其妻,仍质于官,曰:"立败我家者,此恶妇也,请诛之。"官司问家何在?败何状?其人历数自鸡卵起,至小妻止。官司曰:"尔家当尚未说完。"其人曰:"完矣。"官曰:"尔小妻生子读书,登科出仕,取富贵,独不入算耶?如许大家当,碎于恶妇一拳,真可诛。"命烹之⑥。妻号曰:"夫所言皆未然事,奈何见烹?"官司曰:"你夫言买妾,亦未然事,奈何见妒?"妇曰:"固然,第除祸欲早耳。"官笑而释之。噫!兹人之计利,贪心也;其妻之毁卵,妒心也。总之,皆妄心也。知其为妄,泊然无嗜,颓然无起,即见在者,且属于幻,况未来乎!嘻!世之妄意早计,希图非望者,独一算鸡卵之人乎!

【注释】

①见卵求夜:《庄子·齐物论》:"见卵而求时夜。"时夜,即司夜,古人称鸡为司夜。意为见到鸡蛋就想得到鸡。　②恒人:常人。　③伏鸡乳之:让鸡来孵化。　④就中:从中。

⑤牸(zì):此指母牛。 ⑥烹:煮,古代的一种酷刑。

【阅读提示】

编选自江盈科:《妄心》,载欧明俊主编《明清名家小品精华》,安徽文艺出版社 2007 年版,第 218-219 页。

庄子曾批评过"见卵求夜"式的贪婪和急于求成,而本文中的某"市人"则将贪心表现到极致,他将一个鸡蛋呈几何级数地增加:鸡蛋——小鸡——牛——放债——买地娶小,与此同时他的财富也呈几何级数增加。这样夸张的手法,读来令人捧腹。丈夫的贪心和妻子的妒心,在作者看来都是"妄心",作者欲以此警示世人,不要妄生妄心。其实,作者用这一笑话要讽刺的,不仅仅是这一"算鸡卵之人",而是一切"希图非望"者,当然也包括我们今人。因此,作者的机智和深刻值得我们深思。

天　目

袁宏道

【作者简介】 袁宏道(1568—1610),明代文学家,字中郎,又字无学,号石公,又号六休。明公安(今属湖北)人。年十六为诸生时即组织诗社,自任社长。明神宗万历二十年(1592)进士,历官吴县知县、礼部主事、吏部郎中。但生情慕爱自由,鄙视权贵,不久即归隐乡居,漫游南北。袁宏道在文学上反对"文必秦汉,诗必盛唐"的复古风气,提出"独抒性灵,不拘格套"的性灵说。与其兄袁宗道、弟袁中道并有才名,合称"公安三袁",为公安派的创始者。其小品真率自然,内容多写闲情逸致,其中犹以游记和尺牍成就最高。著有《袁中郎全集》。

【作品】

天目幽邃奇古不可言①。由庄至颠②,可二十余里。凡山深僻者多荒凉,峭削者鲜迂曲③,貌古则鲜妍不足,骨大则玲珑极少④,以至山高水乏,石峻毛枯。凡此皆山之病。

天目盈山皆壑,飞流淙淙,若万匹缟⑤,一绝也。石色苍润,石骨奥巧⑥,石径曲折,石壁竦峭,二绝也。虽幽谷悬岩,庵宇皆精,三绝也。余耳不喜雷,而天目雷声甚小,听之若婴儿声,四绝也。晓起看云,在绝壑下,白净如绵,奔腾如浪,尽大地作琉璃海⑦,诸山尖出云上若萍,五绝也。然云变态最不常,其观奇甚，非山居久者不能悉其形状。山树大者，几四十围，松形如盖[8]，高不逾数尺，一株值万余钱，六绝也。头茶之香者[9]，远胜龙井，笋味类绍兴破塘[10]，而清远过之，七绝也。余谓大江之南，修真栖隐之地[11]，无逾此者，便有出缠结室之想矣[12]。

宿幻住之次日[13]，晨起看云，巳后登绝顶，晚宿高峰、死关[14]。次日，由活埋庵寻旧路而下[15]。数日晴霁甚，山僧以为异，下山率相贺。山中僧四百余人，执礼甚恭，争以饭相劝。临行，诸僧进曰："荒山僻小，不足当巨目[16]，奈何？"余曰："天目山某等亦有些子分[17]，山僧不劳过谦，某亦不敢面誉。"因大笑而别。

【注释】

①天目：天目山，在浙江西北部，分东西两支，山有两峰，峰顶各有一池，左右相对，故称天目，为浙西名胜。幽邃奇古：偏僻深远，姿态奇特，神貌古老。 ②庄：指双清庄。颠：通"巅"，山顶。 ③峭削：像刀削过那样陡峭。 ④骨：指山的骨架、架势。 ⑤缟（gāo）：白色丝织品。 ⑥石骨奥巧：山石的骨架结构巧妙，难以形容。 ⑦尽大地作琉璃海：整个大地都变成了像琉璃一样的海洋。 ⑧盖：伞。 ⑨头茶：春天第一次采的茶叶。 ⑩破塘：浙江绍兴地名，其地所产竹笋非常有名。 ⑪修真：佛家语，通过修炼而达到真境，此指出家。栖隐：隐居。 ⑫出缠：佛教语，脱离了人间烦恼的束缚。结室：佛教语，指佛门弟子聚会祈祷吉祥。 ⑬幻住：天目山地名，有寺庙。 ⑭高峰、死关：皆天目山地名。 ⑮活埋庵：天目山一小庙。 ⑯巨目：此指大人物的眼界。 ⑰子分：缘份。分：同"份"。

【阅读提示】

编选自袁宏道：《天目一》，载袁宗道、袁宏道、袁中道《公安三袁集》，任巧珍导读，凤凰出版社2020年版，第74页。

本题两则，此选其二。万历二十五年（1597）作者在於潜县（今属浙江省杭州市）作。文章主要不在游记，而以评赞为主，评赞天目山的独绝之处，是游记之别体。开篇作者先提出"幽邃奇古"四字总括天目山之特色，复以"不可言"三字兴叹，设一悬念，引人入胜。而后荡开一笔，用四个排比句，泛论一般山的缺陷，这是"抑彼扬此"法。然后，作者一口气列举天目山之"七绝"，语言简洁流丽，文字鲜艳活泼。三言两语即勾勒出独绝处，点到为止，不铺叙，不渲染，更无空洞之议论，代之以巧譬妙喻。罗列"七绝"，而不呆板乏味，归功于比喻之时时出奇翻新。如状云海，连用四个比喻句（博喻）："白净如绵"言其形、色，"奔腾如浪"绘其动态，以"琉璃海"喻云海之流光溢彩，以水上之飘萍喻山峰之出没云海。寥寥数语，将云海之奔腾变化写得栩栩如在眼前。有此"七绝"，自然令作者为之倾倒,“出缠结室”之想也油然而生。篇末用主客对话作结,进一步表明自己对天目山的深爱,写得诙谐风趣。

天　姥[①]

王思任

【作者简介】 王思任(1574—1646),字季重,号谑庵,又号遂东,山阴(今浙江省绍兴市)人。万历二十三年(1595)进士,历任兴平、当涂、青浦等地知县,后改工部郎中,出为江西佥事。清兵破南京后,鲁王监国,驻绍兴,以王思任为礼部右侍郎兼詹事,进尚书。顺治三年(1646),清军南下,两江失守,绍兴城破,鲁王逃海上,王思任遂弃家入秦望山。病中绝食而死。卒年72岁。其小品文笔意恣肆诙谐,时有讽刺时政之作。以《游唤》《历游记》两种游记成就最高,其中尤以《小洋》《天姥》诸篇为最著名。有《王季重十种》传世。

【作品】

从南明入台[②],山如剥笋根,又如旋螺顶,渐深遂渐上。过桃墅,溪鸣树舞,白云绿坳,略有人间。

饭斑竹岭[③],酒家胡当垆[④],艳甚。桃花流水,胡麻正香,不意老山之中,有此嫩妇。过会墅,入太平庵看竹,俱汲桶大[⑤],碧骨雨寒,而毛叶离屣[⑥],不啻云凤之尾。使吾家林得百十本,逃帻去裈其下[⑦],自不来俗物败人意也。

行十里,望见天姥峰,大丹郁起[⑧],至则野佛无家,化为废地,荒烟迷草,断碣难扪。农僧见人辄缩,不识李太白为何物,安可在痴人前说梦乎?

山是桐柏门户[⑨],所谓“半壁见海”、“空中闻鸡”[⑩],疑意其颠。上至石门洞天,青崖白鹿,葛洪丹丘[⑪],俱在明昧之际[⑫],不知供奉何以神往[⑬]?台山如天姥者,仅当儿孙内一魁父[⑭],焉能“势拔五岳掩赤城”耶?山灵有力,賸缘入供奉之梦[⑮],一梦而吟,一吟而天姥与天台遂争伯仲席。嗟呼,山哉!天哉!

【注释】

①天姥:山名,在浙江新昌县东,东接天台华顶峰。　②南明:新昌县南明镇,今改为城关镇。　③饭:用作动词,吃饭。　④酒家胡:指卖酒女子。垆:酒店的土制柜台,借指酒店。⑤汲桶:汲水的桶。　⑥离屣:形容竹叶纷披的样子。　⑦逃帻去裈:去掉头巾,脱掉裤子。⑧大丹:大的寺庙。丹:红色,此指寺庙红墙。　⑨桐柏:指桐柏宫,在今天台县境内。⑩“半壁”二句:及下文“青崖白鹿”“势拔五岳掩赤城”,都是李白《梦游天姥吟留别》中的诗

句。 ⑪葛洪：晋代炼丹家，著有《抱朴子》，说神仙及炼丹诸事。丹丘：传说中神仙所居之地。 ⑫明昧：明暗。 ⑬供奉：指李白。 ⑭魁父：小山丘。 ⑮夤缘：攀附。

【阅读提示】

编选自王思任：《天姥》，载欧明俊主编《明清名家小品精华》，安徽文艺出版社 2007 年版，第 407 页。

天姥山原本只是天台山中的一个小山峰，因唐代大诗人李白写过《梦游天姥吟留别》而名震天下，比天姥山高峻的天台山反而黯然失色。作者就是从比较这两座山峰开始，在比较中态度鲜明地引发出自己的感想。

按照游踪的先后，作者先写天台山，摄取了两组镜头：一写美艳的酒家女子，一写纷披的庵庙修竹。虽然对美妇当垆的描写不无笑谑习性，对人世间的"俗物"也进行了嘲谑，但对天台山，作者是着力描写其佳的。那"溪鸣树舞，白云绿坳"的美景确实令人神往。这为下文写登天姥山大失所望作了铺垫。

对名声显赫的天姥山，作者着重描写的是其劣处。天姥山只不过是天台山子孙中的一个"魁父"而已，可以说是徒有虚名，其实是名不副实的，不免让人感到失望与沮丧。作者由此而引发感慨：天姥山是凭借、攀附着李白的关系而成其大名的，山可以高攀名人声势，从小山摇身变为巍峨高峰；而人，自然也就不言而喻了。这是本文的主旨所在，读者应从此处着眼来读，方不辜负作者的用心和文心。

游黄山日记(后)

徐宏祖

【作者简介】 徐宏祖(1586—1641)，亦作弘祖，字振之，号霞客，明南直隶江阴(今江苏省江阴市)人。少好学，博览图经和地志，年 22 即弃举业，遍游名山大川，前后凡 28 年。足迹所至，遍及苏浙闽皖等 18 省。每次旅行，均按日纪事，据景直书，积帙成书，是为《徐霞客游记》。被钱谦益誉为"徐霞客千古奇人，《游记》千古奇书"。

【作品】

戊午①，九月初三日。出白岳榔梅庵②，至桃源桥。从小桥右下，陡甚，即旧向黄山路也③。七十里，宿江村。

初四日。十五里，至汤口[④]。五里，至汤寺[⑤]，浴于汤池。扶杖望硃砂庵而登[⑥]。十里，上黄泥冈，向时云里诸峰，渐渐透出，亦渐渐落吾杖底。转入石门，越天都之胁而下，则天都、莲花二顶，俱秀出天半。路旁一歧东上，乃昔所未至者，遂前趋直上，几达天都侧。复北上，行石罅中，石峰片片夹起，路宛转石间，塞者凿之，陡者级之，断者架木通之，悬者植梯接之。下瞰峭壁阴森，枫松相间，五色纷披，灿若图绣。因念黄山当生平奇览，而有奇若此，前未一探，兹游快且愧矣。时夫仆俱阻险行后，余亦停弗上，乃一路奇景，不觉引余独往。既登峰头，一庵翼然[⑦]，为文殊院，亦余昔年欲登未登者。左天都，右莲花，背倚玉屏风[⑧]。两峰秀色，俱可手揽。四顾奇峰错列，众壑纵横，真黄山绝胜处。非再至，焉知其奇若此！遇游僧澄源至[⑨]，兴甚勇。时已过午，奴辈适至。立庵前，指点两峰。庵僧谓："天都虽近而无路，莲花可登而路遥，只宜近盼天都，明日登莲顶。"余不从，决意游天都。挟澄源、奴子[⑩]，仍下峡路。至天都侧，从流石蛇行而上，攀草牵棘，石块丛起则历块[⑪]，石崖侧削则援崖。每至手足无可着处，澄源必先登垂接。每念上既如此，下何以堪？终亦不顾。历险数次，遂达峰顶。惟一石顶，壁起犹数十丈，澄源寻视其侧，得级，挟予以登。万峰无不下伏，独莲花与抗耳。时浓雾半作半止，每一阵至，则对面不见。眺莲花诸峰，多在雾中。独上天都，予至其前，则雾徙于后；予越其右，则雾出于左。其松犹有曲挺纵横者，柏虽大干如臂，无不平贴石上，如苔藓然。山高风巨，雾气去来无定，下盼诸峰，时出为碧峤[⑫]，时没为银海[⑬]。再眺山下，则日光晶晶，别一区宇也[⑭]。日渐暮，遂前其足，手向后据地，坐而下脱。至险绝处，澄源并肩手相接。度险至山坳，暝色已合。复从峡度栈以上，止文殊院。

【注释】

①戊午：明万历四十六年(1618)。明万历四十六年八月十八日到二十三日作者游览了江西庐山，接着游黄山，这是作者第二次游黄山。 ②白岳：山名，在黄山西南。 ③旧向黄山路：指万历丙辰年(1616)作者第一次游黄山时走过的路。 ④汤口：地名，在黄山西南脚下。 ⑤汤寺：祥符寺，现已不存，寺址近黄山温泉。 ⑥硃砂庵：慈光寺。 ⑦翼然：形容寺庙的飞檐像鸟展翅一样。 ⑧玉屏风：玉屏峰。 ⑨游僧：云游四方的和尚。 ⑩奴子：奴仆。 ⑪历块：跨过石块。 ⑫峤：山尖而高。 ⑬银海：此指银白色的云雾。 ⑭区宇：境界。

【作品】

初五日。平明，从天都峰坳中北下二里，石壁岈然[①]。其下莲花洞，正与前坑石笋对峙[②]，一坞幽然。别澄源，下山至前歧路侧，向莲花峰而趋。一路沿危壁西行，凡再降升。将下百步云梯，有路可直跻莲花峰。既陟而磴绝[③]，疑而复下。隔峰一僧高呼曰："此正莲花道也！"乃从石坡侧度石隙。径小而峻，峰顶皆巨石鼎峙，中空如室。从其中叠级直上，级穷洞转，屈曲奇诡，如下上楼阁中，忘其峻出天表也。一里，得茅庐，倚石罅中。方徘徊欲升，则前呼道之僧至矣。僧号凌虚，结茅于此者，遂与把臂陟顶。顶上一石，悬隔二丈，僧取梯以度。其巅廓然，四望空碧[④]，即天都亦俯首矣。盖是峰居黄山之中，独出诸峰上，四面岩壁环耸，遇朝阳霁色，鲜映层发，令人狂叫欲舞。

久之，返茅庵，凌虚出粥相饷，啜一盂，乃下。至歧路侧，过大悲顶[⑤]，上天门。三里，至炼丹台[⑥]。循台嘴而下，观玉屏风、三海门诸峰，悉从深坞中壁立起。其丹台一冈中垂，颇无奇峻，惟瞰翠微之背[⑦]，坞中峰峦错耸，上下周映，非此不尽瞻眺之奇耳。还过平天矼[⑧]，下后海[⑨]，入智空庵，别焉。三里，下狮子林[⑩]，趋石笋矼[⑪]，至向年所登尖峰上。倚松而坐，瞰坞中峰石回攒[⑫]，藻缋满眼[⑬]，始觉匡庐、石门[⑭]，或具一体，或缺一面，不若此之闳博富丽也！久之，上接引崖[⑮]，下眺坞中，阴阴觉有异。复至冈上尖峰侧，践流石，援棘草，随坑而下，愈下愈深，诸峰自相掩蔽，不能一目尽也。日暮，返狮子林。

初六日。别霞光，从山坑向丞相原[⑯]。下七里，至白沙岭，霞光复至。因余欲观牌楼石[⑰]，恐白沙庵无指者，追来为导。遂同上岭，指岭右隔坡，有石丛立，下分上并，即牌楼石也。余欲逾坑溯涧，直造其下。僧谓："棘迷路绝，必不能行；若从坑直下丞相原，不必复上此岭；若欲从仙灯而往[⑱]，不若即由此岭东向。"余从之，循岭脊行。岭横亘天都、莲花之北，狭甚，旁不容足，南北皆崇峰夹映。岭尽北下，仰瞻右峰罗汉石，圆头秃顶，俨然二僧也。下至坑中，逾涧以上，共四里，登仙灯洞。洞南向，正对天都之阴。僧架阁连板于外，而内犹穹然，天趣未尽刊也。复南下三里，过丞相原，山间一夹地耳。其庵颇整，四顾无奇，竟不入。复南向循山腰行，五里，渐下。涧中泉声沸然，从石间九级下泻，每级一下有潭渊碧，所谓九龙潭也。黄山无悬流飞瀑，惟此耳。又下五里，过苦竹滩[⑲]，转循太平县路[⑳]，向东北行。

【注释】

①岈(xiā)然:山高深的样子。 ②石笋:山峰名。 ③陟(zhì):登。磴绝:石级忽然中断。 ④空碧:青天。 ⑤大悲顶:山峰名。 ⑥炼丹台:在炼丹峰山上,传说浮丘公在此炼丹。 ⑦翠微:山峰名。 ⑧平天矼:在炼丹峰上。 ⑨后海:指黄山北部。 ⑩狮子林:山峰名,在炼丹峰左侧。 ⑪石笋矼:山峰名。 ⑫回攒(cuán):山峰簇聚,曲折回环。 ⑬藻缋(huì):华美的彩绘。 ⑭匡庐:庐山。石门:石门山,在浙江省青田县。 ⑮接引崖:山峰名。 ⑯丞相原:地名,宋丞相程元凤在此读书。 ⑰牌楼石:俗称"仙人榜"。 ⑱仙灯:山洞名,即仙灯洞,在钵盂峰下。 ⑲苦竹滩:又叫苦竹溪,在九龙潭下面。 ⑳太平县:在黄山东北。

【阅读提示】

编选自徐宏祖:《游黄山日记(后)》,载欧明俊主编《明清名家小品精华》,安徽文艺出版社2007年版,第551-552页。

徐宏祖从明万历四十四年(1616)二月初二起,初游黄山。万历四十六年(1618)九月再游黄山。作者初游黄山时,因雨大雪厚,未能攀登黄山两座最高的山峰——天都峰和莲花峰。两年后,作者重游黄山,作本篇。本文是作者九月初三至九月初六四天的日记,文章集四日游踪于一体,而笔法灵活多变,各日所记都有中心。

第一日记赴黄山途中,交代登山时间、经过路线及登山路径,用笔简略而严谨。第二日以天都峰为中心。先写黄山脚下至天都峰下的沿途风光,尤以写云里诸峰最为细致生动。"向时云里诸峰,渐渐透出,亦渐渐落吾杖底。"寥寥几笔,既形象地写出了愈登愈高的动感,又将作者的喜悦和豪情隐隐写出。霞客游记中最多此类传神之笔,也是其游记中最具文学价值的地方,而区别于一般地理学著作单纯之地形地貌的考察。作者还善于在写景状物的同时,抒写其不畏艰险的探索精神,如"塞者凿之,陡者级之,断者架木通之,悬者植梯接之",用一组排比句,生动地写出了黄山之险阻和作者不畏艰险的精神。

登天都峰是本节描写的核心和重点。作者侧面烘托,接着详写攀登天都峰,突出一"险"字;再以"上既如此,下何以堪"的内心忧虑作侧面反衬。历险数次,终至峰顶,以后则是美景如画,人间难得。这段描写天都峰所见黄山奇景的文字,最为精彩奇妙。如"万峰无不下伏,独莲花与抗耳"一句,一"伏"字、一"抗"字,文字灵活多变,对黄山云雾进行多层次、多角度的渲染铺写。以"半作半止"状云雾之聚散无定;以"对面不见"近写雾气之浓,以"眺莲花诸峰,多在雾中”远写雾气之多，以雾徙人之前后、左右，写云雾之飘忽无定。如此层层描摹，将琢磨不定的云雾写得充满生命活力，似乎具有人的灵性，而作者满腔喜悦之情尽显笔端。

第三日所记以莲花峰及附近山峰为中心。与第二日之运笔细腻、精心描摹相反，此处写景采用走马观花式，择其最突出者略加点染。尤以描写莲花峰顶所见一段文字最为精彩：“四面岩壁环耸，遇朝阳霁色，鲜映层发，令人狂叫欲舞。”用笔简洁，却融写景状物和抒情为一体。第四日以白沙岭为中心。写白沙岭上所见罗汉石，想象丰富，妙用比喻。接着写黄山唯一的瀑布和九龙潭，极富层次。用笔简略，抓住景色特点，点到为止。

作者将游记、写景、抒情融为一体，文笔清新明快，语言简洁生动、准确形象，而写作之态度严谨，亦是其他游记中鲜见的。文中所记景物的方位、里程、特征、主次，皆据实直书，少有夸饰。故《游黄山日记》既可作黄山导游图读，亦可当娱情怡性的记游文来品读。

西湖七月半[①]

张　岱

【作者简介】 张岱(1597—1689)，又名维城，字宗子，又字石公，号陶庵，别号蝶庵居士，晚号六休居士。山阴(今浙江省绍兴市)人。侨居杭州。出身仕宦世家，少为富贵公子，喜游山水，精通曲艺，过着精舍骏马、鲜衣美食、弹琴吟诗的生活。明亡后，避居浙江剡溪山中。著有《琅嬛文集》《陶庵梦忆》《西湖梦寻》《夜航船》等。其小品文笔细腻生动，风格流丽清新，极富诗情画意，在晚明小品中独树一帜。

【作品】

西湖七月半，一无可看，止可看看七月半之人。看七月半之人，以五类看之：其一，楼船箫鼓，峨冠盛筵[②]，灯火优奚[③]，声光相乱，名为看月而实不见月者，看之；其一，亦船亦楼，名娃闺秀[④]，携及童娈[⑤]，笑啼杂之，环坐露台[⑥]，左右盼望，身在月下而实不看月者，看之。其一，亦船亦歌声，名妓闲僧，浅斟低唱，弱管轻丝[⑦]，竹肉相发[⑧]，亦在月下，亦看月而欲人看其看月者，看之；其一，不舟不车，不衫不帻[⑨]，酒醉饭饱，呼群三五，跻入人丛，昭庆、断桥[⑩]，叫呼嘈杂，装假醉，唱无腔曲，月亦看，看月者亦看，不看月者亦看，而实无一看者，看之；其一，小船轻幌，净几暖炉，茶铛旋煮[11]，素瓷静递，好友佳人，邀月同坐，或匿影树下，或逃嚣里湖，看月而人不见其看月之态，亦不作意看月者，看之。

杭人游湖，巳出酉归[12]，避月如仇。是夕好名，逐队争出，多犒门军酒钱[13]。轿夫擎燎[14]，列俟岸上。一入舟，速舟子急放断桥，赶入胜会。以故二鼓以前，人声鼓吹，如沸如撼，如魇如呓，如聋如哑。大船小船，一齐凑岸，一无所见，止见篙击篙、舟触舟、肩摩肩、面看面而已。少刻兴尽，官府席散，皂隶喝道去，轿夫叫，船上人怖以关门，灯笼火把如列星，一一簇拥而去。岸上人亦逐队赶门，渐稀渐薄，顷刻散尽矣。吾辈始舣舟近岸[15]，断桥石磴始凉，席其上，呼客纵饮。此时，月如镜新磨，山复整妆，湖复颒面[16]，向之浅斟低唱者出，匿影树下者亦出。吾辈往通声气，拉与同坐，韵友来，妓至，杯箸安，竹肉发。月色苍凉，东方将白，客方散去。吾辈纵舟酣睡于十里荷花之中，香气拍人，清梦甚惬[17]。

【注释】

①本文选自《陶庵梦忆》卷七。七月半：农历七月十五日，古代为中元节，亦称盂兰盆节。 ②峨冠：高帽，古代士大夫的装束，此指士大夫。 ③优傒（xī）：优伶和奴仆。 ④名娃：有名的美女。 ⑤童娈（luán）：美貌的家童。 ⑥露台：此指楼船上的平台。 ⑦弱管轻丝：轻柔的管弦音乐。管：指箫笛一类的乐器；丝：指琴瑟一类的乐器。 ⑧竹肉：指管乐和歌喉。 ⑨帻（zé）：头巾。 ⑩昭庆：寺名，在今杭州青少年活动中心内，与断桥皆为西湖名胜。 ⑪茶铛（chēng）：温茶的器具。旋（xuàn）：随即，快的意思。 ⑫巳（sì）：巳时，即上午九时至十一时。酉：酉时，即下午五时至七时。 ⑬犒（kào）门军：用酒食慰劳守城门的军士。 ⑭擎燎（liào）：举着火把。 ⑮舣（yǐ）：使船靠岸。 ⑯颒（huì）面：洗脸。 ⑰惬（qiè）：快意。

【阅读提示】

编选自张岱：《西湖七月半》，载欧明俊主编《明清名家小品精华》，安徽文艺出版社 2007 年版，第 604-605 页。

本文描述了明末杭州人在七月半游西湖的世风民情，并以简练的文笔和嘲讽的口吻讽刺了达官显贵附庸风雅的丑态和市井百姓赶风凑热闹的俗气。

本文写作上颇有特色：一是善用铺垫。西湖七月半，游人如潮，然而，真正想赏月、真正懂得赏月的人却屈指可数。作者将这可看之人精心地区分为五类，行文中对各类人虽没有明确的褒贬语句，但作者的爱憎态度是一目了然的。其实，作者细数前五类的附庸风雅，都是为了衬托"吾辈"的懂月赏月。"吾辈"在众俗人散去之后，"纵舟酣睡于十里荷花之中，香气拍人，清梦甚惬"，潇洒、超脱之极。二是语言简练，生动传神。如写人的"笑啼杂之，环坐露台，左右盼望”，情态、动作皆栩栩如在眼前；写场面的“止见篙击篙，舟触舟，肩摩肩，面看面而已”，寥寥数语，俗人赶风凑热闹的丑态毕露。三是笔调诙谐。如写杭人的七月半赏月，用“巳出酉归，避月如仇”，诙谐地写出了他们不懂赏月的情况。

柳

李　渔

【作者简介】 李渔（1611—1680），初名仙侣，后改名渔，字谪凡、笠翁，号笠翁、笠道人、湖上笠翁。明末清初兰溪（今属浙江）人，生于如皋（今属江苏）。18岁补博士弟子员，在明代中过秀才，晚年移居杭州，入清后无意仕进，从事著述和指导戏剧演出。著有《凰求凤》《玉搔头》等戏剧，《肉蒲团》《觉世名言十二楼》《无声戏》《连城璧》等小说，与《闲情偶寄》等书。其小品新奇诙谐，饶有情趣。

【作品】

柳贵乎垂，不垂则可无柳。柳条贵长，不长则无袅娜之致，徒垂无益也。此树为纳蝉之所，诸鸟亦集。长夏不寂寞，得时闻鼓吹者①，是树皆有功，而高柳为最。

总之种树非止娱目，兼为悦耳。目有时而不娱，以在卧榻之上也；耳则无时不悦。

鸟声之最可爱者，不在人之坐时，而偏在睡时。鸟音宜晓听，人皆知之；而其独宜于晓之故，人则未之察也。鸟之防弋②，无时不然。卯辰以后③，是人皆起，人起而鸟不自安矣。虑患之念一生，虽欲鸣而不得，鸣亦必无好音，此其不宜于昼也。晓则是人未起，即有起者，数亦寥寥，鸟无防患之心，自能毕其能事。且扪舌一夜④，技痒于心，至此皆思调弄，所谓“不鸣则已，一鸣惊人”⑤者是已，此其独宜于晓也。庄子非鱼，能知鱼之乐⑥；笠翁非鸟，能识鸟之情。凡属鸣禽，皆当以予为知己。

种树之乐多端，而其不便于雅人者亦有一节：枝叶繁冗，不漏月光。隔婵娟而不使见者⑦，此其无心之过，不足责也。然匪树木无心，人无心耳。使于种植之初，预防及此，留一线之余天，以待月轮出没，则昼夜均受其利矣。

【注释】

①鼓吹：指鸟虫之鸣。　②弋（yì）：用带绳子的箭射鸟。　③卯辰：早晨五时至七时。　④扪舌：握住舌头，使不能说话。　⑤“不鸣”句：典出《韩非子·喻老》。　⑥“庄子”句：见

《庄子·秋水》。 ⑦婵娟:此指月亮。

【阅读提示】

编选自李渔:《柳》,载欧明俊主编《明清名家小品精华》,安徽文艺出版社2007年第2版,第659-660页。

此篇花木小品虽然短小,内涵却十分丰富。作者热爱自然,情有独钟,体察入微,以人之心去推写物之心。文章从评柳姿之美出发,谈到了种树的另一可"乐处"——悦耳,而后细细分析鸟音"宜晓听"的缘故,这正是"庄子非鱼,能知鱼之乐",全在于内心一派纯真自然,不失赤子之诚心。全篇行文自然、轻松、风趣,笔随意到,使人也有与作者同醉之感。

南乡子

陈维崧

【作者简介】 陈维崧(1625—1682),字其年,号迦陵。宜兴(今属江苏)人。清代词人、骈文作家,阳羡词派的领袖。祖父陈于廷是明末东林党的中坚人物,父亲陈贞慧是明末著名的"四公子"之一。康熙十八年(1679)举博学鸿词,授翰林院检讨,54岁时参与修纂《明史》,四年后卒于任所。与浙西词派的朱彝尊交往密切,在京师时合刊过《朱陈村词》。著作有《湖海楼诗文词全集》54卷,其中词占30卷。

【作品】

邢州道上作[①]

秋色冷并刀[②]。一派酸风卷怒涛。并马三河年少客,粗豪。皂栎林中醉射雕[④]。 残酒忆荆高[⑤]。燕赵悲歌事未消。忆昨车声寒易水[⑥],今朝。慷慨还过豫让桥[⑦]。

【注释】

①邢州:今河北省邢台市。 ②并(bīng)刀:古代并州制造的剪刀,以锋利著称。并州,在今山西省太原市一带。 ③三河:汉朝称河东、河内、河南为三河,即今黄河中流包括山西、河北、河南等地。 ④栎:一种落叶亚乔木,产于北方。杜甫诗云:"呼鹰皂栎林。" ⑤荆高:荆轲和高渐离。 ⑥易水:在河北省易县境内。燕丹饯别荆轲,作歌曰:"风萧萧兮易水寒,壮士一去兮不复还。" ⑦豫让桥:在并州晋阳县东。豫让为晋智伯家臣,智伯被赵襄子消灭后,豫让伏于桥下行刺赵襄子,反被赵襄子俘虏,后抽剑自杀。事见《史记·刺客列传》。

【阅读提示】

编选自陈维崧:《南乡子·刑州道上作》,载南京大学中国语言文学系全清词编纂委员会编《全清词·顺康卷》第七册,中华书局2002年版,第3936页。

这首词为康熙七年(1668)深秋,词人自北京南游开封、洛阳,途经邢台所作。上片描写邢州道上的自然风貌和所见人物的气概。下片由邢州深秋的自然风光和年少骑马射雕的情景,引入对邢州一带历史人物的追忆,寄寓了作者借古伤今的情感。尽管词人没有对历史人物作过多的评论,但慷慨豪气跃然纸上。陈廷焯《白雨斋词话》评此词上片为"骨力雄劲",对下片则评为"不著议论,自令读者怦怦心动",可谓一语中的。

长亭怨慢

朱彝尊

【作者简介】 朱彝尊(1629—1709),清代诗人、词人、学者。字锡鬯,号竹垞,晚号小长芦钓鱼师。秀水(今浙江省嘉兴市)人。顺治二年(1645)曾参与过江南的反清组织,事败避祸温州永嘉。顺治六年(1649),携家移居嘉兴梅会里(今浙江省嘉善县王店镇),其故宅今为王店曝书亭公园。康熙十八年(1679)举博学鸿词科,以布衣授翰林院检讨,入直南书房,预修《明史》。康熙三十一年(1692)归里后专事著述。其学识渊博,通经史,能诗词古文。词推崇姜夔,为浙西词派的创始者。诗与王士禛齐名,时称"南朱北王"。词与陈维崧齐名,并称"朱陈"。著作有《经义考》《日下旧闻》《曝书亭集》等,并编有《词综》《明诗综》等。

【作品】

雁

结多少、悲秋俦侣①。特地年年,北风吹度。紫塞门孤②,金河月冷③、恨谁诉?回汀枉渚。也只恋、江南住。随意落平沙④,巧排作、参差筝柱⑤。　别浦。惯惊移莫定,应怯败荷疏雨。一绳云杪⑥,看字字、悬针垂露⑦。渐欹斜、无力低飘,正目送、碧罗天暮⑧。写不了相思,又蘸凉波飞去。

【注释】

①俦侣:伴侣。　②紫塞:泛指北方的边塞。晋崔豹《古今注·都邑》:"秦筑长城,土色皆紫。汉塞亦然。一曰雁门草皆色紫,故名紫塞。"　③金河:今黑河,在山西归化城南。

④落平沙：古琴曲有《平沙落雁》。 ⑤参差筝柱：筝有十三弦，弦柱有前有后，参差排列。 ⑥云杪：云末，天际。 ⑦悬针垂露：此谓雁字如书法中的悬针垂露。 ⑧碧罗天：碧云天。

【阅读提示】

编选自朱彝尊：《长亭怨慢·雁》，载南京大学中国语言文学系全清词编纂委员会编《全清词·顺康卷》第九册，中华书局2002年版，第5338页。

浙西词派宗南宋，崇醇雅、清空词风，他们提倡以南宋姜夔、张炎词风为圭臬，学习他们的清空、醇雅，以表达家国之恨的幽情暗绪。咏物词，是浙西词人最喜欢写的题材，朱彝尊有词集为《茶烟阁体物集》，收录的都是咏物词，此词即录自《茶烟阁体物集》。王士禛说："咏物之作，必如禅家所谓不粘不脱，不即不离，乃为上乘。"本篇咏雁就做到了"不粘不脱"：看似通篇不见"雁"，实则字字与"雁"有关。所用字句多化用前人咏雁的诗词及有关雁的词语，可以说是字字写雁、句句扣题的。词中展现的是秋雁的凄凉行程及其在此行程中的动态、静态和情态。从咏物词的角度来说，这些描写已经足以使此词成为一首高明的咏物佳作了。但作者显然又不是为了咏雁而咏雁，我们从"悲秋俦侣""恨谁诉""惊移莫定"等字眼，从情萦江南之"恋"、闻"败荷疏雨"之"怯"，到欲写"相思"而"写不了"，从这一切当中，又分明看到了作者深寓其中的家国之悲和身世之恨。雁耶？人耶？亦雁亦人耶？秋雁竹垞，一而二，二而一，真真令人无法细分了。正如陈廷焯所云："感慨身世，以凄切之情，发哀婉之调，既悲凉，又忠厚，是竹垞直逼玉田之作，集中亦不多见。"

金缕曲（二首）之二

顾贞观

【作者简介】 顾贞观（1637—1714），原名华文，字远平、华峰，亦作华封，号梁汾，江苏无锡人。他与陈维崧、朱彝尊并称"词家三绝"。曾祖顾宪成是晚明东林党人的领袖，顾氏家族是无锡的名门望族。年轻时与吴兆骞齐名，并结为生死之交。并与严绳孙、秦松龄等人在家乡无锡惠山结"云门社"，会聚了姜宸英、汪琬、汤斌等江南诸多名士，在吴中影响甚大。康熙十五年（1676）与权相明珠之子纳兰性德相识，并成为交契笃深的挚友，二人合力营救因"丁酉科场案"而流放宁古塔的好友吴兆骞，轰动大江南北。著有《弹指词》，编有《唐五代词删》《宋词删》，与纳兰性德合编《今词初集》。

【作品】

寄吴汉槎宁古塔[①]，以词代书。丙辰冬[②]，寓京师千佛寺，冰雪中作。

我亦飘零久。十年来、深恩负尽，死生师友。宿昔齐名非忝窃[④]，只看杜陵穷瘦[⑤]。曾不减、夜郎僝僽[⑥]。薄命长辞知己别，问人生、到此凄凉否。千万恨，为君剖。　　兄生辛未吾丁丑[⑦]。共些时、冰霜摧折，早衰蒲柳[⑧]。词赋从今须少作，留取心魂相守。但愿得、河清人寿[⑨]。归日急翻行戍稿[⑩]，把空名、料理传身后。言不尽，观顿首。

【注释】

①吴汉槎：吴兆骞(1631—1684)，字汉槎，吴江松陵镇人。顺治十四年(1657)因"丁酉科场案"而流放宁古塔(今黑龙江省宁安市)达23年之久。　②丙辰：康熙十五年(1676)。③京师千佛寺：在今北京市南横东街附近，寺现已不存。　④宿昔齐名：《感旧集》卷十六引顾震沧云："贞观幼有异才，能诗，尤工乐府。少与吴江吴兆骞齐名。"　⑤杜陵穷瘦：李白戏杜甫诗云："饭颗山头逢杜甫，头戴笠子日卓午。借问别来太瘦生，总为从前作诗苦。"杜陵，指杜甫。　⑥夜郎僝僽：此句说李白。李白因李璘事受牵连，被流放夜郎。僝僽：遭受折磨。⑦"兄生"句：吴兆骞生于明崇祯四年辛未(1631)，顾贞观生于明崇祯十年丁丑(1637)。　⑧共些时：在一些时间内。些：表示不定时间的量词。　⑨河清：古人认为黄河的水变清澈了，天下就太平了。　⑩行戍稿：戍边时写的文章。吴兆骞有《秋笳集》八卷，前四卷为徐乾学所刻，后四卷为其子吴振臣增辑。

【阅读提示】

编选自顾贞观：《金缕曲(二首)之二》，载南京大学中国语言文学系全清词编纂委员会编《全清词·顺康卷》第十二册，中华书局2002年版，第7123页。

这首词的形式非常别致。顾贞观同时写了两首《金缕曲》，本词是第二首。第一首开头是"季子平安否"，这首词以"言不尽，观顿首"结束，合起来正好是一封信的格式。以词代信，这在形式上是创格。在内容上，这是首安慰朋友的词，语语出自肺腑，乃是至诚友谊的流露。先用一"亦"字呼应前一首，自从吴兆骞流放宁古塔，自己也是辗转飘零，接着追叙两人的交情，类似唐代的李杜。然后劝慰汉槎要多多保重，希冀好友早归家园。作者的笔触由怀念，到惋惜，到劝慰，到希冀，言浅情深，读来感人肺腑！正如陈廷焯所云："只如家常说话，而痛快淋漓。宛转反覆，两人心迹，一一如见，虽非心声，亦千秋绝调也！"

半幅亭试茗记

廖　燕

【作者简介】 廖燕(1644—1705),初名燕生,字人也,号柴舟,清曲江(今广东省韶关市)人。家贫好学,后厌弃举业八股。廖燕既无显赫身世,又乏贤达奥援,所以生前死后,均少人知。他一生潦倒,却专事著述,笔耕不辍,著述颇丰,有《二十七松堂集》10卷,代表作是《金圣叹先生传》。

【作品】

亭在韵轩西之南,声影寂寥,方嫌花翻鸟语之多事也。萝垣苔砌,修竹施绕,亭赘其中,而缺其半,如郭恕先画,云峰缈缥[①],仅得半幅而已,因以为名。亭空闲甚,似无事于主,主亦无事于客。然客至不得不须主,主在不能不揖客。客之来,勇于谈,谈渴则宜茗,而亭适空闲无事,遂以茗之事委焉。安鼎瓯窑瓶汲器之属于其中[②],主无仆,恒亲其役。每当琴罢酒阑,汲新泉一瓶,箑动炉红[③],听松涛飕飕,不觉两腋习习风生。举磁徐啜[④],味入襟解,神魂俱韵,岂知人间尚有烟火哉?地宜竹下,宜莓苔,宜精庐,宜石砰上。时宜雨前,宜朗月,宜书倦吟成后。侣则非眠云跂石人不预也[⑤]。品茗之法甚微,予从高士某得其传,备录藏之,不述也。独记其清冷幽寂,茗之理,倘宜如是乎?

【注释】

①郭恕先:郭忠恕,字恕先,北宋画家。　②鼎:茶器,用来煮茶。瓯:茶具,用来喝茶。③箑(shà):扇子。　④磁:瓷,此指瓷质的茶杯。　⑤跂(qí):跂坐,垂足而坐,脚后跟不着地。

【阅读提示】

编选自廖燕:《半幅亭试茗记》,载屠友祥校注《二十七松堂文集》卷七,上海远东出版社1999年版,第171-172页。

小品记半幅亭及亭中试茗,写亭即写人,试茗即试人,是其写法上总的特点。写亭首先叙其地理位置及环境。继写亭名之由来,如诗家语,足见作者炼字之工。接着用拟人法,将人亭合写,把自己甘于清静寂寞的情怀赋予亭子,写亭子则俨然是作者自己。于是欣然将清雅的茗事委付于它,十分自然地过渡到试茗。写试茗,先写品茗之乐,而后写品茗诸宜及品茗之法,作者清冷幽独之情尽显笔端。文章字锤句炼,文字素雅清洁,妙美脱俗。

金缕曲

纳兰性德

【作者简介】 纳兰性德(1654—1685),清代最为著名的词人之一。原名成德,字容若,号楞伽山人,因避讳,改名纳兰性德。满洲正黄旗人,大学士明珠长子。康熙十二年(1673)进士。选授三等侍卫,后晋升为一等,侍从在康熙皇帝的身边。他虽出身满族豪门,但淡泊名利,与朱彝尊、陈维崧、顾贞观、姜宸英、严绳孙等汉族名士交游,这从一定程度上为清廷笼络了一批汉族知识分子。著作有《通志堂集》20 卷、《渌水亭杂识》4 卷,另编辑有《近词初集》《名家绝句钞》《全唐诗选》《大易集义粹言》《陈氏礼记说补正》等书。

【作品】

赠梁汾[①]

德也狂生耳[②]。偶然间、缁尘京国,乌衣门第[③]。有酒惟浇赵州土[④],谁会成生此意[⑤]。不信道、遂成知己[⑥]。青眼高歌俱未老[⑦],向尊前、拭尽英雄泪。君不见,月如水。　共君此夜须沉醉。且由他、蛾眉谣诼[⑧],古今同忌。身世悠悠何足问,冷笑置之而已。寻思起、从头翻悔。一日心期千劫在[⑨],后身缘、恐结他生里。然诺重,君须记。

【注释】

①梁汾:顾贞观,字华峰,号梁汾。　②德:作者自指。　③缁尘:风尘。乌衣门第:东晋时王导、谢安等名门望族居住在乌衣巷(今南京市内)。这里借指自己生于贵族之家。④"有酒"句:语出李贺《浩歌》:"买线绣作平原君,有酒唯浇赵州土。"赵州土:指平原君的墓地。这里借以表明自己会向平原君学习。　⑤成生:作者自指。纳兰性德原名成德。⑥不信道:没想到。　⑦"青眼"句:化用杜甫《短歌行赠王郎司直》:"青眼高歌望吾子,眼中之人吾老矣。"意即你我结为莫逆,年龄都不算老。青眼:典出《晋书·阮籍传》。　⑧蛾眉谣诼:语出屈原《离骚》:"众女嫉余之蛾眉兮,谣诼谓余以善淫。"这里借指谣言中伤。　⑨"一日"句:一旦成为知己,虽历经千劫,友谊仍然长存。劫:佛家语,谓天地一成一毁为一劫。

【阅读提示】

编选自纳兰性德:《金缕曲·赠梁汾》,载南京大学中国语言文学系全清词编纂委员会编《全清词·顺康卷》第十六册,中华书局 2002 年版,第 9561 页。

此词作于康熙十五年丙辰(1676)。词人 22 岁,顾贞观 49 岁。这年容若获殿试二甲第七名，赐进士出身，并授三等侍卫。当时顾贞观被聘为纳兰性德家的家庭教师。两人之间的身份、地位相差悬殊，但纳兰性德一见顾贞观，大有相见恨晚之叹，且对其不幸的遭遇深表同情。这首词即是纳兰与顾贞观相识不久的题赠之作。此词采用直抒胸臆的手法，尽出肺腑，不假雕饰，真切自然地表达了诚挚朴素的友情。性德主张诗词应当抒写性灵，平易自然，注重白描。但他也主张要恰当地“用事”，本篇中几处运用典故，词约意深，表达了复杂深厚的感情，增加了词的特殊韵味，取得了很好的美学效果。

顾贞观读了性德的词后，也回赠了一首，即《弹指词》中的《金缕曲·酬容若见赠次原韵》：“且住为佳耳。任相猜、驰笺紫阁，曳裾朱第。不是世人皆欲杀，争显怜才真意。容易得、一人知己。惭愧王孙图报薄，只千金、当洒平生泪。曾不直，一杯水。　歌残击筑心逾醉。忆当年、侯生垂老，始逢无忌。亲在许身犹未得，侠烈今生已已。但结托、来生休悔。俄顷重投胶在漆，似旧曾、相识屠沽里。名预籍，石函记。”顾贞观在性德康熙二十四年乙丑(1685)病逝后，在此词后附注称：“岁丙辰，容若二十有二，乃一见即恨识余之晚。阅数日，填此词为余题照。极感盛意，而私讶‘他生再结’，语殊不祥。何意竟为乙丑五月之谶也，伤哉！”读来令人唏嘘不已。

随园记[①]

袁枚

【作者简介】 袁枚(1716—1798)，字子才，号简斋，晚年自号仓山居士、随园主人、随园老人。清钱塘(今浙江省杭州市)人。乾隆四年(1739)进士，授翰林院庶吉士。曾任溧水、江浦、江宁、上元等地知县，政声好，得到总督尹继善的赏识。40岁即辞官告归，在江宁(今属南京)小仓山购置隋氏废园，改名“随园”，自号随园老人。他在随园度过了近50年的闲适生活，从事诗文著述，负盛名数十年。倡导“性灵说”，主张写诗要写出自己的个性，认为“自三百篇至今日，凡诗之传者，都是性灵，不关堆垛”。与赵翼、蒋士铨合称为“乾隆三大家”。著作有《小仓山房文集》《小仓山房尺牍》《随园诗话》16卷及《补遗》10卷，《新齐谐》24卷及《续新齐谐》10卷等30余种。

【作品】

金陵自北门桥西行二里，得小仓山[2]。山自清凉胚胎，分两岭而下，尽桥而止。蜿蜒狭长，中有清池水田，俗号干河沿。河未干时，清凉山为南唐避暑所，盛可想也。凡称金陵之胜者，南曰雨花台，西南曰莫愁湖，北曰钟山，东曰冶城，东北曰孝陵、曰鸡鸣寺。登小仓山，诸景隆然上浮。凡江湖之大，云烟之变，非山之所有者，皆山之所有也。

康熙时，织造隋公当山之北巅[3]，构堂皇，缭垣牖[4]，树之萩千章[5]，桂千畦。都人游者，翕然盛一时，号曰隋园，因其姓也。后三十年，余宰江宁。园倾且颓弛，其室为酒肆，舆台嚾呶[6]。禽鸟厌之，不肯妪伏[7]，百卉芜谢，春风不能花。余恻然而悲，问其值，曰三百金，购以月俸。茨墙剪阖[8]，易檐改涂。随其高，为置江楼；随其下，为置溪亭；随其夹涧，为之桥；随其湍流，为之舟；随其地之隆中而欹侧也，为缀峰岫；随其蓊郁而旷也[9]，为设宧窔[10]。或扶而起之，或挤而止之，皆随其丰杀繁瘠，就势取景，而莫之夭阏者[11]，故仍名曰随园，同其音，易其义。

落成，叹曰："使吾官于此，则月一至焉；使吾居于此，则日日至焉。二者不可得兼，舍官而取园者也。"遂乞病，率弟香亭、甥湄君移书史居随园。闻之苏子曰："君子不必仕，不必不仕。"[12]然则余之仕与不仕，与居兹园之久与不久，亦随之而已。夫两物之能相易者，其一物之足以胜之也。余竟以一官易此园，园之奇，可以见矣。己巳三月记[13]。

【注释】

①随园：故址在今南京随家仓一带，原为清初江宁织造隋赫德的私人花园。 ②金陵：南京的古称。北门桥：与下文小仓山、清凉山、干河沿等都是金陵地名。 ③织造：清代在江宁设立织造皇帝及宫廷使用衣料彩帛的专局。隋公：隋赫德。 ④垣牖（yǒu）：围墙。⑤萩：通"楸"，树名。章：株。 ⑥舆台：原为古代奴隶中的两个等级，后泛指地位低贱的人。嚾呶（huānnáo）：喧叫不休。 ⑦妪（yǔ）：以体相温。妪伏：鸟类以体孵卵。 ⑧茨墙剪阖：修筑篱笆。茨墙：用茅草、芦苇盖的墙。阖：盖墙用的草帘子。 ⑨蓊郁：草木茂盛。 ⑩宧窔（yíyào）：泛指房舍。室之东北隅叫宧，室之东南隅叫窔。 ⑪夭阏：遏止。 ⑫君子不必仕，不必不仕：语出苏轼《灵璧张氏园亭记》。 ⑬己巳：清乾隆十四年（1749）。

【阅读提示】

编选自袁枚：《随园记》，载欧明俊主编《明清名家小品精华》，安徽文艺出版社 2007 年版，第 810-811 页。

这是一篇山水园林小品，而作者就是这个园林的主人。袁枚自辞官归筑随园，数十年一直与随园为伴，可以说随园成为袁枚精神的家园、心灵的栖所。对随园的修葺，作者连用六个“随”字，表明了作者采取顺应自然景物特征、即景成趣的修葺方法和态度，也足见作者热爱自然、随顺自然的悠悠情怀。因此，作者写随园，实际上是自明心志。他对随园的热爱超过了仕宦和名利，当“二者不可得兼”时，作者毅然选择“舍官而取园者也”“以官易此园”，反映出他对随园的一往情深，对官场的不满、失望以及不让仕途羁绊自己本心，这让我们仿佛看到了“复得返自然”的陶渊明。

所以，本文不仅仅是一篇园林小品，里面还包蕴了非常丰富的内涵，体现了袁枚小品文简约而有韵致的整体特点。

闲情记趣①

沈　复

【作者简介】 沈复(1763—约1838)，字三白，号梅逸。清元和(今江苏省苏州市)人。娶妻后习幕，以游幕为业，偶尔经商，没有成功，一生极为坎坷。著有《浮生六记》六卷，是自传体作品，文笔优美，感情真挚。俞平伯先生称赞说，“无酸语、赘语、道学语”，“虽有雕琢一样的完美，却不见一点斧凿痕”。其卷五、卷六在流传过程中一度失传，2005年在民间发现了《册封琉球国记略》《琉球国演戏》等，经专家认定《册封琉球国记略》，即《海国记》，文中所记清嘉庆十三年(1808)，作者在使琉球途中与在琉球所见所闻的6200余字出自沈复的《浮生六记》卷五的《海国记》，文中明确记述了古钓鱼台(岛)归属中国。

【作品】

余忆童稚时，能张目对日，明察秋毫，见藐小微物，必细察其纹理，故时有物外之趣。夏蚊成雷，私拟作群鹤舞空。心之所向，则或千或百果然鹤也。昂首观之，项为之强。又留蚊于素帐中，徐喷以烟，使之冲烟而飞鸣，作青云白鹤观，果如鹤唳云端，怡然称快。于土墙凹凸处，花台小草丛杂处，常蹲其身，使与台齐；定神细视，以丛草为林，以虫蚁为兽，以土砾凸者为丘，凹者为壑，神游其中，怡然自得。一日见二虫斗草间，观之正浓，忽有庞然大物拔山倒树而来，盖一癞虾蟆也，舌一吐而二虫尽为所吞。余年幼方出神，不觉呀然惊恐。神定，捉虾蟆，鞭数十，驱之别院。年长思之，二虫之斗，盖图奸不从也。古语云“奸近杀”，虫亦然耶？贪此生涯，卵为蚯蚓所哈(吴俗称阳曰卵)，肿不能便。捉鸭开口哈之，婢妪偶释手，鸭颠其颈作吞噬状，惊而大哭，传为语柄。此皆幼时闲情也。

及长，爱花成癖，喜剪盆树。识张兰坡，始精剪枝养节之法，继悟接花叠石之法。花以兰为最，取其幽香韵致也，而瓣品之稍堪入谱者不可多得。兰坡临终时，赠余荷瓣素心春兰一盆，皆肩平心阔，茎细瓣净，可以入谱者。余珍如拱璧。值余幕游于外，芸能亲为灌溉[②]，花叶颇茂。不二年，一旦忽萎死。起根视之，皆白如玉，且兰芽勃然，初不可解，以为无福消受，浩叹而已。事后始悉有人欲分不允，故用滚汤灌杀也。从此誓不植兰。次取杜鹃，虽无香而色可久玩，且易剪裁。以芸惜枝怜叶，不忍畅剪，故难成树。其他盆玩皆然。惟每年篱东菊绽，秋兴成癖。喜摘插瓶，不爱盆玩。非盆玩不足观，以家无园圃，不能自植；货于市者，俱丛杂无致，故不取耳。其插花朵，数宜单，不宜双。每瓶取一种不取二色。瓶口取阔大不取窄小，阔大者舒展不拘。自五七花至三四十花，必于瓶口中一丛怒起，以不散漫、不挤轧、不靠瓶口为妙；所谓"起把宜紧"也。或亭亭玉立，或飞舞横斜。花取参差，间以花蕊，以免飞钹耍盘之病。叶取不乱，梗取不强。用针宜藏，针长宁断之，毋令针针露梗；所谓"瓶口宜清"也。视桌之大小，一桌三瓶至七瓶而止，多则眉目不分，即同市井之菊屏矣。几之高低，自三四寸至二尺五六寸而止，必须参差高下互相照应，以气势联络为上。若中高两低，后高前低，成排对列，又犯俗所谓"锦灰堆"矣[③]。或密或疏，或进或出，全在会心者得画意乃可。若盆碗盘洗，用漂青松香榆皮面和油，先熬以稻灰收成胶，以铜片按钉向上，将膏火化粘铜片于盘碗盆洗中。俟冷，将花用铁丝扎把，插于钉上，宜偏斜取势，不可居中，更宜枝疏叶清，不可拥挤；然后加水，用碗沙少许掩铜片，使观者疑丛花生于碗底方妙。若以木本花果插瓶，剪裁之法（不能色色自觅，倩人攀折者每不合意），必先执在手中，横斜以观其势，反侧以取其态。相定之后，剪去杂枝，以疏瘦古怪为佳。再思其梗如何入瓶，或折或曲，插入瓶口，方免背叶侧花之患。若一枝到手，先拘定其梗之直者插瓶中，势必枝乱梗强，花侧叶背，既难取态更无韵致矣。折梗打曲之法，锯其梗之半而嵌以砖石，则直者曲矣。如患梗倒，敲一二钉以菀之[④]，即枫叶竹枝，乱草荆棘，均堪入选。或绿竹一竿配以枸杞数粒，几茎细草伴以荆棘两枝，苟位置得宜，另有世外之趣。若新栽花木不妨歪斜取势，听其叶侧，一年后枝叶自能向上。如树树直栽，即难取势矣。至剪裁盆树，先取根露鸡爪者，左右剪成三节，然后起枝。一枝一节，七枝到顶，或九枝到顶。枝忌对节如肩臂，节忌臃肿如鹤膝。须盘旋出枝，不可光留左右，以避赤胸露背之病。又不可前后直出。有名双起三起者，一根而起两三树也。如根无爪形，便成插树，故不取。然一树剪成，至少得三四十年。余生平仅见吾乡万翁名彩章者，一生剪成数树。又在扬州商家见有虞山游客携送黄杨翠柏各一盆，惜乎明珠暗投。余未见其可也。若留枝盘如宝塔，扎枝曲如蚯蚓者，便成匠气矣。点缀盆中花石，小景可以入画，大景可以入神。一瓯清茗，神能趋入其中，方可供幽斋之玩。种水仙无灵璧石，余尝以炭之有石意者代之。黄芽菜心其白如玉，取大小五七枝，用沙土植长方盆内，以炭代石，黑白分明，颇有意思。以此类推，幽趣无穷，难以枚举。如石菖蒲结子，用冷米汤同嚼喷炭上，置阴湿地，能长细菖蒲；随意移养盆碗中，茸茸可爱。以老莲子磨薄两头，入蛋壳使鸡翼之，俟雏成取出，用久年燕巢泥加天门冬十分之二，捣烂拌匀，植于小器中，灌以河水，晒以朝阳；花发大如酒杯，叶缩如碗口，亭亭可爱。

若夫园亭楼阁，套室回廊，叠石成山，栽花取势，又在大中见小，小中见大，虚中有实，实中有虚，或藏或露，或浅或深，不仅在周回曲折四字，又不在地广石多徒烦工费。或掘地堆土成山，间以块石，杂以花草，篱用梅编，墙以藤引，则无山而成山矣。大中见小者，散漫处植易长之竹，编易茂之梅以屏之。小中见大者，窄院之墙宜凹凸其形，饰以绿色，引以藤蔓，嵌大石，凿字作碑记形。推窗如临石壁，便觉峻峭无穷。虚中有实者，或山穷水尽处，一折而豁然开朗；或轩阁设厨处，一开而可通别院。实中有虚者，开门于不通之院，映以竹石，如有实无也；设矮栏于墙头，如上有月台，而实虚也。贫士屋少人多，当仿吾乡太平船后梢之位置，再加转移其间。台级为床，前后借凑，可作三榻，间以板而裱以纸，则前后上下皆越绝。譬之如行长路，即不觉其窄矣。余夫妇乔寓扬州时，曾仿此法，屋仅两椽，上下卧房，厨灶客座皆越绝，而绰然有余。芸曾笑曰："位置虽精，终非富贵家气象也。"是诚然欤？

余扫墓山中，检有峦纹可观之石。归与芸商曰："用油灰叠宣州石于白石盆，取色匀也。本山黄石虽古朴，亦用油灰，则黄白相间，凿痕毕露，将奈何？"芸曰："择石之顽劣者，捣末于灰痕处，乘湿糁之，干或色同也。"乃如其言，用宜兴窑长方盆叠起一峰，偏于左而凸于右，背作横方纹，如云林石法，巉岩凹凸，若临江石砚状。虚一角，用河泥种千瓣白萍。石上植茑萝，俗呼云松。经营数日乃成。至深秋，茑萝蔓延满山，如藤萝之悬石壁。花开正红色。白萍亦透水大放。红白相间，神游其中，如登蓬岛。置之檐下与芸品题：此处宜设水阁，此处宜立茅亭，此处宜凿六字曰“落花流水之间”，此可以居，此可以钓，此可以眺；胸中丘壑若将移居者然。一夕，猫奴争食自檐而堕，连盆与架顷刻碎之。余叹曰：“即此小经营，尚干造物忌耶！”两人不禁泪落。

静室焚香，闲中雅趣。芸尝以沉速等香，于饭镬蒸透，在垆上设一铜丝架，离火半寸许，徐徐烘之；其香幽韵而无烟。佛手忌醉鼻嗅，嗅则易烂。木瓜忌出汗，汗出，用水洗之。惟香圆无忌。佛手木瓜亦有供法，不能笔宣。每有人将供妥者随手取嗅，随手置之，即不知供法者也。

余闲居，案头瓶花不绝。芸曰：“子之插花能备风晴雨露，可谓精妙入神；而画中有草虫一法，盍仿而效之。”余曰：“虫踯躅不受制，焉能仿效？”芸曰：“有一法，恐作俑罪过耳。”余曰：“试言之。”曰：“虫死色不变，觅螳螂蝉蝶之属，以针刺死，用细丝扣虫项系花草间，整其足，或抱梗，或踏叶，宛然如生，不亦善乎？”余喜，如其法行之，见者无不称绝。求之闺中，今恐未必有此会心者矣。

余与芸寄居锡山华氏，时华夫人以两女从芸识字。乡居院旷，夏日逼人。芸教其家，作活花屏法甚妙。每屏一扇，用木梢二枝约长四五寸，作矮条凳式，虚其中，横四挡，宽一尺许，四角凿圆眼，插竹编方眼。屏约高六七尺，用砂盆种扁豆置屏中，盘延屏上，两人可移动。多编数屏，随意遮拦，恍如绿阴满窗，透风蔽日，纡回曲折，随时可更；故曰活花屏。有此一法，即一切藤本香草随地可用。此真乡居之良法也。

友人鲁半舫名璋，字春山，善写松柏及梅菊，工隶书，兼工铁笔。余寄居其家之萧爽楼，一年有半。楼共五椽，东向，余居其三。晦明风雨[5]，可以远眺。庭中木犀一株，清香撩人。有廊有厢，地极幽静。移居时，有一仆一妪，并挈其小女来。仆能成衣，妪能纺绩，于是芸绣，妪绩，仆则成衣，以供薪水。余素爱客，小酌必行令。芸善不费之烹庖，瓜蔬鱼虾一经芸手，便有意外味。同人知余贫，每出杖头钱，作竟日叙[6]。余又好洁，地无纤尘，且无拘束，不嫌放纵。时有杨补凡名昌绪，善人物写真；袁少迂名沛，工山水；王星澜名岩，工花卉翎毛；爱萧爽楼幽雅，皆携画具来，余则从之学画，写草篆，镌图章，加以润笔[7]，交芸备茶酒供客，终日品诗论画而已。更有夏淡安、揖山两昆季[8]，并缪山音、知白两昆季，及蒋韵香、陆橘香、周啸霞、郭小愚、华杏帆、张闲酣诸君子，如梁上之燕自去自来。芸则拔钗沽酒，不动声色，良辰美景，不放轻过。今则天各一方，风流云散，兼之玉碎香埋，不堪回首矣！

萧爽楼有四忌：谈官宦升迁，公廨时事，八股时文，看牌掷色；有犯必罚酒五斤。有四取：慷慨豪爽，风流蕴藉，落拓不羁，澄静缄默。长夏无事，考对为会⑨。每会八人，每人各携青蚨二百⑩。先拈阄，得第一者为主考者，关防别座；第二者为誊录，亦就座；余作举子，各于誊录处取纸一条，盖用印章。主考出五七言各一句，刻香为限，行立构思，不准交头私语。对就后投入一匣，方许就座。各人交卷毕，誊录启匣，并录一册，转呈主考，以杜徇私。十六对中取七言三联，五言三联。六联中取第一者即为后任主考，第二者为誊录。每人有两联不取者罚钱二十文，取一联者免罚十文，过限者倍罚。一场，主考得香钱百文。一日可十场，积钱千文，酒资大畅矣。惟芸议为官卷，准坐而构思。

杨补凡为余夫妇写载花小影，神情确肖。是夜月色颇佳，兰影上粉墙，别有幽致。星澜醉后兴发曰："补凡能为君写真，我能为花图影。"余笑曰："花影能如人影否？"星澜取素纸铺于墙，即就兰影，用墨浓淡图之。日间取视，虽不成画，而花叶萧疏，自有月下之趣。芸甚宝之。各有题咏。

苏城有南园、北园二处，菜花黄时，苦无酒家小饮；携盒而往，对花冷饮，殊无意味。或议就近觅饮者，或议看花归饮者，终不如对花热饮为快。众议未定。芸笑曰："明日但各出杖头钱，我自担炉火来。"众笑曰："诺。"众去，余问曰："卿果自往乎？"芸曰："非也。妾见市中卖馄饨者，其担锅灶无不备，盍雇之而往。妾先烹调端整，到彼处再一下锅，茶酒两便。"余曰："酒菜固便矣。茶乏烹具。"芸曰："携一砂罐去，以铁叉串罐柄，去其锅，悬于行灶中，加柴火煎茶，不亦便乎？"余鼓掌称善。街头有鲍姓者，卖馄饨为业，以百钱雇其担，约以明日午后。鲍欣然允议。明日看花者至，余告以故，众咸叹服。饭后同往，并带席垫，至南园，择柳阴下团坐。先烹茗，饮毕，然后暖酒烹肴。是时风和日丽，遍地黄金，青衫红袖，越阡度陌，蝶蜂乱飞，令人不饮自醉。既而酒肴俱熟，坐地大嚼。担者颇不俗，拉与同饮。游人见之莫不羡为奇想。杯盘狼藉，各已陶然，或坐或卧，或歌或啸。红日将颓，余思粥，担者即为买米煮之，果腹而归。芸曰："今日之游乐乎？"众曰："非夫人之力不及此。"大笑而散。

贫士起居服食，以及器皿房舍，宜省俭而雅洁。省俭之法曰："就事论事。"余爱小饮，不喜多菜。芸为置一梅花盒，用二寸白磁深碟六只，中置一只，外置五只，用灰漆就，其形如梅花。底盖均起凹楞，盖之上有柄如花蒂，置之案头，如一朵墨梅覆桌；启盖视之，如菜装于瓣中，一盒六色，二三知己可以随意取食。

食完再添。另做矮边圆盘一只，以便放杯箸酒壶之类，随处可摆，移掇亦便。即食物省俭之一端也。余之小帽领袜皆芸自做。衣之破者移东补西，必整必洁，色取暗淡以免垢迹，既可出客，又可家常。此又服饰省俭之一端也。初至萧爽楼中嫌其暗，以白纸糊壁，遂亮。夏月楼下去窗，无阑干，觉空洞无遮拦。芸曰："有旧竹帘在，何不以帘代栏？"余曰："如何？"芸曰："用竹数根黝黑色，一竖一横，留出走路。截半帘搭在横竹上，垂至地，高与桌齐，中竖短竹四根，用麻线扎定，然后于横竹搭帘处，寻旧黑布条，连横竹裹缝之。既可遮拦饰观，又不费钱。"此"就事论事"之一法也。以此推之，古人所谓竹头木屑皆有用，良有以也。

夏月荷花初开时，晚含而晓放。芸用小纱囊撮茶叶少许，置花心。明早取出，烹天泉水泡之，香韵尤绝。

【注释】

①本文节自《浮生六记》卷二《闲情记趣》。 ②芸：陈芸，作者的妻子。 ③锦灰堆：起初只是画家成画后对剩余笔墨的几笔游戏，通常是对书房一角的随意勾勒，翻开的字帖，废弃的画稿，参差的秃笔，杂乱无章、层层叠叠挤入画纸，看上去像是字纸篓打翻了，所以又叫"打翻字纸篓"。 ④菀(yuàn)：汇集。 ⑤晦明：从夜到明，昼夜。 ⑥杖头钱：买酒钱。语出《世说新语·任诞》："阮宣子常步行，以百钱挂杖头，至酒店便独酣畅。" ⑦润笔：酬谢他人写作文字书画的财物。语出《隋书·郑译传》："不得一钱，何以润笔。" ⑧昆季：兄弟。 ⑨考对：以对对联作为考试的方法。 ⑩青蚨：古代用作钱的别称。

【阅读提示】

编选自沈复：《闲情记趣》，载沈复《浮生六记》，俞平伯点校，人民文学出版社 1999 年版，第 16-24 页。

本文是作者《浮生六记》的第二记。作者夫妇在失欢于父母家庭之后，被迫离家，借居于萧爽楼。此文虽重在记述闲情真趣，并没割断与《闺房记乐》的联系，作者所领略的闲情逸致，大都与其妻陈芸有关，这也足见作者夫妇的伉俪情深。作者虽生活于穷困之中，亦能曲尽文酒流连之乐，体现了作者乐观的天性。作者爱美的心性、艺术家的眼光和感悟力使他在生活中，或玩赏花卉虫鱼，或布置各种赏心悦目之具，或流连诗酒风流，都能得到一种真趣。

本文文笔清丽，于娓娓叙述中稍作点染，便使生活乐趣跃然纸上。结撰之完美自然，达到了化工的境界。而叙述琐屑小事却不显繁杂平庸，更可见作者结撰之精，不愧为叙事抒情的高手。

中国现当代文学作品选读

就任北京大学校长之演说

蔡元培

【作者简介】 蔡元培(1868—1940),字鹤卿,又字孑民,浙江绍兴人,现代著名教育家。1889年中举,1892年中进士,授翰林院庶吉士。1898年返乡,任中西学堂监督。1906年,与陶成章等组织“光复会”,担任会长,次年加入同盟会。1912年,任南京临时政府教育总长。1917年,任北京大学校长,主张“思想自由、兼容并包”,成功改造北大,后被称为“北大之父”。1932年,与宋庆龄、鲁迅等发起组织中国民权保障同盟。1940年病逝于香港。

【作品】

五年前,严几道先生为本校校长时,余方服务教育部,开学日曾有所贡献于学校。诸君多自预科毕业而来,想必闻知。士别三日,刮目相见,况时阅数载,诸君较昔当必为长足之进步矣。予今长斯校,请更以三事为诸君告。

一曰抱定宗旨　诸君来此求学,必有一定宗旨,欲求宗旨之正大与否,必先知大学之性质。今人肄业专门学校[①],学成任事,此固势所必然。而在大学则不然,大学者,研究高深学问者也。外人每指摘本校之腐败,以求学于此者,皆有做官发财思想,故毕业预科者,多入法科,入文科者甚少,入理科者尤少,盖以法科为干禄之终南捷径也[②]。因做官心热,对于教员,则不问其学问之浅深,惟问其官阶之大小。官阶大者,特别欢迎,盖为将来毕业有人提携也。现在我国精于政法者,多入政界,专任教授者甚少,故聘请教员,不得不聘请兼职之人,亦属不得已之举。究之外人指摘之当否,姑不具论。然弭谤莫如自修[③],人讥我腐败,而我不腐败,问心无愧,于我何损?果欲达其做官发财之目的,则北京不少专门学校，入法科者尽可肄业法律学堂，入商科者亦可投考商业学校，又何必来此大学？所以诸君须抱定宗旨，为求学而来。入法科者，非为做官；入商科者，非为致富。宗旨既定，自趋正轨。诸君肄业于此，或三年，或四年，时间不为不多，苟能爱惜分阴，孜孜求学，则其造诣，容有底止[④]。若徒志在做官发财，宗旨既乖，趋向自异。平时则放荡冶游，考试则熟读讲义，不问学问之有无，惟争分数之多寡；试验既终，书籍束之高阁，毫不过问，敷衍三四年，潦草塞责，文凭到手，即可借此活动于社会，岂非与求学初衷大相背驰乎？光阴虚度，学问毫无，是自误也。且辛亥之役，吾人之所以革命，因清廷官吏之腐败。即在今日，吾人对于当轴多不满意[⑤]，亦以其道德沦丧。今诸君苟不于此时植其基，勤其学，则将来万一因生计所迫，出而任事，担任讲席，则必贻误学生；置身政界，则必贻误国家。是误人也。误己误人，又岂本心所愿乎？故宗旨不可以不正大。此余所希望于诸君者一也。

二曰砥砺德行　方今风俗日偷[⑥]，道德沦丧，北京社会，尤为恶劣，败德毁行之事，触目皆是，非根基深固，鲜不为流俗所染。诸君肄业大学，当能束身自爱。然国家之兴替，视风俗之厚薄。流俗如此，前途何堪设想。故必有卓绝之士，以身作则，力矫颓俗。诸君为大学学生，地位甚高，肩此重任，责无旁贷。故诸君不惟思所以感己，更必有以励人。苟德之不修，学之不讲，同乎流俗，合乎污世，己且为人轻侮，更何足以感人。然诸君终日伏首案前，芸芸攻苦[⑦]，毫无娱乐之事，必感身体上之苦痛。为诸君计，莫如以正当之娱乐，易不正当之娱乐，庶于道德无亏，而于身体有益。诸君入分科时，曾填写愿书，遵守本校规则，苟中道而违之，岂非与原始之意相反乎？故品行不可以不谨严。此余所希望于诸君者二也。

三曰敬爱师友　教员之教授，职员之任务，皆以图诸君求学之便利，诸君能无动于衷乎？自应以诚相待，敬礼有加。至于同学共处一堂，尤应互相亲爱，庶可收切磋之效。不惟开诚布公，更宜道义相勖，盖同处此校，毁誉共之。同学中苟道德有亏，行有不正，为社会所訾詈，己虽规行矩步，亦莫能辩，此所以必互相劝勉也。余在德国，每至店肆购买物品，店主殷勤款待，付价接物，互相称谢，此虽小节，然亦交际所必需，常人如此，况堂堂大学生乎？对于师友之敬爱，此余所希望于诸君者三也。

余到校视事仅数日，校事多未详悉，兹所计划者二事：一曰改良讲义。诸君既研究高深学问，自与中学、高等不同，不惟恃教员讲授，尤赖一己潜修。以后所印讲义，只列纲要，细微末节，以及精旨奥义，或讲师口授，或自行参考，以期学有心得，能裨实用。二曰添购书籍。本校图书馆书籍虽多，新出者甚少，苟不广为购办，必不足供学生之参考。刻拟筹集款项，多购新书，将来典籍满架，自可旁稽博采，无虞缺乏矣[8]。今日所与诸君陈说者只此，以后会晤日长，随时再为商榷可也。

【注释】

①肄业：修习其业。与后来在学校读书而未毕业之意不同。肄：研习。 ②干禄：谋求俸禄。干：谋求。禄：俸禄。 ③弭谤：消除批评指责。 ④容有底止：哪里有尽头。容：通"庸"，岂，哪里。 ⑤当轴：比喻核心，即当局。 ⑥偷：薄，不淳厚。 ⑦芸芸：多，这里用来形容读书辛苦的程度。 ⑧无虞：不用担心。虞：臆度，料想。

【阅读提示】

编选自蔡元培：《就任北京大学校长之演说》，载蔡元培《蔡元培：讲演文稿》，杨佩昌整理，中国画报出版社 2010 年版，第 38-40 页。

蔡元培先生 90 多年前的一个演讲，仍对大学学子有很强的启发意义。抱定宗旨，即明确上大学的目的。不是为文凭，而是为学问。如果明确目的，充分利用时间，"则其造诣容有底止"。如果放荡冶游，则是误己误人。砥砺德行，则是要求学生抵制社会上各种名利物欲享受的诱惑，坚守道德底线，做一个堂堂正正大写的人。敬爱师友，则是要求学生从学校开始掌握与人交往之道：开诚布公，为人真诚、不虚伪；道义相勖，做益友，不做损友。

作为一篇演讲，条理清楚，表意明确。虽然篇幅不长，但说理透彻，处处正反对举阐发利弊，催人猛醒。同时又以情动人，既有痛心的指陈，又有设身处地的忠告，体现出校长对学生的真诚的关爱。语言亦文亦白，简练典雅的文言与通俗明快的口语融为一体，体现出鲜明的时代特色。

伤　逝

——涓生的手记

鲁　迅

【作者简介】 鲁迅（1881—1936），原名周樟寿，后改名周树人，字豫才，浙江绍兴人。中国现代著名小说家。1902 年，公费留学日本，有感于国人麻木，弃医从文。1918年，首次以“鲁迅”的笔名发表作品。一生文学创作近400万字。主要作品有小说集《呐喊》《彷徨》《故事新编》，散文集《朝花夕拾》，散文诗集《野草》，杂文集《坟》《热风》《华盖集》等16部。1936年，因肺结核病逝于上海。

【作品】

如果我能够，我要写下我的悔恨和悲哀，为子君，为自己。

会馆里的被遗忘在偏僻里的破屋是这样地寂静和空虚[①]。时光过得真快，我爱子君，仗着她逃出这寂静和空虚，已经满一年了。事情又这么不凑巧，我重来时，偏偏空着的又只有这一间屋。依然是这样的破窗，这样的窗外的半枯的槐树和老紫藤，这样的窗前的方桌，这样的败壁，这样的靠壁的板床。深夜中独自躺在床上，就如我未曾和子君同居以前一般，过去一年中的时光全被消灭，全未有过，我并没有曾经从这破屋子搬出，在吉兆胡同创立了满怀希望的小小的家庭。

不但如此。在一年之前，这寂静和空虚是并不这样的，常常含着期待；期待子君的到来。在久待的焦躁中，一听到皮鞋的高底尖触着砖路的清响，是怎样地使我骤然生动起来呵！于是就看见带着笑涡的苍白的圆脸，苍白的瘦的臂膊，布的有条纹的衫子，玄色的裙。她又带了窗外的半枯的槐树的新叶来，使我看见，还有挂在铁似的老干上的一房一房的紫白的藤花。

然而现在呢，只有寂静和空虚依旧，子君却决不再来了，而且永远，永远地！……

子君不在我这破屋里时，我什么也看不见。在百无聊赖中，顺手抓过一本书来，科学也好，文学也好，横竖什么都一样；看下去，看下去，忽而自己觉得，已经翻了十多页了，但是毫不记得书上所说的事。只是耳朵却分外地灵，仿佛听到大门外一切往来的履声，从中便有子君的，而且橐橐地逐渐临近，——但是，往往又逐渐渺茫，终于消失在别的步声的杂沓中了。我憎恶那不像子君鞋声的穿布底鞋的长班的儿子[②]，我憎恶那太像子君鞋声的常常穿着新皮鞋的邻院的搽雪花膏的小东西！

莫非她翻了车么？莫非她被电车撞伤了么？……

我便要取了帽子去看她，然而她的胞叔就曾经当面骂过我。

蓦然，她的鞋声近来了，一步响于一步，迎出去时，却已经走过紫藤棚下，脸上带着微笑的酒窝。她在她叔子的家里大约并未受气；我的心宁帖了，默默地相视片时之后，破屋里便渐渐充满了我的语声，谈家庭专制，谈打破旧习惯，谈男女平等，谈伊孛生[3]，谈泰戈尔，谈雪莱……。她总是微笑点头，两眼里弥漫着稚气的好奇的光泽。壁上就钉着一张铜板的雪莱半身像，是从杂志上裁下来的，是他的最美的一张像。当我指给她看时，她却只草草一看，便低了头，似乎不好意思了。这些地方，子君就大概还未脱尽旧思想的束缚，——我后来也想，倒不如换一张雪莱淹死在海里的记念像或是伊孛生的罢；但也终于没有换，现在是连这一张也不知那里去了。

"我是我自己的，他们谁也没有干涉我的权利！"

这是我们交际了半年，又谈起她在这里的胞叔和在家的父亲时，她默想了一会之后，分明地，坚决地，沉静地说了出来的话。其时是我已经说尽了我的意见，我的身世，我的缺点，很少隐瞒；她也完全了解的了。这几句话很震动了我的灵魂，此后许多天还在耳中发响，而且说不出的狂喜，知道中国女性，并不如厌世家所说那样的无法可施，在不远的将来，便要看见辉煌的曙色的。

送她出门，照例是相离十多步远；照例是那鲇鱼须的老东西的脸又紧帖在脏的窗玻璃上了，连鼻尖都挤成一个小平面；到外院，照例又是明晃晃的玻璃窗里的那小东西的脸，加厚的雪花膏。她目不邪视地骄傲地走了，没有看见；我骄傲地回来。

"我是我自己的，他们谁也没有干涉我的权利！"这彻底的思想就在她的脑里，比我还透澈，坚强得多。半瓶雪花膏和鼻尖的小平面，于她能算什么东西呢？

我已经记不清那时怎样地将我的纯真热烈的爱表示给她。岂但现在，那时的事后便已模胡，夜间回想，早只剩了一些断片了；同居以后一两月，便连这些断片也化作无可追踪的梦影。我只记得那时以前的十几天，曾经很仔细地研究过表示的态度，排列过措辞的先后，以及倘或遭了拒绝以后的情形。可是临时似乎都无用，在慌张中，身不由己地竟用了在电影上见过的方法了。后来一想到，就使我很愧恧[4]，但在记忆上却偏只有这一点永远留遗，至今还如暗室的孤灯一般，照见我含泪握着她的手，一条腿跪了下去……。

不但我自己的，便是子君的言语举动，我那时就没有看得分明；仅知道她已经允许我了。但也还仿佛记得她脸色变成青白，后来又渐渐转作绯红，——没有见过，也没有再见的绯红；孩子似的眼里射出悲喜，但是夹着惊疑的光，虽然力避我的视线，张皇地似乎要破窗飞去。然而我知道她已经允许我了，没有知道她怎样说或是没有说。

她却是什么都记得：我的言辞，竟至于读熟了的一般，能够滔滔背诵；我的举动，就如有一张我所看不见的影片挂在眼下，叙述得如生，很细微，自然连那使我不愿再想的浅薄的电影的一闪。夜阑人静，是相对温习的时候了，我常是被质问，被考验，并且被命复述当时的言语，然而常须由她补足，由她纠正，像一个丁等的学生。

这温习后来也渐渐稀疏起来。但我只要看见她两眼注视空中，出神似的凝想着，于是神色越加柔和，笑窝也深下去，便知道她又在自修旧课了，只是我很怕她看到我那可笑的电影的一闪。但我又知道，她一定要看见，而且也非看不可的。

然而她并不觉得可笑。即使我自己以为可笑，甚而至于可鄙的，她也毫不以为可笑。这事我知道得很清楚，因为她爱我，是这样地热烈，这样地纯真。

去年的暮春是最为幸福，也是最为忙碌的时光。我的心平静下去了，但又有别一部分和身体一同忙碌起来。我们这时才在路上同行，也到过几回公园，最多的是寻住所。我觉得在路上时时遇到探索，讥笑，猥亵和轻蔑的眼光，一不小心，便使我的全身有些瑟缩，只得即刻提起我的骄傲和反抗来支持。她却是大无畏的，对于这些全不关心，只是镇静地缓缓前行，坦然如入无人之境。

寻住所实在不是容易事，大半是被托辞拒绝，小半是我们以为不相宜。起先我们选择得很苛酷，——也非苛酷，因为看去大抵不像是我们的安身之所；后来，便只要他们能相容了。看了二十多处，这才得到可以暂且敷衍的处所，是吉兆胡同一所小屋里的两间南屋；主人是一个小官，然而倒是明白人，自住着正屋和厢房。他只有夫人和一个不到周岁的女孩子，雇一个乡下的女工，只要孩子不啼哭，是极其安闲幽静的。

我们的家具很简单，但已经用去了我的筹来的款子的大半；子君还卖掉了她唯一的金戒指和耳环。我拦阻她，还是定要卖，我也就不再坚持下去了；我知道不给她加入一点股分去，她是住不舒服的。

和她的叔子，她早经闹开，至于使他气愤到不再认她做侄女；我也陆续和几个自以为忠告，其实是替我胆怯，或者竟是嫉妒的朋友绝了交。然而这倒很清静。每日办公散后，虽然已近黄昏，车夫又一定走得这样慢，但究竟还有二人相对的时候。我们先是沉默的相视，接着是放怀而亲密的交谈，后来又是沉默。大家低头沉思着，却并未想着什么事。我也渐渐清醒地读遍了她的身体，她的灵魂，不过三星期，我似乎于她已经更加了解，揭去许多先前以为了解而现在看来却是隔膜，即所谓真的隔膜了。

子君也逐日活泼起来。但她并不爱花，我在庙会时买来的两盆小草花，四天不浇，枯死在壁角了，我又没有照顾一切的闲暇。然而她爱动物，也许是从官太太那里传染的罢，不一月，我们的眷属便骤然加得很多，四只小油鸡，在小院子里和房主人的十多只在一同走。但她们却认识鸡的相貌，各知道那一只是自家的。还有一只花白的叭儿狗，从庙会买来，记得似乎原有名字，子君却给它另起了一个，叫作阿随。我就叫它阿随，但我不喜欢这名字。

这是真的，爱情必须时时更新，生长，创造。我和子君说起这，她也领会地点点头。

唉唉，那是怎样的宁静而幸福的夜呵！

安宁和幸福是要凝固的，永久是这样的安宁和幸福。我们在会馆里时，还偶有议论的冲突和意思的误会，自从到吉兆胡同以来，连这一点也没有了；我们只在灯下对坐的怀旧谭中，回味那时冲突以后的和解的重生一般的乐趣。

子君竟胖了起来，脸色也红活了；可惜的是忙。管了家务便连谈天的工夫也没有，何况读书和散步。我们常说，我们总还得雇一个女工。

这就使我也一样地不快活，傍晚回来，常见她包藏着不快活的颜色，尤其使我不乐的是她要装作勉强的笑容。幸而探听出来了，也还是和那小官太太的暗斗，导火线便是两家的小油鸡。但又何必硬不告诉我呢？人总该有一个独立的家庭。这样的处所，是不能居住的。

我的路也铸定了，每星期中的六天，是由家到局，又由局到家。在局里便坐在办公桌前钞，钞，钞些公文和信件；在家里是和她相对或帮她生白炉子，煮饭，蒸馒头。我的学会了煮饭，就在这时候。

但我的食品却比在会馆里时好得多了。做菜虽不是子君的特长，然而她于此却倾注着全力；对于她的日夜的操心，使我也不能不一同操心，来算作分甘共苦。况且她又这样地终日汗流满面，短发都粘在脑额上；两只手又只是这样地粗糙起来。

况且还要饲阿随，饲油鸡，……都是非她不可的工作。

我曾经忠告她：我不吃，倒也罢了；却万不可这样地操劳。她只看了我一眼，不开口，神色却似乎有点凄然；我也只好不开口。然而她还是这样地操劳。

我所豫期的打击果然到来。双十节的前一晚，我呆坐着，她在洗碗。听到打门声，我去开门时，是局里的信差，交给我一张油印的纸条。我就有些料到了，到灯下去一看，果然，印着的就是：

> 奉
>
> 局长谕史涓生着毋庸到局办事
>
> 秘书处启　十月九号

这在会馆里时，我就早已料到了；那雪花膏便是局长的儿子的赌友，一定要去添些谣言，设法报告的。到现在才发生效验，已经要算是很晚的了。其实这在我不能算是一个打击，因为我早就决定，可以给别人去钞写，或者教读，或者虽然费力，也还可以译点书，况且《自由之友》的总编辑便是见过几次的熟人，两月前还通过信。但我的心却跳跃着。那么一个无畏的子君也变了色，尤其使我痛心；她近来似乎也较为怯弱了。

“那算什么。哼，我们干新的。我们……。”她说。

她的话没有说完；不知怎地，那声音在我听去却只是浮浮的；灯光也觉得格外黯淡。人们真是可笑的动物，一点极微末的小事情，便会受着很深的影响。我们先是默默地相视，逐渐商量起来，终于决定将现有的钱竭力节省，一面登“小广告”去寻求钞写和教读，一面写信给《自由之友》的总编辑，说明我目下的遭遇，请他收用我的译本，给我帮一点艰辛时候的忙。

“说做，就做罢！来开一条新的路！”

我立刻转身向了书案，推开盛香油的瓶子和醋碟，子君便送过那黯淡的灯来。我先拟广告；其次是选定可译的书，迁移以来未曾翻阅过，每本的头上都满漫着灰尘了；最后才写信。

我很费踌躕，不知道怎样措辞好，当停笔凝思的时候，转眼去一瞥她的脸，在昏暗的灯光下，又很见得凄然。我真不料这样微细的小事情，竟会给坚决的，无畏的子君以这么显著的变化。她近来实在变得很怯弱了，但也并不是今夜才开始的。我的心因此更缭乱，忽然有安宁的生活的影像——会馆里的破屋的寂静，在眼前一闪，刚刚想定睛凝视，却又看见了昏暗的灯光。

许久之后，信也写成了，是一封颇长的信；很觉得疲劳，仿佛近来自己也较为怯弱了。于是我们决定，广告和发信，就在明日一同实行。大家不约而同地伸直了腰肢，在无言中，似乎又都感到彼此的坚忍崛强的精神，还看见从新萌芽起来的将来的希望。

外来的打击其实倒是振作了我们的新精神。局里的生活，原如鸟贩子手里的禽鸟一般，仅有一点小米维系残生，决不会肥胖；日子一久，只落得麻痹了翅子，即使放出笼外，早已不能奋飞。现在总算脱出这牢笼了，我从此要在新的开阔的天空中翱翔，趁我还未忘却了我的翅子的扇动。

小广告是一时自然不会发生效力的；但译书也不是容易事，先前看过，以为已经懂得的，一动手，却疑难百出了，进行得很慢。然而我决计努力地做，一本半新的字典，不到半月，边上便有了一大片乌黑的指痕，这就证明着我的工作的切实。《自由之友》的总编辑曾经说过，他的刊物是决不会埋没好稿子的。

可惜的是我没有一间静室，子君又没有先前那么幽静，善于体帖了，屋子里总是散乱着碗碟，弥漫着煤烟，使人不能安心做事，但是这自然还只能怨我自己无力置一间书斋。然而又加以阿随，加以油鸡们。加以油鸡们又大起来了，更容易成为两家争吵的引线。

加以每日的"川流不息"的吃饭；子君的功业，仿佛就完全建立在这吃饭中。吃了筹钱，筹来吃饭，还要喂阿随，饲油鸡；她似乎将先前所知道的全都忘掉了，也不想到我的构思就常常为了这催促吃饭而打断。即使在坐中给看一点怒色，她总是不改变，仍然毫无感触似的大嚼起来。

使她明白了我的作工不能受规定的吃饭的束缚，就费去五星期。她明白之后，大约很不高兴罢，可是没有说。我的工作果然从此较为迅速地进行，不久就共译了五万言，只要润色一回，便可以和做好的两篇小品，一同寄给《自由之友》

去。只是吃饭却依然给我苦恼。菜冷，是无妨的，然而竟不够；有时连饭也不够，虽然我因为终日坐在家里用脑，饭量已经比先前要减少得多。这是先去喂了阿随了，有时还并那近来连自己也轻易不吃的羊肉。她说，阿随实在瘦得太可怜，房东太太还因此嗤笑我们了，她受不住这样的奚落。

于是吃我残饭的便只有油鸡们。这是我积久才看出来的，但同时也如赫胥黎的论定"人类在宇宙间的位置"一般，自觉了我在这里的位置：不过是叭儿狗和油鸡之间。

后来，经多次的抗争和催逼，油鸡们也逐渐成为肴馔，我们和阿随都享用了十多日的鲜肥；可是其实都很瘦，因为它们早已每日只能得到几粒高粱了。从此便清静得多。只有子君很颓唐，似乎常觉得凄苦和无聊，至于不大愿意开口。我想，人是多么容易改变呵！

但是阿随也将留不住了。我们已经不能再希望从什么地方会有来信，子君也早没有一点食物可以引它打拱或直立起来。冬季又逼近得这么快，火炉就要成为很大的问题；它的食量，在我们其实早是一个极易觉得的很重的负担。于是连它也留不住了。

倘使插了草标到庙市去出卖[5]，也许能得几文钱罢，然而我们都不能，也不愿这样做。终于是用包袱蒙着头，由我带到西郊去放掉了，还要追上来，便推在一个并不很深的土坑里。

我一回寓，觉得又清静得多多了；但子君的凄惨的神色，却使我很吃惊。那是没有见过的神色，自然是为阿随。但又何至于此呢？我还没有说起推在土坑里的事。

到夜间，在她的凄惨的神色中，加上冰冷的分子了。

"奇怪。——子君，你怎么今天这样儿了？"我忍不住问。

"什么？"她连看也不看我。

"你的脸色……。"

"没有什么，——什么也没有。"

我终于从她言动上看出，她大概已经认定我是一个忍心的人。其实，我一个人，是容易生活的，虽然因为骄傲，向来不与世交来往，迁居以后，也疏远了所有旧识的人，然而只要能远走高飞，生路还宽广得很。现在忍受着这生活压迫的苦痛，大半倒是为她，便是放掉阿随，也何尝不如此。但子君的识见却似乎只是浅薄起来，竟至于连这一点也想不到了。

我拣了一个机会，将这些道理暗示她；她领会似的点头。然而看她后来的情形，她是没有懂，或者是并不相信的。

天气的冷和神情的冷，逼迫我不能在家庭中安身。但是往那里去呢？大道上，公园里，虽然没有冰冷的神情，冷风究竟也刺得人皮肤欲裂。我终于在通俗图书馆里觅得了我的天堂。

那里无须买票；阅书室里又装着两个铁火炉。纵使不过是烧着不死不活的煤的火炉，但单是看见装着它，精神上也就总觉得有些温暖。书却无可看：旧的陈腐，新的是几乎没有的。

好在我到那里去也并非为看书。另外时常还有几个人，多则十余人，都是单薄衣裳，正如我，各人看各人的书，作为取暖的口实。这于我尤为合式。道路上容易遇见熟人，得到轻蔑的一瞥，但此地却决无那样的横祸，因为他们是永远围在别的铁炉旁，或者靠在自家的白炉边的。

那里虽然没有书给我看，却还有安闲容得我想。待到孤身枯坐，回忆从前，这才觉得大半年来，只为了爱，——盲目的爱，——而将别的人生的要义全盘疏忽了。第一，便是生活。人必生活着，爱才有所附丽。世界上并非没有为了奋斗者而开的活路；我也还未忘却翅子的扇动，虽然比先前已经颓唐得多……。

屋子和读者渐渐消失了，我看见怒涛中的渔夫，战壕中的兵士，摩托车中的贵人[6]，洋场上的投机家，深山密林中的豪杰，讲台上的教授，昏夜的运动者和深夜的偷儿……。子君，——不在近旁。她的勇气都失掉了，只为着阿随悲愤，为着做饭出神；然而奇怪的是倒也并不怎样瘦损……。

冷了起来，火炉里的不死不活的几片硬煤，也终于烧尽了，已是闭馆的时候。又须回到吉兆胡同，领略冰冷的颜色去了。近来也间或遇到温暖的神情，但这却反而增加我的苦痛。记得有一夜，子君的眼里忽而又发出久已不见的稚气的光来，笑着和我谈到还在会馆时候的情形，时时又很带些恐怖的神色。我知道我近来的超过她的冷漠，已经引起她的忧疑来，只得也勉力谈笑，想给她一点慰藉。然而我的笑貌一上脸，我的话一出口，却即刻变为空虚，这空虚又即刻发生反响，回向我的耳目里，给我一个难堪的恶毒的冷嘲。

子君似乎也觉得的，从此便失掉了她往常的麻木似的镇静，虽然竭力掩饰，总还是时时露出忧疑的神色来，但对我却温和得多了。

我要明告她，但我还没有敢，当决心要说的时候，看见她孩子一般的眼色，就使我只得暂且改作勉强的欢容。但是这又即刻来冷嘲我，并使我失却那冷漠的镇静。

她从此又开始了往事的温习和新的考验，逼我做出许多虚伪的温存的答案来，将温存示给她，虚伪的草稿便写在自己的心上。我的心渐被这些草稿填满了，常觉得难于呼吸。我在苦恼中常常想，说真实自然须有极大的勇气的；假如没有这勇气，而苟安于虚伪，那也便是不能开辟新的生路的人。不独不是这个，连这人也未尝有！

子君有怨色，在早晨，极冷的早晨，这是从未见过的，但也许是从我看来的怨色。我那时冷冷地气愤和暗笑了；她所磨练的思想和豁达无畏的言论，到底也还是一个空虚，而对于这空虚却并未自觉。她早已什么书也不看，已不知道人的生活的第一着是求生，向着这求生的道路，是必须携手同行，或奋身孤往的了，倘使只知道搥着一个人的衣角，那便是虽战士也难于战斗，只得一同灭亡。

我觉得新的希望就只在我们的分离；她应该决然舍去，——我也突然想到她的死，然而立刻自责，忏悔了。幸而是早晨，时间正多，我可以说我的真实。我们的新的道路的开辟，便在这一遭。

我和她闲谈，故意地引起我们的往事，提到文艺，于是涉及外国的文人，文人的作品：《诺拉》，《海的女人》。称扬诺拉的果决……也还是去年在会馆的破屋里讲过的那些话，但现在已经变成空虚，从我的嘴传入自己的耳中，时时疑心有一个隐形的坏孩子，在背后恶意地刻毒地学舌。

她还是点头答应着倾听，后来沉默了。我也就断续地说完了我的话，连余音都消失在虚空中了。

“是的。”她又沉默了一会，说，“但是，……涓生，我觉得你近来很两样了。可是的？你，——你老实告诉我。”

我觉得这似乎给了我当头一击，但也立即定了神，说出我的意见和主张来：新的路的开辟，新的生活的再造，为的是免得一同灭亡。

临末，我用了十分的决心，加上这几句话——

"……况且你已经可以无须顾虑，勇往直前了。你要我老实说；是的，人是不该虚伪的。我老实说罢：因为，因为我已经不爱你了！但这于你倒好得多，因为你更可以毫无挂念地做事……。"

我同时豫期着大的变故的到来，然而只有沉默。她脸色陡然变成灰黄，死了似的；瞬间便又苏生，眼里也发了稚气的闪闪的光泽。这眼光射向四处，正如孩子在饥渴中寻求着慈爱的母亲，但只在空中寻求，恐怖地回避着我的眼。

我不能看下去了，幸而是早晨，我冒着寒风径奔通俗图书馆。

在那里看见《自由之友》，我的小品文都登出了。这使我一惊，仿佛得了一点生气。我想，生活的路还很多，——但是，现在这样也还是不行的。

我开始去访问久已不相闻问的熟人，但这也不过一两次；他们的屋子自然是暖和的，我在骨髓中却觉得寒冽。夜间，便蜷伏在比冰还冷的冷屋中。

冰的针刺着我的灵魂，使我永远苦于麻木的疼痛。生活的路还很多，我也还没有忘却翅子的扇动，我想。——我突然想到她的死，然而立刻自责，忏悔了。

在通俗图书馆里往往瞥见一闪的光明，新的生路横在前面。她勇猛地觉悟了，毅然走出这冰冷的家，而且，——毫无怨恨的神色。我便轻如行云，漂浮空际，上有蔚蓝的天，下是深山大海，广厦高楼，战场，摩托车，洋场，公馆，晴明的闹市，黑暗的夜……。

而且，真的，我豫感得这新生面便要来到了。

我们总算度过了极难忍受的冬天，这北京的冬天；就如蜻蜓落在恶作剧的坏孩子的手里一般，被系着细线，尽情玩弄，虐待，虽然幸而没有送掉性命，结果也还是躺在地上，只争着一个迟早之间。

写给《自由之友》的总编辑已经有三封信，这才得到回信，信封里只有两张书券：两角的和三角的。我却单是催，就用了九分的邮票，一天的饥饿，又都白挨给于己一无所得的空虚了。

然而觉得要来的事，却终于来到了。

这是冬春之交的事，风已没有这么冷，我也更久地在外面徘徊；待到回家，大概已经昏黑。就在这样一个昏黑的晚上，我照常没精打采地回来，一看见寓所的门，也照常更加丧气，使脚步放得更缓。但终于走进自己的屋子里了，没有灯火；摸火柴点起来时，是异样的寂寞和空虚！

正在错愕中，官太太便到窗外来叫我出去。

“今天子君的父亲来到这里，将她接回去了。”她很简单地说。

这似乎又不是意料中的事，我便如脑后受了一击，无言地站着。

“她去了么？”过了些时，我只问出这样一句话。

“她去了。”

“她，——她可说什么？”

“没说什么。单是托我见你回来时告诉你，说她去了。”

我不信；但是屋子里是异样的寂寞和空虚。我遍看各处，寻觅子君；只见几件破旧而黯淡的家具，都显得极其清疏，在证明着它们毫无隐匿一人一物的能力。我转念寻信或她留下的字迹，也没有；只是盐和干辣椒，面粉，半株白菜，却聚集在一处了，旁边还有几十枚铜元。这是我们两人生活材料的全副，现在她就郑重地将这留给我一个人，在不言中，教我借此去维持较久的生活。

我似乎被周围所排挤，奔到院子中间，有昏黑在我的周围；正屋的纸窗上映出明亮的灯光，他们正在逗着孩子玩笑。我的心也沉静下来，觉得在沉重的迫压中，渐渐隐约地现出脱走的路径：深山大泽，洋场，电灯下的盛筵，壕沟，最黑最黑的深夜，利刃的一击，毫无声响的脚步……。

心地有些轻松，舒展了，想到旅费，并且嘘一口气。

躺着，在合着的眼前经过的豫想的前途，不到半夜已经现尽；暗中忽然仿佛看见一堆食物，这之后，便浮出一个子君的灰黄的脸来，睁了孩子气的眼睛，恳托似的看着我。我一定神，什么也没有了。

但我的心却又觉得沉重。我为什么偏不忍耐几天，要这样急急地告诉她真话的呢？现在她知道，她以后所有的只是她父亲——儿女的债主——的烈日一般的严威和旁人的赛过冰霜的冷眼。此外便是虚空。负着虚空的重担，在严威和冷眼中走着所谓人生的路，这是怎么可怕的事呵！而况这路的尽头，又不过是——连墓碑也没有的坟墓。

我不应该将真实说给子君，我们相爱过，我应该永久奉献她我的说谎。如果真实可以宝贵，这在子君就不该是一个沉重的空虚。谎语当然也是一个空虚，然而临末，至多也不过这样地沉重。

我以为将真实说给子君，她便可以毫无顾虑，坚决地毅然前行，一如我们将要同居时那样。但这恐怕是我错误了。她当时的勇敢和无畏是因为爱。

我没有负着虚伪的重担的勇气，却将真实的重担卸给她了。她爱我之后，就要负了这重担，在严威和冷眼中走着所谓人生的路。

我想到她的死……我看见我是一个卑怯者，应该被摈于强有力的人们，无论是真实者，虚伪者。然而她却自始至终，还希望我维持较久的生活……

我要离开吉兆胡同，在这里是异样的空虚和寂寞。我想，只要离开这里，子君便如还在我的身边；至少，也如还在城中，有一天，将要出乎意表地访我，像住在会馆时候似的。

然而一切请托和书信，都是一无反响；我不得已，只好访问一个久不问候的世交去了。他是我伯父的幼年的同窗，以正经出名的拔贡[7]，寓京很久，交游也广阔的。

大概因为衣服的破旧罢，一登门便很遭门房的白眼。好容易才相见，也还相识，但是很冷落。我们的往事，他全都知道了。

"自然，你也不能在这里了，"他听了我托他在别处觅事之后，冷冷地说，"但那里去呢？很难。——你那，什么呢，你的朋友罢，子君，你可知道，她死了。"

我惊得没有话。

"真的？"我终于不自觉地问。

"哈哈。自然真的。我家的王升的家，就和她家同村。"

"但是，——不知道是怎么死的？"

"谁知道呢。总之是死了就是了。"

我已经忘却了怎样辞别他，回到自己的寓所。我知道他是不说谎话的；子君总不会再来的了，像去年那样。她虽是想在严威和冷眼中负着虚空的重担来走所谓人生的路，也已经不能。她的命运，已经决定她在我所给与的真实——无爱的人间死灭了！

自然，我不能在这里了；但是，"那里去呢？"

四围是广大的空虚，还有死的寂静。死于无爱的人们的眼前的黑暗，我仿佛一一看见，还听得一切苦闷和绝望的挣扎的声音。

我还期待着新的东西到来，无名的，意外的。但一天一天，无非是死的寂静。

我比先前已经不大出门，只坐卧在广大的空虚里，一任这死的寂静侵蚀着我的灵魂。死的寂静有时也自己战栗，自己退藏，于是在这绝续之交，便闪出无名的，意外的，新的期待。

一天是阴沉的上午，太阳还不能从云里面挣扎出来；连空气都疲乏着。耳中听到细碎的步声和咻咻的鼻息，使我睁开眼。大致一看，屋子里还是空虚；但偶然看到地面，却盘旋着一匹小小的动物，瘦弱的，半死的，满身灰土的……

我一细看，我的心就一停，接着便直跳起来。

那是阿随。它回来了。

我的离开吉兆胡同，也不单是为了房主人们和他家女工的冷眼，大半就为着这阿随。但是，“那里去呢?”新的生路自然还很多，我约略知道，也间或依稀看见，觉得就在我面前，然而我还没有知道跨进那里去的第一步的方法。

经过许多回的思量和比较，也还只有会馆是还能相容的地方。依然是这样的破屋，这样的板床，这样的半枯的槐树和紫藤，但那时使我希望，欢欣，爱，生活的，却全都逝去了，只有一个虚空，我用真实去换来的虚空存在。

新的生路还很多，我必须跨进去，因为我还活着。但我还不知道怎样跨出那第一步。有时，仿佛看见那生路就像一条灰白的长蛇，自己蜿蜒地向我奔来，我等着，等着，看看临近，但忽然便消失在黑暗里了。

初春的夜，还是那么长。长久的枯坐中记起上午在街头所见的葬式，前面是纸人纸马，后面是唱歌一般的哭声。我现在已经知道他们的聪明了，这是多么轻松简截的事。

然而子君的葬式却又在我的眼前，是独自负着虚空的重担，在灰白的长路上前行，而又即刻消失在周围的严威和冷眼里了。

我愿意真有所谓鬼魂，真有所谓地狱，那么，即使在孽风怒吼之中，我也将寻觅子君，当面说出我的悔恨和悲哀，祈求她的饶恕；否则，地狱的毒焰将围绕我，猛烈地烧尽我的悔恨和悲哀。

我将在孽风和毒焰中拥抱子君，乞她宽容，或者使她快意……。

但是，这却更虚空于新的生路；现在所有的只是初春的夜，竟还是那么长。我活着，我总得向着新的生路跨出去，那第一步，——却不过是写下我的悔恨和悲哀，为子君，为自己。

我仍然只有唱歌一般的哭声，给子君送葬，葬在遗忘中。

我要遗忘；我为自己，并且要不再想到这用了遗忘给子君送葬。

我要向着新的生路跨进第一步去，我要将真实深深地藏在心的创伤中，默默地前行，用遗忘和说谎做我的前导……。

【注释】

①会馆：中国明清时期都市中由同乡或同业公会设立的馆舍，供同乡或同业者旅居或聚会之用。 ②长班：旧时官员身边随时听使唤的仆人，也指供役于各会馆的仆人。 ③伊孛生：现通常译为易卜生，挪威剧作家。 ④愧恧(nǜ)：惭愧。 ⑤草标：出卖的标志，插在被卖的人身上或物品上的草标。 ⑥摩托车：当时对小汽车的称呼。 ⑦拔贡：清朝的科举制度，初定六年一次，乾隆中改为十二年考一次。每府学二名，州、县学各一名，由各省学政从生员中考选，保送入京，贡入国子监，称为拔贡。

【阅读提示】

鲁迅作品
视频讲解

编选自鲁迅：《伤逝》，载鲁迅《鲁迅著译编年全集(第六卷)》，人民出版社 2009 年版，第 381-398 页。

鲁迅在他的唯一的以恋爱和婚姻为题材的小说中，揭示了爱情的真谛：人必须生活着，爱才有所附丽。子君在五四新思想的感召下，不顾家人反对，毅然与涓生相爱并同居。但自主的婚姻并没带来真正的幸福，疏远了社会的一对青年恋人遇到越来越严峻的生活问题，最终分手。子君也在“冷眼和严威”下凄惨死去。在那个时代，妇女并没有真正解放和独立，社会也没给自由恋爱的年轻人提供宽松的环境，他们的悲剧命运是注定的。当然，涓生和子君自身思想和性格的弱点也是导致悲剧的重要原因。

涓生和子君的爱情悲剧在今天也有其启迪作用，能让我们思考爱情和生活的真谛，从而生活得更幸福。

作品以“涓生手记”的形式，写出“我”的期待、幸福、不满、怨愤、自责等种种情感，心理刻画细腻动人，子君与涓生的性格特征也随之真切地呈现在读者的面前。

炉中煤

——眷念祖国的情绪

郭沫若

【作者简介】 郭沫若(1892—1978)，原名郭开贞，沫若是其笔名，四川乐山人。现代著名诗人、剧作家、社会活动家。1914年赴日学医，1918年开始新诗创作，1921年出版诗集《女神》，成为中国现代新诗的奠基人，并与郁达夫、成仿吾等人组织“创造社”。1926年回国参加北伐战争。1928年再次东渡日本。1937年回国参加抗战，写下《屈原》《虎符》《棠棣之花》等历史剧，激励民众抗日。新中国成立后，当选为全国文联主席，创作有《蔡文姬》《王昭君》等历史剧。

【作品】

啊，我年青的女郎！
我不辜负你的殷勤，
你也不要辜负了我的思量。
我为我心爱的人儿
燃到了这般模样！

啊，我年青的女郎！
你该知道了我的前身？
你该不嫌我黑奴卤莽？
要我这黑奴的胸中，
才有火一样的心肠。

啊，我年青的女郎！
我想我的前身，
原本是有用的栋梁，
我活埋在地底多年，
到今朝才得重见天光。

啊，我年青的女郎！
我自从重见天光，
我常常思念我的故乡，
我为我心爱的人儿
燃到了这般模样！

【阅读提示】

编选自郭沫若：《炉中煤》，载郭沫若《女神：初版本》，人民文学出版社2020年版，第59-60页。

1920年，身在日本的郭沫若，得知国内爆发了五四运动，激动万分，写下这首诗，表达自己对焕发了青春活力的新生的祖国的无比热爱和赤诚无私的奉献精神。

全诗运用比喻、拟人和象征手法。“炉中煤”是作者自喻，它被赋予了能思念、会追求的人格。“年轻的女郎”则是五四运动后焕发了青春的新生的祖国的象征。全诗以“炉中煤”向“年轻的女郎”倾诉爱情的方式，表达了作者真挚的爱国感情。“炉中煤”燃烧，是诗人愿意为祖国献出一切的奉献精神的象征。

诗歌还采用了反复吟咏的表现手法。“啊，我年青的女郎！”在四节之首反复出现，“我为我心爱的人儿，燃到了这般模样！”在首节和尾节分别出现，不仅在结构上收到了回环往复的艺术效果，而且突出了主旋律，强化和升华了诗人的情感。

读书的艺术

林语堂

【作者简介】 林语堂（1895—1976），福建龙溪人，现当代著名作家、学者。1912年，考入上海圣约翰大学，毕业后任教于清华大学。1919年，赴美留学，获哈佛大学文学硕士学位。1922年，入德国莱比锡大学攻读语言学，获博士学位。回国后，先后任教于北京大学、北京女子师范大学、厦门大学、新加坡南洋大学、香港中文大学。1924年起，作为《语丝》的主要撰稿人，写作大量抨击时弊的杂文，是其创作的“黄金时期”（胡风语）。1932年主编《论语》半月刊，转而提倡“以自我为中心，以闲适为格调”的小品文，成为“论语”派的主要代表、国内享誉盛名的幽默大师。著有《吾国吾民》《生活的艺术》《苏东坡传》《孔子的智慧》等介绍中国文化的英文专著，以及《京华烟云》《风声鹤唳》等小说。

【作品】

诸位，兄弟今日重游旧地，以前学生生活苦乐酸甜的滋味，都一一涌上心头。不但诸位所享弦诵的快乐，我能了解，就是诸位有时所受教员的委曲磨折，注册部的挑剔为难，我也能表同情。兄弟今日仍在读书时期，所不同者，不怕教员的考试，无虑分数之高低，更无注册部来定我的及格不及格，升级不升级而已。现就个人所认为理想的方法，与诸位学友通常的读书方法比较研究一下。

余积二十年读书治学的经验，深知大半的学生对于读书一事，已经走入错路，失了读书的本意。读书本来是至乐之事，杜威说，读书是一种探险，如探新大陆，如征新土壤；佛兰西也已说过，读书是“魂灵的壮游”，随时可发见名山巨川，古迹名胜，深林幽谷，奇花异卉；到了现在，读书已变成仅求幸免扣分数留班级一种苦役而已。而且读书本来是个人自由的事，与任何人不相干，现在你们读书，已经不是你们的私事，而处处要受一些不相干的人的干涉，如注册部及你们的父母妻室之类。有人手里拿一本书，心里想我将何以赡养父母，俯给妻子，这实在是一桩罪过。试想你们看《红楼梦》、《水浒》、《三国志》、《镜花缘》，是否你们一己的私事，何尝受人的干涉，何尝想到何以赡养父母，俯给妻子的问题？但是学问之事，是与看《红楼梦》、《水浒》相同，完全是个人享乐的一件事。你们若不能用看《红楼梦》、《水浒》的方法去看《哲学史》、《经济学大纲》，你们就是不懂得读书之乐，不配读书，失了读书之本意，而终读不成书。你们能真用看《红楼梦》、《水浒》的方法去看哲学、史学、科学的书，读书才能“成名”。若用注册部的方法读书，你们最多成了一个“学士”、“博士”，成了吴稚晖先生所谓“洋绅士”、“洋八股”。

我认为最理想的读书方法，最懂得读书之乐者，莫如中国第一女诗人李清照及其夫赵明诚。我们想象到他们夫妇典当衣服，买碑文水果，回来夫妻相对展玩咀嚼的情景，真使我们向往不已。你想他们两人一面剥水果，一面赏碑帖，或者一面品佳茗，一面校经籍，这是如何的清雅，如何得了读书的真味。易安居士于《金石录·后序》自叙他们夫妇的读书生活，有一段极逼真极活跃的写照，她说：“余性偶强记，每饭罢坐归来堂，烹茶指堆积书史，言某事在某书某卷第几页第几行，以中否角胜负，为饮茶先后。中即举杯大笑，至茶倾覆怀中，反不得饮而起，甘心老是乡矣！故虽处忧患困穷，而志不屈，……收藏既富，于是几案罗列，枕席狼藉，意会心谋，目往神授，乐在声色狗马之上。……”你们能用李清照读书的方法来读书，能感到李清照读书的快乐，你们大概也就可以读书成名，可以感觉读书一事，比巴黎跳舞场的“声色”，逸园的赛“狗”，江湾的赛“马”有趣。不然，还是看逸园赛狗，江湾赛马比读书开心。

什么才叫做真正读书呢？这个问题很简单，一句话说，兴味到时，拿起书本来就读，这才叫做真正的读书，这才是不失读书之本意。这就是李清照的读书法。你们读书时，须放开心胸，仰视浮云，无酒且过，有烟更佳。现在课堂上读书连烟都不许你抽，这还能算为读书的正轨吗？或在暮春之夕，与你们的爱人，携手同行，共到野外读《离骚》经，或在风雪之夜，靠炉围坐，佳茗一壶，淡巴菰一盒，哲学、经济、诗文、史籍十数本狼藉横陈于沙发之上，然后随意所之，取而读之，这才得了读书的兴味。现在你们手里拿一本书，心里计算及格不及格，升级不升级，注册部对你态度如何，如何靠这书本骗一只较好的饭碗，娶一位较漂亮的老婆——这还能算为读书，还配称为“读书种子”吗？还不是沦为“读书谬种”吗？

有人说，如林先生这样读书方法，简单固然简单，但是读不懂如何，而且成效如何？须知世上决无看不懂的书，有之便是作者文笔艰涩，字句不通，不然便是读者的程度不合，见识未到。各人如能就兴味与程度相近的书选读，未有不可无师自通，或事偶有疑难，未能遽然了解，涉猎既久，自可融会贯通。试问诸位少时看《红楼梦》、《水浒》，何尝有人教，何尝翻字典，你们的侄儿少辈现在看《红楼梦》、《西厢》，又何尝须要你们去教？许多人今日中文很好，都是由看小说、《史记》得来的，而且都是背着师长，偷偷摸摸硬看下去，那些书中不懂的字，不懂的句，看惯了就自然明白。学问的书也是一样，常看下去，自然会明白，遇有专门名词，一次不懂，二次不懂，三次就懂了。只怕诸位不得读书之乐，没有耐心看下去。

所以我的假定是学生会看书，肯看书，现在教育制度是假定学生不会看书，不肯看书。说学生书看不懂，在小学时可以说，在中学还可以说，但是在聪明学生，已经是一种诬蔑了。至于已进大学还要说书看不懂，这真有点不好意思吧！大约一人的脸面要紧，年纪一大，即使不能自己喂饭，也得两手拿一只饭碗硬塞到口里去，似乎不便把你们的奶妈干娘一齐都带到学校来给你们喂饭，又不便把大学教授看做你们的奶妈干娘。

至于“成效”，我的方法可以包管比现在大学的方法强。现在大学教育的成效如何。大家是很明瞭的。一人从六岁一直读到二十六岁大学毕业，通共读过几本书？老实说，有限得很。普通大约总不会超过四五十本以上。这还不是跟以前的秀才举人相等？从前有一位中了举人，还没听见过《公羊传》的书名，传为笑话。现在大学毕业生就有许多近代名著未曾听过名字，即中国几种重要丛书也未曾见过。这是学堂的不是，假定你们不会看书，因此也不让你们有自由看书的机会。一天到晚，总是摇铃上课，摇铃吃饭，摇铃运动，摇铃睡觉。你想一人的精神是有限的，从八点上课一直到下午四五点，还要运动、拍球，那里还有闲工夫自由看书呢？而且凡是摇铃，都是讨厌，即使摇铃游戏，我们也有不愿意之时，何况是摇铃上课？因为学堂假定你们不会读书，不肯读书，所以把你们关在课堂，请你们静坐，用“注射”、“灌输”的形式，由教员将知识注射入你们的脑壳里。无如常人头颅都是不透水的，所以知识注射普通不大成功。但是比如依我方法，假定你们是会看书，要看书，由被动式改为自动式的，给你们充分自由看书的机会，这个成效如何呢？间尝计算一下，假定上海光华、大夏或任何大学有一千名学生，每人每期交学费一百元，这一千名学费已经合共有十万元。将此十万元拿去买书，由学校预备一间空屋置备书架，扣了五千元做办公费（再多便是罪过），把这九万五千元的书籍放在那间空屋，由你们随便胡闹去翻看，年底拈阄分配，各人拿回去九十五元的书，只要所用的工夫与你们上课的时间相等，一年之中，你们学问的进步，必非一年上课的成绩所可比。现在这十万元用到那里去，大概一成买书，而九成去养教授，及教授的妻子，教授的奶妈，奶妈又拿去买奶妈的马桶。这还可以说是把你们的“读书”看做一件正经事吗？

假定你们进了这十万元书籍的图书馆，依我的方法，随兴所之去看书，成效如何呢？有人要疑心，没有教员的指导，必定是不得要领，杂乱无章，涉猎不精，不求甚解。这自然是一种极端的假定，但是成绩还是比现行大学教育好。关于指导，自可编成指导书及种种书目。如此读了两年可以抵过在大学上课四年。第一样，我们须知道读书的方法，一方面要几种精读，一方面也要尽量涉猎翻览。两年之中能大概把二十万元的书籍，随意翻览。知其书名作者内容大概，也就不愧为一读书人了。第二样，我们要明白，学问的事，决不是如此呆板。读书必求深入，而欲求深入，非由兴趣相近者入手不可。学问是每每互相关连的。

一人找到一种有趣味的书，必定由一问题而引起其他问题，由看一本书而不得不去找关系的十几种书，如此循序渐进，自然可以升堂入室，研磨既久，门径自熟；或是发见问题，发明新义，更可触类旁通，广求博引，以证己说，如此一步一步的深入，自可成名。这是自动的读书方法。较之现在上课听讲被动的方法，如东风过耳，这里听一点，那里听一点，结果不得其门而入，一无所获，强似多多了。第三，我们要明白，大学教育的宗旨，对于毕业生的期望，不过要他博览众籍而已（be a well-read man），并不是如课中所规定，一定非逻辑八十分，心理七十五分不可，也不是说心理看了一百八十三页讲义，逻辑看了二百零三页讲义，便算完事。这种的读书，便是犯了孔子所谓“今汝画”的毛病。所谓博览群籍，无从定义，最多不过说某人“书看得不少”，某人“差一点”而已，那里去定什么限制？说某人“学问不错”，也不过这么一句话而已，那里可以说某书一定非读不可，某种科目是“必修科目”。一人在两年中翻览这二十万元的书籍，大概他对于学问的内容途径，什么名著、杰作、版本、笺注，总多少有一点把握了。

现在的大学教育方法如何呢？你们读书是极端不自由，极端不负责。你们的学问不但有注册部定标准，简直可以称斤两的，这个斤两制，就是学校的所谓“七十八分”、“八十六分”之类，及所谓多少“单位”。试问学问之事，何得称量斤两？所谓英国史七十八分，逻辑八十六分，如何解释？一人的逻辑，怎么叫做八十六分？且若谓世界上关于英国史的知识你们百分已知道了七十八分，世上岂有那样容易的事？但依现在制度，每周三小时的科目算三单位，每周二小时的科目算二单位，这样由一方块一方块的单位，慢慢堆叠而来，叠成多少立方尺的学问，于是某人“毕业”，某人是“学士”了。你想这笑话不笑话？须知我们何以有此大学制呢？是因为各人要拿文凭，因为要拿文凭，故不得不由注册部定一标准，评衡一下，就不得不让注册部来把你们“称一称”。你们如果不要文凭，便无被称之必要。但是你们为什么要文凭呢？说来话长。有人因为要行孝道，拿了父母的钱，心里难过，于是下定决心，要规规矩矩安心定志读几年书，才不辜负父母一番的好意及期望。这个是不对的，与遵父母之命媒妁之言恋爱女子一样的违背道德。这是你们私人读书享乐的事，横被家庭义务的干涉，是想把真理学问献给你们的爸爸妈妈老太婆。只因真理学问，似太渺茫，所以还是拿一张文凭具体一点为是。有人因为想要得文凭学位，每月可以多得几十块钱使你们的亲卿爱卿宁馨儿舒服一点。社会对你们的父母说，你们儿子中学毕业读了三十本书，我可给他每月四五十元，如果再下二千元本钱再读了三十本书，大学毕业，我可给他每月八九十元。你们父母算盘一打，说“好”，于是议成，而送你们进大学，于是你们被称，拿文凭，果然每月八九十元到手，成交易。这还不是你们被出卖吗？与读书之本旨何关，与我所说读书之乐又何关？但是你们不能怪学校给你们称斤两，因为你们要向他拿文凭，学堂为保持招牌信用起见，不能不如此。且必如此，然后公平交易，童叟无欺。处于今日大规模制造法（mass production）之时期，不能不划定商货之品类（standardization of products）。学问既然成为公然交易的商品，学士、硕士、博士既为大规模制造品之一，自然也不能不“划定”一下。其实这种以学问为交易之事，自古已然。子张学干禄；子曰：“三年学，不至于谷，未易得也。”（关于往时“生员”在社会所作的孽，可参观《亭林文集·生员论》上中下三篇。）

到了这个地步，读书与入学，完全是两件事了，去原意远矣。我所希望者，是诸位早日觉悟，在明知被卖之下，仍旧不忘其初，不背读书之本意，不失读书之快乐，不昧于真正读书的艺术。并希望诸位趁火打劫，虽然被卖，钱也要拿，书也要读，如此就两得其便了。

【阅读提示】

编选自林语堂：《读书的艺术》，载万平近编选《林语堂选集（上册）》，海峡文艺出版社 1988 年版，第 186-192 页。

读书是人生至乐之事，亦是关乎个人的自由之事，其与功名利禄和他人期许皆无关系。真正的读书乃兴之所至，拿起书来，心无旁骛地就读。由是，读书的方法也便简而又简，不管是文学书还是学问书，只要耐心地读了又读，自然懂其奥秘。为此，作者反对大学的学科设置、课堂讲授和数目字管理，建议大学广购书册，创造良好的读书环境，放任学生自由地徜徉书海。这于纠正当下高校僵化的科层化管理制度，以及颇多学子为文凭和工作而读书的功利和浮躁有一定的现实意义。作者语言幽默有趣，在说理时善用贴切的比喻和博引古今的典型例证，使严肃的话题变得轻松有趣，更易让读者接受。

迟桂花（节选）[①]

郁达夫

【作者简介】 郁达夫（1896—1945），原名郁文，字达夫，浙江富阳人，现代著名小说家。1914 年，赴日留学。1921 年，与郭沫若、成仿吾、田汉等组织成立“创造社”。同年 10 月，第一部小说集《沉沦》出版。1922 年回国工作。1938 年赴新加坡工作。1942 年，退居苏门答腊岛。1945 年，被日本宪兵杀害。郁达夫的小说多采用自叙传方式，代表作有《沉沦》《春风沉醉的晚上》《薄奠》《她是个弱女子》。郁达夫的散文体现出强烈的个性色彩，有散文集《屐痕处处》《闲书》。

【作品】

刚在北平住了个把月，重回到上海的翌日，和我进出的一家书铺里，就送了这一封挂号加邮托转交的厚信来。我接到了这信，捏在手里，起初还以为是一位我认识的作家，寄了稿子来托我代售的，但翻转信背一看，却是杭州翁家山的翁某某所发，我立时就想起了那位好学不倦，面容妩媚，多年不相闻问的旧同学老翁。他的名字叫翁矩，则生是他的小名。人生得矮小娟秀，皮色也很白净，因而看起来总觉得比他的实际年龄要小五六岁。在我们的一班里，算他的年纪最小，操体操的时候，总是他立在最后的，但实际上他也只不过比我小了两岁。那一年寒假之后，和他同去房州避寒，他的左肺尖，已经被结核菌损蚀得很厉害了。住不上几天，一位也住在那近边养肺病的日本少女，很热烈地和他要好了起来，结果是那位肺病少女的因兴奋而病剧，他也就同失了舵的野船似的迂回到了中国。以后一直十多年，我虽则在大学里毕了业，但关于他的消息，却一向还不曾听见有人说起过。拆开了这封长信，上书室去坐下，从头至尾细细读完之后，我呆视着远处，茫茫然如失了神的样子，脑子里也触起了许多感慨与回思。我远远的看出了他的那种柔和的笑容，听见了他的沉静而又清澈的声气。直到天将暗下去的时候，我一动也不动，还坐在那里呆想，而楼下的家人却来催吃晚饭了。在吃晚饭的中间，我就和家里的人谈起了这位老同学，将那封长信的内容约略说了一遍。家里的人，就劝我落得上杭州去旅行一趟，像这样的秋高气爽的时节，白白地消磨在煤烟灰土很深的上海，实在有点可惜，有此机会，落得去吃吃他的喜酒。

第二天仍旧是一天晴和爽朗的好天气，午后二点钟的时候，我已经到了杭州城站，再雇车上翁家山去了。但这一天，似乎是上海各洋行与机关的放假的日子，从上海来杭州旅行的人，特别的多。城站前面停在那里候客的黄包车，都被火车上下来的旅客雇走了，不得已，我就只好上一家附近的酒店去吃午饭。在吃酒的当中，问了问堂倌以去翁家山的路径，他便很详细地指示我说：

"你只教坐黄包车到旗下的陈列所,搭公共汽车到四眼井下来走上去好了。你又没有行李,天气又这么的好,坐黄包车直去是不上算的。"

得到了这一个指教,我就从容起来了,慢慢的喝完了半斤酒,吃了两大碗饭,从酒店出来,便坐车到了旗下。恰好是三点前后的光景,湖六段的汽车刚载满了客人,要开出去。我到了四眼井下车,从山下稻田中间的一条石板路走进满觉陇去的时候,太阳已经平西到了三五十度斜角度的样子,是牛羊下来,行人归舍的时刻了。在满觉陇的狭路中间,果然遇见了许多中学校的远足归来的男女学生的队伍。上水乐洞口去坐了喝了一碗清茶,又拉住了一位农夫,问了声翁则生的名字,他就晓得得很详细似的告诉我说:

"是山上第二排的朝南的一家,他们那间楼房顶高,你一上去就可以看得见的。则生要讨新娘子了,这几天他们正在忙着收拾。这时候则生怕还在晏公祠的学堂里哩。"

谢过了他的好意,付过了茶钱,我就顺着上烟霞洞去的石级,一步一步的走上了山去。渐走渐高,人声人影是没有了,在将暮的晴天之下,我只看见了许多树影。在半山亭里立住歇了一歇,回头向东南一望,看得见的,只是些青葱的山和如云的树,在这些绿树丛中,又是些这儿几点,那儿一簇的屋瓦与白墙。

"啊啊,怪不得他的病会得好起来了,原来翁家山是在这样的一个好地方。"

烟霞洞我儿时也曾来过的,但当这样晴爽的秋天,于这一个西下夕阳东上月的时刻,独立在山中的空亭里,来仔细赏玩景色的机会,却还不曾有过。我看见了东天的已经满过半弓的月亮,心里正在羡慕翁则生他们老家的处地的幽深,而从背后又吹来了一阵微风,里面竟含满着一种说不出的撩人的桂花香气。

"啊……"

我又惊异了起来:

"原来这儿到这时候还有桂花?我在以桂花著名的满觉陇里,倒不曾看到,反而在这一块冷僻的山里面来闻吸浓香,这可真也是奇事了。"

这样的一个人独自在心中惊异着,闻吸着,赏玩着,我不知在那空亭里立了多少时候。突然从脚下树丛深处,却幽幽的有晚钟声传过来了,东嗡,东嗡地这钟声实在真来得缓慢而凄清。我听得耐不住了,拔起脚跟,一口气就走上了山顶,走到了那个山下农夫曾经教过我的烟霞洞西面翁则生家的近旁。约莫离他家还有半箭路远时候,我一面喘着气,一面就放大了喉咙向门里面叫了起来:

“喂,老翁! 老翁! 则生! 翁则生!”

听见了我的呼声,从两扇关在那里的腰门里开出来答应的,却不是被我所唤的翁则生自己,而是我从来也没有见过面的,比翁则生略高三五分的样子,身体强健,两颊微红,看起来约莫有二十四五的一位女性。

她开出了门,一眼看见了我,就立住脚惊疑似的略呆了一呆。同时我看见她脸上却涨起了一层红晕,一双大眼睛眨了几眨,深深地吞了一口气。她似乎已经镇静下去了,便很腼腆地对我一笑。在这一脸柔和的笑容里,我立时就看到了翁则生的面相与神气,当然她是则生的妹妹无疑了,走上了一步,我就也笑着问她说:

“则生不在家么? 你是他的妹妹不是?”

听了我这一句问话,她脸上又红了一红,柔和地笑着,半俯了头,她方才轻轻地回答我说:

“是的,大哥还没有回来,你大约是上海来的客人罢? 吃中饭的时候,大哥还在说哩!”

这沉静清澈的声气,也和翁则生的一色而没有两样。

“是的,我是从上海来的。”

我接着说:

“我因为想使则生惊骇一下,所以电报也不打一个来通知,接到他的信后,马上就动身来了。不过你们大哥的好日也太逼近了,实在可也没有写一封信来通知的时间余裕。”

“你请进来罢,坐坐吃碗茶,我马上去叫了他来。怕他听到了你来真要惊喜得像疯了一样哩。”

走上台阶,我还没有进门,从客堂后面的侧门里,却走出了一位头发雪白,面貌清癯,大约有六十内外的老太太来。她的柔和的笑容,也是和她的女儿儿子的笑容一色一样的。似乎已经听见了我们在门口所交换过的谈话了,她一开口就对我说:

“是郁先生么? 为什么不写一封快信来通知? 则生中上还在说,说你若要来,他打算进城上车站接你去的。请坐,请坐,晏公祠只有十几步路,让我去叫他来罢,怕他真要高兴得像什么似的哩。”

说完了,她就朝向了女儿,吩咐她上厨下去烧碗茶来,她自己却踏着很平稳的脚步，走出大门，下台阶通知则生去了。

“你们老太太倒还轻健得很。”

“是的，她老人家倒还好。你请坐罢，我马上起了茶来。”

她上厨下去起茶的中间，我一个人，在客堂里倒得了一个细细观察周围的机会。则生他们的住屋，是一间三开间而有后轩后厢房的楼房。前面阶沿外走落台阶，是一块可以造厅造厢楼的大空地。走过这块数丈见方的空地，再下两级台阶，便是村道了。越村道而下，再低数尺，又是一排人家的房子。但这一排房子，因为都是平屋，所以挡不杀翁则生他们家里的眺望。立在翁则生家的空地里，前山后山的山景，是依旧历历可见的。屋前屋后，一段一段的山坡上，都长着些不大知名的杂树，三株两株夹在这些杂树中间，树叶短狭，叶与细枝之间，满撒着锯末似的黄点的，却是木犀花树。前一刻在半山空亭里闻到的香气，源头原来就系出在这一块地方的。太阳似乎已下了山，澄明的光里，已经看不见日轮的金箭，而山脚下的树梢头，也早有一带晚烟笼上了。山上的空气，真静得可怜，老远老远的山脚下的村里，小儿在呼唤的声音，也清晰地听得出来。我在空地里立了一会，背着手又踱回到了翁家的客厅，向四壁挂在那里的书画一看，却使我想起了翁则生信里所说的事实。琳琅满目，挂在那里的东西，果然是件件精致，不像是乡下人家的俗恶的客厅。尤其使我看得有趣的，是陈豪写的一堂《归去来辞》的屏条，墨色的鲜艳，字迹的秀腴，有点像董香光而更觉得柔媚。翁家的世代书香，只须上这客厅里来一看就可以知道了。我立在那里看字画还没有看得周全，忽而背后门外老远的就飞来了几声叫声：

“老郁！老郁！你来得真快！”

翁则生从小学校里跑回来了，平时总很沉静的他，这时候似乎也感到了一点兴奋。一走进客堂，他握住了我的两手，尽在喘气，有好几秒钟说不出话来。等落在后面的他娘走到的时候，三人才各放声大笑了起来。这时候他妹妹也已经将茶烧好，在一个朱漆盘里放着三碗搬出来摆上桌子来了。

“你看，则生这小孩，他一听见我说你到了，就同猴子似的跳回来了。”

他娘笑着对我说。

“老翁！说你生病生病，我看你倒仍旧不见得衰老得怎么样，两人比较起来，怕还是我老得多哩？”

我笑说着，将脸朝向了他的妹妹，去征她的同意。她笑着不说话，只在守视着我们的欢喜笑乐的样子。则生把头一扭，向他娘指了一指，就接着对我说：

“因为我们的娘在这里，所以我不敢老下去吓。并且媳妇儿也还不曾娶到，一老就得做老光棍了，那还了得？”

经他这么一说，四个人重又大笑起来了，他娘的老眼里几乎笑出了眼泪。则生笑了一会，就重新想起了似的替他妹妹介绍说：

“这是我的妹妹，她的事情，你大约是晓得的罢？我在那信里是写得很详细的。”

“我们可不必你来介绍了，我上这儿来，头一个见到的就是她。”

“噢，你们倒是有缘啊！莲，你猜这位郁先生的年纪，比我大呢，还是比我小？”

他妹妹听了这一句话，面色又涨红了，正在嗫嚅困惑的中间，她娘却止住了笑，问我说：

“郁先生，大约是和则生上下年纪罢？”

“哪里的话，我要比他大得多哩。”

“娘，你看还是我老呢，还是他老？”

则生又把这问题转向了他的母亲。他娘仔细看了我一眼，就对他笑骂般的说：

“自然是郁先生来得老成稳重，谁更像你那样的不脱小孩子脾气呢！”

说着，她就走近了桌边，举起茶碗来请我喝茶。我接过来喝了一口，在茶里又闻到了一种实在是令人欲醉的桂花香气。掀开了茶碗盖，我俯首向碗里一看，果然在绿莹莹的茶水里散点着有一粒一粒的金黄的花瓣。则生以为我在看茶叶，自己拿起了一碗喝了一口，他就对我说：

“这茶叶是我们自己制的，你说怎么样？”

“我并不在看茶叶，我只觉这触鼻的桂花香气，实在可爱得很。”

“桂花吗？这茶叶里的还是第一次开的早桂，现在在开的迟桂花，才有味哩！因为开得迟，所以日子也经得久。”

“是的是的，我一路上走来，在以桂花著名的满觉陇里，倒闻不着桂花的香气。看看两旁的树上，都只剩了一簇一簇的淡绿的桂花托子了，可是到了这里，却同做梦似的，所闻吸的尽是这种浓艳的气味。老翁，你大约是已经闻惯了，不觉得什么罢？我……我……”

说到了这里，我自家也忍不住笑了起来。则生尽管在追问我："你怎么样？你怎么样？"到了最后，我也只好说了：

"我，我闻了，似乎要起性欲冲动的样子。"

则生听了，马上就大笑了起来，他的娘和妹妹虽则并没有明确地了解我们说话的内容，但也晓得我们是在说笑话，母女俩便含着微笑，上厨下去预备晚饭去了。

我们两人在客厅上谈谈笑笑，竟忘记了点灯，一道银样的月光，从门里洒进来。则生看见了月亮，就站起来想去拿煤油灯，我却止住了他，说：

"在月光底下清谈，岂不是很好么？你还记不记得起，那一年在井之头公园里的一夜游行？"

所谓那一年者，就是翁则生患肺病的那一年秋天。他因为用功过度，变成了神经衰弱症。有一天，他课也不去上，竟独自一个在公寓里发了一天的疯。到了傍晚，他饭也不吃，从公寓里跑出去了。我接到了公寓主人的注意，下学回来，就远远的在守视着他，看他走出了公寓，就也追踪着他，远远地跟他一道到了井之头公园。从东京到井之头公园去的高架电车，本来是有前后的两乘，所以在电车上，我和他并不遇着。直到下车出车站之后，我假装无意中和他冲见了似的同他招呼了。他红着双颊，问我这时候上这野外来干什么，我说是来看月亮的，记得那一晚正是和这天一样地有月亮的晚上。两人笑了一笑，就一道的在井之头公园的树林里走到了夜半方才回来。后来听他的自白，他是在那一天晚上想到井之头公园去自杀的，但因为遇见了我，谈了半夜，胸中的烦闷，有一半消散了，所以就同我一道又转了回来。"无限胸中烦闷事，一宵清话又成空！"他自白的时候，还念出了这两句诗来，藉作解嘲。以后他就因伤风而发生了肺炎，肺炎愈后，就一直的为结核菌所压倒了。

谈了许多怀旧话后，话头一转，我就提到了他的这一回的喜事。

"这一回的喜事么？我在那信里也曾和你说过。"

谈话的内容，一从空想追怀转向了现实，他的声气就低了下去，又回复了他旧日的沉静的态度。

"在我是无可无不可的，对这事情最起劲的，倒是我的那位年老的娘。这一回的一切准备麻烦，都是她老人家在替我忙的。这半个月中间，她差不多日日跑城里。现在是已经弄得完完全全，什么都预备好了，明朝一日，就要来搭灯彩，下午是女家送嫁妆来，后天就是正日。可是老郁，有一件事情，我觉得很难受，就是莲儿——这是我妹妹的小名——近来，似乎是很不高兴的样子，她话虽则不说，但因为她是很天真的缘故，所以在态度上表情上处处我都看得出来。你是初同她见面，所以并不觉得什么，平时她着实要活泼哩，简直活泼得同现代的那些时髦女郎一样，不过她的活泼是天性的纯真，而那些现代女郎，却是学来的时髦。……按说哩，这心绪的恶劣，也是应该的，她虽则是一个纯真的小孩子，但人非木石，究竟总有一点感情，看到了我们这里的婚事热闹，无论如何，总免不得要想起她自己的身世凄凉的。并且还有一个最重要的动机，仿佛是她在觉得自己以后的寄身无处。这儿虽是娘家，但她却是已经出过嫁的女儿了，哥哥讨了嫂嫂，她还有什么权利再寄食在娘家呢？所以我当这婚事在谈起的当初，就一次两次的对她说过了，不管她怎样，她总是我的妹妹，除非她要再嫁，则没有话说，要是不然的话，那她是一辈子有和我同居，和我对分财产的权利的，请她千万不要自己感到难过。这一层意思，她原也明白，我的性情，她是晓得的，可是不晓得怎么，她近来似乎总有点不大安闲的样子。你来得正好，顺便也可以劝劝她。并且明天发嫁妆结灯彩之类的事情，怕她看了又要想到自己的身世，我想明朝一早就叫她陪你出去玩去，省得她在家里一个人在暗中受苦。”

“那好极了，我明天就陪她出去玩一天回来。”

“那可不对，假使是你陪她出去玩的话，那是形迹更露，愈加要使她难堪了。非要装作是你要她去作陪不行。仿佛是你想出去玩，但我却没有工夫陪你，所以只好勉强请她和你一道出去。要这样，她才安逸。”

“好，好，就这么办，明天我要她陪我去逛五云山去。”

正谈到了这里，他的那位老母从客室后面的那扇侧门里走出来了，看到了我们坐在微明灰暗的客室里谈天，她又笑了起来说：

“十几年不见的一段总账，你们难道想在这几刻工夫里算它清来么？有什么话谈得那么起劲，连灯都忘了点一点？则生，你这孩子真像是疯了，快立起来，把那盏保险灯点上。”

说着她又跑回到了厨下，去拿了一盒火柴出来。则生爬上桌子，在点那盏悬在客室正中的保险灯的时候，她就问我吃晚饭之先，要不要喝酒。则生一边在点灯，一边就从肩背上叫他娘说：

“娘，你以为他也是肺痨病鬼么？郁先生是以喝酒出名的。”

“那么你快下来去开坛去罢，今天挑来的那两坛酒，不晓得好不好，请郁先生尝尝看。”

他娘听了他的话后，就也昂起了头，一面在看他点灯，一面在催他下来去开酒去。

“幸而是酒，请郁先生先尝一尝新，倒还不要紧，要是新娘子，那可使不得。”

他笑说着从桌子上跳了下来，他娘眼睛望着了我，嘴唇却朝着了他啐了一声说：

“你看这孩子，说话老是这样不正经的!”

“因为他要做新郎官了，所以在高兴。”

我也笑着对他娘说了一声，旋转身就一个人踱出了门外，想看一看这翁家山的秋夜的月明，屋内且让他们母子俩去开酒去。

月光下的翁家山，又不相同了。从树枝里筛下来的千条万条的银线，像是电影里的白天的外景。不知躲在什么地方的许多秋虫的鸣唱，骤听之下，满以为在下急雨。白天的热度，日落之后，忽然收敛了，于是草木很多的这深山顶上，就也起了一层白茫茫的透明雾障。山上电灯线似乎还没有接上，远近一家一家看得见的几点煤油灯光，仿佛是大海湾里的渔灯野火。一种空山秋夜的沉默的感觉，处处在高压着人，使人肃然会起一种畏敬之思。我独立在庭前的月光亮里看不上几分钟，心里就有点寒竦竦的怕了起来，回身再走回客室，酒菜杯筷，都已热气蒸腾的摆好在那里候客了。

四个人当吃晚饭的中间，则生又说了许多笑话。因为在前回听取了一番他所告诉我的衷情之后，我于举酒杯的瞬间，偷眼向他妹妹望望，觉得在她的柔和的笑脸上，的确似乎是有一种说不出的悲寂的表情流露在那里的样子。这一餐晚饭，吃尽了许多时间，我因为白天走路走得不少，而谈话之后又感到了一点兴奋，肚子有点饿了，所以酒和菜，竟吃得比平时要多一倍。到了最后将快吃完的当儿，我就向则生提出说：

“老翁，五云山我倒还没有去玩过，明天你可不可以陪我一道去玩一趟?”

则生仍复以他的那种滑稽的口吻回答我说：

“到了结婚的前一日，新郎官哪里走得开呢，还是改天再去罢。等新娘子来了之后，让新郎新娘抬了你去烧香，也还不迟。”

我却仍复主张着说，明天非去不行。则生就说：

“那么替你去叫一顶轿子来，你坐了轿子去，横竖是明天轿夫会来的。”

“不行不行，游山玩水，我是喜欢走的。”

“你认得路么？”

“你们这一种乡下的僻路，我哪里会认得呢？”

“那就怎么办呢？……”

则生抓着头皮，脸上露出了一脸为难的神气。停了一二分钟，他就举目向他的妹妹说：

“莲！你怎么样！你是一位女豪杰，走路又能走，地理又熟悉，你替我陪了郁先生去怎么样？”

他妹妹也笑了起来，举起眼睛来向她娘看了一眼。接着她娘就说：

“好的，莲，还是你陪了郁先生去罢，明天你大哥是走不开的。”

我一看她脸上的表情，似乎已经有了答应的意思了，所以又追问了她一声说：

“五云山可着实不近哩，你走得动的么？回头走到半路，要我来背，那可办不到。”

她听了这话，就真同从心坎里笑出来的一样笑着说：

“别说是五云山，就是老东岳，我们也一天要往返两次哩。”

从她的红红的双颊，挺突的胸脯和肥圆的肩臂看来，这句话也决不是她夸的大口。吃完晚饭，又谈了一阵闲天，我们因为明天各有忙碌的操作在前，所以一早就分头到房里去睡了。

山中的清晓，又是一种特别的情景。我因为昨天夜里多喝了一点酒，上床去一睡，就同大石头掉下海里似的一直就酣睡到了天明。窗外面吱吱唧唧的鸟声喧噪得厉害，我满以为还是夜半，月明将野鸟惊醒了，但睁开眼掀开帐子来一望，窗内窗外已饱浸着晴天爽朗的清晨光线，窗子上面的一角，却已经有一缕朝阳的红箭射到了。急忙滚出了被窝，穿起衣服，跑下楼去一看，他们母子三人，也已梳洗得妥妥服服，说是已经在做了个把钟头的事情之后，平常他们总是于五点钟前后起床的。这一种日出而作、日入而息的山中住民的生活秩序，又使我对他们感到了无穷的敬意。四人一道吃过了早餐，我和则生的妹妹，就整了一整行装，预备出发。临行之际，他娘又叫我等一下子，她很迅速地跑上楼上去取了一枝黑漆手杖下来，说，这是则生生病的时候用过的，走山路的时候，用它来撑扶撑扶，气力要省得多。我谢过了她的好意，就让则生的妹妹上前带路，走出了他们的大门。

早晨的空气，实在澄鲜得可爱。太阳已经升高了，但它的领域，还只限于屋檐、树梢、山顶等突出的地方。山路两旁的细草上，露水还没有干，而一味清凉触鼻的绿色草气，和入在桂花香味之中，闻了好像是宿梦也能摇醒的样子。起初还在翁家山村内走着，则生的妹妹，对村中的同性，三步一招呼，五步一立谈的应接得忙不暇给。走尽了这村子的最后一家，沿了入谷的一条石板路走上下山面的时候，遇见的人也没有了，前面的眺望，也转换了一个样子。朝我们去的方向看去，原又是冈峦的起伏和别墅的纵横，但稍一住脚，掉头向东面一望，一片同呵了一口气的镜子似的湖光，却躺在眼下了。远远从两山之间的谷顶望去，并且还看得出一角城里的人家，隐约藏躲在尚未消尽的湖雾当中。

我们的路先朝西北，后又向西南，先下了山坡，后又上了山背，因为今天有一天的时间，可以供我们消磨，所以一离了村境，我就走得特别的慢。每这里看看，那里看看的看个不住。若看见了一件稍可注意的东西，那不管它是风景里的一点一堆，一山一水，或植物界的一草一木与动物界的一鸟一虫，我总要拉住了她，寻根究底的问得它仔仔细细。说也奇怪，小时候只在村里的小学校里念过四年书的她——这是她自己对我说的——对于我所问的东西，却没有一样不晓得的。关于湖上的山水古迹，庙宇楼台哩，那还不要去管它，大约是生长在西湖附近的人，个个都能够说出一个大概来的，所以她的知道得那么详细，倒还在情理之中，但我觉得最奇怪的，却是她的关于这西湖附近的区域之内的种种动植物的知识。无论是如何小的一只鸟一个虫，一株草一条树，她非但各能把它们的名字叫出来，并且连几时孵化，几时他迁，几时鸣叫，几时脱壳，或几时开花，几时结实，花的颜色如何，果的味道如何等，都说得非常有趣而详尽，使我觉得仿佛是在读一部活的桦候脱的《赛儿鹏自然史》(G. White's *Natural History and Antiquities of Selborne*)。而桦候脱的书，却决没有叙述得她那么朴质自然而富于刺激，因为听听她那种舒徐清澈的语气，看看她那一双天生成像饱使过耐吻胭脂棒般的红唇，更加上以她所特有的那一脸微笑，在知的分子之外还不得不添一种情的成分上去，于书的趣味之上更要兼一层人的风韵在里头。我们慢慢的谈着天，走着路，不上一个钟头的光景，我竟恍恍惚惚，像又回复了青春时代似的完全为她迷倒了。

她的身体，也真发育得太完全，穿的虽是一件乡下裁缝做的不大合式的大绸夹袍，但在我的前面一步一步的走去，非但她的肥突的后部，紧密的腰部和斜圆的胫部的曲线，看得要簇生异想，就是她的两只圆而且软的肩膊，多看一歇，也要使我贪鄙起来。立在她的前面和她讲话哩，则那一双水汵汵的大眼，那一个隆整的尖鼻，那一张红白相间的椭圆嫩脸和因走路走得气急，一呼一吸涨落得特别快的那个高突的胸脯，又要使我恼杀。还有她那一头不曾剪去的黑发哩，梳的虽然是一个自在的懒结，但一映到了她那个圆而且白的额上和短而且腴的颈际，看起来，又格外的动人。总之，我在昨天晚上，不曾在她身上发见的康健和自然的美点，今天因这一回的游山，完全被我观察到了。此外我又在她的谈话之中，证实了翁则生也和我曾经讲到过的她的生性的活泼与天真。譬如我问她今年几岁了？她说，二十八岁。我说这真看不出，我起初还以为你只有二十三四岁。她说，女人不生产是不大会老的。我又问她，对于则生这一回的结婚，你有点什么感触？她说，另外也没有什么，不过以后长住在娘家，似乎有点对不起大哥和大嫂。像这一类的纯粹真率的谈话，我另外还听取了许多许多，她的朴素的天性，真真如翁则生之所说，是一个永久的小孩子的天性。

爬上了龙井狮子峰下的一处平坦的山顶，我于听了一段她所讲的如何的栽培茶叶，如何的摘取焙烘，与那时候的山家生活的如何紧张而有趣的故事之后，便在路旁的一块大岩石上坐下了。遥对着在晴天下太阳光里躺着的杭州城市和近水遥山，我的双眼只凝视着苍空的一角，有半晌不曾说话。一边在我的脑里，却只在回想着德国的一位名延生(Jenson)的作家所著的一部小说《野紫薇爱立喀》(*Die Braune Erika*)。这小说后来又有一位英国的作家哈特生(Hodson)摹仿了，写了一部《绿阴》(*Green Mansions*)。两部小说里所描写的，都是一个极可爱的生长在原野里的天真的女性，而女主人公的结果后来都是不大好的。我沉默着痴想了好久，她却从我背后用了她那只肥软的右手很自然地搭上了我的肩膀。

"你一声也不响的在那里想什么？"

我就伸上手去把她的那只肥手捏住了，一边就扭转了头微笑着看入了她的那双大眼，因为她是坐在我的背后的。我捏住了她的手又默默对她注视了一分钟，但她的眼里脸上却丝毫也没有羞惧兴奋的痕迹出现，她的微笑，还依旧同平时一点儿也没有什么的笑容一样。看了我这一种奇怪的形状，她过了一歇，反又很自然的问我说：

“你究竟在那里想什么?”

倒是我被她问得难为情起来了，立时觉得两颊就潮热了起来。先放开了那只被我捏住在那儿的她的手，然后干咳了两声，最后我就鼓动了勇气，发了一声同被绞出来似的答语：

“我……我在这儿想你!”

“是在想我的将来如何的和他们同住么?”

她的这句反问，又是非常的率真而自然，满以为我是在为她设想的样子。我只好沉默着把头点了几点，而眼睛里却酸溜溜的觉得有点热起来了。

“啊，我自己倒并没有想得什么伤心，为什么，你，你却反而为我流起眼泪来了呢?”

她像吃了一惊似的立了起来问我，同时我也立起来了，且在将身体起立的行动当中，乘机拭去了我的眼泪。我的心地开朗了，欲情也净化了，重复向南慢慢走上岭去的时候，我就把刚才我所想的心事，尽情告诉了她。我将那两部小说的内容讲给了她听，我将我自己的邪心说了出来，我对于我刚才所触动的那一种自己的心情，更下了一个严正的批判，末后，便这样的对她说：

“对于一个洁白得同白纸似的天真小孩，而加以玷污，是不可赦免的罪恶。我刚才的一念邪心，几乎要使我犯下这个大罪了。幸亏是你的那颗纯洁的心，那颗同高山上的深雪似的心，却救我出了这一个险。不过我虽则犯罪的形迹没有，但我的心，却是已经犯过罪的。所以你要罚我的话，就是处我以死刑，我也毫无悔恨。你若以为我是那样卑鄙，而将来永没有改善的希望的话，那今天晚上回去之后，向你大哥母亲，将我的这一种行为宣布了也可以。不过你若以为这是我的一时糊涂，将来是永也不会再犯的话，那请你相信我的誓言，以后请你当我做你大哥一样那么的看待，你若有急有难，有不了的事情，我总情愿以死来代替着你。”

当我在对她作这些忏悔的时候，两人起初是慢慢在走的，后来又在路旁坐下了。说到了最后的一节，倒是她反同小孩子似的发着抖，捏住了我的两手，倒入了我的怀里，呜呜咽咽的哭了起来。我等她哭了一阵之后，就拿出了一块手帕来替她揩干了眼泪，将我的嘴唇轻轻地搁到了她的头上。两人偎抱着沉默了好久，我又把头俯了下去，问她，我所说的这段话的意思，究竟明白了没有。她眼看着了地上，把头点了几点。我又追问了她一声：

“那么你承认我以后做你的哥哥了不是？”

她又俯视着把头点了几点，我撒开了双手，又伸出去把她的头捧了起来，使她的脸正对着了我。对我凝视了一会，她的那双泪珠还没有收尽的水汪汪的眼睛，却笑起来了。我乘势把她一拉，就同她搀着手并立了起来。

“好，我们是已经决定了，我们将永久地结作最亲爱最纯洁的兄妹。时候已经不早了，让我们快一点走，赶上五云山去吃午饭去。”

我这样说着，搀着她向前一走，她也恢复了早晨刚出发的时候的元气，和我并排着走向了前面。

两人沉默着向前走了几十步之后，我侧眼向她一看，同奇迹似地忽而在她的脸上看出了一层一点儿忧虑也没有的满含着未来的希望和信任的圣洁的光耀来。这一种光耀，却是我在这一刻以前的她的脸上从没有看见过的。我愈看愈觉得对她生起敬爱的心思来了，所以不知不觉，在走路的当中竟接连着看了她好几眼。本来只是笑嘻嘻地在注视着前面太阳光里的五云山的白墙头的她，因为我的脚步的迟乱，似乎也感觉到了我的注意力的分散了，将头一侧，她的双眼，却和我的视线接成了两条轨道。她又笑起来了，同时也放慢了脚步。再向我看了一眼，她才腼腆地开始问我说：

“那我以后叫你什么呢？”

“你叫则生叫什么，就叫我也叫什么好了。”

“那么——大哥！”

大哥的两字，是很急速的紧连着叫出来的，听到了我的一声高声的“啊！”的应声之后，她就涨红了脸，撒开了手，大笑着跑上前面去了。一面跑，一面她又回转头来，“大哥！”“大哥！”的接连叫了我好几声。等我一面叫她别跑，一面我自己也跑着追上了她背后的时候，我们的去路已经变成了一条很窄的石岭，而五云山的山顶，看过去也似乎是很近了。仍复了平时的脚步，两人分着前后，在那条窄岭上缓步的当中，我才觉得真真是成了她的哥哥的样子，满含着了慈爱，很正经地吩咐她说：

“走得小心，这一条岭多么险啊！”

走到了五云山的财神殿里，太阳刚当正午，庙里的人已经在那里吃中饭了。我们因为在太阳底下的半天行路，口已经干渴得像旱天的树木一样，所以一进客堂去坐下，就教他们先起茶来，然后再开饭给我们吃。洗了一个手脸，喝了两三碗清茶，静坐了十几分钟，两人的疲劳兴奋，都已平复了过去，这时候饥饿却抬起头来了，于是就又催他们快点开饭。这一餐只我和她两人对食的五云山上的中餐，对于我正敌得过英国诗人所幻想着的亚力山大王的高宴。若讲到心境的满足，和谐与食欲的高潮亢进，那恐怕亚力山大王还远不及当时的我。

吃过午饭，管庙的和尚又领我们上前后左右去走了一圈。这五云山，实在是高，立在庙中阁上，开窗向东北一望，湖上的群山，都像是青色的土堆了。本来西湖的山水的妙处，就在于它的比舞台上的布景又真实伟大一点，而比各处的名山大川又同盆景似地整齐渺小一点这地方。而五云山的气概，却又完全不同了。以其山之高与境的僻，一般脚力不健的游人是不会到的，就在这一点上，五云山已略备着名山的资格了，更何况前面远处，蜿蜒盘曲在青山绿野之间的，是一条历史上也着实有名的钱塘江水呢？所以若把西湖的山水，比作一只锁在铁笼子里的白熊来看，那这五云山峰与钱塘江水，便是一只深山的野鹿。笼里的白熊，是只能满足满足胆怯无力者的冒险雄心的；至于深山的野鹿，虽没有高原的狮虎那么雄壮，但一股自由奔放之情，却可以从它那里摄取得来。

我们在五云山的南面，又看了一会钱塘江上的帆影与青山，就想动身上我们的归路了，可是举起头来一望，太阳还在中天，只西偏了没有几分。从此地回去，路上若没有耽搁，是不消两个钟头，就能到翁家山上的；本来是打算出来把一天光阴消磨过去的我们，回去得这样的早，岂不是辜负了这大好的时间了么？所以走到了五云山西南角的一条狭路边上的时候，我就又立了下来，拉着了她的手亲亲热热地问了她一声：

“莲，你还走得动走不动？”

“起码三十里路总还可以走的。”

她说这句话的神气，是富有着自信和决断，一点也不带些夸张卖弄的风情，真真是自然到了极点，所以使我看了不得不伸上手去，向她的下巴底下拨了一拨。她怕痒；缩着头颈笑起来了，我也笑开了大口，对她说：

“让我们索性上云栖去罢！这一条是去云栖的便道，大约走下去，总也没有多少路的，你若是走不动的话，我可以背你。”

两人笑着说着，似乎只转瞬之间，已经把那条狭窄的下山便道走尽了大半了。山下面尽是些绿玻璃似的翠竹，西斜的太阳晒到了这条坞里，一种又清新又寂静的淡绿色的光同清水一样，满浸在这附近的空气里在流动。我们到了云栖寺里坐下,刚喝完了一碗茶,忽而前面的大殿上,有嘈杂的人声起来了,接着就走进了两位穿着分外宽大的黑布和尚衣的老僧来。知客僧便指着他们夸耀似的对我们说:

"这两位高僧,是我们方丈的师兄,年纪都快八十岁了,是从城里某公馆里回来的。"

城里的某巨公,的确是一位佞佛的先锋,他的名字,我本系也听见过的,但我以为同和尚来谈这些俗天,也不大相称,所以就把话头扯了开去,问和尚大殿上的嘈杂的人声,是为什么而起的。知客僧轻鄙似的笑了一笑说:

"还不是城里的轿夫在敲酒钱,轿钱是公馆里付了来的,这些穷人心实在太凶。"

这一个伶俐世俗的知客僧的说话,我实在听得有点厌起来了,所以就要求他说:

"你领我们上寺前寺后去走走罢?"

我们看过了"御碑"及许多石刻之后,穿出大殿,那几个轿夫还在咕噜着没有起身。我一半也觉得走路走得太多了,一半也想给那个知客僧以一点颜色看看,所以就走了上去对轿夫说:

"我给你们两块钱一个人,你们抬我们两人回翁家山去好不好?"

轿夫们喜欢极了,同打过吗啡针后的鸦片嗜好者一样,立时将态度一变,变得有说有笑了。

知客僧又陪我们到了寺外的修竹丛中,我看了竹上的或刻或写在那里的名字诗句之类,心里倒有点奇怪起来,就问他这是什么意思。于是他也同轿夫他们一样,笑迷迷地对我说了一大串话。我听了他的解释,倒也觉得非常有趣,所以也就拿出了五元纸币,递给了他,说:

"我们也来买两枝竹放放生罢!"

说着我就向立在我旁边的她看了一眼,她却正同小孩子得到了新玩意儿还不敢去抚摸的一样,微笑着靠近了我的身边轻轻地问我:

"两枝竹上,写什么名字好?"

"当然是一枝上写你的,一枝上写我的。"

她笑着摇摇头说:

"不好,不好,写名字也不好,两个人分开了写也不好。"

“那么写什么呢？”

“只教把今天的事情写上去就对。”

我静立着想了一会，恰好那知客僧向寺里去拿的油墨和笔也已经拿到了。我拣取了两株并排着的大竹，提起笔来，就各写上了“郁翁兄妹放生之竹”的八个字。将年月日写完之后，我搁下了笔，回头来问她这八个字怎么样，她真像是心花怒放似的笑着，不说话而尽在点头。在绿竹之下的这一种她的无邪的憨态，又使我深深地，深深地受到了一个感动。

坐上轿子，向西向南的在竹荫之下走了六七里坂道，出梵村，到闸口西首，从九溪口折入九溪十八涧的山坳，登杨梅岭，到南高峰下的翁家山的时候，太阳已经悬在北高峰与天竺山的两峰之间了。他们的屋里，早已挂上了满堂的灯彩，上面的一对红灯，也已经点尽了一半的样子。嫁妆似乎已经在新房里摆好，客厅上看热闹的人，也早已散了。我们轿子一到，则生和他的娘，就笑着迎了出来，我付过轿钱，一踱进门槛，他娘就问我说：

“早晨拿出去的那枝手杖呢？”

我被她一问，方才想起，便只笑着摇摇头对她慢声的说：

“那一枝手杖么——作了我的祭礼了。”

“作了你的祭礼？什么祭礼？”

则生惊疑似的问我。

“我们在狮子峰下，拜过天地，我已经和你妹妹结成了兄妹了。那一枝手杖，大约是忘记在那块大岩石的旁边的。”

正在这个时候，先下轿而上楼去换了衣服下来的他的妹妹，也嬉笑着，走到了我们的旁边。则生听了我的话后，就也笑着对他的妹妹说：

“莲，你们真好！我们倒还没有拜堂，而你和老郁，却已经在狮子峰拜过天地了，并且还把我的一枝手杖忘掉，作了你们的祭礼。娘！你说这事情应怎么罚罚他们？”

经他这一说，说得大家都笑了起来，我也情愿自己认罚，就认定后日餪房，算作是我一个人的东道。

这一晚翁家请了媒人，及四五个近族的人来吃酒，我和新郎官，在下面奉陪。做媒人的那位中老乡绅，身体虽则并不十分肥胖，但相貌态度，却也是很富裕的样子。我和他两人干杯，竟干满了十八九杯。因酒有点微醉，而日里的路，也走得很多,所以这一晚睡得比前一晚还要沉熟。

九月十二的那一天结婚正日,大家整整忙了一天。婚礼虽系新旧合参的仪式,但因两家都不喜欢铺张,所以百事也还比较简单。午后五时,新娘轿到,行过礼后,那位好好先生的媒人硬要拖我出来,代表来宾,说几句话。我推辞不得,就先把我和则生在日本念书时候的交情说了一说,末了我就想起了则生同我说的迟桂花的好处,因而就抄了他的一段话来恭祝他们:

"则生前天对我说,桂花开得愈迟愈好,因为开得迟,所以经得日子久。现在两位的结婚,比较起平常的结婚年龄来,似乎是觉得大一点了,但结婚结得迟,日子也一定经得久。明年迟桂花开的时候,我一定还要上翁家山来。我预先在这儿计算,大约明年来的时候,在这两株迟桂花的中间,总已经有一株早桂花发出来了。我们大家且等着,等到明年这个时候,再一同来吃他们的早桂的喜酒。"

说完之后,大家就坐拢来吃喜酒。猜猜拳,闹闹房,一直闹到了半夜,各人方才散去。当这一日的中间,我时时刻刻在注意着偷看则生的妹妹的脸色,可是则生所说而我也曾看到过的那一种悲寂的表情,在这一日当中却终日没有在她的脸上流露过一丝痕迹。这一日,她笑的时候,真是乐得难耐似的完全是很自然的样子。因了她的这一种心情的反射的结果,我当然可以不必说,就是则生和他的母亲,在这一日里,也似乎是愉快到了极点。

因为两家都喜欢简单成事的缘故,所以三朝回郎等繁缛的礼节,都在十三那一天白天行完了,晚上馔房,总算是我的东道。则生虽则很希望我在他家里多住几日,可以和他及他的妹妹谈谈笑笑,但我一则因为还有一篇稿子没有作成,想另外上一个更僻静点的地方去作文章,二则我觉得我这一次吃喜酒的目的也已经达到了,所以在馔房的翌日,就离开翁家山去乘早上的特别快车赶回上海。

送我到车站的,是翁则生和他的妹妹两个人。等开车的信号钟将打,而火车的机关头上在吐白烟的时候,我又从车窗里伸出了两手,一只捏着了则生,一只捏着了他的妹妹,很重很重的捏了一回。汽笛鸣后,火车微动了,他们兄妹俩又随车前走了许多步,我也俯出了头,叫他们说:

"则生!莲!再见,再见!但愿得我们都是迟桂花!"

火车开出了老远老远,月台上送客的人都回去了,我还看见他们兄妹俩直立在东面月台篷外的太阳光里,在向我挥手。

一九三二年十月在杭州写

【注释】

①选文因篇幅关系，删除了翁则生写的信。信中则生介绍了自己从日本回国养病、退婚、教书、再次议婚以及妹妹莲姑守寡后回娘家居住等近况，并邀请主人公来杭州参加婚礼。

【阅读提示】

编选自郁达夫：《迟桂花》，载郁达夫《郁达夫自选集》，安徽人民出版社 2012 年版，第 77-104 页。

“迟桂花”是小说的“文眼”，有深刻的象征意义。它的特点是开得晚、经得久，虽朴素无华，却清香、耐久。小说中，作者把翁则生的婚姻比作迟桂花。其实，更能体现“迟桂花”品格的是莲姑。她是个农村妇女，美丽善良、性格率真，虽经历坎坷，仍然乐观处世，她的美丽、活泼、乐观、沉静，像迟桂花一样充满馥郁的芳香，也打动了主人公，感染了读者。

小说以自叙的方式展开，故事单纯，表达质朴自然，语言清新流畅，但作者的情感表达没有了早期作品的峻急，舒缓而又内敛，一如迟桂花的沉静，体现出中年人的淡定，让读者不知不觉中被打动、被迷醉。

小说的景物描写甚见功力。作者选择暮时、月下、清晨三个时点描写了翁家山的美丽景致，渲染了山村的安宁恬静。清新婉丽的自然风光的描写中，融入作者强烈的眷恋之情，感染着读者，让人心向神往。

再别康桥

徐志摩

【作者简介】 徐志摩(1897—1931)，原名徐章垿，字槱森，1918 年始用志摩为名。浙江海宁硖石人，现代著名诗人。1918 年赴美留学，1921 年赴英留学，1922 年回国。先后任教于北京大学、光华大学、大夏大学。1923 年参与发起“新月社”，1928 年主编《新月》杂志，是“新月派”的领军者。1931 年因飞机失事去世。

徐志摩的诗歌创作深受欧美浪漫主义和唯美派诗人的影响，字句清新，韵律谐和，比喻新奇，想象丰富，意境优美，神思飘逸，富于变化，并追求艺术形式的整饬、华美，具有鲜明的艺术个性。代表诗作有《再别康桥》《偶然》《我不知风是在哪一方向吹》《翡冷翠的一夜》。徐志摩的散文也自成一格，取得了不亚于诗歌的成就，其中《自剖》《想飞》《我所知道的康桥》《翡冷翠》《山居闲话》等都是传世的名篇。

【作品】

轻轻的我走了，
　正如我轻轻的来；
我轻轻的招手，
　作别西天的云彩。

那河畔的金柳，
　是夕阳中的新娘；
波光里的艳影，
　在我的心头荡漾。

软泥上的青荇，
　油油的在水底招摇；
在康河的柔波里，
　我甘心做一条水草！

那榆荫下的一潭，
　不是清泉，是天上虹，
揉碎在浮藻间，
　沉淀着彩虹似的梦。

寻梦？撑一支长篙，
　向青草更青处漫溯，
满载一船星辉，
　在星辉斑斓里放歌。

但我不能放歌，
　悄悄是离别的笙箫；
夏虫也为我沉默，

沉默是今晚的康桥！

悄悄的我走了，
　正如我悄悄的来；
我挥一挥衣袖，
　不带走一片云彩。

【阅读提示】

编选自徐志摩：《再别康桥》，载徐志摩《再别康桥：徐志摩诗歌全集（下）》，青岛出版社2019年版，第236-237页。

徐志摩作品
视频讲解

《再别康桥》是一首优美的抒情诗。1928年秋，徐志摩出国游历，再次来到康桥，诗兴勃发，写下了这首著名的诗篇，表达自己对康桥眷恋、珍惜以及面对别离无奈、感伤的情怀。

康桥是徐志摩生命历程中最为重要的一站，他说过："我眼是康桥叫我睁的；我的自我意识是康桥给我胚胎的；我的求知欲是康桥给我振动的。"康桥培育了徐志摩一生对"美、自由与爱"的追求。对康桥的眷恋与珍惜，其实体现了他对西方文明的真挚向往和追求。同时，在康桥，曾发生过他生命中一段刻骨铭心的恋情，虽然现在两人如同"相逢在黑夜的海上，你有你的，我有我的，方向"，但故地重游，不免让他回忆起"交会时互放的光亮"。这首诗也可以解读成对旧情的眷恋与无奈。

该诗情感表达含蓄蕴藉。一方面，通过景物描写渲染自己的爱恋：河畔金柳、油油青荇、榆潭彩虹、星辉斑斓等景物充满着美的质感，体现出诗人的爱恋与向往。另一方面，作者运用了形象贴切而又新奇的比喻直接表达自己的热爱："那河畔的金柳，是夕阳中的新娘"，"在康河的柔波里，我甘心做一条水草"。生动而易懂。同时作者反复用"轻轻的来""悄悄的走"等举止来渲染自己对所爱的深情，感人至深。

该诗在艺术上具有绘画美、音乐美和建筑美，充满着赏心悦目的诗性美感。金柳、青荇、波光、浮藻、彩虹、星辉构造成充满油画质感的美丽画面。诗歌节奏轻柔委婉，和谐自然，伴随着情感的起伏跳跃，犹如一曲悦耳徐缓的散板，轻盈婉转，拨动着读者的心弦。同时，诗的结构形式严谨整齐，错落有致。全诗七节，每节四行，组成两个平行台阶；一、三行稍短，二、四行稍长，每行6至8字不等，诗人似乎有意把格律诗与自由诗二者的形式糅合起来，使之成为一种新的诗歌形式，富有民族化、现代化的建筑美。

断魂枪

老舍

【作者简介】 老舍(1899—1966)，原名舒庆春，字舍予，满族，北京人，现代著名小说家、戏剧家。1925 年发表小说《老张的哲学》时始用老舍这一笔名。1926 年，加入文学研究会。抗日战争全面爆发后，主持中华全国文艺界抗敌协会的工作，任常务理事、总务组长，并组织出版会刊《抗战文艺》。1946 年，赴美讲学。1949 年 12 月回国，曾任中国文联副主席、中国作协副主席。1966 年 8 月，不堪迫害，沉湖自尽。

老舍的作品具有鲜明的民族特色和浓郁的北京味。语言简洁传神，极富表现力，具有很高的艺术水平。代表作有长篇小说《骆驼祥子》《四世同堂》《离婚》《二马》，中短篇小说《月牙儿》《断魂枪》，话剧《龙须沟》《茶馆》等。

【作品】

沙子龙的镳局已改成客栈。

东方的大梦没法子不醒了。炮声压下去马来与印度野林中的虎啸。半醒的人们，揉着眼，祷告着祖先与神灵；不大会儿，失去了国土、自由与主权。门外立着不同面色的人，枪口还热着。他们的长矛毒弩，花蛇斑彩的厚盾，都有什么用呢；连祖先与祖先所信的神明全不灵了啊！龙旗的中国也不再神秘，有了火车呀，穿坟过墓破坏着风水。枣红色多穗的镳旗，绿鲨皮鞘的钢刀，响着串铃的口马，江湖上的智慧与黑话，义气与声名，连沙子龙，他的武艺、事业，都梦似的成昨夜的。今天是火车、快枪，通商与恐怖。听说，有人还要杀下皇帝的头呢！

这是走镳已没有饭吃，而国术还没被革命党与教育家提倡起来的时候。

谁不晓得沙子龙是短瘦、利落、硬棒，两眼明得像霜夜的大星？可是，现在他身上放了肉。镳局改了客栈，他自己在后小院占着三间北房，大枪立在墙角，院子里有几只楼鸽。只是在夜间，他把小院的门关好，熟习熟习他的“五虎断魂枪”。这条枪与这套枪，二十年的工夫，在西北一带，给他创出来：“神枪沙子龙”五个字，没遇见过敌手。现在，这条枪与这套枪不会再替他增光显胜了；只是摸摸这凉、滑、硬而发颤的杆子，使他心中少难过一些而已。只有在夜间独自拿起枪来，才能相信自己还是“神枪沙”。在白天，他不大谈武艺与往事；他的世界已被狂风吹了走。

在他手下创练起来的少年们还时常来找他。他们大多数是没落子的，都有点武艺，可是没地方去用。有的在庙会上去卖艺：踢两趟腿，练套家伙，翻几个跟头，附带着卖点大力丸，混个三吊两吊的。有的实在闲不起了，去弄筐果子，或挑些毛豆角，赶早儿在街上论斤吆喝出去。那时候，米贱肉贱，肯卖膀子力气本来可以混个肚儿圆；他们可是不成：肚量既大，而且得吃口管事儿的；干饽饽辣饼子咽不下去。况且他们还时常去走会：五虎棍，开路，太狮少狮……虽然算不了什么——比起走镳来——可是到底有个机会活动活动，露露脸。是的，走会捧场是买脸的事，他们打扮的得像个样儿，至少得有条青洋绉裤子，新漂白细市布的小褂，和一双鱼鳞洒鞋——顶好是青缎子抓地虎靴子。他们是神枪沙子龙的徒弟——虽然沙子龙并不承认——得到处露脸，走会得赔上俩钱，说不定还得打场架。没钱，上沙老师那里去求。沙老师不含糊，多少不拘，不让他们空着手儿走。可是，为打架或献技去讨教一个招数，或是请给说个“对子”——什么空手夺刀，或虎头钩进枪——沙老师有时说句笑话，马虎过去：“教什么？拿开水浇吧！”有时直接把他们赶出去。他们不大明白沙老师是怎么了，心中也有点不乐意。

可是，他们到处为沙老师吹腾，一来是愿意使人知道他们的武艺有真传授，受过高人的指教；二来是为激动沙老师：万一有人不服气而找上老师来，老师难道还不露一两手真的么？所以：沙老师一拳就砸倒了个牛！沙老师一脚把人踢到房上去，并没使多大的劲！他们谁也没见过这种事，但是说着说着，他们相信这是真的了，有年月，有地方，千真万确，敢起誓！

王三胜——沙子龙的大伙计——在土地庙拉开了场子，摆好了家伙。抹了一鼻子茶叶末色的鼻烟，他抡了几下竹节钢鞭，把场子打大一些。放下鞭，没向四围作揖，叉着腰念了两句：“脚踢天下好汉，拳打五路英雄！”向四围扫了一眼：“乡亲们，王三胜不是卖艺的；玩艺儿会几套，西北路上走过镳，会过绿林中的朋友。现在闲着没事，拉个场子陪诸位玩玩。有爱练的尽管下来，王三胜以武会友，有赏脸的，我陪着。神枪沙子龙是我的师傅；玩艺地道！诸位，有愿下来的没有？”他看着，准知道没人敢下来，他的话硬，可是那条钢鞭更硬，十八斤重。

王三胜，大个子，一脸横肉，努着对大黑眼珠，看着四围。大家不出声。他脱了小褂，紧了紧深月白色的“腰里硬”，把肚子杀进去。给手心一口唾沫，抄起大刀来：

“诸位，王三胜先练趟瞧瞧。不白练，练完了，带着的扔几个；没钱，给喊个好，助助威。这儿没生意口。好，上眼！”

大刀靠了身，眼珠努出多高，脸上绷紧，胸脯子鼓出，像两块老桦木根子。一跺脚，刀横起，大红缨子在肩前摆动。削砍劈拨，蹲越闪转，手起风生，忽忽直响。忽然刀在右手心上旋转，身弯下去，四围鸦雀无声，只有缨铃轻叫。刀顺过来，猛的一个“跺泥”，身子直挺，比众人高着一头，黑塔似的。收了势：“诸位！”一手持刀，一手叉腰，看着四围。稀稀的扔下几个铜钱，他点点头。“诸位！”他等着，等着，地上依旧是那几个亮而削薄的铜钱，外层的人偷偷散去。他咽了口气：“没人懂！”他低声的说，可是大家全听见了。

“有功夫！”西北角上一个黄胡子老头儿答了话。

“啊？”王三胜好似没听明白。

“我说：你——有——功——夫！”老头子的语气很不得人心。

放下大刀，王三胜随着大家的头往西北看。谁也没看重这个老人：小干巴个儿，披着件粗蓝布大衫，脸上窝窝瘪瘪，眼陷进去很深，嘴上几根细黄胡，肩上扛着条小黄草辫子，有筷子那么细，而绝对不像筷子那么直顺。王三胜可是看出这老家伙有功夫，脑门亮，眼睛亮——眼眶虽深，眼珠可黑得像两口小井，深深的闪着黑光。王三胜不怕：他看得出别人有功夫没有，可更相信自己的本事，他是沙子龙手下的大将。

“下来玩玩，大叔！”王三胜说得很得体。

点点头，老头儿往里走。这一走，四外全笑了。他的胳臂不大动；左脚往前迈，右脚随着拉上来，一步步的往前拉扯，身子整着，像是患过瘫痪病。蹭到场中，把大衫扔在地上，一点没理会四围怎样笑他。

“神枪沙子龙的徒弟，你说？好，让你使枪吧；我呢？”老头子非常的干脆，很像久想动手。

人们全回来了，邻场耍狗熊的无论怎么敲锣也不中用了。

“三截棍进枪吧？”王三胜要看老头子一手，三截棍不是随便就拿得起来的家伙。

老头子又点点头，拾起家伙来。

王三胜努着眼，抖着枪，脸上十分难看。

老头子的黑眼珠更深更小了，像两个香火头，随着面前的枪尖儿转，王三胜忽然觉得不舒服，那俩黑眼珠似乎要把枪尖吸进去！四外已围得风雨不透，大家都觉出老头子确是有威。为躲那对眼睛，王三胜要了个枪花。老头子的黄胡子一动："请！"王三胜一扣枪，向前躬步，枪尖奔了老头子的喉头去，枪缨打了一个红旋。老人的身子忽然活展了，将身微偏，让过枪尖，前把一挂，后把擦王三胜的手。拍，拍，两响，王三胜的枪撒了手。场外叫了好。王三胜连脸带胸口全紫了，抄起枪来；一个花子，连枪带人滚了过来，枪尖奔了老人的中部。老头子的眼亮得发着黑光；腿轻轻一屈，下把掩裆，上把打着刚要抽回的枪杆；拍，枪又落在地上。

场外又是一片彩声。王三胜流了汗，不再去拾枪，努着眼，木在那里。老头子扔下家伙，拾起大衫，还是拉拉着腿，可是走得很快了。大衫搭在臂上，他过来拍了王三胜一下："还得练哪，伙计！"

"别走！"王三胜擦着汗："你不离，姓王的服了！可有一样，你敢会会沙老师？"

"就是为会他才来的！"老头子的干巴脸上皱起点来，似乎是笑呢。"走；收了吧；晚饭我请！"

王三胜把兵器拢在一处，寄放在变戏法二麻子那里，陪着老头子往庙外走。后面跟着不少人，他把他们骂散了。

"你老贵姓？"他问。

"姓孙哪，"老头子的话与人一样，都那么干巴。"爱练；久想会会沙子龙。"

沙子龙不把你打扁了！王三胜心里说。他脚底下加了劲，可是没把孙老头落下。他看出来，老头子的腿是老走着查拳门中的连跳步；交起手来，必定很快。但是，无论他怎么快，沙子龙是没对手的。准知道孙老头要吃亏，他心中痛快了些，放慢了些脚步。

"孙大叔贵处？"

"河间的，小地方。"孙老者也和气了些："月棍年刀一辈子枪，不容易见功夫！说真的，你那两手就不坏！"

王三胜头上的汗又回来了，没言语。

到了客栈，他心中直跳，唯恐沙老师不在家，他急于报仇。他知道老师不爱管这种事，师弟们已碰过不少回钉子，可是他相信这回必定行，他是大伙计，不比那些毛孩子；再说，人家在庙会上点名叫阵，沙老师还能丢这个脸么？”

“三胜，”沙子龙正在床上看着本《封神榜》，“有事吗？”

三胜的脸又紫了，嘴唇动着，说不出话来。

沙子龙坐起来，“怎么了，三胜？”

“栽了跟头！”

只打了个不甚长的哈欠，沙老师没别的表示。

王三胜心中不平，但是不敢发作；他得激动老师：“姓孙的一个老头儿，门外等着老师呢；把我的枪，枪，打掉了两次！”他知道“枪”字在老师心中有多大分量。没等吩咐，他慌忙跑出去。

客人进来，沙子龙在外间屋等着呢。彼此拱手坐下，他叫三胜去泡茶。三胜希望两个老人立刻交了手，可是不能不沏茶去。孙老者没话讲，用深藏着的眼睛打量沙子龙。沙很客气：

“要是三胜得罪了你，不用理他，年纪还轻。”

孙老者有些失望，可也看出沙子龙的精明。他不知怎样好了，不能拿一个人的精明断定他的武艺。“我来领教领教枪法！”他不由地说出来。

沙子龙没接碴儿。王三胜提着茶壶走进来——急于看二人动手，他没管水开了没有，就沏在壶中。

“三胜，”沙子龙拿起个茶碗来，“去找小顺们去，天汇见，陪孙老者吃饭。”

“什么！”王三胜的眼珠几乎掉出来。看了看沙老师的脸，他敢怒而不敢言地说了声“是啦”！走出去，撅着大嘴。

“教徒弟不易！”孙老者说。

“我没收过徒弟。走吧，这个水不开！茶馆去喝，喝饿了就吃。”沙子龙从桌子上拿起缎子褡裢，一头装着鼻烟壶，一头装着点钱，挂在腰带上。

“不，我还不饿！”孙老者很坚决，两个“不”字把小辫从肩上抡到后边去。

“说会子话儿。”

“我来为领教领教枪法。”

“功夫早搁下了，”沙子龙指着身上，“已经放了肉！”

“这么办也行，”孙老者深深的看了沙老师一眼：“不比武，教给我那趟五虎断魂枪。”

“五虎断魂枪？”沙子龙笑了：“早忘干净了！早忘干净了！告诉你，在我这儿住几天，咱们各处逛逛，临走，多少送点盘缠。”

“我不逛，也用不着钱，我来学艺！”孙老者立起来，“我练趟给你看看，看够得上学艺不够！”一屈腰已到了院中，把楼鸽都吓飞起去。拉开架子，他打了趟查拳：腿快，手飘洒，一个飞脚起去，小辫儿飘在空中，像从天上落下来一个风筝；快之中，每个架子都摆得稳、准、利落；来回六趟，把满院子都打到，走得圆，接得紧，身子在一处，而精神贯串到四面八方。抱拳收势，身儿缩紧，好似满院乱飞的燕子忽然归了巢。

“好！好！”沙子龙在台阶上点着头喊。

“教给我那趟枪！”孙老者抱了抱拳。

沙子龙下了台阶，也抱着拳：“孙老者，说真的吧；那条枪和那套枪都跟我入棺材，一齐入棺材！”

“不传？”

“不传！”

孙老者的胡子嘴动了半天，没说出什么来。到屋里抄起蓝布大衫，拉扯着腿：“打搅了，再会！”

“吃过饭走！”沙子龙说。

孙老者没言语。

沙子龙把客人送到小门，然后回到屋中，对着墙角立着的大枪点了点头。

他独自上了天汇，怕是王三胜们在那里等着。他们都没有去。

王三胜和小顺们都不敢再到土地庙去卖艺，大家谁也不再为沙子龙吹腾；反之，他们说沙子龙栽了跟头，不敢和个老头儿动手；那个老头子一脚能踢死个牛。不要说王三胜输给他，沙子龙也不是他的对手。不过呢，王三胜到底和老头子见了个高低，而沙子龙连句硬话也没敢说。“神枪沙子龙”慢慢似乎被人们忘了。

夜静人稀，沙子龙关好了小门，一气把六十四枪刺下来；而后，拄着枪，望着天上的群星，想起当年在野店荒林的威风。叹一口气，用手指慢慢摸着凉滑的枪身，又微微一笑，“不传！不传！”

【阅读提示】

编选自老舍:《断魂枪》,载老舍《断魂枪集》,文汇出版社 2008 年版,第 46-54 页。

鸦片战争以后,西方列强以洋枪洋炮打开中国大门,古老的传统文明逐渐被西方现代物质文明强行替代。社会的急剧嬗变带来了人们心理的巨大动荡。《断魂枪》的故事情节和人物活动就是在这样的背景下展开的。

沙子龙身怀"五虎断魂枪"绝技,并获得"神枪沙子龙"的英名,创办的镖局也生意红火。但是,随着时代的变化,洋枪、火车彻底打败了传统武术,沙子龙只得将镖局改成客栈。表面上,沙子龙似乎顺应了时代,其实内心仍留恋着往日的荣光,把"五虎断魂枪"视为至宝,决意不把它传给后人。

小说具有丰厚的社会历史文化意蕴。它是一曲哀悼传统文化衰微的挽歌,充满着一种古老文化兴衰嬗变的历史悲凉感,既灌注着国道不振而国术没落的感慨,也流露了与昨天告别时的留恋和悲凉。在这一意义上,作者对沙子龙充满着理解和同情,他不可能传给王三胜,让他至尊至爱的国术绝技,沦为王三胜之流唬人混世的玩意儿;也不可能传给孙老者,败于洋枪枪口,照样亵渎了这一绝技。正是对现实的清醒认识,才让他作出不传的决定。同时,小说批判了这些人物身上体现的国民劣根性。王三胜、孙老者仍沉迷于"东方的大梦",沿着往昔的轨迹前行;沙子龙虽意识到时代已变迁,但拒绝与新时代合作,以不传"五虎断魂枪"与时代相抗衡。

小说语言洁净,极富表现力,通过语言、行动、肖像的简练传神的白描,深入揭示了人物的内心世界,塑造出栩栩如生的人物形象。王三胜性格外露、争强好胜、势利庸俗,孙老者豪爽乐观、积极进取,沙子龙没落保守、孤傲执著,无不跃然纸上。

下　棋

梁实秋

【作者简介】 梁实秋(1903—1987),原名梁治华,号均默,河北邢台人,现当代著名散文家、学者、翻译家。1915 年考入清华学校,1923 年赴美留学。1924 年回国后,先后任教于东南大学、暨南大学、青岛大学、北京大学。1927—1936 年,因文学主张不同与鲁迅论战 8 年之久。40 岁后主要从事散文创作和翻译，著有《雅舍小品》《莎士比亚全集》，晚年完成百余万字著作《英国文学史》。其散文集《雅舍小品》风行国内外，先后印了300多版，创中国现代散文著作发行的最高纪录。

【作品】

有一种人我最不喜欢和他下棋，那便是太有涵养的人。杀死他一大块，或是抽了他一个车，他神色自若，不动火，不生气，好像是无关痛痒，使得你觉得索然寡味。君子无所争，下棋却是要争的。当你给对方一个严重威胁的时候，对方的头上青筋暴露，黄豆般的汗珠一颗颗的在额上陈列出来，或哭丧着脸作惨笑，或咕嘟着嘴作吃屎状，或抓耳挠腮，或大叫一声，或长吁短叹，或自怨自艾口中念念有词，或一串串的噎嗝打个不休，或红头涨脸如关公，种种现象，不一而足，这时节你"行有余力"便可以点起一支烟，或啜一碗茶，静静的欣赏对方的苦闷的象征。我想猎人追逐一只野兔的时候，其愉快大概略相仿佛。因此我悟出一点道理，和人下棋的时候，如果有机会使对方受窘，当然无所不用其极；如果被对方所窘，便努力作出不介意状，因为既不能积极的给对方以苦痛，只好消极的减少对方的乐趣。

自古博弈并称，全是属于赌的一类，而且只是比"饱食终日无所用心"略胜一筹而已。不过弈虽小术，亦可以观人。相传有慢性人，见对方走当头炮，便左思右想，不知是跳左边的马好，还是跳右边的马好，想了半个钟头而迟迟不决，急得对方拱手认输。是有这样的慢性人，每一着都要考虑，而且是加慢的考虑。我常想这种人如加入龟兔竞赛，也必定可以获胜。也有性急的人，下棋如赛跑，噼噼啪啪，草草了事，这仍就是饱食终日无所用心的一贯作风。下棋不能无争，争的范围有大有小，有斤斤计较而因小失大者，有不拘小节而眼观全局者，有短兵相接作生死斗者，有各自为战而旗鼓相当者，有赶尽杀绝一步不让者，有好勇斗狠同归于尽者，有一面下棋一面诮骂者，但最不幸的是争的范围超出了棋盘，而拳足交加。有下象棋者，久而无声响，排闼视之①，阒不见人②，原来他们是在门后角里扭作一团，一个骑在另一个的身上，在他的口里挖车呢。被挖者不敢出声，出声则口张，口张则车被挖回，挖回则必悔棋，悔棋则不得胜。这种认真的态度憨得可爱。我曾见过二人手谈，起先是坐着，神情潇洒，望之如神仙中人。俄而棋势吃紧，两人都站起来了，剑拔弩张，如斗鹌鹑；最后到了生死关头，两个人跳到桌上去了！

笠翁《闲情偶寄》说弈棋不如观棋，因观者无得失心。观棋是有趣的事，如看斗牛、斗鸡、斗蟋蟀一般，但是观棋也有难过处，观棋不语是一种痛苦。喉间硬是痒得出奇，思一吐为快。看见一个人要入陷阱而不做声是几乎不可能的事，如果说得中肯，其中一个人要厌恨你，暗暗的骂一声："多嘴驴！"另一个人也不感激你，心想"难道我还不晓得这样走"！如果说得不中肯，两个人要一齐嗤之以鼻，"无见识奴"！如果根本不说，憋在心里，受病。所以有人于挨了一个耳光之后还要抚着热辣辣的嘴巴大呼"要抽车，要抽车"！

下棋只是为了消遣，其所以能使这样多人嗜此不疲者，是因为它颇合于人类好斗的本能，这是一种"斗智不斗力"的游戏。所以瓜棚豆架之下，与世无争的村夫野老不免一枰相对，消此永昼；闹市茶寮之中，常有有闲阶级的人士下棋消遣，"不为无益之事，何以遣此有涯之生"？宦海里翻过身最后退隐东山的大人先生们，髀肉复生，而英雄无用武之地，也只好闲来对弈，了此残生。下棋全是"剩余精力"的发泄。人总是要斗的；总是要钩心斗角的和人争逐的。与其和人争权夺利，还不如在棋盘上多占几个官，与其招摇撞骗，还不如在棋盘上抽上一车。宋人笔记曾载有一段故事："李讷仆射，性卞急，酷好弈棋，每下子安详，极于宽缓。往往躁怒作，家人辈则密以弈具陈于前，讷睹，便忻然改容，以取其子布弄，都忘其恚矣。"(《南部新书》)下棋，有没有这样陶冶性情之功，我不敢说，不过有人下起棋来确实是把性命都可置诸度外。我有两个朋友下棋，警报作，不动声色，俄而弹落，棋子被震得在盘上跳荡，屋瓦乱飞，其中一位棋瘾较小者变色而起，被对方一把拉住："你走！那就算是你输了。"此公深得棋中之趣。

【注释】

①排闼(tà)：推开阁楼的门户。排：推开。闼：阁楼的门户。　②阒(qù)：寂静。

【阅读提示】

编选自梁实秋：《下棋》，载梁实秋《雅舍小品》，长江文艺出版社 2016 年版，第 88-90 页。

《下棋》是梁实秋散文中的精品。作者以生动的语言细致入微地写出下棋、观棋者的人生百态。

文章最大的特点是细节描写生动逼真，这源于作者对社会观察的细致和对生活体悟的深刻。如棋局吃紧的一方"头上青筋暴露，黄豆般的汗珠一颗颗的在额上陈列出来，或哭丧着脸作惨笑，或咕嘟着嘴作吃屎状，或抓耳挠腮，或大叫一声，或长吁短叹，或自怨自艾口中念念有词，或一串串的噎嗝打个不休，或红头涨脸如关公”；又如写一人悔棋，一人不许悔棋，“在门后角里扭做一团，一个人骑在另一个人的身上，在他的口里挖车呢。被挖者不敢出声，出声则口张，口张则车被挖回，挖回则必悔棋，悔棋则不得胜，这种认真的态度憨得可爱。”寥寥几笔，形神毕现。

文章熟练运用排比、比喻、顶真等修辞手法，将下棋和观棋者的神情心态惟妙惟肖地刻画出来，语言流畅、生动、诙谐、幽默，充分体现出语言大师的文字功力。

小狗包弟

巴　金

【作者简介】 巴金(1904—2005)，原名李尧棠，字芾甘，四川成都人，现代著名作家、出版家、翻译家。1923年离家赴上海求学，1927年赴法留学，以“巴金”为名发表处女小说《灭亡》，初露头角。1928年底回国从事著述和翻译。著有《新生》、“爱情三部曲”(《雾》《雨》《电》)、“激流三部曲”(《家》《春》《秋》)、《寒夜》、《憩园》等小说，探索青年追求理想和信仰的道路，揭露封建家庭制度的弊害，关注小人物命运，对当时的青年产生了巨大影响，被誉为五四新文化运动以来最有影响的作家之一。新中国成立后，曾任中国作协主席、全国政协副主席。“文革”中遭到迫害。1978年“文革”结束后，写作了五卷《随想录》(包括《随想录》《探索集》《真话集》《病中集》《无题集》)，总结“文革”的历史教训，挖掘知识分子的心理缺陷，提倡建立中国现代文学馆和“文革”博物馆，被文化界誉为“一部说真话的大书”。

【作品】

一个多月前，我还在北京，听人讲起一位艺术家的事情，我记得其中一个故事是讲艺术家和狗的。据说艺术家住在一个不太大的城市里，隔壁人家养了小狗，它和艺术家相处很好，艺术家常常用吃的东西款待它。“文革”期间，城里发生了从未见过的武斗[①]，艺术家害怕起来，就逃到别处躲了一段时期。后来他回来了，大概是给人揪回来的，说他“里通外国”，是个反革命，批他，斗他，他不承认，就痛打，拳打脚踢，棍棒齐下，不但头破血流，一条腿也给打断了。批斗结束，他走不动，让专政队拖着他游街示众[②]，衣服撕破了，满身是血和泥土，口里发出呻吟。认识的人看见半死不活的他都掉开头去。忽然一只小狗从人丛中跑出来，非常高兴地朝着他奔去。它亲热地叫着，扑到他跟前，到处闻闻，用舌头舐舐，用脚爪在他的身上抚摸。别人赶它走，用脚踢，拿棒打，都没有用，它一定要留在它的朋友的身边。最后专政队用大棒打断了小狗的后腿，它发出几声哀叫，痛苦地拖着伤残的身子走开了。地上添了血迹，艺术家的破衣上留下几处狗爪印。艺术家给关了几年才放出来，他的第一件事就是买几斤肉去看望那只小狗。邻居告诉他，那天狗给打坏以后，回到家里什么也不吃，哀叫了三天就死了。

听了这个故事，我又想起我曾经养过的那条小狗。是的，我也养过狗，那是一九五九年的事情，当时一位熟人给调到北京工作，要将全家迁去，想把他养的小狗送给我，因为我家里有一块草地，适合养狗的条件。我答应了，我的儿子也很高兴。狗来了，是一条日本种的黄毛小狗，干干净净，而且有一种本领：它有什么要求时就立起身子，把两只前脚并在一起不停地作揖。这本领不是我那位朋友训练出来的，它还有一位瑞典旧主人，关于他我毫无所知。他离开上海回国，把小狗送给接受房屋租赁权的人，小狗就归了我的朋友。小狗来的时候有一个外国名字，它的译音是“斯包弟”。我们简化了这个名字，就叫它做“包弟”。

包弟在我们家待了七年，同我们一家人相处得很好。它不咬人，见到陌生人，在大门口吠一阵，我们一声叫唤，它就跑开了。夜晚篱笆外面人行道上常常有人走过，它听见某种声音就会朝着篱笆又跑又叫，叫声的确有点刺耳，但它也只是叫几声就安静了。它在院子里和草地上的时候多些，有时我们在客厅里接待客人或者同老朋友聊天，它会进来作几个揖，讨糖果吃，引起客人发笑。日本朋友对它更感兴趣，有一次大概在一九六三年或以后的夏天，一家日本通讯社到我家来拍电视片，就拍摄了包弟的镜头。又有一次日本作家由纪女士访问上海，来我家做客，对日本产的包弟非常喜欢，她说她在东京家中也养了狗。两年以后，她再到北京参加亚非作家紧急会议，看见我她就问：“您的小狗怎样？”听我说包弟很好，她笑了。

我的爱人萧珊也喜欢包弟。在三年困难时期，我们每次到文化俱乐部吃饭，她总要向服务员讨一点骨头回去喂包弟。一九六二年我们夫妇带着孩子在广州过了春节，回到上海，听妹妹们说，我们在广州的时候，睡房门紧闭，包弟每天清早就在房门口等候我们出来。它天天这样，从不厌倦。它看见我们回来，特别是看到萧珊，不住地摇头摆尾，那种高兴、亲热的样子，现在想起来我还很感动，我仿佛又听见由纪女士的问话：“您的小狗怎样？”

"您的小狗怎样?"倘使我能够再见到那位日本女作家,她一定会拿同样的一句话问我。她的关心是不会减少的。然而我已经没有小狗了。

一九六六年八月下旬红卫兵开始上街抄四旧的时候[3],包弟变成了我们家的一个大"包袱",晚上附近的小孩时常打门大喊大嚷,说是要杀小狗。听见包弟尖声吠叫,我就胆战心惊,害怕这种叫声会把抄"四旧"的红卫兵引到我家里来。当时我已经处于半靠边的状态,傍晚我们在院子里乘凉,孩子们都劝我把包弟送走,我请我的大妹妹设法。可是在这时节谁愿意接受这样的礼物呢?据说只好送给医院由科研人员拿来做实验用,我们不愿意。以前看见包弟作揖,我就想笑,这些天我在机关学习后回家,包弟向我作揖讨东西吃,我却暗暗地流泪。

形势越来越紧。我们隔壁住着一位年老的工商业者,原先是某工厂的老板,住屋是他自己修建的,同我的院子只隔了一道竹篱。有人到他家去抄"四旧"了。隔壁人家的一动一静,我们听得清清楚楚,从篱笆缝里也看得见一些情况。这个晚上附近小孩几次打门捉小狗,幸而包弟不曾出来乱叫,也没有给捉了去。这是我六十多年来第一次看见抄家,人们拿着东西进进出出,一些人在大声叱骂,有人摔破坛坛罐罐,这情景实在可怕。十多天来我就睡不好觉,这一夜我想得更多,同萧珊谈起包弟的事情,我们最后决定把包弟送到医院去,交给我的大妹妹去办。

包弟送走后,我下班回家,听不见狗叫声,看不见包弟向我作揖,跟着我进屋,我反而感到轻松,真是一种甩掉包袱的感觉。但是在我吞了两片眠尔通、上床许久还不能入睡的时候,我不由自主地想到了包弟,想来想去,我又觉得我不但不曾甩掉什么,反而背上了更加沉重的包袱。在我眼前出现的不是摇头摆尾、连连作揖的小狗,而是躺在解剖桌上给割开肚皮的包弟。我再往下想,不仅是小狗包弟,连我自己也在受解剖。不能保护一条小狗,我感到羞耻;为了想保全自己,我把包弟送到解剖桌上,我瞧不起自己,我不能原谅自己!我就这样可耻地开始了十年浩劫中逆来顺受的苦难生活。一方面责备自己,另一方面又想保全自己,不要让一家人跟自己一起堕入地狱。我自己终于也变成了包弟,没有死在解剖桌上,倒是我的幸运。……

整整十三年零五个月过去了。我仍然住在这所楼房里,每天清早我在院子里散步,脚下是一片衰草,竹篱笆换成了无缝的砖墙。隔壁房屋里增加了几户新主人,高高墙壁上多开了两堵窗,有时倒下一点垃圾。当初刚搭起的葡萄架给虫蛀后早已塌下来扫掉,连葡萄藤也被挖走了。右面角上却添了一个大化粪池,是从紧靠着的五层楼公寓里迁过来的。少掉了好几株花,多了几棵不开花的树。我想念过去同我一起散步的人,在绿草如茵的时节,她常常弯着身子,或者坐在地上拔除杂草,在午饭前后她有时逗着包弟玩。……我好像做了一场大梦。满身的创伤使我的心仿佛又给放在油锅里熬煎。

这样的熬煎是不会有终结的,除非我给自己过去十年的苦难生活作了总结,还清了心灵上的欠债,这绝不是容易的事。那么我今后的日子不会是好过的吧。但是那十年我也活过来了。

即使在"说谎成风"的时期,人对自己也不会讲假话,何况在今天,我不怕大家嘲笑,我要说:我怀念包弟,我想向它表示歉意。

【注释】

①武斗:"文革"中不同政治团体之间的武装械斗。 ②专政队:"文革"时政治团体内专门负责对批判对象进行执"法"的部门。示众:当众羞辱批判对象人格的批斗方式。多用游街或开会的形式,批斗对象往往会被挂上写有罪名的牌子或戴上写有罪名的纸糊的高帽,手被反绑,绳子由专政者牵着。 ③四旧:"文革"语言,指旧思想、旧文化、旧风俗、旧习惯。

【阅读提示】

编选自巴金:《小狗包弟》,载傅雷、巴金等《关于狗的回忆 小狗包弟》,陈子善等编,人民文学出版社 2017 年版,第 107-111 页。

本文通过家中可爱的小狗包弟在"文革"中的悲惨遭遇,反映了"文革"这个特定时代人们畸形、疯狂、迷乱的精神状态。作品的深刻之处在于不仅仅进行外向的社会批评,将批判的矛头指向"文革"这个疯狂的时代,还勇于进行自我剖析,作为文人,传统的"士",不仅没能做到"威武不能屈",连家庭和小狗都无法保护,这让作者心灵上承担了巨大的"欠债"。作者的歉疚和忏悔之情流贯全篇,体现了巴金这位自由知识分子的社会良知和严于解剖自己、敢于说真话的勇气和度量。

本文先从别人的一只小狗写起,联想到自己养过的小狗包弟,写它的来历和与家人的亲密关系,以及被迫送给医院解剖室的最终结局。看似随意,实际上前后照应浑然无痕。艺术家与狗的故事与作家与包弟的故事,既相互照应,又相互类比;艺术家与狗的故事中人与狗构成对比关系;作家与包弟的故事中人与狗又构成类比关系,这些体现了作者高妙的艺术匠心。精心结撰而又毫无人工雕琢痕迹,是真正的大手笔。

雨　　巷

戴望舒

【作者简介】 戴望舒(1905—1950)，原名戴朝安，又名戴梦鸥，浙江杭州(余杭)人，现代著名诗人、翻译家。1928年发表《雨巷》，被称为"雨巷诗人"。1932年赴法国留学。1938年在香港投入抗日活动，1941年被日军逮捕入狱。抗战胜利后回到内地。新中国成立后，在新闻总署工作。戴望舒的诗歌创作受中国古典诗歌和欧洲浪漫主义诗歌影响很大，追求诗意的完整和朦胧，是20世纪30年代"现代派"诗歌的旗手，有诗集《我的记忆》《望舒草》。40年代后的诗歌创作，风格转向积极明朗，表现出强烈的爱国激情，如《狱中题壁》《我用残损的手掌》。

【作品】

撑着油纸伞，独自
彷徨在悠长，悠长
又寂寥的雨巷，
我希望逢着
一个丁香一样地
结着愁怨的姑娘。

她是有
丁香一样的颜色，
丁香一样的芬芳，
丁香一样的忧愁，
在雨中哀怨，
哀怨又彷徨；

她彷徨在这寂寥的雨巷，
撑着油纸伞
像我一样，
像我一样地

默默彳亍着，
冷漠，凄清，又惆怅。

她默默地走近
走近，又投出
太息一般的眼光，
她飘过
像梦一般地，
像梦一般地凄婉迷茫。

像梦中飘过
一枝丁香地，
我身旁飘过这女郎；
她静默地远了，远了。
到了颓圮的篱墙，
走尽这雨巷。

在雨的哀曲里，
消了她的颜色，
散了她的芬芳，
消散了，甚至她的
太息般的眼光，
丁香般的惆怅。

撑着油纸伞，独自
彷徨在悠长，悠长
又寂寥的雨巷，
我希望飘过
一个丁香一样地
结着愁怨的姑娘。

【阅读提示】

编选自戴望舒:《雨巷》,载戴望舒《戴望舒诗(精装典藏版)》,中国友谊出版公司 2012 年版,第 31-33 页。

戴望舒作品视频讲解

《雨巷》是戴望舒的成名作,是典型的象征主义诗歌。

从文面意义读解,这是一首爱情诗。抒情主人公"我"撑着油纸伞,孤独地徘徊在悠长空寂的雨巷,等待着具有丁香一样美丽、高洁的梦中情人的出现。表现了诗人对爱的追求,以及追求不得的失落、惆怅。

如果知人论世,结合创作这首诗歌的时代背景,那么,诗歌中的意象具有很明显的象征意义。1927 年,第一次国共合作破裂,大革命失败,大量共产党员被抓捕、杀害。身为共青团员的戴望舒未免陷入痛苦和彷徨之中。诗中"彷徨""寂寥""愁怨""哀怨""凄婉""迷茫"等词语,便是他当时心境的写照。"丁香姑娘"具有美丽、高洁、愁怨的气质,是美和理想的象征。"撑着油纸伞""独自彷徨""默默彳亍",对丁香姑娘的追求,体现为对革命出路和前途的探求。悠长、曲折、狭窄的"雨巷"是坎坷而迷茫的人生道路的象征。"颓圮的篱墙"则是社会环境恶化、革命势力遭到严重破坏的象征。"雨的哀曲"则是恶劣的社会环境的象征。整首诗表现了诗人对革命前途和希望的探寻,以及无法看到希望的幽怨、迷茫的心态。

诗歌在艺术上有很高的成就。一方面,用雨巷、油纸伞、丁香、篱墙、女郎、独行者等意象勾起人们对传统江南小城的经典记忆,营造出传统水墨画的独特意境,具有中国传统文化的气息和古典诗词意境美的浓郁韵味。另一方面,作者在诗歌的形式上进行了有意的改造,句式的排列、标点符号的使用、重复的运用,创造出诗歌节奏的音乐美,与诗人内心的彷徨和彳亍协调一致,达到内容与形式的完美统一。

吃　饭[1]

钱锺书

【作者简介】 钱锺书(1910—1998),字默存,号槐聚,曾用笔名中书君。江苏无锡人。中国现代著名学者、小说家。1933 年毕业于清华大学外文系,后赴英国牛津大学留学,并至法国巴黎大学进修法国文学一年。1938 年归国,先后担任西南联大外文系教授、湖南蓝田师范学院英语系主任、上海暨南大学外语系教授、清华大学外文系教授等职。1953年起，任中国社会科学院文学研究所研究员。著有长篇小说《围城》，短篇小说集《人·兽·鬼》，散文集《写在人生边上》，学术著作《谈艺录》《管锥编》《宋诗选注》等。

【作品】

吃饭有时很像结婚，名义上最主要的东西，其实往往是附属品。吃讲究的饭事实上只是吃菜，正如讨阔佬的小姐，宗旨倒并不在女人。这种主权旁移，包含着一个转了弯的、不甚朴素的人生观。辨味而不是充饥，变成了我们吃饭的目的。舌头代替了肠胃，作为最后或最高的裁判。不过，我们仍然把享受掩饰为需要，不说吃菜，只说吃饭，好比我们研究哲学或艺术，总说为了真和美可以利用一样。有用的东西只能给人利用，所以存在；偏是无用的东西会利用人，替它遮盖和辩护，也能免于抛弃。柏拉图《理想国》里把国家分成三等人[②]，相当于灵魂的三个成分；饥渴吃喝等嗜欲是灵魂里最低贱的成分，等于政治组织里的平民或民众。最巧妙的政治家知道怎样来敷衍民众，把自己的野心装点成民众的意志和福利；请客上馆子去吃菜，还顶着吃饭的名义，这正是舌头对肚子的借口，仿佛说："你别抱怨，这有你的份！你享着名，我替你出力去干，还亏了你什么？"其实呢，天知道——更有饿瘪的肚子知道——若专为充肠填腹起见，树皮草根跟鸡鸭鱼肉差不了多少！真想不到，在区区消化排泄的生理过程里还需要那么多的政治作用。

古罗马诗人曾慨叹说，肚子发展了人的天才，传授人以技术。这个意思经拉柏莱发挥得淋漓尽致[③]，《巨人世家》卷三有赞美肚子的一章，尊为人类的真主宰、各种学问和职业的创始和提倡者，鸟飞，兽走，鱼游，虫爬，以及一切有生之类的一切活动，也都是为了肠胃。人类所有的创造和活动（包括写文章在内），不仅表示头脑的充实，并且证明肠胃的空虚。饱满的肚子最没用，那时候的头脑，迷迷糊糊，只配做痴梦；咱们有一条不成文的法律：吃了午饭睡中觉，就是有力的证据。我们通常把饥饿看得太低了，只说它产生了乞丐、盗贼、娼妓一类的东西，忘记了它也启发过思想、技巧，还有"有饭大家吃"的政治和经济理论。德国古诗人白洛柯斯（B. H. Brockes）做赞美诗，把上帝比作"一个伟大的厨师父"（der gross Speisemeister），做饭给全人类吃，还不免带些宗教的稚气。弄饭给我们吃的人，决不是我们真正的主人翁。这样的上帝，不做也罢。只有为他弄了饭来给他吃的人，才支配着我们的行动。譬如一家之主，并不是赚钱养家的父亲，倒是那些乳臭未干、安坐着吃饭的孩子；这一点，当然做孩子时不会悟到，而父亲们也决不甘承认的。拉柏莱的话似乎较有道理。试想，肚子一天到晚要我们把茶饭来向它祭献，它还不是上帝是什么？但是它毕竟是个下流不上台面的东西，一味容纳吸收，不懂得享受和欣赏。人生就因此复杂起来。一方面是有了肠胃而要饭去充实的人，另一方面是有饭而要胃口来吃的人。第一种人生观可以说是吃饭的；第二种不妨唤作吃菜的。第一种人工作、生产、创造，来换饭吃。第二种人利用第一种人活动的结果，来健脾开胃，帮助吃饭而增进食量。所以吃饭时要有音乐，还不够，就有"佳人"、"丽人"之类来劝酒；文雅点就开什么销寒会、销夏会，在席上传观法书名画；甚至赏花游山，把自然名胜来下饭。吃的菜不用说尽量讲究。有这样优裕的物质环境，舌头像身体一般，本来是极随便的，此时也会有贞操和气节了；许多从前惯吃的东西，现在吃了仿佛玷污清白，决不肯再进口。精细到这种田地，似乎应当少吃，实则反而多吃。假使让肚子作主，吃饱就完事，还不失分寸。舌头拣精拣肥，贪嘴不顾性命，结果是肚子倒楣受累，只好忌嘴，舌头也像李逵所说"淡出鸟来"。这诚然是它馋得忘了本的报应！如此看来，吃菜的人生观似乎欠妥。

不过，可口好吃的菜还是值得赞美的。这个世界给人弄得混乱颠倒，到处是磨擦冲突，只有两件最和谐的事物总算是人造的：音乐和烹调。一碗好菜仿佛一支乐曲，也是一种一贯的多元，调和滋味，使相反的分子相成相济，变作可分而不可离的综合。最粗浅的例像白煮蟹和醋、烤鸭和甜酱，或如西菜里烤猪肉和苹果泥、渗鳖鱼和柠檬片，原来是天涯地角、全不相干的东西，而偏偏有注定的缘份，像佳人和才子、母猪和癞象，结成了天造地设的配偶、相得益彰的眷属。到现在，他们亲热得拆也拆不开。在调味里，也有来伯尼支（Leibniz）的哲学所谓"前定的调和"，同时也有前定的不可妥协，譬如胡椒和煮虾蟹、糖醋和炒牛羊肉，正如古音乐里，商角不相协，徵羽不相配。音乐的道理可通于烹饪，孔子早已明白，《论语》记他在齐闻《韶》，"三月不知肉味"。可惜他老先生虽然在《乡党》一章里颇讲究烧菜，还未得吃道三昧，在两种和谐里，偏向音乐。譬如《中庸》讲身心修养，只说"发而中节谓之和"，养成音乐化的人格，真是听乐而不知肉味人的话。照我们的意见，完美的人格，

"一以贯之"的"吾道",统治尽善的国家,不仅要和谐得像音乐,也该把烹饪的调和悬为理想。在这一点上,我们不追随孔子,而愿意推崇被人忘掉的伊尹。伊尹是中国第一个哲学家厨师,在他眼里,整个人世间好比是做菜的厨房。《吕氏春秋·本味篇》记伊尹以至味说汤[4],把最伟大的统治哲学讲成惹人垂涎的食谱。这个观念渗透了中国古代的政治意识,所以自从《尚书·说命》起,做宰相总比为"和羹调鼎",老子也说"治国如烹小鲜"。孟子曾赞伊尹为"圣之任者",柳下惠为"圣之和者";这里的文字也许有些错简。其实呢,允许人赤条条相对的柳下惠该算是个放"任"主义者;而伊尹倒当得起"和"字——这个"和"字,当然还带些下厨上灶、调和五味的涵意。

吃饭还有许多社交的功用,譬如联络感情、谈生意经等等,那就是"请吃饭"了。社交的吃饭种类虽然复杂,性质极为简单。把饭给有饭吃的人吃,那是请饭;自己有饭可吃而去吃人家的饭,那是赏面子。交际的微妙不外乎此。反过来说,把饭给与没饭吃的人吃,那是施食;自己无饭可吃而去吃人家的饭,赏面子就一变而为丢脸。这便是慈善救济,算不上交际了。至于请饭时客人数目的多少,男女性别的配比,我们改天再谈。但是趣味洋溢的《老饕年鉴》(*Almanach des Gourmands*)里有一节妙文,不可不在此处一提。这八小本名贵希罕的奇书在研究吃饭之外,也曾讨论到请饭的问题。大意说:我们吃了人家的饭该有多少天不在背后说主人的坏话,时间的长短按照饭菜的质量而定;所以做人应当多多请客吃饭,并且吃好饭,以增进朋友的感情,减少仇敌的毁谤。这一番议论,我诚恳地介绍给一切不愿彼此成为冤家的朋友,以及愿意彼此变为朋友的冤家。至于我本人呢,恭候诸君的邀请,努力奉行猪八戒对南山大王手下小妖说的话:"不要拉扯,待我一家家吃将来。"

【注释】

①本文选自钱锺书散文集《写在人生边上》,写于1941年。 ②柏拉图(前427—前347),古希腊哲学家,著有《理想国》。 ③拉柏莱(约1483—1553),现译成拉伯雷,欧洲文艺复兴时期法国著名的文学家,著有《巨人世家》,作品取材于中世纪的民间传说,主要描写巨人卡冈都亚和他儿子庞大固埃的故事。 ④伊尹:商初大臣,原为陪嫁之臣,汤用为"小臣",后助汤灭夏桀。

【阅读提示】

编选自钱锺书:《吃饭》,载王孙选编《中国现代十家幽默文选》,上海文艺出版社 1991 年版，第 263-267 页。

钱锺书作品视频讲解

本文名为《吃饭》，其实作者的用意并不在“吃饭”本身，不是就吃论吃，而是巧借“吃饭”为由头，在闲聊中将婚姻择偶的动机、政治家的主张、风流雅士的宴集、人际交往的准则等尽情揶揄了一番。而且最主要的是作者借此发表自己对社会人生诸种现象和问题的观点，并在文中提出了“名义上最主要的东西，其实往往是附属品”这样一个哲理性的命题，使文章在针砭时弊的同时，也闪烁出活泼的思想和智慧的光芒。

巧设陌生化的比喻是本文最大的写作特色。钱锺书先生认为，比喻的“不同处愈多愈大，则相同处愈有烘托；分得愈开，则合得愈出意外，比喻就愈新奇，效果愈高”，可见钱先生在理论上是非常强调比喻的陌生化的。在创作中亦是如此，如本文中的“吃饭有时很像结婚”“一碗好菜仿佛一支乐曲”等比喻，就属于这类“不同处愈多愈大”和“分得愈开”的新奇比喻。旁征博引则是本文的另一个写作特点。作者属于学者型的作家，学识渊博。因此，在写作时，从柏拉图到孔子、从政治到经济、从音乐到烹调，各种例子似乎信手拈来，而又往往涉笔成趣，汪洋恣肆，妙趣横生，这既与其渊博的学识有关，也与其洒脱任性的个性有关。

赞　美

穆　旦

【作者简介】 穆旦(1918—1977)，原名查良铮，浙江海宁人，生于天津，现代著名诗人、翻译家。1934 年始用“穆旦”笔名，20 世纪 40 年代出版了《探险者》《穆旦诗集》《旗》三部诗集，将西欧现代主义和中国传统诗歌结合起来，诗风富于象征寓意和心灵思辨，是“九叶诗派”的代表诗人。新中国成立后，集中精力从事外国诗歌翻译，译作有《普希金抒情诗集》《雪莱抒情诗选》《唐璜》《济慈诗选》等。

【作品】

走不尽的山峦的起伏，河流和草原，
数不尽的密密的村庄，鸡鸣和狗吠，
接连在原是荒凉的亚洲的土地上，

在野草的茫茫中呼啸着干燥的风，
在低压的暗云下唱着单调的东流的水，
在忧郁的森林里有无数埋藏的年代。
它们静静地和我拥抱：
说不尽的故事是说不尽的灾难，沉默的
是爱情，是在天空飞翔的鹰群，
是干枯的眼睛期待着泉涌的热泪，
当不移的灰色的行列在遥远的天际爬行；
我有太多的话语，太悠久的感情，
我要以荒凉的沙漠，坎坷的小路，骡子车，
我要以槽子船，漫山的野花，阴雨的天气，
我要以一切拥抱你，你，
我到处看见的人民呵，
在耻辱里生活的人民，佝偻的人民，
我要以带血的手和你们一一拥抱。
因为一个民族已经起来。

一个农夫，他粗糙的身躯移动在田野中，
他是一个女人的孩子，许多孩子的父亲，
多少朝代在他的身边升起又降落了
而把希望和失望压在他身上，
而他永远无言地跟在犁后旋转，
翻起同样的泥土溶解过他祖先的，
是同样的受难的形象凝固在路旁。
在大路上多少次愉快的歌声流过去了，
多少次跟来的是临到他的忧患；
在大路上人们演说，叫嚣，欢快，
然而他没有，他只放下了古代的锄头，
再一次相信名词，溶进了大众的爱，
坚定地，他看着自己溶进死亡里，

而这样的路是无限的悠长的
而他是不能够流泪的，
他没有流泪，因为一个民族已经起来。

在群山的包围里，在蔚蓝的天空下，
在春天和秋天经过他家园的时候，
在幽深的谷里隐着最含蓄的悲哀：
一个老妇期待着孩子，许多孩子期待着
饥饿，而又在饥饿里忍耐，
在路旁仍是那聚集着黑暗的茅屋，
一样的是不可知的恐惧，一样的是
大自然中那侵蚀着生活的泥土，
而他走去了从不回头诅咒。
为了他我要拥抱每一个人，
为了他我失去了拥抱的安慰，
因为他，我们是不能给以幸福的，
痛哭吧，让我们在他的身上痛哭吧，
因为一个民族已经起来。

一样的是这悠久的年代的风，
一样的是从这倾圮的屋檐下散开的
无尽的呻吟和寒冷，
它歌唱在一片枯槁的树顶上，
它吹过了荒芜的沼泽，芦苇和虫鸣，
一样的是这飞过的乌鸦的声音。
当我走过，站在路上踟蹰，
我踟蹰着为了多年耻辱的历史
仍在这广大的山河中等待，
等待着，我们无言的痛苦是太多了，
然而一个民族已经起来，

然而一个民族已经起来。

【阅读提示】

编选自穆旦:《赞美》,载穆旦《穆旦精选集》,北京燕山出版社 2006 年版,第 28-30 页。

本诗创作于抗日战争最艰苦的时代,当时的中华民族背负着历史积淀的沉重、贫穷和苦难,当日军铁蹄践踏他们世世代代赖以生存的土地时,人们开始觉醒,他们虽然衣衫褴褛、血污满身,但已在血与火中为摆脱屈辱而战。作者在感受时代苦难的同时,看到人民奋起,看到民族的希望,激情满怀地写下这首赞美之歌,赞美中华民族生生不息的强大生命力,赞美那承受历史苦难的重压但又始终不放弃希望的民族精神,赞美“一个民族已经起来”的坚定信念,表达了对时代的关注,对国家和人民的热爱。

诗中的“农夫”是中华民族的代表和象征,他像祖辈一样在这块充满苦难的土地上生息繁衍、无言耕耘,承受着数不清的苦痛和灾难。当抗日烽火燃起时,毅然“放下古老的锄头”,义无反顾地投入抗日的洪流。尽管道路漫长、前途充满流血牺牲,但他视死如归,流血不流泪。从“农夫”身上,我们看到了中华民族千年不衰、奋勇抗争的顽强意志和惊人伟力。

诗歌意象繁密、意蕴含蓄。经过准确提炼的意象具有强大的视觉冲击力,“低压的暗云”“天空飞翔的鹰群”“枯干的眼睛”“放下了古老的锄头”等意象给人深刻的印象,而民族的苦难与崛起也通过这些意象含蓄地传达了出来。

全诗情感节奏有张有弛,韵律感极强,“一个民族已经起来”是整首诗歌的“诗眼”,在每一小节后重复出现,不断推升着作者高涨的情绪,直到高潮。

金锁记(节选)

张爱玲

【作者简介】 张爱玲(1920—1995),原名张瑛,现代著名作家。张爱玲出生于上海,家世显赫,祖父张佩伦为清末名臣,祖母为李鸿章之女。但她的童年受父母离婚影响非常不快乐。后随母生活,入校读书。在中学阶段显现出出众的文学创作才华,在校刊发表处女作《不幸的她》。1939 年考入香港大学专攻文学。1942 年,香港沦陷,辍学回到上海,发表《第一炉香》和《第二炉香》,一举成名,后又发表《倾城之恋》《金锁记》,成为 20 世纪 40 年代首屈一指的女作家,其小说拥有女性的细腻与古典的美感，对人物心理的把握令人惊异，奠定了她在现代文学史上的杰出地位。1944年与胡兰成结婚，1947年离婚。1952年赴香港大学复读。1955年赴美生活，集中精力研究《红楼梦》，1977年出版《红楼梦魇》。1995年孤独地死于洛杉矶公寓。

【作品】

风从窗子里进来，对面挂着的回文雕漆长镜被吹得摇摇晃晃，磕托磕托敲着墙。七巧双手按住了镜子。镜子里反映着的翠竹帘子和一副金绿山水屏条依旧在风中来回荡漾着，望久了，便有一种晕船的感觉。再定睛看时，翠竹帘子已经褪了色，金绿山水换了一张她丈夫的遗像，镜子里的人也老了十年。

去年她戴了丈夫的孝，今年婆婆又过世了。现在正式挽了叔公九老太爷出来为他们分家。今天是她嫁到姜家来之后一切幻想的集中点。这些年了，她戴着黄金的枷锁，可是连金子的边都啃不到，这以后就不同了。七巧穿着白香云纱衫，黑裙子，然而她脸上像抹了胭脂似的，从那揉红了的眼圈儿到烧热的颧骨。她抬起手来揾了一揾脸，脸上烫，身子却冷得打颤。她叫祥云倒了杯茶来。(小双早已嫁了，祥云也配了个小厮。)茶给喝了下去，沉重地往腔子里流，一颗心便在热茶里扑通扑通跳。她背向着镜子坐下了，问祥云道："九老太爷来了这一下午，就在堂屋里跟马师爷查账？"祥云应了一声是。七巧又道："大爷大奶奶三爷三奶奶都不在跟前？"祥云又应了一声是。七巧道："还到谁的屋里去过？"祥云道："就到哥儿们的书房里兜了一兜。"七巧道："好在咱们白哥儿的书倒不怕他查考……今年这孩子就吃亏在他爸爸他奶奶接连着出了事，他若还有心念书，他也不是人养的！"她把茶吃完了，吩咐祥云下去看看堂屋里大房三房的人可都齐了，免得自己去早了，显得性急，被人耻笑。恰巧大房里也差了一个丫头出来探看，和祥云打了个照面。

七巧终于款款下楼来了。堂屋里临时布置了一张镜面乌木大餐台，九老太爷独当一面坐了，面前乱堆着青布面，梅红签的账簿，又搁着一只瓜楞茶碗。四周除了马师爷之外，又有特地邀请的"公亲"，近于陪审员的性质。各房只派了一个男子做代表，大房是大爷，二房二爷没了，是二奶奶，三房是三爷。季泽很知道这总清算的日子于他没有什么好处，因此他到得最迟。然而来既来了，他决不愿意露出焦灼懊丧的神气。腮帮子上依旧是他那点丰肥的，红色的笑。眼睛里依旧是他那点潇洒的不耐烦。

九老太爷咳嗽了一声，把姜家的经济状况约略报告了一遍，又翻着账簿子读出重要的田地房产的所在与按年的收入。七巧两手紧紧扣在肚子上，身子向前倾着，努力向她自己解释他的每一句话，与她往日调查所得一一印证。青岛的房子、天津的房子、北京城外的地、上海的房子……三爷在公账上拖欠过巨，他的一部分遗产被抵消了之后，还净欠六万，然而大房二房也只得就此算了，因为他是一无所有的人。他所仅有的那一幢花园洋房，他为一个姨太太买的，也已经抵押了出去。其余只有老太太陪嫁过来的首饰，由兄弟三人均分，季泽的那一份也不便充公，因为是母亲留下的一点纪念。七巧突然叫了起来道："九老太爷，那我们太吃亏了！"

堂屋里本就肃静无声，现在这肃静却是沙沙有声，直锯进耳朵里去，像电影配音机器损坏之后的锈轧。九老太爷睁了眼望着她道："怎么？你连他娘丢下的几件首饰也舍不得给他？"七巧道："亲兄弟，明算账，大哥大嫂不言语，我可不能不老着脸开口说句话。我须比不得大哥大嫂——我们死掉的那个若是有能耐出去做两任官，手头活便些，我也乐得放大方些，哪怕把从前的旧账一笔勾销呢？可怜我们那一个病病哼哼一辈子，何尝有过一文半文进账，丢下我们孤儿寡妇，就指着这两个死钱过活。我是个没脚蟹，长白还不满十四岁，往后苦日子有得过呢！"说着，流下泪来。九老太爷道："依你便怎样？"七巧呜咽道："哪儿由得我出主意呢？只求九老太爷替我们做主！"季泽冷着脸只不作声，满屋子的人都觉不便开口。九老太爷按捺不住一肚子的火，哼了一声道："我倒想替你出主意呢，只怕你不爱听！二房里有田地没人照管，三房里有人没有地，我待要叫三爷替你照管，你多少贴他些，又怕你不要他！"七巧冷笑道："我倒想依你呢，只怕死掉的那个不依！来人哪！祥云你把白哥儿给我找来！长白，你爹好苦呀！一下地就是一身的病，为人一场，一天舒坦日子也没过着，临了丢下你这点骨血，人家还看不得你，千方百计图谋你的东西！长白谁叫你爹拖着一身病，活着人家欺负他，死了人家欺负他的孤儿寡妇！我还不打紧，我还能活个几十年么？至多我到老太太灵前把话说明白了，把这条命跟人拼了。长白你可是年纪小着呢，就是喝西北风你也得活下去呀！"九老太爷气得把桌子一拍道："我不管了！是你们求爹爹拜奶奶邀了我来的，你道我喜欢自找麻烦么？"站起来一脚踢翻了椅子，也不等人搀扶，一阵风走得无影无踪。众人面面相觑，一个个悄没声儿溜走了。惟有那马师爷忙着拾掇账簿子，落后了一步，看看屋里人全走光了，单剩下二奶奶一个人坐在那里捶着胸脯号啕大哭，自己若无其事的走了，似乎不好意思，只得走上前去，打躬作揖叫道："二太太！二太太！……二太太！"七巧只顾把袖子遮住脸，马师爷又不便把她的手拿开，急得把瓜皮帽摘下来扇着汗。

维持了几天的僵局，到底还是无声无臭照原定计划分了家。孤儿寡妇还是被欺负了。

七巧带着儿子长白、女儿长安另租了一幢屋子住下了，和姜家各房很少来往。隔了几个月，姜季泽忽然上门来了。老妈子通报上来，七巧怀着鬼胎，想着分家的那一天得罪了他，不知他有什么手段对付。可是兵来将挡，她凭什么要怕他？她家常穿着佛青实地纱袄子，特地系上一条玄色铁线纱裙，走下楼来。季泽却是满面春风的站起来问二嫂好，又问白哥儿可是在书房里，安姐儿的湿气可大好了。七巧心里便疑惑他是来借钱的，加意防备着，坐下笑道："三弟你近来又发福了。"季泽笑道："看我像一点心事都没有的人。"七巧笑道："有福之人不在忙吗！你一向就是无牵无挂的。"季泽笑道："等我把房子卖了，我还要无牵无挂呢！"七巧道："就是你做了押款的那房子，你还要卖？"季泽道："当初造它的时候，很费了点心思，有许多装置都是自己心爱的，当然不愿意脱手。后来你是知道的，那边地皮值钱了，前年把它翻造了弄堂房子，一家一家收租，跟那些住小家的打交道，我实在嫌麻烦，索性打算卖了它，图个清静。"七巧暗地里说："口气好大！我是知道你的底细的，你在我眼前充什么阔大爷！"

虽然他不向她哭穷，但凡谈到银钱交易，她总觉得有点危险，便岔了开去道："三妹妹好么？腰子病近来发过没有？"季泽笑道："我也有许久没见过她的面了。"七巧道："这是什么话？你们吵了嘴么？"季泽笑道："这些时我们倒也没吵过嘴。不得已在一起说两句话，也是难得的，也没那闲情逸致吵嘴。"七巧道："何至于这样？我就不相信！"季泽两肘撑在藤椅的扶手上，交叉着十指，手搭凉棚，影子落在眼睛上，深深的唉了一声。七巧笑道："没有别的，要不就是你在外头玩得太厉害了。自己做错了事，还唉声叹气的仿佛谁害了你似的。你们姜家就没有一个好人！"说着，举起白团扇，作势要打。季泽把那交叉着的十指往下移了一移，两只大拇指按在嘴唇上，两只食指缓缓抚摸着鼻梁，露出一双水汪汪的眼睛来。那眼珠却是水仙花缸底的黑石子，上面汪着水，下面冷冷的没有表情。看不出他在想什么。七巧道："我非打你不可！"季泽的眼睛里突然冒出一点笑泡儿，道："你打，你打！"七巧待要打，又掣回手去，重新一鼓作气道："我真打!"抬高了手,一扇子劈下来,又在半空中停住了,吃吃笑起来。季泽带笑将肩膀耸了一耸,凑了上去道:"你倒是打我一下罢!害得我浑身骨头痒着,不得劲儿!"七巧把扇子向背后一藏,越发笑得格格的。

季泽把椅子换了个方向,面朝墙坐着,人向椅背上一靠,双手蒙住了眼睛,又是长长的叹了口气。七巧啃着扇子柄,斜瞟着他道:"你今儿是怎么了?受了暑吗?"季泽道:"你哪里知道?"半晌,他低低的一个字一个字说道:"你知道我为什么跟家里的那个不好,为什么我拼命的在外头玩,把产业都败光了?你知道这都是为了谁?"七巧不知不觉有些胆寒,走得远远的,倚在炉台上,脸色慢慢的变了。季泽跟了过来。七巧垂着头,肘弯撑在炉台上,手里擎着团扇,扇子上的杏黄穗子顺着她的额角拖下来。季泽在她对面站住了,小声道:"二嫂!……七巧!"

七巧背过脸去淡淡笑道:"我要相信你才怪呢!"季泽便也走开了,道:"不错。你怎么能够相信我?自从你到我家来,我在家一刻也待不住,只想出去。你没来的时候我并没有那么荒唐过,后来那都是为了躲你。娶了兰仙来,我更玩得凶了,为了躲你之外又要躲她。见了你,说不了两句话我就要发脾气——你哪儿知道我心里的苦楚?你对我好,我心里更难受——我得管着我自己——我不能平白的坑坏了你,家里人多眼杂,让人知道了,我是个男子汉,还不打紧。你可了不得!"七巧的手直打颤,扇柄上的杏黄须子在她额上苏苏摩擦着。季泽道:"你信也罢!不信也罢!信了又怎样?横竖我们半辈子已经过去了,说也是白说。我只求你原谅我这一片心。我为你吃了这些苦,也就不算冤枉了。"

七巧低着头,沐浴在光辉里,细细的音乐,细细的喜悦……这些年了,她跟他捉迷藏似的,只是近不得身,原来还有今天!可不是,这半辈子已经完了——花一般的年纪已经过去了。人生就是这样的错综复杂,不讲理。当初她为什么嫁到姜家来?为了钱么?不是的,为了要遇见季泽,为了命中注定她要和季泽相爱。她微微抬起脸来,季泽立在她跟前,两手合在她扇子上,面颊贴在她扇子上。他也老了十年了,然而人究竟还是那个人呵!他难道是哄她么?他想她的钱——她卖掉她的一生换来的几个钱?仅仅这一转念便使她暴怒起来。就算她错怪了他,他为她吃的苦抵得过她为他吃的苦么?好容易她死了心了,他又来撩拨她,她恨他。他还在看着她。他的眼睛——虽然隔了十年,人还是那个人呵!就算他是骗她的,迟一点儿发现不好么?即使明知是骗人的,他太会演戏了,也跟真的差不多罢?

不行！她不能有把柄落在这厮手里。姜家的人是厉害的，她的钱只怕保不住。她得先证明他是真心不是。七巧定了一定神，向门外瞧了一瞧，轻轻惊叫道："有人！"便三脚两步赶出门去，到下房里吩咐潘妈替三爷弄点心去，快些端了来，顺便带芭蕉扇进来替三爷打扇。七巧回到屋里来，故意皱着眉道："真可恶，老妈子在门口探头探脑的，见了我抹过头去就跑，被我赶上去喝住了。若是关上了门说两句话，指不定造出什么谣言来呢！饶是独门独户住了，还没个清净。"潘妈送了点心与酸梅汤进来，七巧亲自拿筷子替季泽拣掉了蜜层糕上的玫瑰与青梅，道："我记得你是不爱吃红绿丝的。"有人在跟前，季泽不便说什么，只是微笑。七巧似乎没话找话说似的，问道："你卖房子，接洽得怎样了？"季泽一面吃，一面答道："有人出八万五，我还没打定主意呢。"七巧沉吟道："地段倒是好的。"季泽道："谁都不赞成我脱手，说还要涨呢。"七巧又问了些详细情形，便道："可惜我手头没有这一笔现款，不然我倒想买。"季泽道："其实呢，我这房子倒不急，倒是咱们乡下你那些田，早早脱手的好。自从改了民国，接二连三的打仗，何尝有一年闲过？把地面上糟踏得不成样子，中间还被收租的、师爷、地头蛇一层一层勒啃着，莫说这两年不是水就是旱，就遇着了丰年，也没有多少进账轮到我们头上。"七巧寻思着，道："我也盘算过来，一直挨着没有办。先晓得把它卖了，这会子想买房子，也不至于钱不凑手了。"季泽道："你那田要卖趁现在就得卖，听说直鲁又要开仗了。"七巧道："急切间你叫我卖给谁去？"季泽顿了一顿道："我去替你打听打听，也成。"七巧耸了耸眉毛笑道："得了，你那些狐群狗党里头，又有谁是靠得住的？"季泽把咬开的饺子在小碟子里蘸了点醋，闲闲说出两个靠得住的人名，七巧便认真仔细盘问他起来，他果然回答得有条不紊，显然他是筹之已熟的。

七巧虽是笑吟吟的，嘴里发干，上嘴唇黏在牙仁上，放不下来。她端起盖碗来吸了一口茶，舐了舐嘴唇，突然把脸一沉，跳起身来，将手里的扇子向季泽头上滴溜溜掷过去，季泽向左偏了一偏，那团扇敲在他肩膀上，打翻了玻璃杯，酸梅汤淋淋漓漓溅了他一身。七巧骂道："你要我卖了田去买你的房子？你要我卖田？钱一经你的手，还有得说么？你哄我——你拿那样的话来哄我——你拿我当傻子——"她隔着一张桌子探身过去打他，然而她被潘妈下死劲抱住了。潘妈叫唤起来，祥云等人都奔了来，七手八脚按住了她，七嘴八舌求告着。七巧一头挣扎，一头叱喝着，然而她的一颗心直往下坠——她很明白她这举动太蠢——太蠢——她在这儿丢人出丑。

季泽脱下了他那湿濡的白香云纱长衫，潘妈绞了手巾来代他揩擦，他理也不理，把衣服夹在手臂上，竟自扬长出门去了，临行的时候向祥云道："等白哥儿下了学，叫他替他母亲请个医生来看看。"祥云吓糊涂了，连声答应着，被七巧兜脸给了她一个耳刮子。

季泽走了。丫头老妈子也都给七巧骂跑了。酸梅汤沿着桌子一滴一滴朝下滴，像迟迟的夜漏——一滴，一滴……一更，二更……一年，一百年。真长，这寂寂的一刹那。七巧扶着头站着，倏地掉转身来上楼去，提着裙子，性急慌忙，跌跌跄跄，不住的撞到那阴暗的绿粉墙上，佛青袄子上沾了大块的淡色的灰。她要在楼上的窗户里再看他一眼。无论如何，她从前爱过他。她的爱给了她无穷的痛苦。单只这一点，就使他值得留恋。多少回了，为了要按捺她自己，她迸得全身的筋骨与牙根都酸楚了。今天完全是她的错。他不是个好人，她又不是不知道。她要他，就得装糊涂，就得容忍他的坏。她为什么要戳穿他？人生在世，还不就是那么一回事？归根究底，什么是真的？什么是假的？

她到了窗前，揭开了那边上缀有小绒球的墨绿洋式窗帘，季泽正在弄堂里往外走，长衫搭在臂上，晴天的风像一群白鸽子钻进他的纺绸裤褂里去，哪儿都钻到了，飘飘拍着翅子。

七巧眼前仿佛挂了冰冷的珍珠帘，一阵热风来了，把那帘子紧紧贴在她脸上，风去了，又把帘子吸了回去，气还没透过来，风又来了，没头没脸包住她——一阵凉一阵热，她只是流着眼泪。

玻璃窗的上角隐隐约约反映出弄堂里一个巡警的缩小的影子，晃着膀子踱过去。一辆黄包车静静在巡警身上辗过。小孩把袍子掖在裤腰里，一路踢着球，奔出玻璃的边缘。绿色的邮差骑着自行车，复印在巡警身上，一溜烟掠过。都是些鬼，多年前的鬼，多年后的没投胎的鬼……什么是真的？什么是假的？

【阅读提示】

张爱玲作品视频讲解

编选自张爱玲：《金锁记》，载张爱玲《倾城之恋》，陈子善主编，北京十月文艺出版社 2006 年版，第 143-152 页。

《金锁记》写于 1943 年，被夏志清教授称为"中国从古代以来最伟大的中篇小说"。小说描写了女子曹七巧的心灵变迁历程。"三十年来她戴着黄金的枷。她用那沉重的枷劈杀了几个人,没死的也送了半条命”。曹七巧本是麻油店老板的女儿,泼辣而富风情,却不幸被贪钱的兄嫂嫁到大户人家,因出身低微,备受歧视与排挤,而自小瘫痪的丈夫,使曹七巧陷入情爱无法满足的痛苦之中,纵然她在夫死公亡后分得一份遗产,但是长期以来的种种压抑、煎熬与旧式大家庭气息的熏染,已使她人性扭曲,被黄金枷锁紧紧套住,只知一味敛财,了无亲情,不断寻求病态的发泄与报复,变得极其自私、乖戾又刻毒、残忍,甚至戕害儿媳,断送女儿的婚姻。

本文节选了其中分家产和爱情破灭这两大情节。集中体现了七巧对金钱的贪婪。丈夫和婆婆先后去世,压抑和煎熬的日子到头了,分家时,她打点起十二分精神,采取种种办法,试图多分家产,尽管努力失败,但她还是拥有了一笔不菲的遗产,带了一对儿女另宅居住。几个月后,小叔季泽上门探访。丈夫在世时,七巧曾主动示爱于他,季泽忌惮麻烦,不敢答应。尽管七巧已对季泽上门意图有所提防,当季泽旧情重提时,七巧还是禁不住心荡神摇。但金钱是七巧的命,当她试探出季泽是为骗钱而来时,脸色一变,与季泽厮打起来。七巧在瞬间的天翻地覆中,彻底明白了自己的爱情的无望,但却是自己将之明朗化,是自己对金钱的贪婪,将内心仅存的美好情感毁灭的。从此,七巧成了一个毫无人性的人。

作者极其喜爱《红楼梦》,《金锁记》有着很明显的《红楼梦》风格,情节安排张弛有度,人物描写生动鲜活,心理刻画深刻含蓄,语言应用圆润通达,艺术风格华美凄凉,具有很高的艺术价值。

乡　　愁

余光中

【作者简介】 余光中(1928—2017),祖籍福建永春,生于南京,当代著名诗人、评论家。1949年随父母迁香港,翌年赴台湾,就读于台湾大学外文系。1959年获美国艾奥瓦大学艺术硕士学位。先后任教于台湾师范大学、台湾政治大学、香港中文大学等。诗歌风格多样,著有《舟子的悲歌》《蓝色的羽毛》《钟乳石》等诗集。1997年,获得中国诗歌艺术学会颁发的“诗歌艺术贡献奖”。

【作品】

小时候
乡愁是一枚小小的邮票
我在这头
母亲在那头

长大后
乡愁是一张窄窄的船票
我在这头
新娘在那头

后来啊
乡愁是一方矮矮的坟墓
我在外头
母亲在里头

而现在
乡愁是一湾浅浅的海峡
我在这头
大陆在那头

【阅读提示】

编选自余光中:《乡愁》,载余光中《风筝怨》,江苏凤凰文艺出版社 2017 年版,第 41 页。

《乡愁》是诗人余光中作品中最著名的一首,诗人也因此获得“乡愁诗人”的美誉。虽然诗歌仅有短短四节,但通过抒写自己不同人生阶段的乡愁,把对母亲、妻子、祖国的思念和眷恋之情熔于一炉,表达出渴望亲人团聚、祖国统一的浓浓的“中国情结”。

诗人巧妙地从自己的人生中提炼出四个充满浓重乡愁的意象:“邮票”“船票”“坟墓”“海峡”,将抽象的情绪化成可知可感的生活场景,酸甜苦辣的人生况味寄寓其中,让每一个有着相同处境的读者产生联想,获得共鸣。

《乡愁》极具诗性美。情感表达含蓄深沉；结构上，节与节整齐匀称，句式错落有致，具有建筑美；韵律上，借助反复手法和叠字的运用，造成回环往复、婉转低回的艺术效果，具有音乐美。

回　答

北　岛

【作者简介】 北岛（1949—），原名赵振开，祖籍浙江湖州，生于北京，当代著名诗人。1978 年，与诗人芒克一起创办民间诗歌刊物《今天》，成为“朦胧诗”的代表诗人。著有《太阳城札记》《北岛诗选》等诗集。

【作品】

卑鄙是卑鄙者的通行证，
高尚是高尚者的墓志铭，
看吧，在那镀金的天空中，
飘满了死者弯曲的倒影。

冰川纪过去了，
为什么到处都是冰凌？
好望角发现了，
为什么死海里千帆相竞？

我来到这个世界上，
只带着纸、绳索和身影，
为了在审判前，
宣读那些被判决了的声音。

告诉你吧，世界
我——不——相——信！
纵使你脚下有一千名挑战者，
那就把我算作第一千零一名。

我不相信天是蓝的，
我不相信雷的回声，
我不相信梦是假的，
我不相信死无报应。

如果海洋注定要决堤，
就让所有的苦水都注入我心中，
如果陆地注定要上升，
就让人类重新选择生存的峰顶。

新的转机和闪闪星斗，
正在缀满没有遮拦的天空。
那是五千年的象形文字，
那是未来人们凝视的眼睛。

【阅读提示】

编选自北岛:《回答》,载北岛《履历：诗选 1972—1988》,生活·读书·新知三联书店 2015 年版,第 12-13 页。

《回答》是北岛最著名的诗作。创作于 1976 年,发表于 1979 年,是第一首公开发表的“朦胧诗”。

“文革”造就了从迷惘到清醒的年轻一代,北岛是其中的代表。他们经历了十年动乱的荒诞,看到人性的扭曲和异化,对这样的时代产生了彻底的否定意识。《回答》以坚定的口吻喊出了他们的心声,一方面用“我不相信”表达对黑暗和荒谬时代的否定,是与已逝的一个历史时代彻底告别的“宣言书”。另一方面,以强烈的历史责任感抒发承担未来责任的英雄情怀,表达对光明前途一定到来的信心。

诗人并没有像当时流行的政治口号式诗歌那样肤浅地演绎心中概念,而是借助大量具有象征意味的意象表达思想,从而使这首诗产生巨大的艺术张力,具有振聋发聩的力量。对黑暗时代的高度概括,对现存秩序的怀疑反叛,艺术风格的沉雄冷峻、大气磅礴,让这首诗产生了超越时空的激动人心的力量,不愧为“朦胧诗”的扛鼎之作。

我与地坛

史铁生

【作者简介】 史铁生(1951—2010),原籍河北涿县(今涿州市),生于北京,当代著名作家。1969年赴陕西延川插队,1972年因双腿瘫痪回北京,后患尿毒症,需不断透析维持生命。1979年起发表作品,虽“职业是生病”,但笔耕不辍。《我的遥远的清平湾》获1983年全国优秀短篇小说奖,短篇小说《老屋小记》获首届鲁迅文学奖,散文集《病隙碎笔》获首届老舍散文奖一等奖。散文《我与地坛》以其对人生命运的深刻思考鼓励了无数的人。

【作品】

一

我在好几篇小说中都提到过一座废弃的古园,实际就是地坛。许多年前旅游业还没有开展,园子荒芜冷落得如同一片野地,很少被人记起。

地坛离我家很近。或者说我家离地坛很近。总之,只好认为这是缘分。地坛在我出生前四百多年就坐落在那儿了,而自从我的祖母年轻时带着我父亲来到北京,就一直住在离它不远的地方——五十多年间搬过几次家,可搬来搬去总是在它周围,而且是越搬离它越近了。我常觉得这中间有着宿命的味道:仿佛这古园就是为了等我,而历尽沧桑在那儿等待了四百多年。

它等待我出生,然后又等待我活到最狂妄的年龄上忽地残废了双腿。四百多年里,它一面剥蚀了古殿檐头浮夸的琉璃,淡褪了门壁上炫耀的朱红,坍圮了一段段高墙又散落了玉砌雕栏,祭坛四周的老柏树愈见苍幽,到处的野草荒藤也都茂盛得自在坦荡。这时候想必我是该来了。十五年前的一个下午,我摇着轮椅进入园中,它为一个失魂落魄的人把一切都准备好了。那时,太阳循着亘古不变的路途正越来越大,也越红。在满园弥漫的沉静光芒中,一个人更容易看到时间,并看见自己的身影。

自从那个下午我无意中进了这园子,就再没长久地离开过它。我一下子就理解了它的意图。正如我在一篇小说中所说的:“在人口密聚的城市里,有这样一个宁静的去处,像是上帝的苦心安排。”

两条腿残废后的最初几年,我找不到工作,找不到去路,忽然间几乎什么都找不到了，我就摇了轮椅总是到它那儿去，仅为着那儿是可以逃避一个世界的另一个世界。我在那篇小说中写道："没处可去我便一天到晚耗在这园子里。跟上班下班一样，别人去上班我就摇了轮椅到这儿来。""园子无人看管，上下班时间有些抄近路的人们从园中穿过，园子里活跃一阵，过后便沉寂下来。""园墙在金晃晃的空气中斜切下一溜阴凉，我把轮椅开进去，把椅背放倒，坐着或是躺着，看书或者想事，撅一杈树枝左右拍打，驱赶那些和我一样不明白为什么要来这世上的小昆虫。""蜂儿如一朵小雾稳稳地停在半空；蚂蚁摇头晃脑捋着触须，猛然间想透了什么，转身疾行而去；瓢虫爬得不耐烦了，累了，祈祷一回便支开翅膀，忽悠一下升空了；树干上留着一只蝉蜕，寂寞如一间空屋；露水在草叶上滚动，聚集，压弯了草叶轰然坠地摔开万道金光。""满园子都是草木竞相生长弄出的响动，窸窸窣窣窸窸窣窣片刻不息。"这都是真实的记录，园子荒芜但并不衰败。

除去几座殿堂我无法进去，除去那座祭坛我不能上去而只能从各个角度张望它，地坛的每一棵树下我都去过，差不多它的每一米草地上都有过我的车轮印。无论是什么季节，什么天气，什么时间，我都在这园子里待过。有时候待一会儿就回家，有时候就待到满地上都亮起月光。记不清都是在它的哪些角落里了。我一连几小时专心致志地想关于死的事，也以同样的耐心和方式想过我为什么要出生。这样想了好几年，最后事情终于弄明白了：一个人，出生了，这就不再是一个可以辩论的问题，而只是上帝交给他的一个事实；上帝在交给我们这件事实的时候，已经顺便保证了它的结果，所以死是一件不必急于求成的事，死是一个必然会降临的节日。这样想过之看我安心多了，眼前的一切不再那么可怕。比如你起早熬夜准备考试的时候，忽然想起有一个长长的假期在前面等待你，你会不会觉得轻松一点？并且庆幸并且感激这样的安排？

剩下的就是怎样活的问题了。这却不是在某一个瞬间就能完全想透的，不是能够一次性解决的事，怕是活多久就要想它多久了，就像是伴你终生的魔鬼或恋人。所以，十五年了，我还是总得到那古园里去、去它的老树下或荒草边或颓墙旁，去默坐，去呆想，去推开耳边的嘈杂理一理纷乱的思绪，去窥看自己的心魂。十五年中，这古园的形体被不能理解它的人肆意雕琢，幸好有些东西是任谁也不能改变它的。譬如祭坛石门中的落日，寂静的光辉平铺的一刻，地上的每一个坎坷都被映照得灿烂；譬如在园中最为落寞的时间，一群雨燕便出来高歌，把天地都叫喊得苍凉；譬如冬天雪地上孩子的脚印，总让人猜想他们是谁，曾在哪儿做过些什么，然后又都到哪儿去了；譬如那些苍黑的古柏，你忧郁的时候它们镇静地站在那儿，你欣喜的时候它们依然镇静地站在那儿，它们没日没夜地站在那儿从你没有出生一直站到这个世界上又没了你的时候；譬如暴雨骤临园中，激起一阵阵灼烈而清纯的草木和泥土的气味，让人想起无数个夏天的事件；譬如秋风忽至，再有一场早霜，落叶或飘摇歌舞或坦然安卧，满园中播散着熨帖而微苦的味道。味道是最说不清楚的。味道不能写只能闻，要你身临其境去闻才能明了。味道甚至是难于记忆的，只有你又闻到它你才能记起它的全部情感和意蕴。所以我常常要到那园子里去。

二

现在我才想到，当年我总是独自跑到地坛去，曾经给母亲出了一个怎样的难题。

她不是那种光会疼爱儿子而不懂得理解儿子的母亲。她知道我心里的苦闷，知道不该阻止我出去走走，知道我要是老待在家里结果会更糟，但她又担心我一个人在那荒僻的园子里整天都想些什么。我那时脾气坏到极点，经常是发了疯一样地离开家，从那园子里回来又中了魔似的什么话都不说。母亲知道有些事不宜问，便犹犹豫豫地想问而终于不敢问，因为她自己心里也没有答案。她料想我不会愿意她跟我一同去，所以她从未这样要求过，她知道得给我一点儿独处的时间，得有这样一段过程。她只是不知道这过程得要多久和这过程的尽头究竟是什么。每次我要动身时，她便无言地帮我准备，帮助我上了轮椅车，看着我摇车拐出小院；这以后她会怎样，当年我不曾想过。

有一回我摇车出了小院；想起一件什么事又返身回来，看见母亲仍站在原地，还是送我走时的姿势，望着我拐出小院去的那处墙角，对我的回来竟一时没有反应。待她再次送我出门的时候，她说："出去活动活动，去地坛看看书，我说这挺好。"许多年以后我才渐渐听出，母亲这话实际上是自我安慰，是暗自的祷告，是给我的提示，是恳求与嘱咐。只是在她猝然去世之后，我才有余暇设想。当我不在家里的那些漫长的时间，她是怎样心神不定坐卧难宁，兼着痛苦与惊恐与一个母亲最低限度的祈求。现在我可以断定，以她的聪慧和坚忍，在那些空落的白天后的黑夜，在那不眠的黑夜后的白天，她思来想去最后准是对自己说："反正我不能不让他出去，未来的日子是他自己的，如果他真的在那园子里出了什么事，这苦难也只好我来承担。”在那段日子里——那是好几年前的一段日子，我想我一定使母亲做过最坏的准备了，但她从来没有对我说过：“你为我想想。”事实上我也真的没为她想过。那时她的儿子还太年轻，还来不及为母亲想，他被命运击昏了头，一心以为自己是世上最不幸的一个，不知道儿子的不幸在母亲那儿总是要加倍的。她有一个长到二十岁上忽然截瘫了的儿子，这是她唯一的儿子；她情愿截瘫的是自己而不是儿子，可这事无法代替；她想，只要儿子能活下去哪怕自己去死呢也行，可她又确信一个人不能仅仅是活着，儿子得有一条路走向自己的幸福；而这条路呢，没有谁能保证她的儿子终于能找到——这样一个母亲，注定是活得最苦的母亲。

有一次与一个作家朋友聊天，我问他学写作的最初动机是什么？他想了一会儿说：“为我母亲。为了让她骄傲。”我心里一惊，良久无言。回想自己最初写小说的动机，虽不似这位朋友的那般单纯，但如他一样的愿望我也有，且一经细想，发现这愿望也在全部动机中占了很大比重。这位朋友说：“我的动机太低俗了吧？”我光是摇头，心想低俗并不见得低俗，只怕是这愿望过于天真了。他又说：“我那时真就是想出名，出了名让别人羡慕我母亲。”我想，他比我坦率。我想，他又比我幸福，因为他的母亲还活着。而且我想，他的母亲也比我的母亲运气好，他的母亲没有一个双腿残废的儿子，否则事情就不这么简单。

在我的头一篇小说发表的时候，在我的小说第一次获奖的那些日子里，我真是多么希望我的母亲还活着。我便又不能在家里待了，又整天整天独自跑到地坛去，心里是没头没尾的沉郁和哀怨，走遍整个园子却怎么也想不通：母亲为什么就不能再多活两年？为什么在她儿子就快要碰撞开一条路的时候，她却忽然熬不住了？莫非她来此世上只是为了替儿子担忧，却不该分享我的一点点快乐？她匆匆离我去时才只有四十九岁呀！有那么一会儿，我甚至对世界对上帝充满了仇恨和厌恶。后来我在一篇题为《合欢树》的文章中写道：“坐在小公园安静的树林里，闭上眼睛，想：上帝为什么早早地召母亲回去呢？很久很久，迷迷糊糊地，我听见了回答：‘她心里太苦了。上帝看她受不住了，就召她回去。’我似乎得了一点安慰，睁开眼睛，看见风正从树林里穿过。”小公园，指的也是地坛。

只是到了这时候，纷纭的往事才在我眼前幻现得清晰，母亲的苦难与伟大才在我心中渗透得深彻。上帝的考虑，也许是对的。

摇着轮椅在园中慢慢走，又是雾罩的清晨，又是骄阳高悬的白昼，我只想着一件事：母亲已经不在了。在老柏树旁停下，在草地上在颓墙边停下，又是处处虫鸣的午后，又是鸟儿归巢的傍晚，我心里只默念着一句话：可是母亲已经不在了。把椅背放倒，躺下，似睡非睡挨到日没，坐起来，心神恍惚，呆呆地直坐到古祭坛上落满黑暗然后再渐渐浮起月光，心里才有点儿明白，母亲不能再来这园中找我了。

曾有过好多回，我在这园子里待得太久了，母亲就来找我。她来找我又不想让我发觉，只要见我还好好地在这园子里，她就悄悄转身回去，我看见过几次她的背影。我也看见过几回她四处张望的情景，她视力不好，端着眼镜像在寻找海上的一条船，她没看见我时我已经看见她了，待我看见她也看见我了我就不去看她，过一会儿我再抬头看她就又看见她缓缓离去的背影。我单是无法知道有多少回她没有找到我。有一回我坐在矮树丛中，树丛很密，我看见她没有找到我；她一个人在园子里走，走过我的身旁，走过我经常待的一些地方，步履茫然又急迫。我不知道她已经找了多久还要找多久，我不知道为什么我决意不喊她——但这绝不是小时候的捉迷藏，这也许是出于长大了的男孩子的倔强或羞涩？但这倔强只留给我痛悔，丝毫也没有骄傲。我真想告诫所有长大了的男孩子，千万不要跟母亲来这套倔强，羞涩就更不必，我已经懂了可我已经来不及了。

儿子想使母亲骄傲，这心情毕竟是太真实了，以致使“想出名”这一声名狼藉的念头也多少改变了一点儿形象。这是个复杂的问题，且不去管它了罢。随着小说获奖的激动逐日暗淡，我开始相信，至少有一点我是想错了：我用纸笔在报刊上碰撞开的一条路，并不就是母亲盼望我找到的那条路。年年月月我都到这园子里来，年年月月我都要想，母亲盼望我找到的那条路到底是什么。母亲生前没给我留下过什么隽永的哲言，或要我恪守的教诲，只是在她去世之后，她艰难的命运、坚忍的意志和毫不张扬的爱，随光阴流转，在我的印象中愈加鲜明深刻。

有一年，十月的风又翻动起安详的落叶，我在园中读书，听见两个散步的老人说：“没想到这园子有这么大。”我放下书，想，这么大一座园子，要在其中找到她的儿子，母亲走过了多少焦灼的路。多年来我头一次意识到，这园中不单是处处都有过我的车辙，有过我的车辙的地方也都有过母亲的脚印。

三

如果以一天中的时间来对应四季，当然春天是早晨，夏天是中午，秋天是黄昏，冬天是夜晚。如果以乐器来对应四季，我想春天应该是小号，夏天是定音鼓，秋天是大提琴，冬天是圆号和长笛。要是以这园子里的声响来对应四季呢？那么，春天是祭坛上空漂浮着的鸽子的哨音，夏天是冗长的蝉歌和杨树叶子哗啦啦地对蝉歌的取笑，秋天是古殿檐头的风铃响，冬天是啄木鸟随意而空旷的啄木声。以园中的景物对应四季，春天是一径时而苍白时而黑润的小路，时而明朗时而阴晦的天上摇荡着串串杨花；夏天是一条条耀眼而灼人的石凳，或阴凉而爬满了青苔的石阶，阶下有果皮，阶上有半张被坐皱的报纸；秋天是一座青铜的大钟，在园子的西北角上曾丢弃着一座很大的铜钟，铜钟与这园子一般年纪，浑身挂满绿锈，文字已不清晰；冬天，是林中空地上几只羽毛蓬松的老麻雀。以心绪对应四季呢？春天是卧病的季节，否则人们不易发觉春天的残忍与渴望；夏天，情人们应该在这个季节里失恋，不然就似乎对不起爱情；秋天是从外面买一棵盆花回家的时候，把花搁在阔别了的家中，并且打开窗户把阳光也放进屋里，慢慢回忆慢慢整理一些发过霉的东西；冬天伴着火炉和书，一遍遍坚定不死的决心，写一些并不发出的信。还可以用艺术形式对应四季，这样春天就是一幅画，夏天是一部长篇小说，秋天是一首短歌或诗，冬天是一群雕塑。以梦呢？以梦对应四季呢？春天是树尖上的呼喊，夏天是呼喊中的细雨，秋天是细雨中的土地，冬天是干净的土地上的一只孤零的烟斗。

因为这园子，我常感恩于自己的命运。

我甚至现在就能清楚地看见，一旦有一天我不得不长久地离开它，我会怎样想念它，我会怎样想念它并且梦见它，我会怎样因为不敢想念它而梦也梦不到它。

【阅读提示】

编选自史铁生：《我与地坛》，载史铁生《我与地坛》，人民文学出版社 2008 年版，第 1-9 页。

本文摘录了《我与地坛》的前三节。第一节叙写“我”在双腿残疾后与地坛结下的不解之缘。第二节述说母亲对“我”毫不张扬却意志坚忍的爱。第三节以种种事物类比四季，表达自己复杂的人生感受。文章表现了只有经历可怕遭遇和反复思考后才能领略的对人生、命运、母爱的深切体验，体现出作者不屈服于命运、与厄运顽强抗争的坚忍意志。

全文多处运用比兴象征手法。第一节，地坛“历尽沧桑”“荒芜但并不衰败”，象征着艰难坎坷的人生命运和人类顽强不屈的精神；“古园的形体被不能理解它的人肆意雕琢，幸好有些东西是任谁也不能改变它的”，象征着人类在灾难面前的倔强意志。它们启迪着作者走出人生阴影。第二节，泼墨母爱，它与地坛都是疗治作者心灵创伤的源泉，两者之间构成象征性类比。第三节，与四季相类比的种种事物，是作者复杂人生、沧桑命运的象征。象征手法的运用，使全文充满着诗一样的迷人魅力，耐人寻味。

第二节通过多种方式表现母爱。首先，是对母亲的无声的行动描写：“母亲仍站在原地，还是送我走时的姿势，望着我拐出小院去的那处墙角”“她一个人在园子里走，走过我的身旁，走过我经常待的一些地方，步履茫然又急迫”，无声的行动中表现出母亲对“我”的深沉的关爱。其次，文章多处借“我”之口对母亲的心理进行直接描写：“她思来想去最后准是对自己说：‘反正我不能不让他出去，未来的日子是他自己的，如果他真的在那园子里出了什么事，这苦难也只好我来承担。’”“只要儿子能活下去哪怕自己去死呢也行”，表现了母亲对“我”不仅疼爱而且理解。文章还通过抒写“我”对母亲的思念和追悔之情，从侧面烘托母爱的真挚动人。

文章情思深微，体会独到，感情浓郁，刻画细腻，语言优美，文笔从容，是当代散文的精品。

秦　腔

贾平凹

【作者简介】 贾平凹（1952—），原名贾平娃，陕西丹凤人，当代著名作家。1975年西北大学中文系毕业后，任陕西人民出版社文艺编辑。1982年起从事专业创作。著有小说《商州初录》《浮躁》《废都》《高老庄》《秦腔》等。并出版有散文集《月迹》《心迹》《爱的踪迹》，诗集《空白》。他的作品极富想象力，通俗中有真情，平淡中见悲悯，寄托深远，笔力丰富，曾多次获得国内外文学大奖。

【作品】

山川不同，便风俗区别，风俗区别，便戏剧存异；普天之下人不同貌，剧不同腔；京，豫，晋，越，黄梅，二黄，四川高腔，几十种品类；或问：历史最悠久者，文武最正经者，是非最汹汹者？曰：秦腔也。正如长处和短处一样突出便见其风格，对待秦腔，爱者便爱得要死，恶者便恶得要命。外地人——尤其是自夸于长江流域的纤秀之士——最害怕秦腔的震撼；评论说得婉转的是：唱得有劲；说得直率的是：大喊大叫。于是，便有柔弱女子，常在戏台下以绒堵耳，又或在平日教训某人：你要不怎么怎么样，今晚让你去看秦腔！秦腔成了惩罚的代名词。所以，别的剧种可以各省走动，唯秦腔则如秦人一样，死不离窝；严重的乡土观念，也使其离不了窝：可能还在西北几个地方变腔走调的有些市场，却绝对冲不出往东南而去的潼关呢。

但是，几百年来，秦腔却没有被淘汰，被沉沦，这使多少人在大惑而不得其解。其解是有的，就在陕西这块土地上。如果是一个南方人，坐车轰轰隆隆往北走，渡过黄河，进入西岸，八百里秦川大地，原来竟是：一抹黄褐的平原；辽阔的地平线上，一处一处用木椽夹打成一尺多宽墙的土屋，粗笨而庄重；冲天而起的白杨，苦楝，紫槐，枝干粗壮如桶，叶却小似铜钱，迎风正反翻覆……你立即就会明白了：这里的地理构造竟与秦腔的旋律惟妙惟肖的一统！再去接触一下秦人吧，活脱脱的一群秦始皇兵马俑的复出：高个，浓眉，眼和眼间隔略远，手和脚一样粗大，上身又稍稍见长于下身。当他们背着沉重的三角形状的犁铧，赶着山包一样团块组合式的秦川公牛，端着脑袋般大小的耀州瓷碗，蹲在立的卧的石磙子碌碡上吃着牛肉泡馍，你不禁又要改变起世界观了：啊，这是块多么空旷而实在的土地，在这块土地挖爬滚打的人群是多么“二愣”的民众！那晚霞烧起的黄昏里，落日在地平线上欲去不去的痛苦的妊娠，五里一村，十里一镇，高音喇叭里传播的秦腔互相交织，冲撞，这秦腔原来是秦川的天籁，地籁，人籁的共鸣啊！于此，你不渐渐感觉到了南方戏剧的秀而无骨吗？不深深地懂得秦腔为什么形成和存在而占却时间、空间的位置吗？

八百里秦川，以西安为界，咸阳，兴平，武功，周至，凤翔，长武，岐山，宝鸡，两个专区几十个县为西府；三原，泾阳，高陵，户县，合阳，大荔，韩城，白水，一个专区十几个县为东府。秦腔，就源于西府。在西府，民性敦厚，说话多用去声，一律咬字沉重，对话如吵架一样，哭丧又一呼三叹。呼喊远人更是特殊：前声拖十二分的长，末了方极快地道出内容。声韵的发展，使会远道喊人的人都从此有了唱秦腔的天才。老一辈的能唱，小一辈的能唱，男的能唱，女的能唱；唱秦腔成了做人最体面的事，任何一个乡下男女，只有唱秦腔，才有出人头地的可能，大凡有出息的，是个人才的，哪一个何曾未登过台，起码不能吼一阵乱弹呢！

农民是世上最劳苦的人，尤其是在这块平原上，生时落草在黄土炕上，死了被埋在黄土堆下；秦腔是他们大苦中的大乐，当老牛木犁疙瘩绳，在田野已经累得筋疲力尽，立在犁沟里大喊大叫来一段秦腔，那心胸肺腑，关关节节的困乏便一尽儿涤荡净了。秦腔与他们，要和“西凤”白酒，长线辣子，大叶卷烟，牛肉泡馍一样成为生命的五大要素。若与那些年长的农民聊起来，他们想象的伟大的共产主义生活，首先便是这五大要素。他们有的是吃不完的粮食，他们缺的是高超的艺术享受，他们教育自己的子女，不会是那些文豪们讲的，幼年不是祖母讲着动人的迷丽的童话，而是一字一板传授着秦腔。他们大都不识字，但却出奇地能一本一本整套背诵出剧本，虽然那常常是之乎者也的字眼从那一圈胡子的嘴里吐出来十分别扭。有了秦腔，生活便有了乐趣，高兴了，唱“快板”，高兴得像被烈性炸药爆炸了一样，要把整个身心粉碎在天空！痛苦了，唱“慢板”，揪心裂肠的唱腔却表现了多么有情有味的美来，美给了别人的享受，美也熨平了自己心中愁苦的皱纹。当他们在收获时节的土场上，在月上中天的庄院里大吼大叫唱起来的时候，那种难以想象的狂喜，激动，雄壮，与那些献身于诗歌的文人，与那些有吃有穿却总感空虚的都市人相比，常说的什么伟大的永恒的爱情是多么渺小、有限和虚弱啊！

我曾经在西府走动了两个秋冬，所到之处，村村都有戏班，人人都会清唱。在黎明或者黄昏的时分，一个人独独地到田野里去，远远看着天幕下一个一个山包一样隆起的十三个朝代帝王的陵墓，细细辨认着田埂上、荒草中那一截一截汉唐时期石碑上的残字，高高的土屋上的窗口里就飘出一阵冗长的二胡声，几声雄壮的秦腔叫板，我就痴呆了，感觉到村口的尘土里，一头叫驴的打滚是那么有力，猛然发现了自己心胸中一股强硬的气魄随同着胳膊上的肌肉疙瘩一起产生了。

每到农闲的夜里，村里就常听到几声锣响：戏班排演开始了。演员们都集合起来，到那古寺庙里去。吹，拉，弹，奏，翻，打，念，唱，提袍甩袖，吹胡瞪眼，古寺庙成了古今真乐府，天地大梨园。导演是老一辈演员，享有绝对权威，演员是一家几口，夫妻同台，父子同台，公公儿媳也同台。按秦川的风俗：父和子不能不有其序，爷和孙却可以无道，弟与哥嫂可以嬉闹无常，兄与弟媳则无正事不能多言。但是，一到台上，秦腔面前人人平等，兄可以拜弟媳为帅为将，子可以将老父绳绑索捆。寺庙里有窗无扇，屋梁上蛛丝结网，夏天蚊虫飞来，成团成团在头上旋转，薰蚊草就墙角燃起，一声唱腔一声咳嗽。冬天里四面透风，柳木疙瘩火当中架起，一出场一脸正经，一下场凑近火堆，热了前怀，凉了后背。排演到什么时候，什么时候都有观众，有抱着二尺长的烟袋的老者，有凳子高、桌子高趴满窗台的孩子。庙里一个跟头未翻起，窗外就哇的一声叫倒好，演员出来骂一声：谁说不好的滚蛋！他们抓住窗台死不滚去，倒要连声讨好：翻得好！翻得好！更有殷勤的，跑回来偷拿了红薯、土豆，在火堆里煨熟给演员作夜餐，赚得进屋里有一个安全位置。排演到三更鸡叫，月儿偏西，演员们散了，孩子们还围了火堆弯腰踢腿，学那一招一式。

一出戏排成了，一人传出，全村振奋，扳着指头盼那上演日期。一年十二个月，正月元宵日，二月龙抬头，三月三，四月四，五月五日过端午，六月六日晒丝绸，七月过半，八月中秋，九月初九，十月一日，再是那腊月五豆，腊八，二十三……月月有节，三月一会，那戏必是上演的。戏台是全村人的共同的事业，宁肯少吃少穿也要筹资集款，买上好的木石，请高强的工匠来修筑。村子富不富，就比这戏台阔不阔。一演出，半下午人就扛凳子去占地位了，未等戏开，台下坐的、站的人头攒拥，台两边阶上立的卧的是一群顽童。那锣鼓就叮叮咣咣地闹台，似乎整个世界要天翻地覆了。各类小吃趁机摆开，一个食摊上一盏马灯，花生，瓜子，糖果，烟卷，油茶，麻花，烧鸡，煎饼，长一声短一声叫卖不绝。锣鼓还在一声儿敲打，大幕只是不拉，演员偶尔从幕边往下望望，下边就喊：开演呀，场子都满了！幕布放下，只说就要出场了，却又叮叮咣咣不停。台下就乱了，后边的喊前边的坐下，前边的喊后边的为什么不说最前边的立着；场外的大声叫着亲朋子女名字，问有坐处没有，场内的锐声回应快进来；有要吃煎饼的喊熟人去买一个，熟人买了站在场外一扬手，“日”地一声隔人头甩去，不偏不倚目标正好；左边的喊右边的踩了他的脚，右边的叫左边的挤了他的腰，一个说：狗年快完了，你还叫啥哩？一个说：猪年还没到，你便拱开了！言语伤人，动了手脚；外边的趁机而入，一时四边向里挤，里边向外扛，人的漩涡涌起，如四月的麦田起风，根儿不动，头身一会儿倒西，一会儿倒东，喊声，骂声，哭声一片；有拼命挤将出来的，一出来方觉世界偌大，身体胖肿，但差不多却光了脚，乱了头发。大幕又一挑，站出戏班头儿，大声叫喊要维持秩序；立即就跳出一个两个所谓“二干子”人物来。这类人物多是头脑简单，四肢发达，却十二分忠诚于秦腔，此时便拿了枝条儿，哪里人挤，哪里打去，如凶神恶煞一般。人人恨骂这些人，人人又都盼有这些人，叫他们是秦腔宪兵，宪兵者越发忠于职责，虽然彻夜不得看戏，但大家一夜满足了，他们也就满足了一夜。

终于台上锣鼓停了，大幕拉开，角色出场。但不管男的女的，出来偏不面对观众，一律背身掩面，女的就碎步后移，水上漂一样，台下就叫：瞧那腰身，那肩头，一身的戏哟！是男的就摇那帽翎，一会双摇，一会单摇，一边上下飞闪，一边纹丝不动，台下便叫：绝了，绝了！等到那角色儿猛一转身，头一高扬，一声高叫，声如炸雷豁啷啷直从人们头顶碾过，全场一个冷战，从头到脚，每一个手指尖儿，每一根头发梢儿都麻酥酥的了。如果是演《救裴生》，那慧娘站在台中往下蹲，慢慢地，慢慢地，慧娘蹲下去了，全场人头也矮下去了半尺，等那慧娘往起站，慢慢地，慢慢地，慧娘站起来了，全场人的脖子也全拉长了起来。他们不喜欢看生戏，最欢迎看熟戏，那一腔一调都晓得，哪个演员唱得好，就摇头晃脑跟着唱，哪个演员走了调，台下就有人要纠正。说穿了，看秦腔不为求新鲜，他们只图过过瘾。

在这样的地方，这样的环境，这样的气氛，面对着这样的观众，秦腔是最逞能的，它的艺术的享受，是和拥挤而存在，是有力气而获得的。如果是冬天，那风在刮着，像刀子一样，如果是夏天，人窝里热得如蒸笼一般，但只要不是大雪，冰雹，暴雨，台下的人是不肯撤场的。最可贵的是那些老一辈的秦腔迷，他们没有力气挤在台下，也没有好眼力看清演员，却一溜一排地蹲在戏台两侧的墙根，吸着草烟，慢慢将唱腔品赏。一声叫板，便可以使他们坠入艺术之宫，“听了秦腔，肉酒不香”，他们是体会得最深。那些大一点的，脾性野一点的孩子，却占领了戏场周围所有的高空，杨树上，柳树上，槐树上，一个枝杈一个人。他们常常乐而忘了险境，双手鼓掌时竟从树杈上掉下来，掉下来自不会损伤，因为树下是无数的人头，只是招致一顿臭骂罢了。更有一些爬在了场边的麦秸积上，夏天四面来风，好不凉快，冬日就扒个草洞，将身子缩进去，露一个脑袋。也正是有闲阶级享受不了秦腔吧，他们常就瞌睡了，一觉醒来，月在西天，戏毕人散，只好苦笑一声悄然没声儿地溜下来回家敲门去了。

当然，一次秦腔演出，是一次演员亮相，也是一次演员受村人评论的考场。每每角色一出场，台下就一片嘁嘁喳喳：这是谁的儿子，谁的女子，谁家的媳妇，娘家何处？于是乎，谁有出息，谁没能耐，一下子就有了定论。有好多外村的人来提亲说媒，总是就在这个时候进行。据说有一媒人将一女子引到台下，相亲台上一个男演员，事先夸口这男的如何俊样，如何能干，但戏演了过半，那男的还未出场，后来终于出来，是个国民党的伪兵，还持枪未走到中台，扮游击队长的演员挥枪一指，"叭"的一声，那伪兵就倒地而死，爬着钻进了后幕。那女子当下哼一声，闭了嘴，一场亲事自然了了。这是喜中之悲一例。据说还有一例，一个老头在脖子上架了孙孙去看戏，孙孙吵着要回家，老头好说好劝只是不忍半场而去，便破费买了半斤花生，他眼盯着台上，手在下边剥花生，然后一颗一颗扬手喂到孙孙嘴里，但喂着喂着，竟将一颗塞进孙孙鼻孔，吐不出，咽不下，口鼻出血，连夜送到医院动手术，花去了七十元钱。但是，以秦腔引喜的事却不计其数。每个村里，总会有那么个老汉，夜里看戏，第二天必是头一个起床往戏台下跑。戏台下一片石头，砖头，一堆堆瓜子皮，糖果纸，烟屁股，他掀掀这块石头，踢踢那堆尘土，少不了要捡到一角两角甚至三元四元钱币来，或者一只鞋，或者一条手帕。这是村里钻刁人干的营生，而馋嘴的孩子们有的则夜里趁各家锁门之机，去地里摘那香瓜来吃，去谁家院里将桃杏装在背心兜里回来分红。自然少不了有那些青春妙龄的少男少女，则往往在台下混乱之中眼送秋波，或者就悄悄退出，相依相偎到黑黑的渠畔树林子里去了……

秦腔在这块土地上，有着神圣的不可动摇的基础。凡是到这些村庄去下乡，到这些人家去做客，他们最高级的接待是陪着看一场秦腔，实在不逢年过节，他们就会要合家唱一会乱弹，你只能点头称好，不能耻笑，甚至不能有一点不入神的表示。他们一生最崇敬的只有两种人，一是国家领导人，一是当地的秦腔名角。即是在任何地方，这些名角没有在场，只要发现了名角的父母，去商店买油是不必排队的，进饭馆吃饭是会有座位的，就是在半路上挡车，只要喊一声：我是某某的什么，司机也便要嘎地停车。但是，谁要侮辱一下秦腔，他们要争死争活地和你论理，以致大打出手，永远使你记住教训。每每村里过红白丧喜之事，那必是要包一台秦腔的，生儿以秦腔迎接，送葬以秦腔志哀，似乎这人生的世界，就是秦腔的舞台，人只要在舞台上，生，旦，净，丑，才各显了真性，恶的夸张其丑，善的凸现其美，善的使他们获得美的教育，恶的也使丑里化作了美的艺术。

广漠旷远的八百里秦川，只有这秦腔，也只能有这秦腔，八百里秦川的劳作农民只有也只能有这秦腔使他们喜怒哀乐。秦人自古是大苦大乐之民众，他们的家乡交响乐除了大喊大叫的秦腔还能有别的吗？

1983年5月2日草于五味村

【阅读提示】

编选自贾平凹：《秦腔》，载贾平凹《贾平凹灵性散文》，文汇出版社2017年版，第213-221页。

《秦腔》是作者创作的地域文化散文系列中的代表作。作者以其对八百里秦川文化结构、社会心理、自然景观、民情风俗的深刻体悟，激情洋溢地展示了一幅幅古朴悠远、气韵生动的风土人情画卷，揭示了秦川人刚烈、粗犷、忍耐、自足的民族性格，体现出作者强烈的文化认同和乡土迷恋。

文章层次清晰，第一部分通过比较道出秦腔高亢宏大的特点，指出它的生成与风土人情密不可分；第二部分神情毕现地表现了秦人对秦腔的喜爱与痴迷；第三部分总结全文，强调能承载起秦人的喜怒哀乐的只有也只能秦腔。

文章场面描写生动真切。尤其是第二部分中对排戏演戏、看戏听戏场面的描写，点面结合，既有大场面的宏观，又有小细节的微观，并通过人物言行的白描，生动地展示了秦川人对秦腔的痴迷，让人有身临其境之感。

一只特立独行的猪

王小波

【作者简介】 王小波(1952—1997)，祖籍四川渠县，生于北京，当代著名作家。1968年到云南插队。1978年考入中国人民大学贸易经济系。1984年留学美国匹兹堡大学，获硕士学位。1988年回国后先后任教于北京大学、中国人民大学。1992年辞职为自由撰稿人。1997年突发心脏病去世。著有小说“时代三部曲”(《黄金时代》《白银时代》《青铜时代》)，电影剧本《东宫·西宫》，杂文集《思维的乐趣》《我的精神家园》等。其作品以自由的意识、浪漫的激情、丰富的想象、诙谐机智的语言深受读者喜爱。

【作品】

插队的时候，我喂过猪，也放过牛。假如没有人来管，这两种动物也完全知道该怎样生活。它们会自由自在地闲逛，饥则食渴则饮，春天来临时还要谈谈爱情；这样一来，它们的生活层次很低，完全乏善可陈。人来了以后，给它们的生活做出了安排：每一头牛和每一口猪的生活都有了主题。就它们中的大多数而言，这种生活主题是很悲惨的：前者的主题是干活，后者的主题是长肉。我不认为这有什么可抱怨的，因为我当时的生活也不见得丰富了多少，除了八个样板戏①，也没有什么消遣。有极少数的猪和牛，它们的生活另有安排。以猪为例，种猪和母猪除了吃，还有别的事可干。就我所见，它们对这些安排也不大喜欢。种猪的任务是交配，换言之，我们的政策准许它当个花花公子。但是疲惫的种猪往往摆出一种肉猪（肉猪是阉过的）才有的正人君子架势，死活不肯跳到母猪背上去。母猪的任务是生崽儿，但有些母猪却要把猪崽儿吃掉。总的来说，人的安排使猪痛苦不堪。但它们还是接受了：猪总是猪啊。

对生活做种种设置是人特有的品性。不光是设置动物，也设置自己。我们知道，在古希腊有个斯巴达，那里的生活被设置得了无生趣，其目的就是要使男人成为亡命战士，使女人成为生育机器，前者像些斗鸡，后者像些母猪。这两类动物是很特别的，但我以为，它们肯定不喜欢自己的生活。但不喜欢又能怎么样？人也好，动物也罢，都很难改变自己的命运。

以下谈到的一只猪有些与众不同。我喂猪时，它已经有四五岁了，从名分上说，它是肉猪，但长得又黑又瘦，两眼炯炯有光。这家伙像山羊一样敏捷，一米高的猪栏一跳就过；它还能跳上猪圈的房顶，这一点又像是猫——所以它总是到处游逛，根本就不在圈里待着。所有喂过猪的知青都把它当宠儿来对待，它也是我的宠儿——因为它只对知青好，容许他们走到三米之内，要是别的人，它早就跑了。它是公的，原本该劁掉②。不过你去试试看，哪怕你把劁猪刀藏在身后，它也能嗅出来，朝你瞪大眼睛，噢噢地吼起来。我总是用细米糠熬的粥喂它，等它吃够了以后，才把糠兑到野草里喂别的猪。其他猪看了嫉妒，一起嚷起来。这时候整个猪场一片鬼哭狼嚎，但我和它都不在乎。吃饱了以后，它就跳上房顶去晒太阳，或者模仿各种声音。它会学汽车响、拖拉机响，学得都很像；有时整天不见踪影，我估计它到附近的村寨里找母猪去了。我们这里也有母猪，都关在圈里，被过度的生育搞得走了形，又脏又臭，它对它们不感兴趣；村寨里的母猪好看一些。它有很多精彩的事迹，但我喂猪的时间短，知道得有限，索性就不写了。总而言之，所有喂过猪的知青都喜欢它，喜欢它特立独行的派头儿，还说它活得潇洒。但老乡们就不这么浪漫，他们说，这猪不正经。领导则痛恨它，这一点以后还要谈到。我对它则不止是喜欢——我尊敬它，常常不顾自己虚长十几岁这一现实，把它叫做“猪兄”。如前所述，这位猪兄会模仿各种声音。我想它也学过人说话，但没有学会——假如学会了，我们就可以做倾心之谈。但这不能怪它。人和猪的音色差得太远了。

后来，猪兄学会了汽笛叫，这个本领给它招来了麻烦。我们那里有座糖厂，中午要鸣一次汽笛，让工人换班。我们队下地干活时，听见这次汽笛响就收工回来。我的猪兄每天上午十点钟总要跳到房上学汽笛，地里的人听见它叫就回来——这可比糖厂鸣笛早了一个半小时。坦白地说，这不能全怪猪兄，它毕竟不是锅炉，叫起来和汽笛还有些区别，但老乡们却硬说听不出来。领导上因此开了一个会，把它定成了破坏春耕的坏分子，要对它采取专政手段——会议的精神我已经知道了，但我不为它担忧——因为假如专政是指绳索和杀猪刀的话，那是一点门都没有的。以前的领导也不是没试过，一百人也逮不住它。狗也没用：猪兄跑起来像颗鱼雷，能把狗撞出一丈开外。谁知这回是动了真格的，指导员带了二十几个人，手拿五四式手枪；副指导员带了十几人，手持看青的火枪[3]，分两路在猪场外的空地上兜捕它。这就使我陷入了内心的矛盾：按我和它的交情，我该舞起两把杀猪刀冲出去，和它并肩战斗，但我又觉得这样做太过惊世骇俗——它毕竟是只猪啊；还有一个理由，我不敢对抗领导，我怀疑这才是问题之所在。总之，我在一边看着。猪兄的镇定使我佩服之极：它很冷静地躲在手枪和火枪的连线之内，任凭人喊狗咬，不离那条线。这样，拿手枪的人开火就会把拿火枪的打死，反之亦然；两头同时开火，两头都会被打死。至于它，因为目标小，多半没事。就这样连兜了几个圈子，它找到了一个空子，一头撞出去了，跑得潇洒之极。以后我在甘蔗地里还见过它一次，它长出了獠牙，还认识我，但已不容我走近了。这种冷淡使我痛心，但我也赞成它对心怀叵测的人保持距离。

我已经四十岁了，除了这只猪，还没见过谁敢于如此无视对生活的设置。相反，我倒见过很多想要设置别人生活的人，还有对被设置的生活安之若素的人。因为这个缘故，我一直怀念这只特立独行的猪。

【注释】

①八个样板戏：“样板戏”一词源于《人民日报》1967年5月31日的评论《革命文艺的优秀样板》，而被确定为样板戏的文艺作品只有八个，分别是京剧《红灯记》《沙家浜》《智取威虎山》《海港》《奇袭白虎团》，芭蕾舞剧《红色娘子军》《白毛女》，交响音乐《沙家浜》。在“文革”

中,它们是唯一被国家允许演出的文艺作品。 ②劁(qiāo):刈割。今称割去雄性牲口的生殖器为"劁"。 ③看青:看护青苗,防止被野兽糟蹋的劳动行为。

【阅读提示】

编选自王小波:《一只特立独行的猪》,载王小波《王小波全集(第一卷)》,云南人民出版社 2006 年版,第 129-131 页。

本文是一篇寓言性杂文,作者以其惯有的黑色幽默,质疑并批判了几十年抑或几千年我们民族性格中根本缺陷——刻板、教条、缺乏多样的人生选择。

文中的"猪"洒脱、浪漫、淘气、机敏、充满才情,可以说是"性情中猪"。作者称其为"兄",体现了作者对其"人生"态度的完全认同。"猪"在文中既是作家自我的形象解读,也是作家对当时社会反讽批判的代言人,它的身上寄托了作家对自由精神的追求,表现出知识分子对"文革"时期精神桎梏的强烈不满。

在写作上,本文继承了寓言性散文的特点,赋予"猪"以人性,在故事的讲述中展开讽喻性比附,描写形象生动,寓意含蓄深刻,语言幽默风趣,把复杂的人生道理融入意趣盎然的故事中,充分体现出文学的机智和魅力。

面朝大海,春暖花开

海　子

【作者简介】 海子(1964—1989),原名查海生,安徽怀宁人,当代著名诗人。1979 年考入北京大学法律系,1982 年开始创作诗歌。1984 年发表成名作《亚洲铜》时始用"海子"笔名。至 1989 年卧轨自杀,共创作诗歌近 200 万字,著有《土地》《海子的诗》等诗集。

【作品】

从明天起,做一个幸福的人
喂马,劈柴,周游世界
从明天起,关心粮食和蔬菜
我有一所房子,面朝大海,春暖花开

从明天起,和每一个亲人通信
告诉他们我的幸福
那幸福的闪电告诉我的

我将告诉每一个人

给每一条河每一座山取一个温暖的名字
陌生人,我也为你祝福
愿你有一个灿烂的前程
愿你有情人终成眷属
愿你在尘世获得幸福
我只愿面朝大海,春暖花开

【阅读提示】

编选自海子:《面朝大海,春暖花开》,载海子《海子诗集》,北岳文艺出版社 2013 年版,第 82 页。

本诗是海子作品中最为脍炙人口的一首,诗人以纯朴直白的诗句和清新明快的意象诉说着自己对幸福的渴望和对他人的美好祝愿。

在“春暖花开”的环境里,住在“面朝大海”的房子里,过着“喂马,劈柴”“关心粮食和蔬菜”的平凡生活,这就是诗人神往的“幸福”。尽管这种“幸福”短暂得如同“闪电”,但也要与他人分享,让他们也能感受生活的快乐。同时,因为自己幸福,所以也希望所有的陌生人获得幸福。诗作中表达的对幸福生活的向往和博爱的情怀,感染了每一个读者,充满着温暖人心的力量。

同时也要注意到,诗人抒写的幸福生活其实是远离尘世的,而且诗中对“幸福”的渴望是逐步消解的,这透露出诗人对现实生活的无法自解的困惑和内心巨大的焦灼痛苦。

外国文学作品选读

西风颂

雪　莱

【作者简介】 珀西·比希·雪莱(Percy Bysshe Shelley,1792—1822),英国伟大的抒情诗人。出身富有家庭,但他并不贪图享乐,反倒是对神权思想和专制统治强烈不满,要求改良社会,因此被牛津大学开除,并和家庭决裂。他主张"诗人是世界的立法者",因此他常常在诗中表达崇高的理想,发出时代的呼声。他的诗充满着战斗的激情和对美好未来的坚定信念,再加上想象丰富、形象生动、语言瑰丽,具有强烈的浪漫主义色彩。代表作品有《致云雀》《自由颂》《西风颂》《解放的普罗米修斯》等。

【作品】

一

哦,犷野的西风,秋之实体的气息!
由于你无形无影的出现,万木萧疏,
似鬼魅逃避驱魔巫师,蔫黄,魆黑,

苍白,潮红,疫疠摧残的落叶无数,
四散飘舞;哦,你又把有翅的种子
凌空运送到他们黑暗的越冬床圃;

仿佛是一具具僵卧在坟墓里的尸体,

他们将分别蛰伏，冷落，而又凄凉，
直到阳春你蔚蓝的姐妹向梦中的大地

吹响她嘹亮的号角（如同牧放群羊，
驱送香甜的花蕾到空气中觅食就饮）
给高山平原注满生命的色彩和芬芳。

不羁的精灵，你啊，你到处运行；
你破坏，你也保存，听，哦，听！

二

在你的川流上，在骚动的高空，
纷乱的乌云，那雨和电的天使，
正像大地凋零枯败的落叶无穷，

挣脱天空和海洋交错缠接的柯枝，
飘流奔泻；在你清虚的波涛表面，
似酒神女祭司头上扬起的蓬勃青丝，

从那茫茫地平线阴暗的边缘
直到苍穹的绝顶，到处散布着
迫近的暴风雨飘摇翻腾的发卷。

你啊，垂死残年的挽歌，四合的夜幕
在你聚集的全部水汽威力的支撑下，
将构成他那庞大墓穴的拱形顶部。

从你那雄浑磅礴的氛围，将迸发
黑色的雨、火、冰雹；哦，听啊！

三

你，哦，是你把蓝色的地中海

从梦中唤醒，他在一整个夏天
都酣睡在贝伊湾一座浮石岛外，

被澄澈的流水喧哗声催送入眠，
梦见了古代的楼台、塔堡和宫闱，
在强烈汹涌的波光里不住地抖颤，

全都长满了蔚蓝色苔藓和花卉，
馨香馥郁，如醉的知觉难以描摹。
哦，为了给你让路，大西洋水

豁然开裂，而在浩淼波澜深处，
海底花藻和枝叶无汁的淤泥丛林，
哦，由于把你的呼啸声辨认出，

一时都惨然变色，胆怵心惊，
战栗着自行凋落；听，哦，听！

四

我若是一朵轻捷的浮云能和你同飞，
我若是一片落叶，你所能提携，
我若是一头波浪能喘息于你的神威，

分享你雄强的脉搏，自由不羁，
仅次于，哦，仅次于不可控制的你；
我若能像在少年时，作为伴侣，

随你同游天际，因为在那时节，
似乎超越你天界的神速也不为奇迹；
我也就不至于像现在这样急切，

向你苦苦祈求。哦，快把我飏起，
就像你飏起波浪、浮云、落叶！
我倾覆于人生的荆棘！我在流血！

岁月的重负压制着的这一个太像你，
像你一样，骄傲，不驯，而且敏捷。

五

像你以森林演奏，请也以我为琴，
哪怕我的叶片也像森林的一样凋谢！
你那非凡和谐的慷慨激越之情，

定能从森林和我同奏出深沉的秋乐，
悲怆却又甘冽。但愿你勇猛的精神
竟是我的魂魄，我能成为剽悍的你！

请把我枯萎的思绪向全宇宙播送，
就像你驱遣落叶催促新的生命，
请凭借我这单调有如咒语的韵文，

就像从未灭的余烬飏出炉灰和火星，
把我的话语传遍天地间万户千家，
通过我的嘴唇，向沉睡未醒的人境，

让预言的号角奏鸣！哦，风啊，
如果冬天来了，春天还会远吗？

【阅读提示】

编选自雪莱：《西风颂》，载雪莱《雪莱诗选》，江枫译，时代文艺出版社 2020 年版，第 100-105 页。

一个秋日的午后，诗人雪莱在意大利佛罗伦萨近郊阿诺河畔的树林里漫步。突然狂风大作，乌云翻滚。到了傍晚，暴风雨夹带着冰雹雷电倾盆而下，荡涤着大地,震撼着人间,也触发了诗人的灵感,他奋笔疾书,谱写了不朽的抒情短诗《西风颂》(见雪莱原注)。

《西风颂》采用了托物言志的象征手法。"西风"以摧枯拉朽的力量扫除破败的残叶以及各色各样已经死去的垃圾,象征着席卷整个欧洲的革命风暴正以排山倒海之势、雷霆万钧之力,横扫旧世界一切黑暗反动势力。"西风"同时将种子播入冬床,到来年迎来春光明媚的新世界,象征着革命运动也在"鼓舞新生",积极创造美好的新世界。诗人歌颂"西风",同时以"西风"自喻,表现了诗人雪莱对反动统治者的满腔愤恨,洋溢着雪莱不屈不挠的战斗精神,表达了雪莱献身革命的强烈愿望。

本诗结构严谨,层次清晰,主题集中。全诗共五节,由五首十四行诗组成。从形式上看,五个小节格律完整,可以独立成篇。从内容来看,它们又融为一体。前三节写景,歌颂"西风"扫除腐朽、鼓舞新生的强大威力;后两节直抒胸臆,抒发诗人对"西风"的热爱和向往,都围绕着歌颂"西风"这一中心。诗歌结尾两句"如果冬天来了,春天还会远吗",既概括了自然现象,也深刻地揭示了人类社会的历史规律,指出了革命斗争经过艰难曲折走向胜利的光明前景,寓意深远,一百多年来成了人们广泛传诵的名言警句。而雪莱也被恩格斯称为"天才的预言家"。

门　　槛

屠格涅夫

【作者简介】 伊凡·谢尔盖耶维奇·屠格涅夫(1818—1883),俄国批判现实主义小说家、诗人、戏剧家。出身贵族世家,受过良好教育,曾留学德国,接受西方新思想,被视为"欧化"的知识分子。短篇小说集《猎人笔记》是其成名作。19世纪中期创作的长篇小说《罗亭》《贵族之家》《前夜》《父与子》《烟》《处女地》,被称为"俄国19世纪40—70年代社会生活的艺术编年史"。他的小说不仅迅速及时地反映了当时的俄国社会现实,而且善于通过生动的情节和恰当的言语、行动,通过对大自然情景交融的描述,塑造出许多栩栩如生的人物形象。语言简洁、质朴、精确、优美。他是19世纪俄国有世界声誉的现实主义艺术大师。

【作品】

我看见一座大楼。

正面一道窄门敞开。门里一片阴森的黑暗。高高的门槛前站着一位姑娘……一位俄罗斯的姑娘。

望不透的黑暗中散发着寒气，随着寒气从大厦里传出来一个慢吞吞的、并不响亮的声音：

“啊，你要跨进这道门槛来，想做什么？你知道有什么在等着你？”

“我知道。”姑娘这样回答。

“寒冷，饥饿，憎恨，嘲笑，蔑视，侮辱，监狱，疾病，甚至于死亡？”

“我知道。”

“跟人们的疏远，完全的孤独？”

“我知道。……我准备好了。我要忍受一切痛苦，一切打击。”

“这些痛苦，这些打击不仅来自你的敌人，而且来自你的亲戚，你的朋友？”

“是……就是从他们那里来的，我也要忍受。”

“好，那么你准备牺牲？”

“是。”

“你准备无名的牺牲吗？你会灭亡——没有一个人……甚至没有一个人会尊敬地怀念你。……”

“我不要人感激，不要人怜悯。我也不要名声。”

“你还准备犯罪？”

姑娘埋下了头。……

“我也准备犯罪。”

声音停了一会儿，然后又问下去。

“你知道吗，将来你会不再相信你现在这个信仰，你会认为自己受了骗，白白地浪费了你的年轻的生命？”

“这我也知道。然而我还是要进来。”

“进来吧。”

姑娘跨进了门槛。——厚厚的门帘放下来遮住了她。

“傻瓜！”有人在后面咬牙切齿地咒骂。

“一位圣人！”不知从什么地方传来这一声回答。

【阅读提示】

编选自屠格涅夫:《门槛》,载屠格涅夫《散文诗》,巴金译,北方文艺出版社2008年版,第42-43页。

本文是一首散文诗,选自作者晚年作品《散文诗集》。

全文采用象征手法。"大楼"象征着革命事业,"门槛"象征着革命征途上的艰难险阻,门内的"声音"象征着对准备投身革命者的考验,"傻瓜"的咒骂象征着小市民对革命者的不解和诬蔑,"一位圣人"的称赞象征着人民群众对革命者的礼赞。通过这一系列具有象征意味的形象,再现了俄罗斯人民为民主自由而英勇斗争的情景,赞扬了革命者的崇高献身精神。同时也揭露了专制社会对革命者的残酷迫害。

本文主要运用对话塑造了一个女革命者的形象。她具有不怕各种艰难险阻,不怕被亲友冷落、不怕被指为犯罪、不怕流血牺牲,永不后悔、生死不渝的革命情操和高尚品质,充分体现出革命者的伟大的献身精神。

我愿是一条急流

裴多菲

【作者简介】 裴多菲·山陀尔(Petufi Sandor,1823—1849),匈牙利著名爱国诗人,匈牙利民族文学奠基人。出身屠夫家庭,母亲是一名农奴。少年时期过着流浪生活,做过演员,当过兵。1842年发表作品诗歌《酒徒》,开始写作生涯。1846年起投身匈牙利民族独立运动,发表《自由与爱情》《民族之歌》《大海沸腾了》《把国王吊上绞架》等革命诗篇,激励匈牙利人民为民族独立和自由而斗争。1849年7月在反抗俄奥联军的战争中牺牲。裴多菲的诗扎根在匈牙利土壤之上,他的诗与民族传统、人民生活密切结合,与人民的斗争和命运融为一体,深厚的民族性与强烈的时代精神是他诗歌的两大特点。

【作品】

我愿是一条急流,
是山间的小河,
穿过崎岖的道路,
从山岩中间滚过……
只要我的爱人

是一条小鱼，
在我的浪花中间，
愉快地游来游去。

我愿是一片荒林，
坐落在河流两岸；
我高声呼叫着，
同暴风雨作战……
只要我的爱人
是一只小鸟，
停在枝头上啼叫，
在我的怀里作巢。

我愿是城堡的废墟，
耸立在高山之巅，
即使被轻易毁灭，
我也并不懊丧……
只要我的爱人
是一根常青藤，
绿色枝条恰似臂膀，
沿着我的前额上升。

我愿是一所小草棚，
在幽谷中隐藏，
饱经风雨的打击，
屋顶留下了创伤……
只要我的爱人
是熊熊的烈火，
在我的炉膛里，
愉快而缓慢地闪烁。

我愿是一块云朵，
是一面破碎的大旗，
在旷野的上空，
疲倦地傲然挺立……
只要我的爱人
是黄昏的太阳，
照射着我苍白的脸，
射出红色的光焰。

【阅读提示】

编选自裴多菲:《我愿是一条急流》,载裴多菲《裴多菲抒情诗选》,兴万生译,译林出版社 1991 年版,第 333-335 页。

《我愿是一条急流》是匈牙利革命诗人裴多菲献给他妻子的一首爱情诗,表达了对妻子深深的爱和感激。诗歌通过一系列比喻性意象来表达对妻子深挚的爱情。相依相存的急流与小鱼、荒林与小鸟、废墟与常青藤、草棚与炉火、云朵与太阳,淋漓尽致地表现了诗人夫妻之间相互依靠、坚贞不渝的纯真爱情。诗中“我”的意象都显得残破简陋,表现了作者战斗生活的艰辛,但有了爱人的意象的配合,马上具有了生机和希望,表现了爱人对自己从事的民族独立事业的支持和鼓励,从而表达出对妻子的万分感激。诗人对五组比喻性意象的描写生动真切,能让读者形象地感知诗人内心强烈的情感。

珠　宝

莫泊桑

【作者简介】 居伊·德·莫泊桑(Guy de Maupassant,1850—1893),法国著名批判现实主义小说家。曾拜法国著名作家福楼拜为师,一生创作了 6 部长篇小说,300 多部中、短篇小说。代表作品有《漂亮朋友》《我的叔叔于勒》《羊脂球》《项链》等。他的文学成就以短篇小说最为突出,善于从日常琐事中提炼具有典型意义的事件,构思别具匠心,描写生动细腻,叙述章法多变,人物个性鲜明,有很高的艺术成就。他与俄国契诃夫和美国欧·亨利并列世界三大短篇小说巨匠,被誉为“短篇小说之王”。

【作品】

朗丹先生在副科长家的一次晚会上，遇见了这个少女，他一下就堕入了情网。

这少女的父亲是外省一位税务官员，去世已经好几年了。后来，她随母亲来到巴黎，母亲指望她结下一门好亲事，便常到附近那些有钱的上流人家去走动走动。

母女二人生活清贫，但为人正派，娴静端庄，温良贤淑。那年轻的姑娘可谓窈窕淑女的典范，正是有头脑的青年男士梦寐以求的结婚对象。她恬静婉约，具有一种天使般贞洁的魅力，嘴角老挂着蒙娜丽莎式的笑意，那就像是她内心灵光的流露。

人人都对她赞赏有加，凡是认识她的人，无不这么夸她："能把她娶到手的人，那真叫三生有幸。谁还能找到比她更好的女子呢？"

朗丹先生那时在内政部任主任科员，每年的薪俸是三万五千法郎。他向她求婚，成功地把她娶到了手。

他跟新婚妻子在一起，幸福得飘飘欲仙。她治理家政，精打细算，聪明能干，使得两口子的生活过得应有尽有，优裕阔绰。她对丈夫真可谓是关爱备至，体贴入微，浓情蜜意。何况，她自己又是如此地具有魅力，令人神魂颠倒，所以结婚虽已六年之久，他却比在初恋的日子里更为爱她、更为迷恋她。

他对爱妻颇为不满、稍有微词的只有两件事，那就是她爱上戏院与喜欢假珠宝。

她认识几个小官吏的妻子，她们经常能替她疏通门路，请她坐包厢、看时髦的戏剧演出。她不管丈夫愿意还是不愿意，总是拖他一道去看。但是，丈夫上了一天的班已感疲劳，此种消遣就成为他额外的负担。于是，他恳求爱妻找一位相识的女友陪她去看戏并能送她回家。妻子认为这个办法不大合适，一直不同意，最后，为了讨好丈夫，才决定让步。为此，丈夫当然对妻子感激不尽。

然而，这种爱上戏院的嗜好，很快就引发了她爱打扮的需要。不错，她的服装倒是仍旧一如既往，保持了朴素简约的风格，既雅致又简朴；她那种温柔的韵味，令人倾倒的情致，含蓄而喜人的美貌，仿佛从她简朴的衣着里更平添了一种新的风韵。但是，她的确有了一个变化，那就是逐渐养成了一个习惯，爱在自己耳朵上戴两颗硕大硕大的貌似钻石的莱茵石，还戴假珍珠项链、镀金手镯与镶着玻璃珠子的发梳，珠子五颜六色，叫人误以为是宝石。

她的丈夫有点不满意她这种对假珠宝的爱好，常常这么叨唠："亲爱的，对于买不起真珠宝的女士来说，美貌与风韵就是她的盛装，再说，这也是世界上最稀罕的珠宝呀。"

对此，她妩媚一笑，总是这么回答说："有什么办法呢？我就是好这一道。就算是我的缺点吧。我也知道你言之有理，但我是本性难移呀。我何尝不愿有真珠宝呢！"

她一边用手指转动着珍珠项链，或者摆弄宝石，让切面闪闪发光，一边赞美说："你倒是瞧瞧呀，做得真是巧夺天工，简直跟真珠宝一样。"

他微笑着，表示颇不以为然："你的趣味，倒是跟吉普赛人一样。"

有时候，在晚上，只有他们两口子依偎在炉火旁，她就把那个装着朗丹先生所谓的"便宜货"的摩洛哥皮盒子端到茶桌上，开始热情洋溢地赏玩那些假珠宝，似乎从中体味出了某种深不可测、微妙动人的乐趣。她甚至还一定要把一串项链挂在自己丈夫的脖子上，而这么做仅仅是为了挂上后，自己开怀大笑一阵，嚷嚷着："瞧你这德行，多滑稽！"接着，就扑到他怀里，疯狂地亲他吻他。

一个冬天的夜里，她从歌剧院回来，冻得全身直发抖。

第二天，她不停地咳嗽。一个星期后，就害肺炎死去了。

朗丹先生差一点跟随爱妻进了坟墓。他是那么悲痛欲绝，以至不到一个月的时间，头发全都变白了。他从早哭到晚，难以忍受的痛苦把他的心碾得粉碎；往事，音容，浅笑，百般温情，千种妩媚，尽都萦绕于脑海，栩栩如生。

时间并没有抚平他的痛苦。经常在上班的时候，同事们正在闲聊当天的新闻，忽见他两颊一鼓，鼻子一皱，眼睛里满含着泪水，脸上露出一副难看的怪相，接着就呜咽着哭起来了。

他让亡妻的卧室维持原状。他每天都要把自己关在那里面思念她；所有的家具用品，以至她的衣物，都如她香消玉殒之日那样，放在原来的地方。

但是，更为严酷的是，日常生活对他来说是越来越艰难了。以前，他那点薪水放在爱妻手里，经她一调派，家里的吃穿用皆富足有余。而今，他一个人过日子，反倒拮据起来了。他很纳闷，妻子怎么有那么大的本领，居然能够让他每天都喝上等的酒，吃精美的食物，而他现在用自己的这些薪水，是怎么也办不到了。

他借了几笔债，像穷得走投无路的人那样，老要为钱而奔波。终于，有一天早晨，他发现自己手头已经是一个子儿也没有了，而离下个月领发薪水还有整整一个星期。出于无奈，他就打主意变卖点什么。首先，他就想变卖他妻子的那些“便宜货”，因为时至今日，他心里仍对那些以前叫他反感的“冒牌货”存有积怨，甚至每天这些货色一进入他的眼帘，他就觉得损害了他对自己爱妻的回忆。

他在妻子遗留下来的那一堆假珠宝中找来找去，找得颇费工夫，因为妻子直到香消玉殒前几天，还不断地在购买这种假货，差不多每天晚上都要带一件新东西回家。朗丹终于决定卖掉那一串大项链，它虽为假货，但做工考究，好像格外得到他妻子的珍爱。他想，这玩意总可以卖七八个法郎吧。

他把项链放在口袋里，沿着一条条大街，朝部里那个方向走去，想找一家信誉好的珠宝店。

他终于看到一家，便走了进去，但一想到自己这副穷酸相，跑来变卖这么一件不值钱的东西，就不禁感到十分羞愧。

“先生，”他对珠宝商说，“请您给这件东西估个价。”

那人接了过去，翻来覆去仔细审视了一阵，又掂了掂分量，再拿起一个放大镜细查，还把店里的职员叫来，低声地交换了意见，然后，再把项链放在柜台上，从远处看效果如何。

朗丹先生被珠宝商这一番煞有介事之举，弄得颇不自在，他正想开口说：“唉，我自己知道它不值几个钱。”但珠宝商却先开口了：“先生，它值一万二千至一万五千法郎；不过，你得先把它的来路告诉我，我才能收购。”

这个鳏夫两眼睁得大大的，愣在那里，简直不相信自己的耳朵。临了，他结结巴巴地问道：“您说什么？您没有估错吧？”对方误会了他惊愕的原因，冷冷地说：“您不妨到别的店里去问问，看有没有人肯出更高的价钱。照我看，它顶多值一万五千法郎。如果您在别处找不到更好的价，再来找我好了。”

朗丹先生一时间全傻了。他心里很乱，需要一个人好好考虑考虑，于是，收起项链出了店门。

但他一到街上，却反而想笑了。他想：“傻瓜呀，傻瓜！要是我刚才就卖给他呢？居然有这么一个认不出真假的珠宝商人！”

他到了和平街街口，又走进另一家珠宝店。老板一见这项链，立即就叫了起来：

“哎呀！我可认识这串项链，它是从我们店卖出去的。”

朗丹先生感到很惊慌，忙问：

“它值多少？”

“先生，我是两万五千法郎售出的，我愿意花一万八千法郎再收回来。不过，按照法律规定，您得先把怎么得到它的途径告诉我。”

这一下，朗丹先生更是惊慌得两腿发软，他坐了下来，又说：

“不过，先生，您再仔细瞧瞧，我一直以为这项链是……假货。”

珠宝商又问：

“您愿意告诉我您尊姓大名吗，先生？”

“当然愿意。我姓朗丹，是内务部的职员，住在殉道者街十六号。”

珠宝商打开账簿，查了一番，说：

“没错，这串项链的确是送到了朗丹太太的住宅，殉道者街十六号，日期为一八七六年七月二十日。”

两人互相盯着对方，四目对视，这位职员惊奇得快要发疯了，珠宝商则怀疑他是个贼。

这商人接着说：

“您愿意把这项链存放在我店里二十四个小时吗？我可以给您开一张收据。”

朗丹先生结结巴巴地回答：

“当然可以。”他把收据折好，放进衣袋里，走出店门。

他穿过大街，直朝前走，走了一会儿，发现自己走错了路，又转过身来往回走，到了杜伊勒里宫，过了塞纳河，一看还是走错了，于是又回到香榭丽舍大街，一路上，脑子里乱成一团，理不出个头绪。他使劲地思索，想弄明白是怎么回事。他妻子根本就没有能力购买这么贵重的首饰。没有，绝对没有。那么，那就是别人送的一件礼品啰！一件礼品！是谁送的呢？是为什么送的呢？

他停步下来，呆呆地站在大路中间。一团可怕的疑云掠过他的脑海。莫非她有外遇？这么说，其余那些珠宝全是别人送的礼品！这时，他猛然觉得天旋地转，似乎有巨物劈面坍倒下来，他张开双臂奋力自救，却昏倒在地，不省人事。

他苏醒过来后，发现自己是在一家药房里，原来是过路的行人把他抬过来的。他请人送他回家。一到家，就把自己关在房间里。

他一直哭到天黑，哭得撕心裂肺，为了不至于号啕出声，便使劲咬住一块手帕。最后，疲劳与悲痛压倒了他，他倒在床上沉沉大睡。

一道阳光照醒了他，他慢吞吞地起了床，准备到部里去上班。遭到如此沉痛的打击之后，再要去工作实在是很困难。他考虑了一下，觉得可以向上司请个假。于是，就写了个便条。接着，他想自己应该再到那家珠宝店去把事情办完，但一想到这里，他就羞惭得满脸通红。他犹疑再三，反复考虑。最后认定，不管怎么说，总不能把那串项链老留在那家店里吧。于是，他披上衣服就出门了。

天气晴和，蓝色的天空覆盖着这个笑意盈盈的城市。街上有一些无所事事的人，两手插在衣袋里在漫步闲逛。

朗丹看着他们走过，心里这么想："有财产的人真幸福啊！一个人有了钱，就可以凡事不愁，爱上哪里就上哪里，可以旅行，可以寻欢取乐！啊，我要是有钱就好了！"

他感到自己肚子饿了，因为，前天晚上以来，他一直没有吃东西。但是，现在他正囊中羞涩，于是，他不禁又想起了那条项链。一万八千法郎！一万八千法郎呀！这可不是一个小数目呀！

他走到和平街，开始在珠宝店对面的人行道上踱来踱去。一万八千法郎！一连二十次，他都差点走进店里去，但每次都被羞耻心挡住了。

饥肠辘辘，令人难熬，偏偏口袋里又没有一个子儿。他猛然把心一横，为了不让自己再犹疑反悔，就一口气跑过大街，冲进了珠宝店。

那珠宝商一见他，赶忙笑脸相迎，彬彬有礼地给他端来一把椅子。伙计们也都过来了，他们不停地瞟着朗丹，眼睛里、嘴角边都充满了笑意。

珠宝商说道："我已经弄清楚了，先生，如果您还是想要变卖，我可以立刻按上次出的价给您付款。"

这位政府职员结结巴巴地回答："是的，当然是的。"

珠宝商从抽屉里取出十八张大票子，点了一遍，交给了朗丹。朗丹在一张小收据上签了字，用一只颤巍巍的手，把钱放进衣袋。

他本打算出门，却突然转过身来，两眼低垂，对那个脸上一直挂着微笑的店主说：

“我还……我还有一些别的珠宝……都是从同一个人那儿继承来的。您愿意全都收购下来吗?”

店主鞠了个躬说:“当然愿意,先生。”

见此,一个店伙计忍俊不禁,跑了出去,他想痛痛快快地笑出声,另一个伙计则使劲地在擤鼻子。

朗丹满脸通红,以若无其事、一本正经的口气说:“我马上给您拿来。”

他叫了一辆马车,回家去取妻子的首饰。

一个钟头之后,他回到珠宝店,直到此时,他还没有来得及吃饭。他跟店主逐一察看这些珠宝,一件一件地估价。所有这些东西几乎全都是从这个店里售出去的。

到了这个地步,朗丹可顾不得脸面了,他不停地跟店主讨价还价,他老发火,一次次要店主把出售的账簿拿给他查看,随着要价越来越高,他的嗓门也越来越大。

大颗的钻石耳坠估两万法郎,几个镯子估三万五千法郎,胸针、戒指与链坠儿共估一万六千法郎,一件祖母绿与蓝宝石镶成的首饰估一万四千法郎,一条项链式的金链连同坠在上面的单颗钻石估四万法郎,总数共计十九万六千法郎。

珠宝商用揶揄嘲笑的口吻说:

“这些物件的女主人,一定是把她所有的钱都存进珠宝里了。”

朗丹严肃认真地回应说:“这倒的确也是一种存钱的方法。”

接着,他又和店主约好,第二天还要请行家来做鉴定,进行复查。然后,他就出了珠宝店。

到了街上,他看见高耸的旺多姆纪念柱,自己的心气骤然飙升,特想攀援而上,就像玩夺彩竿的游戏那样。此时,他感到自己身轻似燕,只要纵身一跃,就可以跟纪念柱顶端上那高耸入云的拿破仑皇帝雕像一比高低了。

他到佳邻饭店用了餐,喝的是二十法郎一瓶的上等酒。

吃完饭,他叫了一辆马车,到布洛涅树林去兜风。看着路上来来往往的车马,心里却有一股子瞧不起的傲气,恨不得向行人大叫大嚷:“我也有钱。我有二十万法郎!”

这时,他突然想起他供职的衙门,便叫马车送他到了内务部。他派头十足地走进他上司的办公室，宣告说：

“先生，我是来辞职的。我已经继承了三十万法郎的遗产。”

接着，他又去和老同事们一一握手告别，并把自己今后的新生活计划告诉他们。然后，他就到美国咖啡馆去吃晚饭。

他正好坐在一位看上去颇有身份的绅士旁边，他心里烧得慌，特想炫耀炫耀。于是，就告诉这位绅士，自己刚刚得到了四十万法郎的遗产。

有生以来，他第一次对看戏不感到厌烦，之后，他又跟几个妓女过了一夜。

六个月以后，他又结婚了。他的续弦太太规矩正派，老实可靠，但性格古怪，不好侍候，给他带来了好多的苦恼。

【阅读提示】

编选自莫泊桑：《珠宝》，载莫泊桑《莫泊桑短篇小说集》，柳鸣九译，北京燕山出版社 2011 年版，第 288-296 页。

小说以自然白描的手法，叙写了内政部小官员朗丹在妻子去世前后的生活变化，从独特的角度表现了这对貌似正派、恩爱的夫妻在金钱欲望驱使下的心理变化，揭示了残酷无情的生活真实。

本文情节结构的安排颇见功力。小说以主人公朗丹细腻的情感流动与变化为主线展开情节，过渡自然，伏笔和照应不落痕迹，但平中寓奇，结局突兀，却在情理之中，令人回味无穷。

塑造人物上，采用先扬后抑的手法，人物前后判若两人，但又符合人物思想性格发展的内在逻辑。通过简洁朴实的语言、逼真细腻的行为和表情描写揭示人物的内心世界，寓褒贬于平淡冷静的叙述之中，产生了很强的讽刺效果。

贝多芬百年祭

萧伯纳

【作者简介】 乔治·伯纳·萧（George Bernard Shaw，1856—1950），爱尔兰著名剧作家。1879 年开始文学创作，但几部小说都不成功。1892 年受易卜生影响，开始戏剧创作，一生共创作 50 余部作品，成为英国戏剧革新的先锋。代表作有《鳏夫的财产》《华伦夫人的职业》《巴巴拉少校》《圣女贞德》《卖花女》等。1925 年，因其作品“具有理想主义和人道主义”获诺贝尔文学奖。

【作品】

一百年前，一位虽还听得见雷声但已聋得听不见大型交响乐队演奏自己的乐曲的五十七岁的倔强的单身老人，最后一次举拳向着咆哮的天空，然后逝去了，还是和他生前一直那样地唐突神灵，蔑视天地。他是反抗性的化身；他甚至在街上遇上一位大公和他的随从时也总不免把帽子向下按得紧紧地，然后从他们正中间大踏步地直穿而过。他有一架不听话的蒸汽轧路机的风度（大多数轧路机还恭顺地听使唤和不那么调皮呢），他穿衣服之不讲究尤甚于田间的稻草人：事实上有一次他竟被当作流浪汉给抓了起来，因为警察不肯相信穿得这样破破烂烂的人竟会是一位大作曲家，更不能相信这副躯体竟能容得下纯音响世界最奔腾澎湃的灵魂。他的灵魂是伟大的；但是如果我使用了最伟大的这种字眼，那就是说比汉德尔的灵魂还要伟大，贝多芬自己就会责怪我；而且谁又能自负为灵魂比巴哈的还伟大呢？但是说贝多芬的灵魂是最奔腾澎湃的那可没有一点问题。他的狂风怒涛一般的力量他自己能很容易控制住，可是常常并不愿去控制，这个和他狂呼大笑的滑稽诙谐之处是在别的作曲家作品里都找不到的。毛头小伙子们现在一提起切分音就好像是一种使音乐节奏成为最强而有力的新方法；但是在听过贝多芬的第三里昂诺拉前奏曲之后，最狂热的爵士乐听起来也像"少女的祈祷"那样温和了。可以肯定地说，我听过的任何黑人的集体狂欢都不会像贝多芬的第七交响乐最后的乐章那样可以引起最黑最黑的舞蹈家拼了命地跳下去，而也没有另外哪一个作曲家可以先以他的乐曲的阴柔之美使得听众完全溶化在缠绵悱恻的境界里，而后突然以铜号的猛烈声音吹向他们，带着嘲讽似的使他们觉得自己是真傻。除了贝多芬之外谁也管不住贝多芬；而疯劲上来之后，他总有意不去管住自己，于是也就成为管不住的了。

这样奔腾澎湃，这种有意的散乱无章，这种嘲讽，这样无顾忌的骄纵的不理睬传统的风尚——这些就是使得贝多芬不同于十七和十八世纪谨守法度的其他音乐天才的地方。他是造成法国革命的精神风暴中的一个巨浪。他不认任何人为师，他同行里的先辈莫扎特从小起就是梳洗干净，穿着华丽，在王公贵族面前举止大方的。莫扎特小时候曾为了彭巴杜夫人发脾气说："这个女人是谁，也不来亲亲我，连皇后都亲我呢。"这种事在贝多芬是不可想象的，因为甚至在他已老到像一头苍熊时，他仍然是一只未经驯服的熊崽子。莫扎特天性文雅，与当时的传统和社会很合拍，但也有灵魂的孤独。莫扎特和格鲁克之文雅就犹如路易十四宫廷之文雅。海顿之文雅就犹如他同时的最有教养的乡绅之文雅。和他们比起来，从社会地位上说贝多芬就是个不羁的艺术家，一个不穿紧腿裤的激进共和主义者。海顿从不知道什么是嫉妒，曾称呼比他年轻的莫扎特是有史以来最伟大的作曲家，可他就是吃不消贝多芬。莫扎特是更有远见的，他听了贝多芬的演奏后说："有一天他是要出名的。"但是即使莫扎特活得长些，这两个人恐也难以相处下去。贝多芬对莫扎特有一种出于道德原因的恐怖。莫扎特在他的音乐中给贵族中的浪子唐璜加上了一圈迷人的圣光，然后像一个天生的戏剧家那样运用道德的灵活性又回过来给莎拉斯特罗加上了神人的光辉，给他口中的歌词谱上了前所未有的就是出自上帝口中都不会显得不相称的乐调。

贝多芬不是戏剧家，赋予道德以灵活性对他来说就是一种可厌恶的玩世不恭。他仍然认为莫扎特是大师中的大师（这不是一顶空洞的高帽子，它的的确确就是说莫扎特是个为作曲家们欣赏的作曲家，而远远不是流行作曲家）；可是他是穿紧腿裤的宫廷侍从，而贝多芬却是个穿散腿裤的激进共和主义者，同样地海顿也是穿传统制服的侍从。在贝多芬和他们之间隔着一场法国大革命，划分开了十八世纪和十九世纪。但对贝多芬来说莫扎特可不如海顿，因为他把道德当儿戏，用迷人的音乐把罪恶谱成了像德行那样奇妙。如同每一个真正激进共和主义者都具有的，贝多芬身上的清教徒性格使他反对莫扎特，固然莫扎特曾向他启示了十九世纪音乐的各种创新的可能。因此贝多芬上溯到汉德尔，一位和贝多芬同样倔强的老单身汉，把他作为英雄。汉德尔瞧不上莫扎特崇拜的英雄格鲁克，虽然在汉德尔的《弥赛亚》里的田园乐是极为接近格鲁克在他的歌剧《奥菲阿》里那些向我们展示出天堂的原野的各个场面的。

因为有了无线电广播，成百万对音乐还接触不多的人在他百年祭的今年将第一次听到贝多芬的音乐。充满着照例不加选择地加在大音乐家身上的颂扬话的成百篇的纪念文章将使人们抱有通常少有的期望。像贝多芬同时的人一样，虽然他们可以懂得格鲁克和海顿和莫扎特，但从贝多芬那里得到的不但是一种使他们困惑不解的意想不到的音乐，而且有时候简直是听不出是音乐的由管弦乐器发出来的杂乱音响。要解释这也不难。十八世纪的音乐都是舞蹈音乐。舞蹈是由动作起来令人愉快的步子组成的对称样式，舞蹈音乐是不跳舞也听起来令人愉快的由声音组成的对称的样式。因此这些乐式虽然起初不过是像棋盘那样简单，但被展开了，复杂化了，用和声丰富起来了，最后变得类似波斯地毯，而设计像波斯地毯那种乐式的作曲家也就不再期望人们跟着这种音乐跳舞了。要有神巫打旋子的本领才能跟着莫扎特的交响乐跳舞。有一回我还真请了两位训练有素的青年舞蹈家跟着莫扎特的一阕前奏曲跳了一次，结果差点没把他们累垮了。就是音乐上原来使用的有关舞蹈的名词也慢慢地不用了，人们不再使用包括萨拉班德舞，巴万宫廷舞，加伏特舞和快步舞等等在内的组曲形式，而把自己的音乐创作表现为奏鸣曲和交响乐，里面所包含的各部分也干脆叫作乐章，每一章都用意大利文记上速度，如快板、柔板、谐谑曲板、急板等等。但在任何时候，从巴哈的序曲到莫扎特的《天神交响乐》，音乐总呈现出一种对称的音响样式给我们以一种舞蹈的乐趣来作为乐曲的形式和基础。

可是音乐的作用并不止于创造悦耳的乐式。它还能表达感情。你能去津津有味地欣赏一张波斯地毯或者听一曲巴哈的序曲，但乐趣只止于此；可是你听了《唐璜》前奏曲之后却不可能不发生一种复杂的心情，它使你心理有准备去面对将淹没那种精致但又是魔鬼式的欢乐的一场可怖的末日悲剧。听莫扎特的《天神交响乐》最后一章时，你会觉得那和贝多芬的第七交响乐的最后乐章一样，都是狂欢的音乐：它用响亮的鼓声奏出如醉如狂的旋律，而从头到尾又交织着一开始就有的具有一种不寻常的悲伤之美的乐调，因之更加沁人心脾。莫扎特的这一乐章又自始至终是乐式设计的杰作。

但是贝多芬所做到了的一点，也是使得某些与他同时的伟人不得不把他当作一个疯人，有时清醒就出些洋相或者显示出格调不高的一点，在于他把音乐完全用作了表现心情的手段，并且完全不把设计乐式本身作为目的。不错，他一生非常保守地（顺便说一句，这也是激进共和主义者的特点）使用着旧的乐式，但是他加给它们以惊人的活力和激情，包括产生于思想高度的那种最高的激情，使得产生于感觉的激情显得仅仅是感官上的享受，于是他不仅打乱了旧乐式的对称，而且常常使人听不出在感情的风暴之下竟还有什么样式存在着了。他的《英雄交响乐》一开始使用了一个乐式（这是从莫扎特幼年时一个前奏曲里借来的），跟着又用了另外几个很漂亮的乐式；这些乐式被赋予了巨大的内在力量，所以到了乐章的中段，这些乐式就全被不客气地打散了；于是，从只追求乐式的音乐家看来，贝多芬是发了疯了，他抛出了同时使用音阶上所有单音的可怖的和弦。他这么做只是因为他觉得非如此不可，而且还要求你也觉得非如此不可呢。

以上就是贝多芬之谜的全部。他有能力设计最好的乐式；他能写出使你终身享受不尽的美丽的乐曲；他能挑出那些最干燥无味的旋律，把它们展开得那样引人，使你听上一百次也每回都能发现新东西：一句话，你可以拿所有用来形容以乐式见长的作曲家的话来形容他；但是他的病征，也就是不同于别人之处在于他那激动人的品质，他能使我们激动，并把他那奔放的感情笼罩着我们。当贝里奥滋听到一位法国作曲家因为贝多芬的音乐使他听了很不舒服而说“我爱听了能使我入睡的音乐”时，他非常生气。贝多芬的音乐是使你清醒的音乐；而当你想独自一个静一会儿的时候，你就怕听他的音乐。

懂了这个，你就从十八世纪前进了一步，也从旧式的跳舞乐队前进了一步(爵士乐，附带说一句，就是贝多芬化了的老式跳舞乐队)，不但能懂得贝多芬的音乐，而且也能懂得贝多芬以后的最有深度的音乐了。

【阅读提示】

编选自萧伯纳：《贝多芬百年祭》，载柯岩主编《古今中外文学名篇拔萃·外国散文卷》，周钰良译，青岛出版社 2012 年版，第 13-16 页。

这是一篇饱含激情、充满哲理的议论性散文。

作者围绕着贝多芬的“反抗性”这一题旨展开议论，从作曲家贝多芬“谁也管不住”的性格写到他“不理睬传统的风尚”，点出他区别于前辈大师海顿和莫扎特的本质所在，然后分析了造就贝多芬的时代因素，最后集中剖析他的音乐创作，揭示了“贝多芬之谜”——他的音乐充满着前所未有的惊人的活力与激情。整篇文章的议论一气呵成，淋漓尽致，具有很强的说服力和感染力。

文章多处运用对比手法，将贝多芬与莫扎特、格鲁克、海顿，尤其莫扎特进行对比，展示了贝多芬不同于其他音乐大师的独特风格，使贝多芬的形象更加鲜明突出。

文章大量运用生动具体的描绘和比喻手法，赋予文章以形象性，并给人以强烈的感染力。如文章开头对贝多芬“举拳向着咆哮的天空”的描绘，以及“轧路机”“稻草人”的比喻，形象生动地再现了贝多芬的独特个性。如文中用“棋盘”和“波斯地毯”比喻舞蹈音乐和现代音乐，特别贴切生动，将概念形象化，喻巧则理至，它有助于作者将深刻的思想传达得深入浅出而又生动风趣。

科学家爱因斯坦曾说过，萧伯纳作品中的每一个字，就像古典音乐大师乐谱里的一个音符。阅读此文,我们也仿佛获得了欣赏贝多芬《第七交响乐》时所获得的那种激荡人心的感受。

打　赌

契诃夫

【作者简介】 安东·巴甫洛维奇·契诃夫(1860—1904),俄国小说家、戏剧家。出生于一个破产商人家庭,早年靠做家庭教师维持生计和求学,1884年从莫斯科大学医学系毕业后从医并开始文学创作。他的小说善于从日常生活中发现具有典型意义的人和事,通过幽默可笑的情节进行艺术概括,塑造出完整的典型形象,以此来反映当时的俄国社会。虽篇幅短小,但结构紧凑,情节生动,笔调幽默,语言简洁明快,寓意深刻,具有很高的艺术价值。契诃夫与法国的莫泊桑、美国的欧·亨利齐名,为世界三大短篇小说巨匠。代表作有《变色龙》《套中人》《苦恼》《一个小官员之死》。契诃夫也是一位戏剧家,他的剧作《樱桃园》《三姊妹》是20世纪世界最优秀的戏剧名作之一。

【作品】

一

那是秋天的一个黑夜。有个老银行家在书房里从这个墙角走到那个墙角,回忆十五年前秋天一个傍晚他举办过的一个晚会。晚会上有许多聪明人,谈了不少有趣的话。除了别的话题以外,他们还谈到死刑。客人们当中有不少学者和新闻记者,大多数都对死刑采取否定的态度。他们认为这种惩罚已经过时,对基督教国家不相宜,而且不合乎道德。按照他们有些人的意见,死刑应当一概改为无期徒刑。

"我不同意你们的意见,"做主人的银行家说,"我既没尝试过死刑,也没领略过无期徒刑,不过如果可以臆断来判断,那么依我看来,死刑比无期徒刑更合乎道德,也更人道。死刑把人一下子处死,无期徒刑却慢慢地磨死一个人。究竟是哪个刽子手比较人道些?是在几分钟当中杀死您的那一个呢,还是在许多年当中汲尽您的生命的那一个?"

"两种刑罚都同样不道德,"有个客人说,"因为它们有一个共同的目标,夺去人的生命。国家比不得上帝。国家没有权利夺去它即使有心也无法恢复原状的东西。”

客人当中有个二十五岁左右的青年人，是法学家。别人问起他的意见，他说：

“死刑也罢，无期徒刑也罢，同样是不道德的，不过如果有人要我在死刑和无期徒刑当中任选一种，那么当然，我会选择第二种。活着总比不活好。”

热闹的争论开始了。银行家当时还比较年轻，心浮气躁，一时兴起，用拳头捶一下桌子，对年轻的法学家说：

“这话不实在！我敢打两百万的赌：您在囚室里连五年也坐不住。”

“如果这话是认真说的，”法学家回答他说，“那么我敢打赌：我不是坐五年，而是坐十五年。”

“十五年？好吧！”银行家叫道，“诸位先生，我下两百万的赌注！”

“行！您下两百万赌注，我拿我的自由做赌注！”法学家说。

这个荒唐而毫无意义的打赌就此成立了！银行家当时到底有几百万家财，连他自己也不清楚，因而不免志得意满，满不在乎，打了这个赌感到很高兴。吃晚饭的时候，他取笑法学家说：

“趁时机还不迟，年轻人，醒悟过来吧。两百万在我不算一回事，可是您却有失去您一生中三四年最好岁月的危险。我说三四年，那是因为您不会坐得比这再久的。还有一点不要忘记，不幸的人，那就是自愿监禁比强制监禁难熬得多。既然您随时都有权利出去享受自由，那么这种想法就会毒害您在囚室里的全部生活。我怜惜您！”

现在银行家从这个墙角走到那个墙角，回想这些事，就问自己：

“何必打这种赌呢？那个法学家失去十五年的生活，我丢两百万，这有什么好处呢？难道这能向人们证明死刑比无期徒刑坏些或者好些？不能，不能。这是胡闹，毫无意义。在我这方面，这是吃饱肚子的人的任性，在他那方面呢，纯粹是贪财罢了。……”

随后他又想起在上述那个晚会后发生的事。双方决定，法学家得搬到银行家花园中一个小屋里去住，在最严格的监督下度完他的监禁岁月。他们约定，这十五年当中他得放弃跨出小屋门槛、看见活人、听见人声、收到信件和报纸的权利。有些事是准许做的：他可以有一件乐器，可以看书，可以写信，可以喝酒，可以吸烟。按照商妥的条件，他跟外界通消息只能通过一个特地为这个目的造的小窗，而且不准开口说话。凡是他所需要的东西，例如书籍、乐谱、酒，等等，他可以写个条子，要多少就给多少，不过只能从窗口递进递出。他们的契约包括种种项目和细节，规定这种监禁必须做到严格的隔离，责成法学家务必要坐满整整十五年，从一八七〇年十一月十四日晚间十二点钟起到一八八五年十一月十四日晚间十二点钟止。法学家只要有稍稍违反条约的举动，即使在规定期限之前早两分钟走出屋子，那就解除了银行家付给他两百万的义务。

监禁的头一年，凭法学家写出来的短短的字条判断，他又寂寞又烦闷，非常痛苦。从他的小屋里昼夜不断地传出钢琴声！他不要酒和烟。他写道，酒激起欲望，而欲望是囚徒的头号敌人；况且，再也没有比喝着美酒却什么人也看不见更乏味的了。烟损害他房间里的空气。头一年送到法学家那儿去的书多半是内容轻松的：恋爱情节错综复杂的长篇小说、犯罪小说、幻想小说、喜剧等等。

第二年，小屋里的音乐声沉寂了，法学家在字条上只要古典作品了。到第五年，音乐声又响起来，囚徒要求送酒去。在小窗口外面监视他的人说，整整那一年，他光是吃饭喝酒，躺在床上，常打哈欠，愤愤地自言自语。他不看书。有时候，他夜间坐着写东西，写得很久，第二天早晨却又把写出来的东西统统撕得粉碎。他们不止一次听见他哭。

第六年的下半年，囚徒热心地着手研究外语、哲学、历史。他贪婪地研究这些学问，弄得银行家几乎来不及订购他所要的书。四年内经他的要求买来的书将近六百册。在这段入迷的时期，银行家还接到囚徒这样一封信：“我亲爱的狱官！我用六种语言写这封信。请您把它们送给那些精通这些语言的人过目。让他们读一读。如果他们没有发现什么错误，那么我请求您吩咐人在花园里放一枪。这声枪响告诉我，我的努力没有白费。各国历代的天才说不同的语言，然而他们大家心里燃着同一种火焰。啊，但愿您知道，如今在我能够了解他们的时候，我的灵魂体验到什么样的幸福，真是人间少有啊！”囚徒的愿望照办了。银行家吩咐人在花园里放了两枪。

后来，十年以后，法学家坐在桌子旁边一动也不动，只读《福音书》。银行家觉得奇怪，心想一个在四年当中读过六百本深奥著作的人却用近一年的工夫去读一本容易理解的而且并不算厚的书。他看完《福音书》，接着就读宗教史和神学。

在监禁的最后两年，囚徒不加任何选择，读了非常多的书。他时而钻研自然科学，时而要读拜伦或者莎士比亚的作品。他往往写字条要求给他同时送去化学书、医学教科书、长篇小说、哲学或者神学的论著。他看书就像在海洋里游泳，四周是一条破船的许多碎片，他想救自己的命，一会儿贪婪地抓住这块碎片，一会儿抓住那块！

二

老银行家回忆着这一切，想道：

“明天十二点钟他就要得到自由了。按照契约，我就得付给他两百万。如果我付出去，那就全完了，我彻底破产了。……”

十五年前他究竟有几百万财产连他自己也算不清，可是现在他不敢问自己到底是资产多还是债务多了。证券交易所里的狂热赌博、富于冒险性的投机生意、就是到老年也还是无法克制的偏激性格，渐渐使他的事业走上了下坡路。这个无所畏惧和刚愎自用的骄傲富翁如今变成一个平常的银行家，证券的一涨一落都能使他发抖了。

“该死的打赌！”老人嘟哝着，绝望地抱住头，“为什么这个人没有死掉呢？他还只有四十岁。他现在拿走我的最后一笔钱，就会去结婚，享受生活，到交易所去赌博，我呢，却像乞丐似的带着嫉妒的心情瞧着，天天听他说那一套话：‘多亏您，我的生活才得到幸福，让我来帮您忙吧！’不，这太过分了！要解救破产和出丑，唯一的办法就是叫这个人死掉！”

时钟敲了三下。银行家仔细听了一下：家里的人都睡了，只能听见受冻的树木在窗外发出的飒飒声。他极力不弄出一点响声，从保险柜里拿出十五年来没开过的那个房门的钥匙，穿上大衣，走出房外。

花园里又黑又冷。天在下雨。潮湿而刺骨的风哀号着，刮过整个花园，不容那些树木安静。银行家尖起眼睛，可是既看不见土地，也看不见白色雕像，也看不见那个小屋，也看不见那些树木。他走近小屋所在的地方，叫了两次看守人。没有人应声。显然，看守人因为天气坏而溜走，到厨房或者花房里睡觉去了。

“如果我有足够的勇气实现我的意图，”老人暗想，“那么嫌疑首先落在看守人身上。”

他摸黑走上台阶，摸到门，走进小屋的前堂，然后摸索着走进一个不大的过道，划亮火柴。这儿一个人也没有。有一张床，不知是什么人的，然而上面没有放被褥，墙角上放着一个乌黑的铁火炉。囚徒房门上的封条是完整的。

等到火柴熄掉，老人就兴奋得发抖，往小窗口里面看一眼。

囚徒的房间里点着一支蜡烛，射出昏暗的光。他本人坐在桌子那儿。老人只看得见他的后背、头发、胳膊。桌子上，两把圈椅上，桌子旁边的地毯上，都放着翻开的书。

五分钟过去了，囚徒却一动也没动。十五年的监禁教会他静坐不动了。银行家用手指头敲窗子，囚徒却没有任何反应。于是银行家小心地撕掉门上的封条，把钥匙塞进锁眼里。生锈的锁发出粗嗄的声响，房门嘎吱一声开了。银行家料着马上可以听见惊讶的叫声和脚步声，然而大约过了三分钟，门里却跟先前那样安静。他决定走进房间去。

靠近桌子，坐着一个人，一动也不动，没有普通人的样子了。这是蒙着一层皮的骷髅，生着女人样的长鬈发，留着乱蓬蓬的胡子。他脸色发黄，类似泥土的颜色，脸的两边凹进去，后背狭长，两条胳膊又细又瘦，支着他那头发蓬松的脑袋，看上去简直吓人。他的头发里已经夹着银丝。瞧着他那张苍老消瘦的脸，谁也不会相信他只有四十岁。他睡着了。……桌子上，在他垂下的脑袋前面，铺开一张纸，上面写着些细小的字。

“可怜的人啊！”银行家想，“他在睡觉，而且多半梦见了那两百万！我只要抓住个半死的人，把他扔到床上，用枕头略微闷他一下，那么事后，就连最仔细的检验也不会发现横死的迹象。不过我先来看看他写了些什么。……”

银行家从桌子上拿过那张纸来，读到下面这些话：

“明天十二点钟我就要得到自由，有权利跟人们来往了。不过，在我离开这个房间、看见太阳以前，我认为有必要对您说几句话。我带着清白的良心，面对瞧见我的上帝，对您声明：我藐视自由，藐视生命，藐视健康，藐视你们书里称之为人间幸福的一切。

“十五年来我专心研究人间的生活。不错，我没看见人间，没看见人，然而在你们的书里我喝到过芬芳的葡萄酒，唱过歌，在树林里追逐过鹿群和野猪，爱过女人。……由你们那些天才诗人的魔力创造出来的像白云那么轻盈的美女，夜间常来找我，对我小声讲述美妙的神话，使我陶醉得头脑发昏。在你们的书里我攀登过厄尔布鲁士山和勃朗峰的顶巅，在那儿见过早晨太阳怎样升上来，傍晚怎样给天空、海洋、山顶抹上一层带紫红的金色。我在那儿见过电光在我头顶上空劈开乌云，闪闪发亮。我见过绿色的树林、原野、河流、湖泊、城市，听过塞壬的歌唱和牧笛的吹奏，摸过美丽的魔鬼的翅膀，他们原是飞到我这儿来谈论上帝的。……在你们的书里，我跳进无底的深渊，创造奇迹，行凶杀人，烧毁城市，宣扬新宗教，征服整个王国。……

“你们的书给予我智慧。凡是历代不知疲倦的人类思想创造出来的东西，都压缩成一小块，藏在我的颅骨里了。我知道我比你们一切人都聪明。

“我藐视你们那些书，藐视各种人间的幸福和智慧。一切都渺不足道，昙花一现，虚无缥缈，不足凭信，有如海市蜃楼。尽管你们骄傲，聪明，美丽，可是死亡会把你们从地面上抹掉，就跟地板底下的耗子一样。你们的后代、你们的历史、你们的不朽天才，都会同地球一起冻结或者烧毁。

“你们失去理智，走上岔路。你们把谎话当作真理，把丑看成美。如果由于某种情况，苹果树和橙子树上没长出果实，却忽然长出蛤蟆和蜥蜴，或者玫瑰花发出冒汗的马的气味，你们就会觉得奇怪。我对你们这些情愿拿天堂去换人间的人也同样感到奇怪。我不想了解你们。

“为了用行动对你们表明我藐视你们借以生活的一切，我不要那两百万了。当初我想望它如同想望天堂一样，如今我却藐视它。为了剥夺自己得到这笔钱的权利，我要在规定期限前五小时走出这个地方，从而破坏契约。……”

银行家读完这些话，把纸放在桌子上，吻了一下这个怪人的头，流下眼泪，走出这个小屋。在这以前，无论什么时候，哪怕是在交易所里大输一场以后，他也没有像现在这样藐视过自己。他回到家里，在床上躺下，可是激动和眼泪久久没让他睡着。……

第二天早晨，脸色惨白的看守人跑来，通报他说，他们看见住在小屋里的人爬出窗口，钻进花园，往大门走去，随后就下落不明了。银行家立刻带领仆人赶到小屋，证实囚徒确实逃走了。为了避免引起多余的流言蜚语，他从桌上拿走那张申明放弃权利的纸，转身回屋，把它锁在保险柜里。

【阅读提示】

编选自契诃夫：《打赌》，载契诃夫《契诃夫小说选集：打赌集》，汝龙译，人民文学出版社 2021 年版，第 30-44 页。

一个老银行家与一位年轻法学家为了死刑和无期徒刑哪个惩罚更重这一观点分歧，打了一个“荒唐而毫无意义”的赌：法学家情愿被囚禁 15 年，事后银行家付给他两百万卢布的赌注。情节看似荒唐,寓意却十分深刻,能引发读者对于金钱、生命、自由的深入思考。

故事主线非常清晰,但作者善于设置悬念,再加上情节的发展富于变化,出人意料,紧紧扣住了读者的心弦,让人有意犹未尽之感。

契诃夫说过:“简洁是天才的姊妹。”本小说充分体现了他的小说文笔简练、态度冷峻、言简意赅的独特风格。

麦琪的礼物[①]

欧·亨利

【作者简介】 欧·亨利(O. Henry,1862—1910),原名威廉·西德尼·波特(William Sydney Porter),美国著名批判现实主义作家,世界三大短篇小说大师之一。他的一生充满传奇色彩,早年当过药房学徒、牧牛人、会计员、土地局办事员、新闻记者、银行出纳员。1896 年,因他供职的银行发现现金短缺,要传讯他,尽管自知清白,但无法解释,便离家出逃。翌年,回家探望生病的妻子时被捕。在狱中担任药剂师,并以欧·亨利的笔名发表小说。1901 年提前获释后定居纽约,从事专业创作,共创作了 300 多篇短篇小说。欧·亨利善于描写美国社会尤其是纽约百姓的生活。他的作品构思新颖,语言诙谐,结局总使人“感到在情理之中,又在意料之外”;又因描写了众多的人物,富于生活情趣,被誉为“美国生活的幽默百科全书”。代表作有《麦琪的礼物》《警察与赞美诗》《最后一片藤叶》。

【作品】

一块八毛七。一共这么多,而且其中的六毛还是用小硬币凑成的。这些分币是向杂货铺、肉铺和菜担子买东西时讨价还价,一分两分地省下来的,当时难免落了个“死抠”的坏名声,使她觉得两颊发烧。黛拉数了三遍,数来数去一块八毛七,而明天就是圣诞节了。

明摆着什么也办不成,只好一下子坐在破旧的小沙发上默默地流泪。黛拉现在就是这个样子。这情况不免使她想起,生活就是由啜泣、抽噎和微笑三者组成的,而抽噎总占优势。

当这家的女主人心情逐渐平静下来的时候,我们不妨看看她的家吧。那是一套每星期租金八元的供家具的房子,就现状看还不能说破烂得难以描绘,不过跟贫民窟也相差不远了。

楼下过道里有一个信箱，却没有一封信投进去。有一个电钮，却没有一个活人的手指好意去揿一揿电铃。信箱上还有一张卡片，写着“詹姆士·迪林厄姆·扬先生”。

在从前兴旺的年月，这家主人每星期挣三十元，卡片上的“迪林厄姆”曾经春风得意。而如今，当收入缩减到二十元，“迪林厄姆”的笔画看上去也显得模糊不清，似乎在认真考虑最好紧缩成一个“迪”字，显得谦逊一些。可是，每当詹姆士·迪林厄姆·扬先生回家来到楼上的房间，詹姆士·迪林厄姆·扬太太（也就是前面介绍过的黛拉）一边喊着“吉姆”，一边紧紧地搂住他，一切又都很美好。

黛拉哭够了，在脸上扑了点粉。她站在窗边，呆呆地瞧着一只灰猫沿着灰蒙蒙的后院的灰篱笆走。明天就是圣诞节了，而她只有一块八毛七好给吉姆买一件礼物。几个月来她节省每一分钱，可结果就是这么一点点。一星期二十元派不上用场，用度比她算的要大，而且是经常如此。只有一块八毛七给吉姆买件礼物。她的吉姆！她曾经花了好多时辰美美地筹划着给吉姆买件好东西，要买一件好的、稀罕的、有价值的东西，一件多少能配得上他，让他称心如意的东西。

房间的两扇窗子间有一面镜子。你或许看见过租金八元的套间里狭长的壁镜吧？碰上一个精瘦而行动又极其敏捷的人，对着镜子左右摆动，能看出一连串狭长的身影，合起来就能对他的容貌获得一个相当准确的印象了。黛拉身材苗条，已经掌握了这种技术。

她突然从窗前转过身子站在镜子面前。她的眼睛闪亮，可是她的面孔陡然失色有二十秒之久，她飞快地打散头发，让它披了下来。

要晓得，詹姆士·迪林厄姆·扬一家有两件东西是他们两人都引以为荣的。一件是吉姆的金表，那是他祖父传给他父亲，父亲又传给他的；另一件就是黛拉的头发。倘若示巴女王住在风井对面的套间里②，黛拉哪天洗完头后把头发甩到窗外去晾干，也会让她的一切珠宝和饰物相形见绌。倘若所罗门国王当上一名守门人，他的全部财宝都堆放在地下室里，吉姆每次经过时掏出他的怀表来看看，就会让他嫉妒得直扯自己的胡子。

你看此刻黛拉的长发披散开来，摇曳生姿，闪闪发亮，像一道棕色的瀑布。

头发一直拖到她膝盖下面，简直变成一件衫子罩着她。接着她又神经质似的飞快地将头发理好，一动不动地站着，踌躇了一会，不觉一两滴眼泪滴在磨光了的红地毯上。

她立即穿上棕色旧外套，戴上棕色的帽子，眼睛还留着晶莹的泪光，裙子一摆，眸子一闪，飞一般地出门下楼，来到街上。

她在一块店招前停住脚步，那上面写着："莎弗朗尼夫人。经营各色毛发类商品。"黛拉奔上几级台阶，镇定下来，喘着气。那位夫人胖胖大大，皮肤雪白，神情冷冰冰的，跟"莎弗朗尼"这样的美名简直不称。

"你愿意买我的头发吗？"黛拉问。

"我买头发。"夫人说，"脱掉帽子，让我瞧瞧是什么模样。"

棕色的瀑布摇曳而下。

"二十块钱。"夫人说，一只老练的手提着头发。

"马上给我钱。"黛拉说。

啊！接下来的两个小时黛拉像张开玫瑰色的翅膀飞来飞去。别理会这糟糕的比喻吧，事实上她跑遍各个商店为吉姆搜寻合适的礼物。

她终于找到了，那肯定是专为吉姆而不是为别的什么人造的。在别的任何一家铺子里都没有找到像这样的一件，因为她在所有的铺子里都翻了个遍。这是一条带饰物的白金表链，式样朴素高雅，纯粹以质地取胜而不是靠耀眼的装潢——一切好东西本该是这样的。它正配得上那块怀表。她一见到它就知道那该是吉姆的。这表链就像他本人，素净而有价值，这样形容对表和人都合适。铺子从她手里收下了二十一元，她就怀着八毛七匆匆赶回家了。配上这条表链，吉姆就能在任何人面前掏出表来看看钟点了。原来他的表虽然了不起，但由于没有表链，只穿着一根旧皮带，有时候他只敢偷偷地瞧上一眼。

黛拉到家以后，从陶醉中清醒了一些，开始了审慎的思考。她取出了卷发钳，点上煤气灯，开始补救出于爱情和慷慨而造成的灾害。亲爱的朋友，你知道，这一向是一件细巧的工作——一件艰巨的工作。

忙了不到四十分钟，她的头上平平整整盖上了细小的发卷，使她看上去活像一个逃学的中学生。她在镜子里带着挑剔的眼光仔细地看了好久。

"要是吉姆瞧我一眼没有立即杀死我，"她自言自语道，"他会说我倒像科尼岛上歌剧合唱队的歌手。可是我还能怎么办——一块八毛七叫我买得成什么？”

到七点钟，咖啡煮好了，煎锅也坐在炉子上烤热了准备煎牛排。

吉姆回家一向很准时。黛拉将带饰物的表链叠起来抓在手上，坐在近门的桌角上，吉姆总是从这道门进屋的。接着她就听到上楼的脚步声。她的脸色刹那间发白。她一向有个习惯，对日常生活中哪怕是最简单的事情都要默默地祈祷一声，而这会儿她的祈祷是：“上帝慈悲，让他觉得我这模样依然漂亮。”

房门开了，吉姆走了进来又随手关上门。他看上去瘦而庄重。可怜的人，他才二十二岁，却要负担一个家庭！他该买一件新外套了，而且连手套都没有。

吉姆停在门内，像一只猎狗闻到鹌鹑的气味那样一动不动。他的眼睛盯住了黛拉，里面有一种她无法理解的表情，叫她害怕。这表情既不是发怒，也不是惊讶，也不是不赞成，也不是恐惧，不是她预料中的任何表情。不过他带着这种奇特的表情死死地盯住她看。

黛拉一扭身，从桌旁走向他。

“吉姆，亲爱的，”她叫着，“不要这样子瞧着我。我把头发剪掉卖了，因为我不送你件礼物就没法过圣诞节。头发又会长出来的，你不会介意吧？我这是非做不可的。而且我头发长得特快。吉姆，道一声‘圣诞节快乐！’让我们俩快快活活的。你还不知道我为你买了一件多么好、多么漂亮的礼物哩！”

“你剪掉了头发？”吉姆结结巴巴地问，仿佛他苦苦思索之后还没有搞清楚这明摆着的事实。

“剪掉卖了。”黛拉说，“不管怎样，你还是照样爱我，不是吗？没了头发我不照样是我吗？”

吉姆好奇地四下张望。

“你说你的头发不在了？”他几乎带着一个白痴的神情问。

“你用不着找，”黛拉说，“已经卖掉了，我跟你说——卖掉了，再也没有了。今天是圣诞前夜，亲爱的，待我好一点，因为我是为你才卖掉它的。”她突然用又认真又甜蜜的调子说：“或许我头上的头发是数得清的，可是任凭谁也数不清我对你的爱。我去煎牛排好吗，吉姆？”

吉姆似乎立即从恍恍惚惚的状态中清醒过来。他拥抱住黛拉。就在这十秒钟的时间里，让我们从另一方面来仔细审查某种无关紧要的事物。每星期八元或一年一百万的房租——这其间有什么差别？一名数学家或一名才子会给你一个错误的答案。《圣经》里讲的三位贤人给圣婴带来了宝贵的礼物，但这件礼物不在其内。这种含糊其辞的说法待会儿将给你挑明。

吉姆从外套口袋里掏出一个小包放在桌上。

“别误解了我，黛儿。”他说，“我觉得不管是剪发也好，修发也好，洗发也好，都不能叫我对妻子的爱减少一丝一毫。不过，如果你打开这个小包，你就会知道为什么你让我一下子愣住了。”

雪白的手指灵活地扯开了绳子和包装纸，接着是一声狂喜的叫喊，随即，哎哟，突然又变成女人神经质的眼泪和哭泣，使得这一家之主不得不立即用尽各种方法来抚慰她。

因为摆在桌上的是一套梳子——整套的梳子，插在两鬓的，插在脑后的，正是黛拉好久以来在百老汇大街橱窗里看得不胜羡慕的那一种，用玳瑁制成的漂亮的梳子，边上嵌着宝石，那色彩正好配美丽而光泽的头发。她知道这套梳子很贵，她只不过是心向往之，没有一点会得到它的希望。而现在，她有了梳子，可是这些痴心妄想的装饰品用以装饰的长发却不存在了。

可是她还是将梳子压在胸口，隔了好一会儿，她才泪眼蒙眬地抬起头微笑着说：“我头发长得特快，吉姆！”

然后，黛拉像一只给烫着了的小猫一样跳了起来叫道：“啊，啊！”

吉姆还没有见到他的漂亮礼物哩。黛拉张开手掌热切地伸向他。那默默无言的贵重金属似乎反射着她明媚而热情的神情。

“这是不是上等的，吉姆？我走遍了全城才找到的。现在你可以每天将表掏出来看上百来遍啦。把你的表给我，我要看看它装上表链是什么样子。”

吉姆没有听她的，而是一下子坐到沙发上，双手搁到脑后微笑着。

“黛儿，”他说，“我们把圣诞节礼物放到一边，暂时保留着吧。这两件礼物太好了，只是目前还不能用。我将表卖了钱给你买了梳子。噢，现在请你去煎牛排吧。”

你知道，《圣经》里说的三个贤人都是聪明人——绝顶聪明的人，他们带了礼物去送给生在马槽里的圣婴。赠送圣诞礼物这件事就是他们首创的。因为是聪明人，他们送的礼物无疑也是聪明的，若是送了重复的东西，可能还有调换的权利。而我在这里跟你笨嘴拙舌地讲述了这间屋子里两个笨孩子的不足为奇的掌故，他们最不明智地为对方牺牲了他们家的最宝贵的财富。但是，我要对当今的聪明人最后说一句，对所有送礼的人而言，他们俩是最最聪明的。他俩到哪里都是聪明的。这两个人就是《圣经》里提到的贤人。

【注释】

①麦琪：指基督降生时从东方来耶路撒冷给他送礼物的三位贤人，一送黄金象征尊贵；一送乳香象征神圣；一送殁药预示基督被迫害而死。麦琪首开圣诞馈赠礼物的风俗，故而在基督教中认为他们的礼物是最聪明的。 ②示巴女皇：以美貌著称。《旧约·列王纪上》载示巴女皇带了许多香料、宝石、黄金觐见所罗门王，用难题考验所罗门王的智慧。

【阅读提示】

编选自欧·亨利：《麦琪的礼物》，载欧·亨利《欧·亨利短篇小说精选》，王楫、康明强译，译林出版社 2010 年版，第 9-19 页。

生活在纽约社会底层的一对贫穷的年轻夫妻——黛拉和吉姆，为给对方购买圣诞礼物，各自牺牲自己拥有的最宝贵的东西——秀发和金表。通过这个故事，作者赞美了主人公的善良心地和纯真爱情，含蓄地批判了金钱至上的上流社会。

作品构思精巧。黛拉卖了秀发为吉姆买表链，吉姆卖了自己的金表为黛拉买整套发梳，两人同样痴情，同样善良。但作者只明写黛拉的举动，吉姆的行动一直隐藏在暗处，到最后才一笔点出。这种“一虚一实，双线并行”的结构方式，不仅避免了叙事的重复，而且造成强烈悬念，形成出人意料又在情理之中的精彩结局。

小说语言幽默诙谐，虽然写了一个喜剧故事，但黛拉和吉姆生活的贫困拮据及自我牺牲又浸染着淡淡的悲剧色彩，充分体现出欧·亨利小说“含泪的微笑”的独特风格。

海　　燕

高尔基

【作者简介】 马克西姆·高尔基（Максим Горький，1868—1936），原名阿列克塞·马克西莫维奇·彼什科夫，俄国伟大的无产阶级作家，苏联文学创始人。少年时流浪于俄国各地，自谋生路，有丰富的阅历。1892 年开始发表作品。其作品具有浪漫主义和现实主义相结合的特征。代表作有散文诗《鹰之歌》《海燕》，长篇小说《童年》《在人间》《我的大学》《母亲》等。

【作品】

在苍茫的大海之上，狂风翻卷着乌云。在乌云和大海之间，一只海燕如黑色的闪电一般，正高傲地展翅翱翔。

它时而掠过波浪，时而像箭一样冲向乌云。它呐喊着，在它勇敢的呐喊声中，乌云听到了喜悦。

在这呐喊声中还有对暴风雨的渴望！乌云听到，里面还有愤怒的力量、激情的火焰和对胜利的信心。

海鸥们呻吟着，哀怨着，在海面之上不辨方向地疾飞，准备扑进海底深处，去掩藏自己对暴风雨的恐惧。

海鸭们也在呻吟——它们这些海鸭啊，享受不到生命的战斗，一声闷雷便让它们惊恐万分。

蠢笨的企鹅战战兢兢，把肥胖的身体隐入悬崖当中……在那被泡沫染成灰白的海面之上，只有高傲的海燕在勇敢地翱翔！

乌云愈加灰暗，不断压向海面。海浪歌唱着，跃向高空迎接雷声。

雷声隆隆。在愤怒的泡沫中，海浪呻吟着，与风争辩着。狂风拥卷起海浪，把它们狠狠地摔向悬崖，碧绿的巨浪瞬间化作四溅的水珠。

海燕一边翱翔，一边呐喊，如黑色闪电，如利箭一般，冲向乌云，用翅膀刺穿海浪的飞沫。

它疾飞，像一个魔灵——一个高傲的黑色魔灵。它大笑，它号叫……它嘲笑乌云，它因为喜悦而号叫！

在雷声的愤怒当中，这只灵敏的魔灵早已听出疲倦。它相信，乌云无法遮挡太阳，是的，无法遮挡！

风在呼啸……雷在怒吼……

乌云层层，像蓝色的火焰一样，在无底的大海上燃烧着。大海捉住闪电的锋芒，把它们熄灭在自己的深渊里。闪电的倒影，就像火红的长蛇，蜿蜒进海，消失得无影无踪。

——暴风雨！暴风雨就要来了！

在闪电和咆哮的大海之间，这只勇敢的海燕还在骄傲地翱翔，这是胜利的先知在呐喊：

——就让暴风雨来得更猛烈些吧！

【阅读提示】

编选自高尔基:《海燕》,苏旳晗译,江苏凤凰文艺出版社 2018 年版,第 3-4 页。

本文是一首散文诗,通过海燕在暴风雨来临前勇敢乐观的形象描绘,反映了俄国革命运动不断高涨的发展趋势,热情歌颂了真正革命者勇敢乐观的豪迈情怀,预告无产阶级革命最终必将取得胜利,号召人们积极行动起来,投身到伟大而壮丽的革命事业中去。

象征手法的运用是本文最大的特色。“海燕”象征英勇乐观的无产阶级革命战士;“海鸥”“海鸭”“企鹅”象征害怕革命破坏他们安乐窝的形形色色的假革命和不革命者;“大海”“波浪”象征革命高潮时广大人民群众的力量;“狂风”“乌云”“闪电”象征反动势力;“太阳”象征光明的未来;“暴风雨”象征席卷一切反动腐朽势力的革命浪潮风暴。象征的运用,使本文表意含蓄蕴藉,充满着浓郁的诗情。

本文还采用了对比、烘托的表现手法。海鸥、海鸭、企鹅的呻吟、疾飞、恐惧、躲藏,与海燕那高傲地飞翔、欢乐地呐喊,恰成鲜明的对比,突出了海燕的勇敢和乐观;海浪与狂风生死搏斗的激战场面,风、云、雷、电一齐出动的环境描写,很好地烘托了海燕豪迈的战斗精神。

一片树叶

东山魁夷

【作者简介】 东山魁夷(1908—1999),日本著名风景画家,散文家。1908年生于横滨,1926 年考入东京美术学校日本画系,1931 年留学德国柏林大学哲学系。西方文化的熏陶对他的创作产生了极大影响,他用西画技巧和表现手法改进日本画,即使不出现人物,也能蕴含深刻的人生哲理和对人生的强烈情感。同时,他在散文创作上也有很高的成就,他的散文与川端康成的作品在日本并称“双璧”。著有散文集《听泉》《和风景的对话》《探求日本的美》等。

【作品】

当我把京都作为主要题材来创作我的组画的时候,想起了圆山闻名的夜樱。我多想观赏一下那缀满枝头的繁盛的花朵,同那春宵的满月交相辉映的情景啊!

那是4月10日前后吧，我弄清楚当夜确实是阴历十五之后，就向京都进发。白天，到圆山公园一看，却也幸运，樱花开得正旺，春天的太阳似乎同月夜良宵相约似的，朗朗地照着。时至向晚，我已经参观了寂光院和三千院，看看时间已到，就折向京都城里。

来到下鸭这地方，蓦然从车窗向外一望，东面天上不正飘浮着一轮又圆又大的月亮吗？我吃了一惊。本来我是想站在圆山的樱树林前，观赏那刚刚从东山露出笑脸的圆月。它一旦升上高空，就会失掉特有的风韵。我后悔不该在大原消磨那么多时光。

我急匆匆赶到圆山公园，稍稍松一口气。所幸，这儿靠近山峦，一时还望不见月亮的姿影。东山浸在碧青色的暮霭里，山前面一株枝条垂挂的樱树，披着绯红色华美的春装，仿佛将京都的春色完全凝聚于一身似的。地面上，不见一朵落花。

山头一片净明，月亮微微空出头来，静静地升上绛紫色的天空。这时，樱花仰望着月亮，月亮俯视着樱花。刹那之间，消尽了游春的灯火和杂沓的人影。四周阒无人声，只给月和花留下了清丽的好天地。

这也许就是常说的奇缘巧遇吧，花期短暂，难得碰上朗照的满月；再说，月华的胜景也只限于今宵，要是碰上阴雨天气，就什么也看不到。此外，还必须有我这个欣赏者在场才行。

这只不过是一个例子，不管在什么场合，应当意识到风景的惠顾只能有一次。因为自然是活生生的，它在不断地变化。而且，眼望着风景的我们自身，也在天天变化着。不断流转的命运在描画着生成和衰灭的圆环。从这一点看，自然和我们都连结在一条根上。

如果花儿常开不败，我们能永远活在地球上，那么花月相逢便不会引人如此动情。花开花落，方显出生命的灿烂光华；爱花赏花，更说明人对花木的无限珍惜。地球上瞬息即逝的事物，一旦有缘相遇，定会在人们的心里激起无限的喜悦。这不只限于樱花，即使路旁一棵无名小草，不是同样如此吗？

自然景物令人赏心悦目，这个体验是我在战争中获得的。那时想到自己的生命之火就要熄灭了，处在这样境况里，才发觉自然景物却充满了旺盛的活力。于是，我受到了强烈的震动。过去在我的眼里，这些景物都是平淡无奇，不堪一顾的呢？

战争结束以后，在贫困的年代里，我也陷入苦难的深渊。冬天，我伫立在凄清寂寞的山峦上，大自然和我紧密相连，这才使我的心境感到充实而满足，我心中产生了对生活的切实而纯真的向往。

作为风景画家，我就是从这样的基点出发的。其后绘制的《路》，画面中央有一条路通过，两侧只有绿草，构图十分单纯，这风景随处都能找到。但是，这幅作品却表现了我的满心的情思，它所象征的世界，似乎是和许多人的心相通的。人们看到这幅画，都会想到自己走过的道路而感叹不已。

国立公园和名胜地的风景，各自具有优美的景观和意义。即使在最平凡的风景之中，人们也应当找到与自己的心灵息息相关的地方来。

我是个喜欢旅行的人。我在超越北极圈的遥远的拉普兰，午夜里看到过不落的太阳。那是多么神秘的光景。那是完全脱离人间的荒寥的风景。它强烈撼动着我的心。然而，我在北欧之旅中作为白夜的景色所描绘的是瑞典波的尼亚湾港湾的海滨，以及芬兰湖泊地带一望无垠的针叶林和湖泊的风景，那里都是人们可以居住的地带。

我所喜欢描绘的不是人迹罕至的景致，而是富有生活情趣的自然风物。然而，在我所描绘的风景里，可以说，几乎没有人物出现。其中一个理由是，我描绘的风景是人们心灵的象征。我是通过自然景色本身抒写人们的内心世界的。

只有一次，在我的风景里难得地出现了点缀。那是一套组画，风景中出现的不是人，而是一匹白马。虽然远远看起来很微小，但白马却是画面的主题。整个风景都起着背景的作用，反映着白马所象征的世界。

我喜欢古拙、小巧的城镇。在那里，连房屋的墙壁上都浸染着几代人的体温。我感到城镇里人们的生活，保持着人们特有的悠然情调。我看到德国的古都，每个窗边都开着美丽的花朵，那是向过路人亲切问候的语言。从屋内看上去，花朵全向外头开放，得不到从马路上看过来的美感。而且，窗户的造型也显得十分精巧有趣。

我常常揣摩画面的内容，创作散文，这是我接触了清新的自然和素朴的形象之后引起的感动所致。在战后的时代急流勇进中，我有很多时候，是走着同时代相游离的道路的。现在看来，这条路算是对了。而且，我决心继续走下去。

为什么呢？因为我感到，现代文明的急速发展，破坏了自然和人类、人和人之间的平衡，地上仅有的生物失去生存的意义和自尊的危险性越来越大。不用说，世界有必要恢复平衡的感觉。应当珍视清澄的自然和素朴的人类，要形成一股制止人类着了魔一般的贸然的行为。人应当谦虚地看待自然和风景。为此，固然有必要出门旅行，同大自然直接接触，或深入异乡，领略一下当地人们的生活情趣。然而，就是我们住地周围，哪怕是庭院的一木一叶，只要用心观察，有时也能深刻地领略到生命的含义。

我注视着院子里的树木，更准确地说，是在凝望枝头上的一片树叶。而今，它泛着美丽的绿色，在夏日的阳光里闪耀着光辉。我想起当它还是幼芽的时候，我所看到的情景。那是去年初冬，就在这片新叶尚未吐露的地方，吊着一片干枯的黄叶，不久就脱离了枝条飘落到地上。就在原来的枝丫上，你这幼小的坚强的嫩芽，生机勃勃地诞生了。

任凭寒风猛吹，任凭大雪纷纷，你默默等待着春天，慢慢地在体内积攒着力量。一日清晨，微雨乍晴，我看到树枝上缀满粒粒珍珠，这是一枚枚新生的幼芽凝聚着雨水闪闪发光。于是我感到百草都在催芽，春天已经临近了。

春天终于来了，万木高高兴兴地吐翠了。然而，洒落在地面上的陈叶，早已腐烂化作泥土了。

你迅速长成了一片嫩叶，在初夏的太阳下浮绿泛金。对于柔弱的绿叶来说，初夏，既是生机旺盛的季节，也是最易遭受害虫侵蚀的季节。幸好，你平安地迎来了暑天，而今正同伙伴们织成浓密的青荫，遮蔽着枝头。

我预测着你的未来。到了仲夏，鸣蝉将在你的浓荫下长啸，等一场台风袭过，那嘒嘒蝉鸣变成了凄切的哀吟，天气也随之凉爽起来。蝉声一断，代之而来的是树根深处秋虫的合唱，这唧唧虫声，确也能为静寂的秋夜增添不少雅趣。

你的绿意，不知不觉黯然失色了，终于变成了一片黄叶，在冷雨里垂挂着。夜来，秋风敲窗，第二天早晨起来，树枝上已经消失了你的踪影。只看到你所在的那个枝丫上又冒出了一个嫩芽。等到这个幼芽绽放绿意的时候，你早已零落地下，埋在泥土之中了。

这就是自然，不光是一片树叶，生活在世界上的万物，都有一个相同的归宿。一叶坠地，绝不是毫无意义的。正是这片片黄叶，换来了整个大树盎然生机。这一片树叶的诞生和消亡，正标志着生命在四季里的不停转化。

同样，一个人的死关系着整个人类的生。死，固然是人人所不欢迎的。但是，只要你珍爱自己生命，同时也珍视他人的生命，那么，当你生命渐尽，行将回归大地的时候，你应当感到庆幸。这就是我观察庭院里的一片树叶所得的启示。不，这是那片树叶向我娓娓讲述的生死轮回的要谛。

【阅读提示】

编选自东山魁夷：《一片树叶》，载东山魁夷《东山魁夷散文精选》，陈德文译，人民日报出版社 1997 年版，第 269-274 页。

作为享誉世界的风景画家，东山魁夷的风景画具有鲜明的特色，善于通过风景抒写人的内心世界。而他的散文作品也有同样的特点，表面上写景，实际上阐释的是对生命的深刻理解。

本文名为《一片树叶》，但作者并没有从树叶写起，而是先叙述了自己圆山公园月夜赏樱花的"奇缘巧遇"和战争中自己对生命的顿悟，说明人应该珍惜生命，即使是瞬息即逝的事物，一旦有缘相遇，就应该及时地捕捉。这一人生体验为下文写"一片树叶"作了很好的铺垫。

对"一片树叶"的描写，通过观察一片树叶由发芽到凋零的变化过程，揭示了新陈代谢的自然规律，并由此悟出人生道理：人生虽然短暂，但绝不是毫无意义的；人们应珍爱自己的生命，同时也珍爱他人的生命。这样，文章主题就自然升华到人生哲理的高度。

本文寓情于景，借景抒怀，情感含蓄深沉，具有很强的艺术感染力。文笔优美、隽永，意境绝美。读后能给人一种发自心灵的美感和震撼。

我有一个梦想

马丁·路德·金

【作者简介】 马丁·路德·金(Martin Luther King，Jr.，1929—1968)，美国黑人民权运动领袖。出生于一个浸信会牧师家庭，1948 年获文学学士学位，1951 年获得柯罗泽神学院学士学位，1955 年获波士顿大学神学博士学位。1953 年在蒙哥马利成为一位牧师。1955 年领导黑人居民发起长达一年的公车抵制运动。1956 年，美国最高法院裁定蒙哥马利公车种族隔离规定违反宪法。1963 年，在伯明翰领导群众示威，促成了 1964 年民权法案的通过。1963 年 8 月，领导"华盛顿工作与自由游行"，发表了著名的《我有一个梦想》的演讲。因为他对民权的巨大贡献，1963 年成为《时代》周刊年度人物，1964 年获诺贝尔和平奖。1968 年在前往孟菲斯市领导工人罢工途中被人谋杀。

【作品】

一百年前，一位伟大的美国人签署了解放黑奴宣言，今天我们就是在他的雕像前集会。这一庄严宣言犹如灯塔的光芒，给千百万在那摧残生命的不义之火中受煎熬的黑奴带来了希望。它之到来犹如欢乐的黎明，结束了束缚黑人的漫漫长夜。

然而一百年后的今天，我们必须正视黑人还没有得到自由这一悲惨的事实。一百年后的今天，在种族隔离的镣铐和种族歧视的枷锁下，黑人的生活备受压榨。一百年后的今天，黑人仍生活在物质充裕的海洋中一个穷困的孤岛上。一百年后的今天，黑人仍然萎缩在美国社会的角落里，并且意识到自己是故土家园中的流亡者。今天我们在这里集会，就是要把这种骇人听闻的情况公之于众。

就某种意义而言，今天我们是为了要求兑现诺言而汇集到我们国家的首都来的。我们共和国的缔造者草拟宪法和独立宣言的气壮山河的词句时，曾向每一个美国人许下了诺言，他们承诺给予所有的人以生存、自由和追求幸福的不可剥夺的权利。

就有色公民而论，美国显然没有实践她的诺言。美国没有履行这项神圣的义务，只是给黑人开了一张空头支票，支票上盖着“资金不足”的戳子后便退了回来。但是我们不相信正义的银行已经破产，我们不相信，在这个国家巨大的机会之库里已没有足够的储备。因此今天我们要求将支票兑现——这张支票将给予我们宝贵的自由和正义的保障。

我们来到这个圣地也是为了提醒美国，现在是非常急迫的时刻。现在决非侈谈冷静下来或服用渐进主义的镇静剂的时候。现在是实现民主的诺言的时候。现在是从种族隔离的荒凉阴暗的深谷攀登种族平等的光明大道的时候，现在是向上帝所有的儿女开放机会之门的时候，现在是把我们的国家从种族不平等的流沙中拯救出来，置于兄弟情谊的磐石上的时候。

如果美国忽视时间的迫切性和低估黑人的决心，那么，这对美国来说，将是致命伤。自由和平等的爽朗秋天如不到来，黑人义愤填膺的酷暑就不会过去。一九六三年并不意味着斗争的结束，而是开始。有人希望，黑人只要撒撒气就会满足；如果国家安之若素，毫无反应，这些人必会大失所望的。黑人得不到公民的权利，美国就不可能有安宁或平静，正义的光明的一天不到来，叛乱的旋风就将继续动摇这个国家的基础。

但是对于等候在正义之宫门口的心急如焚的人们，有些话我是必须说的。在争取合法地位的过程中，我们不要采取错误的做法。我们不要为了满足对自由的渴望而抱着敌对和仇恨之杯痛饮。我们斗争时必须永远举止得体，纪律严明。我们不能容许我们的具有崭新内容的抗议蜕变为暴力行动。我们要不断地升华到以精神力量对付物质力量的崇高境界中去。

现在黑人社会充满着了不起的新的战斗精神，但是我们却不能因此而不信任所有的白人。因为我们的许多白人兄弟已经认识到，他们的命运与我们的命运是紧密相连的，他们今天参加游行集会就是明证。他们的自由与我们的自由是息息相关的。我们不能单独行动。

当我们行动时，我们必须保证向前进。我们不能倒退。现在有人问热心民权运动的人："你们什么时候才能满足？"

只要黑人仍然遭受警察难以形容的野蛮迫害，我们就绝不会满足。

只要我们在外奔波而疲乏的身躯不能在公路旁的汽车旅馆和城里的旅馆找到住宿之所，我们就绝不会满足。

只要黑人的基本活动范围只是从少数民族聚居的小贫民区转移到大贫民区，我们就绝不会满足。

只要密西西比仍然有一个黑人不能参加选举，只要纽约有一个黑人认为他投票无济于事，我们就绝不会满足。

不！我们现在并不满足，我们将来也不满足，除非正义和公正犹如江海之波涛，汹涌澎湃，滚滚而来。

我并非没有注意到，参加今天集会的人中，有些受尽苦难和折磨，有些刚刚走出窄小的牢房，有些由于寻求自由，曾在居住地惨遭疯狂迫害的打击，并在警察暴行的旋风中摇摇欲坠。你们是人为痛苦的长期受难者。坚持下去吧，要坚决相信，忍受不应得的痛苦是一种赎罪。

让我们回到密西西比去，回到亚拉巴马去，回到南卡罗来纳去，回到佐治亚去，回到路易斯安那去，回到我们北方城市中的贫民区和少数民族居住区去，要心中有数，这种状况是能够也必将改变的。我们不要陷入绝望而不可自拔。

朋友们，今天我对你们说，在此时此刻，我们虽然遭受种种困难和挫折，我仍然有一个梦想，这个梦想是深深扎根于美国的梦想中的。

我梦想有一天，这个国家会站立起来，真正实现其信条的真谛："我们认为这些真理是不言而喻的；人人生而平等。"

我梦想有一天，在佐治亚的红山上，昔日奴隶的儿子将能够和昔日奴隶主的儿子坐在一起，共叙兄弟情谊。

我梦想有一天，甚至连密西西比州这个正义匿迹，压迫成风，如同沙漠般的地方，也将变成自由和正义的绿洲。

我梦想有一天，我的四个孩子将在一个不是以他们的肤色，而是以他们的品格优劣来评价他们的国度里生活。

我今天有一个梦想。

我梦想有一天，亚拉巴马州能够有所转变，尽管该州州长现在仍然满口异议，反对联邦法令，但有朝一日，那里的黑人男孩和女孩将能与白人男孩和女孩情同骨肉，携手并进。

我今天有一个梦想。

我梦想有一天，幽谷上升，高山下降，坎坷曲折之路成坦途，圣光披露，满照人间。

这就是我们的希望。我怀着这种信念回到南方。有了这个信念，我们将能从绝望之岭劈出一块希望之石。有了这个信念，我们将能把这个国家刺耳的争吵声，改变成为一支洋溢手足之情的优美交响曲。

有了这个信念，我们将能一起工作，一起祈祷，一起斗争，一起坐牢，一起维护自由；因为我们知道，终有一天，我们是会自由的。

在自由到来的那一天，上帝的所有儿女们将以新的含义高唱这支歌："我的祖国，美丽的自由之乡，我为您歌唱。您是父辈逝去的地方，您是最初移民的骄傲，让自由之声响彻每个山岗。"

如果美国要成为一个伟大的国家，这个梦想必须实现。让自由之声从新罕布什尔州的巍峨峰巅响起来！让自由之声从纽约州的崇山峻岭响起来！让自由之声从宾夕法尼亚州的阿勒格尼山的顶峰响起来！

让自由之声从科罗拉多州冰雪覆盖的落基山响起来！让自由之声从加利福尼亚州蜿蜒的群峰响起来！不仅如此，还要让自由之声从佐治亚州的石岭响起来！让自由之声从田纳西州的瞭望山响起来！

让自由之声从密西西比的每一座丘陵响起来！让自由之声从每一片山坡

响起来。

当我们让自由之声响起来，让自由之声从每一个大小村庄、每一个州和每一个城市响起来时，我们将能够加速这一天的到来，那时，上帝的所有儿女，黑人和白人，犹太教徒和非犹太教徒，耶稣教徒和天主教徒，都将手携手，合唱一首古老的黑人灵歌："终于自由啦！终于自由啦！感谢全能的上帝，我们终于自由啦！"

【阅读提示】

编选自马丁·路德·金：《我有一个梦想》，载钱满素选编《世界散文随笔精品文库·美国卷》，许中立译，中国社会科学出版社1993年版，第330-334页。

这是一篇境界高远、大气磅礴、情真意切的演讲词。

面对几十万正在遭受歧视待遇的黑人兄弟，作者不是简单地列举不公平待遇的事实来煽动他们的仇恨情绪，而是站在历史的高度，以美国宪法"承诺给予所有的人以生存、自由和追求幸福的不可剥夺的权利"为依据，指出黑人享受平等和自由并不是过分的要求，而只是国家兑现承诺过的"支票"。基于这一正当诉求，明确表明了黑人民权运动绝不会半途而废，除非"正义和公正"在美国完全实现。最后他展望未来，描绘了自己的梦想：黑人与白人亲如兄弟，充分享受公平和正义，美国真正成为平等、自由的伟大的国度。从而把黑人兄弟从种族歧视的仇恨中解脱出来，让他们意识到国家主人的身份，把他们带到崇高和理想的精神境界。

这篇演讲词情真意切。作者从"结束了束缚黑人的漫漫长夜"的期待开始，到对一百年之后黑人现状的失望，到要求政府兑现"支票"的义正词严，再到"我有一个梦想"的热烈憧憬，其间无不充满着作者悲愤而热烈的情感。正是这种休戚与共的真切情感感染了现场的听众，产生了巨大的号召力。

这篇演讲词用了大量的修辞手法，不仅使文章文采斐然，而且产生了良好的艺术效果。几乎每一段都有形象的比喻，如用"灯塔"和"黎明"来比喻林肯签署的解放黑奴宣言，用"物质充裕的海洋中一个穷困的孤岛"来比喻黑人的处境，用"空头支票"来比喻政府尚未兑现的许诺，无不生动贴切，通俗易懂。文中还大量运用了排比修辞手法，如"只要……我们就绝不会满足"，如"我有一个梦想……"，使作者的思想表达得更充分、更鲜明，有着排山倒海的气势，增强了作品的感染力和表达效果。

写　作

第一章　写作基础知识

孔子曰："言之无文，行而不远。"写作是人们交流信息的重要手段之一。写作可以交流思想、抒发感情、发表议论、描写景物、说明事物，写作在现实生活中越来越重要，日益发挥着不可替代的作用。

写作课程是高等学校普遍开设的一门具有综合性、实践性的基础课、工具课，是一门培养学生具备必要的写作理论知识和较强写作能力的课程。其基本任务是根据理论联系实际的原则，通过讲授写作基础知识和各种文体的写作方法和技巧，有步骤地加强系统写作训练，切实提高学生的写作能力，为学生今后从事科学研究和做好本职工作打下扎实的基础。

了解和掌握写作的基础知识是学习写作的基础，它可以帮助我们解决各种文体写作中遇到的、具有普遍性的问题。随着时代的进步和发展，写作已经成为现代人所必须具备的一项基本技能和素质，学习写作的过程就是努力实现从"让学生写"到"学生写"这一质的飞跃的过程。

一篇文章的形成需要经历取材、立意、谋篇、表达这四个主要过程。

第一节　材　　料

一、材料的含义

材料指为写作需要而搜集的事实及事理，包括人物、事件、数据、名言等。如果说主题是文章的灵魂，那么材料就是文章的血肉。只有在大量材料的证明下，主题才能更加突出，具有更强的说服力，使读者乐于相信并接受文章的观点。相反，一篇文章如果没有材料，就失去了验证观点和表现主题的基础和依据，那么文章的价值就会大打折扣。明代著名诗论家、“后七子”之一谢榛在《四溟诗话》卷四中就曾谈及材料积累的重要性：“作诗譬如有人日持箕帚，遍于市廛扫沙，簸而拣之，或破钱折簪，碎铜片铁，皆投之于袋，饥则归饭，固不如意，往复不废其业。久而大有所获，非金则银，足赡卒岁之需，此得意在偶然尔。夫好物得之固难，警句尤不易得。扫沙不倦，则好物出；苦心不休，则警句成。”可见平素的材料积累对创作的重要性。

二、获取材料的途径

材料的种类很多，如生活材料、书面材料、实验材料等。获取材料的途径主要有以下三个。

1. 观察

观察是一种有目的、有计划、较为持久的活动。通过仔细观察，可以深入了解周围事物的规律，更好地把握事物的特征。鲁迅先生说过：“如要创作，第一需观察。”法国文学批评家、历史学家、艺术史家、文艺理论家丹纳在《巴尔扎克论》中谈起过巴尔扎克的观察方式，很值得借鉴。他说：

他先描写城市，然后描写街道和房屋。他解释房屋的门面，石墙的窟窿，门窗的构造和木料，柱子的基座，藓苔的颜色，窗栏上的铁锈，玻璃上的裂口。他解说房间分布，壁炉的式样，壁衣的年岁，家具的种类和位置，然后过渡到衣服和用品，到了描写人物的一章，他还要指出手的结构，脊骨的曲直，鼻梁的高低，骨头有多厚，下巴有多长，嘴唇有多阔，他细数他手动过多少次，眼瞥多少下，脸上有几个肉丁。他弄清他的家世，他的教育，他的生平，他有多少田产，有多少进款，他出入什么社交场合，和什么人往还，花多少钱，吃什么菜，喝什么酒，他的厨子是跟谁学的手艺。总而言之，形成而且渲染人性和人生表和里的一切，纵横交织，繁不可数的情况。在他身上有一个考古学家，一个建筑师，一个织毯匠，一个成衣匠，一个化妆品商人，一个评价专员，一个生理学家和一个司法公证人；这些角色按次序先后出台，各人宣读他最详细精确的报告；艺术家一丝不苟地专心致志地听着，等着这一大堆文件堆积如山，形成火源，他的想象才燃烧起来。①

---

① 转引自孙绍振：《作家的观察力》，载林建法、管宁选编《文学艺术家智能结构》，漓江出版社 1987 年版，第 214 页。

在这段文字中，丹纳将巴尔扎克写作前所做的观察工作全景式地展现在读者面前。可见只有通过认真、细致的观察才能写出充满生命力、揭示人物心灵内涵的作品。

2. 感受

感受是主体通过实践方式认识周围事物的一种方法。一般来说，个体对外界环境的所有理解、认知、经验的积累，很大程度都基于感受。感受是一个人对生活、对世界的体味和认知，是一种人生经历。一个人只有真正感受生活，才能真正地将实实在在的生活呈现在读者面前，从而产生出打动读者心灵的巨大力量。《小二黑结婚》的作者赵树理在《语言小谈》中说："广大的群众就是话海，其中，有很多的天才和专业家（即以说话为业务的人），他们每天每时都说着能为我们所欣赏的话。我们只要每天在这些人群中生活，那些好话和那些好的说话风度、气魄就会填满我们的记忆。"如此一来，作者小说中人物的话语，便自然会反映出人物的特点。

再如第三届茅盾文学奖获得者之一的路遥，其打动众多读者心的《平凡的世界》，便是以其弟弟王乐天为原型创作的，路遥曾说："所谓写最熟悉的生活、最熟悉的人物，也就是写自己最熟悉的体验。这种体验不是说你写小偷，就要去偷东西，它是一种非常长远的积累。它也不是仅仅对生活外在形式的体验，而是情绪、感情的体验，一种最细微的心理上的体验，而这些东西是你作品里最重要的、也是最感人的地方……我的《在困难的日子里》，写了一九六一年的饥饿状态，这必须要你自己体验过什么叫'饥饿'，你处于饥饿状态的时候，从地里刨出一颗土豆来是什么心情。如果你仅仅站在第三者立场上去写旁人在饥饿状态时从地里刨出土豆的心情是不行的……"[①]可见，只有把自己的真实感受写进文学作品，产生的文学魅力才是巨大、震撼的。

3. 想象

想象是人在脑子里凭借记忆提供的材料，对表象进行分解、加工，通过组合、联想等方式，产生新形象的心理过程。想象主要依赖于心理功能，是人类对客观世界的另外一种反映形式，也是文学创作中极其重要的表现手法。康德曾

① 路遥：《小说创作答问》，载孟繁华汇编《当代作家谈创作》，中央广播电视大学出版社 1984 年版，第 152 页。

说："想象力是一个创造性的认识功能；它有本领，能从真正的自然界所呈供的素材里创造出另一个想象的自然界。"黑格尔在《美学》中说过："最杰出的艺术本领就是想象。"南北朝文学理论家刘勰也说："文之思也，其神远矣。故寂然凝虑，思接千载；悄焉动容，视通万里。吟咏之间，吐纳珠玉之声；眉睫之前，卷舒风云之色：其思理之致乎。"以上所及，说的无一不是想象对文学创作的重要性。

古代很多诗词作品的主题都是通过想象表现出来的，如南宋辛弃疾的《沁园春·将止酒，戒酒杯使勿近》：

杯汝来前！老子今朝，点检形骸。甚长年抱渴，咽如焦釜；于今喜睡，气似奔雷。汝说"刘伶，古今达者，醉后何妨死便埋"。浑如此，叹汝于知己，真少恩哉！

更凭歌舞为媒。算合作人间鸩毒猜。况怨无小大，生于所爱；物无美恶，过则为灾。与汝成言，勿留亟退，吾力犹能肆汝杯。杯再拜，道"麾之即去，招则须来"。

这首词将酒杯人格化，似乎不怪自己贪杯，反怪酒杯紧跟自己。词中想象了一主一仆两个角色，通过这两个角色的想象对话，风趣、委婉地表达了词人对南宋政权的失望和自己内心无法抒发的苦闷。

再如莫言的《枯河》，开篇便依赖主观感觉非常强烈的想象，展开了对乡村环境的描写：

一轮巨大的水淋淋的鲜红月亮从村庄东边暮色苍茫的原野上升起来时，村子里弥漫的烟雾愈加厚重，并且似乎都染上了月亮的那种凄艳的红色。这时太阳刚刚落下来，地平线下还残留着一大道长长的紫云。几颗瘦小的星斗在日月之间暂时地放出苍白的光芒。村子里朦胧着一种神秘的气氛，狗不叫，猫不叫，鹅鸭全是哑巴。①

展现在读者面前的是一座凸显神秘色彩的村庄，极富想象力的描写极大吸引、诱惑了读者的阅读兴趣。

三、选择材料的原则

选择材料主要有以下四个原则。

---

① 莫言：《白狗秋千架》，上海文艺出版社 2005 年版，第 174 页。

1. 表现主题

表现主题就是“言之有理”的问题。文章应通过对材料的不同梳理方式，从不同角度表现相同主题，或者从相同角度表现不同主题。

如封建社会的妇女地位极低，她们常以男性附庸的身份出现，遭受凌辱，没有自己的独立人格。不同题材的文章可以选择不同材料、以不同方式表现古代妇女的悲剧命运。像明代冯梦龙笔下的杜十娘就是以社会制度的牺牲品形象出现的，是处于社会底层的妓女。她虽在百般抉择后作出了从良的决定，却依然落得被欺骗、被遗弃的结局，成为传统道德观念中的牺牲品。而爱情悲剧《孔雀东南飞》的主题则是通过封建礼教表现出来的，它麻醉着妇女的苍白灵魂，消磨着妇女的是非观念。焦仲卿和刘兰芝的双双殉情，正是由于他们未能从封建礼教的意识形态中摆脱出来所致。

因此，文章的材料一定是为表现主题服务的。

2. 典型

典型材料指能够透过事物现象反映本质、有说服力的事实材料和理论依据。通过筛选所得的材料，应尽可能揭示事物本质，具有相当的代表性，以小见大，以约显博，使文章立意深刻，内涵丰富。如小说经常要塑造一些典型形象，这些典型就是作者对典型材料进行加工、提炼、凝聚而形成的艺术形象。因此这种文学典型“比普通的实际生活更高，更强烈，更有集中性，更典型，更理想，因此就更带普遍性”①。

如鲁迅的《狂人日记》，通过对狂人心理病态的观察，创造了一个反封建的战士形象，借此揭示中国封建统治和中国封建精神文明的内在联系，以及在虚伪的“仁义道德”掩盖下，封建礼教的吃人本质。作品中与这个总是怀疑有人设置圈套加害于他的“狂人”有关的材料，都是有助于表达主题的典型材料。

再如茅盾的《白杨礼赞》是以“白杨树”这一特定形象为题材，表现了抗日军民的精神风貌，赞美了中华民族的伟大精神。吴伯箫的《记一辆纺车》则从一辆小小的纺车入手，展现了延安抗日根据地大生产的宏伟场景。

不过在对典型材料进行加工整理时，还需把握“加工”尺度的问题，对此鲁

① 毛泽东：《在延安文艺座谈会上的讲话》，载毛泽东《毛泽东选集（第二卷）》，人民文学出版社1991年版，第198页。

迅先生在《且介亭杂文二集》中明确说过:“天才们无论怎样说大话,归根结蒂,还是不能凭空创造。描神画鬼,毫无对证,本可以专靠了神思,所谓‘天马行空’似的挥写了,然而他们写出来的,也不过是三只眼,长颈子,就是在常见的人体上,增加了眼睛一只,增长了颈子二三尺而已。这算什么本领,这算什么创造?”①如果对材料的加工严重脱离了实际,那么材料对主题的表现则有百害而无一利。

3. 新颖

材料新颖主要指两个方面,一是材料本身的新鲜感,二是组织材料的新角度。材料的使用切不可概念化、雷同化、公式化。文学创作是作者被现实生活感动,根据其对生活的审美体验,通过头脑加工改造,以语言为材料创造出艺术形象,形成可供读者欣赏的文学作品的过程。文学创作中掺杂了不同作者的不同感受;不同作者对于相同材料的把握,或者不同作者对于不同材料的理解,都能使文学作品在材料上呈现出不同的表达效果。刘绍棠在《被放逐到乐园里》中曾说过:“创作不是摄影,不是临摹,它必有增减,必有合成。”只有将有限空间内的材料以新颖的方式呈现出来,才能使作品具有无限的生命力。

同样是艺术真实的结晶,《金瓶梅》反映的是明代后期封建社会的黑暗和腐败,这一主题的表现是毫无顾忌、大胆泼辣、直接自然的。而《红楼梦》在表达主题时,则侧重于从不同方面揭示生活现象的本质,更多渗入作者的理想、追求和热血。《牡丹亭》是一部充满诗情画意、亦真亦幻的爱情传奇,作者汤显祖有选择地整合了民间神话、传说等材料,使人物性格、情节更加丰满,起到了深化主题、凸显寓意的作用。《牡丹亭》描写的是杜丽娘和柳梦梅的爱情故事,汤显祖吸收了很多民间故事精粹和神话传说,洋溢着追求个人幸福、呼唤个性解放、反对封建制度的浪漫主义理想。如柳梦梅在牡丹亭捡到杜丽娘的一幅画像,回到住处便对着画像呼唤,而后杜丽娘循声而至,二人相见遂成姻缘。这个情节便借自民间故事里的“画中人”。正如丁乃通所说:“英雄爱上肖像中的女子,或她已应允许配给他。她和他在一起住了些时,是真人的样子。有时他去寻找她,终于把她找回。”②可见,恰当组织材料对表现主题具有非常重要的作用。

---

① 鲁迅:《且介亭杂文二集·叶紫作〈丰收〉序》,人民文学出版社 2006 年版,第 3 页。

② 丁乃通:《中国民间故事类型索引》,中国民间文艺出版社 1986 年版,第 108 页。

4. 详略得当

表现文章主题，往往要使用很多材料，但这些材料的重要性却并不一致。凡与文章主题、中心思想关系密切，能深刻、生动突出中心的，就是重点材料，应该详写；反之，则应该略写。使用材料应详略得当，把握好"度"的问题。详写应浓墨重彩，生动具体，但不可画蛇添足；略写应线条勾勒，画龙点睛，但不可草草了事。

司马迁在撰写《史记》时把儒家典籍的记载、官府档案，乃至传说等结合起来，经剪裁、整合后，用新的视角将旧有材料以全新的方式展现在读者面前，使事件本身更完整，情节更充实，足见他功力之深厚。如《史记》中关于春秋战国时期著名法家代表人物商鞅的记载，就散见于《战国策》的数篇文章中，如《魏策一·魏公叔痤病》《秦策一·卫鞅亡魏入秦》《秦策三·蔡泽见逐于赵》等。司马迁在撰写《史记·商君列传》时就参考了以上文章的相关记载，经精心剪裁而成。

对此张大可在《史记研究》中也说："《史记》以实录著称于世，是就历史本质而言，至于细节，往往有所改动，甚至虚拟情节，尽管与具体的细节不相符合，但是更符合历史发展的真实。这一创造，贵在掌握分寸，唯司马迁能之。"①

第二节 主　　题

主题的形成建立在大量材料的基础上，"无数客观外界的现象通过人的眼、耳、鼻、舌、身这五个官能反映到自己的头脑中来，开始是感性认识，这种感性认识的材料积累多了，就会产生一个飞跃，变成了理性认识，这就是思想"②。材料的充分积累是"量"，随着对事物的深入了解和认识，便形成了主题的"质"。"言之有物"指材料，"言之有理"指主题。主题的形成过程即是立意。

一、含　　义

主题是作者在说明问题、发表主张或对客观事物描述时所表现出的、贯穿

① 张大可：《史记研究》，甘肃人民出版社 1985 年版，第 269 页。

② 毛泽东：《人的正确思想是从哪里来的》，人民出版社 1970 年版，第 383 页。

始终、统帅全文的主要思想，古人称之为“意”。王夫之在《姜斋诗话》中说：“无论诗歌与长行文字，俱以意为主。意犹帅也；无帅之兵，谓之乌合。李、杜所以称大家者，无意之诗，十不得一、二也。烟云泉石，花鸟苔林，金铺锦帐，寓意则灵。”唐代诗人杜牧也说过：“文以意为主，以气为辅，以辞采章句为之兵卫。”元代潘昂霄也说：“凡为文字，先要立意。”足见立意的重要性。

主题是一篇文章的核心、灵魂和统帅，起着主导作用。文章中体裁的选择、材料的筛选和剪裁、结构的组织与设计、表达方式的运用等诸多因素都受到主题需要的影响和制约。在动笔写文章之前，首先要确定主题，这就是古人强调的“意在笔先”。

二、主题的基本要求

不同作家面对相同材料，由于认识不同、深度不同，文章主题的深刻性、透彻性、价值性都有千差万别。主题的基本要求主要体现在以下四个方面。

1. 正确

正确指主题反映生活本质，符合自然和社会的发展规律。正确的主题是作者对生活的正确认识，能经得住时间和实践的考验。当然，认识和真理都具有相对性，承认相对性的存在，并不意味着文章的主题就没有正确和错误之分。

正确的主题能比较准确、恰当地反映客观事实，揭示科学规律，引导读者正确认识客观世界。只要积极向上，能够表现生活真、善、美的，哪怕是一种向往，都属于正确的主题，而不一定是最先进的思想、最高尚的情操、最深刻的认识、最远大的理想。写作本身就是感情的自然抒发，不必刻意为之。正如美国威廉·韦斯特在《提高写作技能》中所说：“在议论文的旧理论中，一个人‘获胜’，另一个就‘失败’，但是在现实中，任何一方都不太可能改变自己的意见。在议论文的新理论中，双方都在寻求真理，往往各方都稍微接近对方的立场。没有人输或赢，但各方都更接近真理。在议论文的旧理论中，只涉及作者如何使读者改变看法，为此，可以允许作者采用任何有效的方法。它可以运用逻辑、感情、事实或者宣传。现在议论文的理论还包含对理性的尊重，公平客观，对于‘对手’的民主作风的尊重以及真诚的寻求真理的态度。”①

① 威廉·韦斯特：《提高写作技能》，福建教育出版社1979年版，第3页。

同时，对主题正确性的认识不可走入误区，以免过于狭隘。

2. 集中

主题是统摄全篇的，它必须重点突出，集中表意。清代文学家刘熙载在《艺概》中说“立意要纯一而贯摄”，指的就是这个意思。小说也好，诗歌也罢，主题都应尽量围绕一个中心，不可太分散。这点是不容易做到的，《谁是最可爱的人》的作者魏巍曾说：“一篇短东西，能把一个意思说透，的确不是一件很容易的事。可是动起笔来，又总爱面面俱到，想告诉人家这个，又想告诉人家那个。结果呢，问题提得不尖锐、不明确，更别说深入地解决问题。因为哪一个意见也没说透，怎么能给人以深刻的印象呢？”

中唐后期著名诗人刘禹锡，其政治生涯颇多坎坷、连遭贬谪，流放长达20多年。长期饱受挫折的生活使他对国家兴衰认识得特别深刻，常以诗歌寄托自己的情怀，表现自己坚定的意志和信念。如《金陵怀古》：

潮满冶城渚，日斜征虏亭。蔡洲新草绿，幕府旧烟青。兴废由人事，山川空地形。《后庭花》一曲，幽怨不堪听。

这首诗的前四句主要写朝代变迁，五、六句写人在变迁中起的作用，七、八句揭示封建王朝衰亡的根源。这个教训是很多人知道却不敢说的，刘禹锡巧妙地用“《后庭花》一曲，幽怨不堪听”将自己的无奈和是非立场表现无遗。其中前六句是为最后两句抒情所做的铺垫，使感情集中爆发。

多数情况下，一篇文章只有一个主题，否则会产生“意多乱文”的后果。

3. 深刻

深刻指文章对社会生活本质和规律的表现有一定深度，揭示思想意义，从平凡中看出不平凡，使社会真实鲜明地反映出艺术真实，即鲁迅先生在《关于小说题材的通信》中所说的“选材要严，开掘要深”。美国著名作家欧内斯特·海明威的作品风格简约，总是能给人呈现出耐人寻味的主题。他曾说：“如果一位散文作家对于他写的东西心里很有数，那他可以省略他所知道的东西。读者呢，只要作者写得真实，会强烈地感觉到他所省略的地方，好像作者已经写出来似的。冰山在海里移动是很庄严宏伟的，这是因为它只有八分之一露在水面上。”海明威短篇小说《杀人者》即是一个很好的例子，其中人物简短甚至毫不相干的对话，以及海明威近于冷漠的叙事，都能让读者强烈感受到《杀人者》中各个人物面对生活和生命的态度。

《杀人者》的情节很简单。两个杀手艾尔和麦克斯走进亨利快餐店，寻找一个经常来这吃饭的、名叫奥尔·安德烈森的拳击手。进店后，他俩先是不着边际地闲聊，并将厨师萨姆和伙计尼克·亚当斯绑在厨房里，让另一个伙计乔治招呼来往吃饭的顾客，同时一边等着奥尔·安德烈森。但那天恰好安德烈森没来快餐店吃饭，两个匪徒便离开了。随后，尼克立刻去通知安德烈森。令尼克惊讶的是，拳击手安德烈森早已知道此事，却不准备采取任何措施。海明威认为最确切、最达意、最完美的词语恰恰就是人们最容易想到的、最常用的词语，能掩盖作品展现出来的各种情绪。尼克做了很多努力，但安德烈森的麻木及其认为不可避免的死亡、萨姆事不关己的姿态，都令天真的尼克看到了现实的黑暗、人生的苍白，他决定离开小镇。这小镇恰恰就是美国社会的缩影，面对无处不在的死亡，逃脱注定是徒劳的。《杀人者》的深刻主题便清晰地传达出来了。

再如老舍先生的代表作《骆驼祥子》。这篇小说以北平的一个人力车夫祥子为线索，描写了他坎坷的生活、悲惨的遭遇。他虽善良、纯朴、坚忍，只希望过上自食其力的生活，却常常被抢劫、被敲诈、被摧残，希望一点点归于破灭，人也慢慢自甘堕落，原本的积极向上被生活击得粉碎。老舍通过祥子的经历，深刻揭露了旧中国的黑暗，控诉了统治阶级的压迫，表达了他对劳动人民的深切同情，展现了军阀混战下底层贫苦人民水深火热的生活图景，很有深度。

4. 新颖

新颖指文章的主题是作者的新认识、新感受，能给人以新的启示，带有明显新意。同一种现象或同一个问题，换个角度，结果就可能发生翻天覆地的变化。达·芬奇的老师曾对达·芬奇说："即使是一个鸡蛋，只要换一角度看它，形状就立即不同了。"说的就是这个道理。但新颖的立意不是非要和正确的观点对着干，而是要别出心裁，有独特性，要"言前人所未言，发前人所未发"。比如写雪，常见的主题如"大公无私""洁白无瑕""晶莹剔透""纯洁浪漫"等。如果换个思维方向，便能看到雪的其他方面，如雪用洁白遮盖污秽的虚伪、雪一见阳光就会融化的懦弱、雪扼杀生命力使万物萧条的残暴等。

苏轼的散文立意新颖深刻，他爱国爱民的政治热情、渊博的学识、豪放不羁的性格等都令他对问题有自己独到的视野，道人所未道，发人所未发。《贾谊论》就是一个很好的例子。西汉政治家贾谊在历史上颇有影响，20 岁出头就受到汉文帝的赏识，很快被破格提拔为大中大夫。贾谊随后上书言事，切中时弊，不想却被重臣诽谤，致使汉文帝渐渐疏远他，派他去长沙做太傅。三年后，贾谊虽被召回，却又被改派为梁怀王太傅，终未得重用，抑郁而终。后人多同情贾谊、指责汉文帝，苏轼却另辟蹊径。他的《贾谊论》从新的角度更加客观地看待这一悲剧，在为贾谊感到惋惜之余，更从贾谊自身寻找原因，进行分析。

苏轼认为首先，贾谊"不能自用其才"，虽有远大目标，却无豁达的胸怀，不能与重臣大将从容周旋，又怎能经邦治国？其次，贾谊"不善处穷"，他身处逆境，不仅没有坚持不懈，反而沉溺于悲观伤感之中，不懂得静观其变以等待时机。以至苏轼感叹道："若贾生者，非汉文之不能用生，生之不能用汉文也。"得出了一个确实出乎很多人意料的结论，也让我们看到了苏轼眼光的独到之处。

在这一点上，文学与艺术是相通的。法国著名雕塑家奥古斯特·罗丹就说过："在艺术家看来，一切都是美的，因为在任何人与任何事物上，他锐利的眼光能够发现'性格'，换句话说，能够发现在外形下透露出的内在真理；……所谓大师，就是这样的人：他们用自己的眼睛去看别人见过的东西，在别人司空见惯的东西上能够发现出美来。拙劣的艺术家永远戴别人的眼镜。"[①]生活中有很多不同的美，需要我们用心灵去慢慢体会、慢慢发现，那会是个崭新的、不为人所知的世界。

第三节　结　　构

一般说来，文章是按照一定思路整合起来的。客观事物首先反映在作者的头脑里，经过作者的理解、认识等主观过程后，形成其对事物的印象、看法、态度或感情，再将这些主观认识理出头绪，就形成了文章的思路。依照已经形成的思路，结合已有的材料，加以组织，便形成了文章的结构。

一、结构的含义

结构是文章安排材料、组织材料的方式，是文章的内部构造，解决的是布局谋篇的问题。任何一篇文章都是一层层、一段段、一部分一部分地结构起来的，结构体现了文章的思路和主题。材料针对的是"言之有物"，主题针对的是"言

① 罗丹口述：《罗丹艺术论》，葛赛尔记，沈琪译，人民美术出版社 1978 年版，第 2-5 页。

之有理”,结构针对的则是“言之有序”。这个“序”体现了作者根据客观事物及其内部关系、利用材料组织全篇思路的过程,是综合思维的结果。

结构具有举足轻重的作用,日本作家小林多喜二在《小说写作法》中说:“正如‘结构’两个字的字面含义是盖房子一样,不管你的材料多么优良,不管你的目的又是多么高尚,如果盖得不好,摇摇晃晃,结果是毫无用场。”叶圣陶也说过:“看整篇文章,要看明白作者的思路。思想是有一条路的,一句一句,一段一段,都是有路的,这条路,好文章的作者是决不乱走的。看一篇文章,要看怎样开头的,怎样写下去的,跟着它走,并且要理解它为什么这样走。”①对于结构的重要性,著名美学家朱光潜在《选择与安排》中也说:“一般人作文往往不先将全部想好,拈一张稿纸,提笔就写,一直写将下去。他们在写一句之前,自然也得想一番,只是想一句,写一句,想一段,写一段;上句未写成时,不知下句是什么,上段未写成时,不知下段是什么;到写得无可再写时,就自然终止。这种习惯养成时,不假思索而任笔写下去,写得不知所云,也是难免的事。文章不通,多半是这样来的。”这些都是前辈从实践经验中总结出来的,为我们今天写文章安排结构提供了可资借鉴的准则。

安排结构、布局谋篇有法可循,但不意味着结构是完全固定的,它应随着文章内容和主题的变化来调整。比如贾平凹《丑石》的文章结构是这样安排的。文章开篇首先写“我”和奶奶都有一个愿望,就是把门前那块碍事的“丑石”搬走。第二个层次写到“丑石”的毫无用处不仅让大人们嫌弃它,竟然连孩子们也讨厌它、咒骂它;后来经天文学家鉴定,说它曾“发过热,闪过光”,是极有科研价值的一块陨石,后来被运走了。第三个层次写“我”转变了对“丑石”的最初看法,得出了事物会“以丑为美”“丑到极处,便是美到极处”的结论。整篇散文结构安排合理,三个层次之间衔接自然、流畅,使读者跟随作者的思路,自然而然地领悟到:人的无知不能掩盖,也无法抹杀多年“默默忍受……不屈于误解、寂寞的生存的伟大”这一深刻的主题。

二、结构的基本内容

关于思路和结构组织问题,我国著名语言学家张志公在《怎样锻炼思路》中

① 叶圣陶:《叶圣陶语文教育论集》,中国教育科学研究院编,教育科学出版社 2021 年版,第 107 页。

有过一段非常形象的论说："一在观察，二在思考。看一样东西，不是毛毛草草地看一眼就算数，而是多看看，仔细看看，一边看着一边想一想，一定要把它看清楚，想明白。比如看一座山，可以从远处看它的整体，看它的气势，又可以走到近处看它的岩石树木；可以从山脚看上去，又可以从山顶看下来；可以从这座山想到那座山，想到过去看过游过的山，也可以从山上的泉水瀑布想到由这里发源的溪流江河；可以从它的景色想到它的蕴藏，也可以从它的今天想到它的明天；如此等等。不是随便看看，不是胡思乱想，而是认真地看看，用心地想想，做到对这样东西了然于胸中。对事物有了这么一种明晰的印象，等到要写文章，根据写作的目的考虑一下，哪些写进去，哪些不写，哪些多写一点，哪些少写一点。先写什么，后写什么，再写什么，从哪里写起，到哪里转个弯，到哪里结束。心里有了这么个数，一步一步写下去，写完之后反复看一看，读一读，如果有详略不合适、连贯不顺畅、联系不周密的地方，好好改一改，这不就是在结构组织吗？……这样，头脑里也就有了头绪，写起文章来也就有了条理。"①读起来非常形象、生动。

结构的基本内容主要包括开头与结尾、层次与段落、过渡与照应。

1. 开头与结尾

开头和结尾是一篇文章比较重要的部分，它们的好坏直接关系到文章结构的整体形态，更关系到文章的表达效果。元人乔梦符曾提出作文的"六字诀"，即"凤头、猪肚、豹尾"。乔梦符巧妙运用比喻，说明文章的开头要像凤头一样美丽动人，中间要像猪肚一样丰满充实，结尾要像豹尾一样警策有力。明代谢榛也曾谈及文章的开头和结尾："起句当如爆竹，骤响易彻；结尾当如撞钟，清音有余。"这是说文章的开头要像爆竹燃放一样，清脆响亮、不同凡响，起到震撼人心的巨大效果；结尾则要像撞击铜钟一样，余音袅袅，给读者留下思考的空间，引人遐想，耐人寻味。可见文章开头和结尾的重要性。

一篇文章的开头大多会奠定全文的基调，最好能抓住读者的阅读兴趣，使文章具有极大的吸引力。明末清初文学家李渔说过："开卷之初，当以奇句夺目，使人一见而惊，不敢弃去。"

---

① 张志公：《怎样锻炼思路》，载张志公、张厚感等编《张志公文集(3)·语文教学论集》，广东教育出版社 1991 年版，第 257 页。

文章的开头可以交代时间地点、设置悬念、点明主题、说明写作缘由等，可以写景，也可以抒情，形式不限，主要立足于使情节便于展开，并产生先声夺人、引人入胜的表达效果。

如有的文章开头就揭示主旨。像刘白羽《日出》，开篇第一句话就是："登高山看日出，这是从幼小时就对我有魅力的一件事。"再如李斯《谏逐客书》开篇就写到李斯对于秦国"逐客"的观点："臣闻吏议逐客，窃以为过矣！"一语道破文章的中心论点。其中"臣闻""吏议"二词使用十分恰当，巧妙地规避了秦王下逐客令是错误的这一论断。由于自己是道听途说、由"吏议"得知"逐客"一事的，因而李斯可将"逐客"的错误顺水推舟到其他大臣身上。这个开头不仅关系到李斯的命运，同时也关系到秦国能否顺利实现一统天下的大局。"臣闻吏议逐客，窃以为过矣！"既开门见山，明确指出"逐客"错误的观点，又使秦王易于接受，取得了比较好的表达效果。后文李斯一气呵成，列举诸多实例，进一步指出为何稀世珍宝不是秦国生产而秦王却拿来使用，为什么秦王不像"逐客"一样，将这些珍宝统统舍弃呢？

一般说来，一篇文章开头生动活泼的文笔总是能够吸引读者的阅读兴趣，如朱自清《匆匆》的开篇通过景物的变换以感时伤怀，用形象的方式表达了自己对时光流逝的惋惜：

燕子去了，有再来的时候；杨柳枯了，有再青的时候；桃花谢了，有再开的时候。但是，聪明的，你告诉我，我们的日子为什么一去不复返呢？——是有人偷了他们罢：那是谁？又藏在何处呢？是他们自己逃走了罢：现在又到了哪里呢？

再如魏巍《谁是最可爱的人》，开头以热烈的抒情起笔，引出全文的主题：

在朝鲜的每一天，我都被一些东西感动着；我的思想感情的潮水，在放纵奔流着；我想把一切东西都告诉给我祖国的朋友们。但我最急于告诉你们的，是我思想感情的一段重要经历，这就是：我越来越深刻地感觉到谁是我们最可爱的人！

谁是我们最可爱的人呢？我们的战士，我感到他们是最可爱的人。

这个开头是充满感情的，这种感情不是为抒发而抒发，它是一种真实可感的客观存在。作者在文章的结尾也发出了这样的呼喊："他们确实是我们最可爱的人！"前后呼应。

结尾是全篇内容和感情的收束，起深化主题的作用。结尾应与开头和谐一致，贯通一气。结尾的方法主要有总结全文，点明主题；提出希望，发人深省。如夏衍《春天的设计》的最后一段即提出了一种希望：

现在，寒冬就要消散，大地翻身的春天就要到了，那么让我们检点一下自己，我们是不是已经有了足够的力量和计划，可以大踏步地上前去迎接这一个春天。

提醒人们在“寒冬就要消散”的时刻，应该“选择着穗籽，积蓄着力量，设计着春天”，应做好各种准备迎接即将来临的全国解放。

更多的文章结尾是深化主题，令读者回味无穷。如鲁迅的《故乡》以搬家为线索，以“我”回到故乡的见闻为内容，把现实和回忆结合起来，从围绕线索的情节切入，揭示了半殖民地、半封建中国农村经济的凋敝和农民生活贫困的社会根源，表达了作者渴望改造旧社会、创造新生活的强烈愿望。在文章结尾，鲁迅写道：

我在朦胧中，眼前展开一片海边碧绿的沙地来，上面深蓝的天空中挂着一轮金黄的圆月。我想：希望是本无所谓有，无所谓无的。这正如地上的路；其实地上本没有路，走的人多了，也便成了路。

这里作者以路作比，说明希望“本无所谓有，无所谓无”，强调要战斗，而“走的人多了，也便成了路”。话不多却蕴含着深刻的哲理，很有深度。

再如俄国作家契诃夫的小说《凡卡》，写的是沙皇尼古拉三世时，无数破产了的农民被迫到城市谋生，深受剥削，就算是孩子也难逃厄运。小说开始叙述了圣诞节前夜凡卡趁着老板、老板娘和其他伙计们去教堂做礼拜的机会，偷偷地给爷爷写信，向爷爷诉说了自己在鞋铺当学徒的悲惨生活，并哀求爷爷能带他离开这里，但信封上却只写着“乡下爷爷收”。显然这封信是永远无法寄到的，小说的结尾这样写道：

过了一个钟头，他怀着甜蜜的希望睡熟了。他在梦里看见一铺暖炕，炕上坐着他的爷爷，搭拉着两条腿，正在念他的信……泥鳅在炕边走来走去，摇着尾巴……

这个甜蜜的梦，还有写着“乡下爷爷收”的信，注定无法实现。最后，受到伙计陷害的凡卡被老板一顿毒打，甚至把叉子刺进了凡卡的肉里：

伙计假装关心凡卡的样子，说：“老板，你看，凡卡这个样子，外面又这么冷，您看……”“叫你怎么办，你就怎么办！”老板依旧很生气但也很累，于是就回屋去了。

老板走了，伙计回过头来看凡卡，好像昏过去了，看着凡卡鲜血淋淋的腿，伙计露出一丝微笑。心想：凡卡再见了，谁叫你这么倒霉呢？说完，他拖着凡卡，走了。并不是走去马棚的后门，而是去前门，去大街上。

那封爷爷永远收不到的信和凡卡的命运都让人倍觉心酸，引人思索究竟是怎样的制度造成了现在这样的结果。

2. 层次与段落

叶圣陶提出阅读文章要遵循作者的思路，这个思路是作者根据材料安排层次和段落的方法，“要看怎样开头的，怎样写下去的，跟着它走，并且要理解它为什么要这样走”。层次和段落是相对独立，又相互联系的，反映了一个完整的思维过程。层次和段落主要根据文章主题的需要安排，并无定法。好文章的层次大多是内在的，行文上虽无任何标志，但读者多能根据自己的理解将层次划分出来。

层次是文章内容安排的次序。一篇文章根据内容划分出的一个个有相对独立意思的部分就是层次，是文章思想内容的表现次序，是作者思维流动发展过程的具体体现。如法国作家莫泊桑的《项链》就是围绕女主人公路瓦栽夫人“借项链——失项链——赔项链——明白项链是假的”这一情节发展，自然地分成四个层次，非常清晰。

层次继续向下划分，就是段落。段落是文章思想内容在表达时由于转折、强调等情况造成的文字停顿，也称为“自然段”，是文章最基本的构成单位。写文章划分段落的基本原则主要看一段话是否把一个相对独立的意思说完整了，如果说完整了，就独立成段，这是思维严密的一种表现。南北朝文艺理论家刘勰《文心雕龙·意事》说：“意总一义，须意高而成体。”这里的“一义”就是一段，能表达一个独立的意思。段落的划分应满足单一性、完整性、连贯性和合理性的要求。

层次、段落的安排可根据主题的需要有主有次，有详有略，使文章波澜起伏，重点突出，增强表达效果。

3. 过渡与照应

过渡与照应是使文章篇章严密、中心突出的重要环节。

过渡是层、段结合的桥梁，是材料的黏合剂，起承前启后的作用。文章观点的变化、人物的转换、开头和结尾的转折、表达手法的变换等都需要过渡，否则层、段之间易破碎，致使文章整体不连贯。主要的过渡形式有过渡段和过渡句。

(1)过渡段：主要用于意思转折较大、跳跃较大的层次和段落之间。如鲁迅《从百草园到三味书屋》：

我不知道为什么家里的人要将我送进书塾里去了，而且还是全城中称为最严厉的书塾。也许是因为拔何首乌毁了泥墙罢，也许是因为将砖头抛到间壁的梁家去了罢，也许是因为站在石井栏上跳了下来罢，……都无从知道。总而言之：我将不能常到百草园了。Ade，我的蟋蟀们！Ade，我的覆盆子们和木莲们！……

这段话起的就是过渡的作用，承上启下，使文章自然地从百草园向三味书屋过渡，把前后两部分连结为一个整体。

(2)过渡句：有些文章的跳跃或意思转折不大，用过渡句就能起到衔接的作用。过渡句中常用的关联词语很多，如“因为”“所以”“虽然”“但是”“其实”“不过”“如果”“而且”“既然”“固然”“尽管”“总之”等。像鲁迅《藤野先生》开篇选取几件事写了藤野先生对“我”的关怀与教诲，如：

还记得有一回藤野先生将我叫到他的研究室里去，翻出我那讲义上的一个图来，是下臂的血管，指着，向我和蔼的说道：

“你看，你将这条血管移了一点位置了。——自然，这样一移，的确比较的好看些，然而解剖图不是美术，实物是那么样的，我们没法改换它。现在我给你改好了，以后你要全照着黑板上那样的画。”

但是我还不服气，口头答应着，心里却想道：

“图还是我画的不错；至于实在的情形，我心里自然记得的。”

文章列举了很多藤野先生教诲我的事例，之后鲁迅写道：

但他也偶有使我很为难的时候。他听说中国的女人是裹脚的，但不知道详细，所以要问我怎么裹法，足骨变成怎样的畸形，还叹息道：“总要看一看才知道。究竟是怎么一回事呢？”

这段由关联词“但”引出的就是过渡句，使文意由“教诲”过渡到藤野对我提出的一个疑问，衔接自然。

有时过渡句仅由一个词构成，表达效果毫不逊色。如《为了忘却的记念》中，鲁迅记述了自己听到柔石被秘密杀害的消息：

天气愈冷了，我不知道柔石在那里有被褥不？我们是有的。洋铁碗可曾收到了没有？……但忽然得到一个可靠的消息，说柔石和其他二十三人，已于二月七日夜或八日晨，在龙华警备司令部被枪毙了，他的身上中了十弹。

原来如此！……

"原来如此"即是过渡句，虽然只有四个字，却蕴含了非常复杂的感情。

照应指一篇文章前后文的配合与呼应，是作者根据创作思路，对材料进行的有个性的组织安排。后面要说的，前面有交代；前面提到的，后面有回应。照应能使文章意脉相连，文气贯通，浑然一体。常见的照应方法有三种。

(1)题文照应：文章的标题与全篇或部分内容照应。文章情节紧紧围绕题目所写的人或事展开，使主题更加突出。如冰心的《樱花赞》以樱花为象征，歌颂了日本人民的斗争精神和日中人民的友谊。《樱花赞》开篇便从樱花说起：

樱花是日本的骄傲。到日本去的人，未到之前，首先要想起樱花；到了之后，首先要谈到樱花。

然后写道：

今年春天我到日本，正是樱花盛开的季节，我到处都看了樱花，在东京、大阪、京都、箱根、镰仓……但是四月十三日我在金泽萝香山上所看到的樱花，却是我所看过的最璀璨、最庄严的华光四射的樱花！

"到处都看了樱花"，为什么这次看到的是"最璀璨、最庄严"的樱花呢？由此引出日本人民的斗争精神和日中人民的友谊。原来四月十三日是金泽市出租汽车公司工人罢工的日子，但我们依旧按既定时间坐上了车，当"我"向和司机同坐的日本朋友询问时：

日本朋友回过头来微微地笑说："为着要送中国作家代表团上车站，他们昨夜开个紧急会议，决定把罢工时间改为从早晨九点开始了！"我正激动着要说一两句道谢的话的时候，那位端详稳静、目光注视着前面的司机，稍稍地侧着头，谦和地说："促进中日人民的友谊，也是斗争的一部分呵！"

我的心猛然地跳了一下，像点着的焰火一样，从心灵深处喷出了感激的漫天灿烂的火花……

在这种心情的影响下，"我"的情绪也格外好：

清晨的山路上，没有别的车辆，只有我们这十一辆汽车，沙沙地飞驰。这时我忽然看到，山路的两旁，簇拥着雨后盛开的几百树几千树的樱花！这樱花，一堆堆，一层层，好像云海似的，在朝阳下绯红万顷，溢彩流光。

下车后，“我”握着司机们的手，感谢他们，上了火车后：

热烈的惜别场面过去了，火车开了好久，窗前拂过的是连绵的雪山和奔流的春水，但是我的眼前仍旧辉映着这一片我所从未见过的奇丽的樱花！

作者仍然由日中人民的友谊回到樱花上，并在文章结尾处写道：

深夜回忆，暖意盈怀，欣然提笔作樱花赞。

这样整篇文意就和文章的题目很好地融合起来了，一气呵成。

(2)前后照应：这里“前后”主要指一篇文章里的前和后，尤其在长篇中，情节的前后照应比较常见。李渔在《闲情偶寄》中说：“顾前者，欲其照映；顾后者，便于埋伏。……一节偶疏，全篇之破绽出矣。”可见，前后照应在文艺创作中确实非常重要。如张恨水的长篇小说《啼笑因缘》在关寿峰力大和武艺精深的问题上，多次前后照应。第一回写关寿峰出场时，他能用双肩承接飞过屋脊的两只各重七八十斤的石锁，并把五六百斤重的石磨高高举过头顶。在第六回里，为突出关寿峰的武功，描写了他筷子夹飞蝇的技艺：

他将桌上的筷子取了一双，倒拿在手里，依然坐下了。等到苍蝇飞过来，他随随便便的将筷子在空中一夹，然后送过来给家树看道：“你瞧，这是什么？”家树看时，只见那筷子头不偏不倚，正正当当，夹住一个小苍蝇。不由得先赞了一声“好”，然后问道：“这虽是小玩艺，却是由大本领练了来的，但不知道大叔是由练哪项本事练出来的？”关寿峰将筷子一松，一个苍蝇落了地，筷子一伸，接上一夹，又来了一个苍蝇。他就是如此一伸一夹，不多久的工夫，脚下竟有一二十头苍蝇之多，一个个都折了翅膀横倒在地上。……家树笑道：“这种本领，扩而充之起来，似乎就可以伸手接人家放来的暗器。我们常在小说上，看到什么接镖接箭一类的武艺，大概也是这种手法。”

一篇文章在内容上的前后照应，可使情节连贯，没有思路、文意的中断之感。

(3)首尾照应：文章的开头和结尾相呼应，凸显文章的主题。或开头交代起因，结尾揭示结果；或开头提出问题，结尾揭晓答案；或开头着意强调，结尾反复重申。如鲁迅《一件小事》便是首尾照应的，开头写道：

我从乡下跑到京城里，一转眼已经六年了。其间耳闻目睹的所谓国家大事，算起来也很不少；但在我心里，都不留什么痕迹，倘要我寻出这些事的影响来说，便只是增长了我的坏脾气——老实说，便是教我一天比一天的看不起人。但有一件小事，却于我有意义，将我从坏脾气里拖开，使我至今忘记不得。

小说的结尾：

这事到了现在，还是时时记起。我因此也时时熬了苦痛，努力的要想到我自己。几年来的文治武力，在我早如幼小时候所读过的“子曰诗云”一般，背不上半句了。独有这一件小事，却总是浮在我眼前，有时反更分明，教我惭愧，催我自新，并且增长我的勇气和希望。

文章开篇和结尾都提到“一件小事”，又谈到很多大事“都不留什么痕迹”“背不上半句”了，更加突出了这件微不足道的“小事”的价值和意义。

前文有伏笔，后文必有照应。林纾在《春觉斋论文》中说：“于文者，一题到手，预将全篇谋过，一一审定其营垒阵法。等是一番言论，必先安顿埋伏，在要处下一关键，到发明时即可收为根据。故明眼者须解得一个‘藏’字诀，欲注射彼处，先在此处着眼。……行为有伏笔，犹行军之设覆，敌苟知兵者，必巧避不犯我之覆中；若行文之伏笔，则备后来之必应者也。故用伏笔，须在人不着意处，又当知此不是赘笔才佳。”

安排照应时，不可只顾照应，使文章情节过于烦琐、冗长、拖沓。照应并不是重复，要注意表达方法的运用和语言的变化，不可千篇一律。

三、结构安排原则

文章结构反映的是作者对材料与主题之间、材料与材料之间相互关系的认识水平和表现能力。作者在掌握材料的基础上，形成自己对客观事物的看法、态度及情感，即是思路，结构就是思路在文章中的体现。安排好结构是至关重要的，曹雪芹在《红楼梦》中也曾借宝钗论画，强调过动笔前的整体设计：“若照(大观园)样儿往纸上一画，是必不能讨好的。这要看纸的地步远近，该多该少，分主分宾，该添的要添，该藏该减的要藏要减，该露的要露，这一起了稿子，再端详斟酌，方成一幅图样。”

结构安排应遵循以下原则。

1. 符合表现对象的规律

孙犁曾在《谈结构》中说：“一篇作品既是描写一个事件，那事件本身就具备一个进行的规律，一个存在的规模。作者抓住这个规律，写出这个规律，使它鲜明，便是作品的基本结构。”可见，结构体现客观对象的规律。

文章是客观事物的反映，文章的结构形式也必须反映出客观事物的内在联系和发展规律。结构虽多变，但终究受到客观现实的制约。一件事情不管大还是小，总有一个渐变的发展过程。比如写记叙文，要说清事情的发生、发展、高潮、结局等，由此安排文章的结构，必要时调整叙述的顺序、人称等。如果写议论文，则应明确中心论点，包括分论点的内容及各个论点之间的关系，再安排结构。再如游记类的散文，作者多以游踪为结构顺序，让文章跟着作者的脚步走，读者的思路再跟着文章走。所以文章的结构不仅要符合客观事物的发展规律，还要符合逻辑。对此毛泽东曾说：“写文章要讲逻辑。就是要注意整篇文章、整篇说话的结构，开头、中间、尾巴要有一种关系，要有一种内部的联系，不要互相冲突。”①

2.服从主题表达的需要

结构是文章内容的组织安排形式，为表现主题而存在，应按照文章的主题思想来安排结构，结构也会表现出主题思想。刘勰在《文心雕龙·附会篇》中说：“凡大体文章，类多枝派，整派者依源，理枝者循干。是以附辞会义，务总纲领，驱万途于同归，贞百虑于一致。使众理虽繁，而无倒置之乖；群言虽多，而无棼丝之乱。扶阳而出条，顺阴而藏迹；首尾周密，表里一体，此附会之术也。”意思是，文章的各个部分都应指向主题，为主题服务，使繁多的文理不会像乱丝一样纠缠。如果文章的组成部分脱离了主题的需要，结构也就失去依据而无所适从。

莫泊桑的短篇小说《项链》围绕“项链”表现主题，又根据路瓦栽夫人借项链、用项链、丢项链、赔项链等情节安排段落结构，写出了小资产阶级家庭主妇在虚荣心的影响下，造成的人生悲剧。小说结尾特别安排了两个人的意外对话，更加深了小说主题的深刻性。出乎读者意料的是，路瓦栽夫人为自己的虚荣，竟然付出了10年的艰辛，升华了主题。

再如鲁迅的小说《药》根据主题的表达需要采用了双线结构。

明线：买药——吃药——议药——上坟；

① 毛泽东：《在中国共产党第七届中央委员会扩大的第六次全体会议上的结论》，载中共中央文献研究室编《毛泽东著作专题摘编（下）》，中央文献出版社2003年版，第1547页。

暗线：买人血馒头——吃人血馒头——议人血馒头——上坟。

《药》的主题是革命必须唤醒广大百姓，否则只能一事无成。

明线先写华小栓得了痨病，父亲华老栓听说人血馒头可以治病，便带着仅有的积蓄去刑场买人血馒头。想着拿回家给儿子吃，吃完华小栓的病就能痊愈了，结果华小栓仍未能逃脱死神的魔爪。与明线交织在一起的暗线是：革命者夏瑜从事推翻清王朝的革命斗争，哪料被捕，夏瑜英勇不屈，保持着革命斗志，但最后还是慷慨就义。鲁迅先生机智地将明暗两条线索交互起来，凸显了主题。正如鲁迅与孙伏园的对话所说："《药》描写群众的愚昧和革命者的悲哀；或者说，因群众的愚昧而带来的革命者的悲哀；更直接说，革命者为愚昧的群众而牺牲了，愚昧的群众并不知道这牺牲为的是谁，却还要因了愚昧的见解，以为这牺牲可以享用。"如果鲁迅当初写《药》时将"愚昧的群众"和"革命者"分开，采用单线而不是双线来安排材料、组织文章结构，肯定无法达到文章现在呈现出的悲剧性和警示性。

第四节　表达方式

表达方式指表述特定内容使用的特定的语言方法和手段。一篇文章多以一种表达方式为主，其他表达方式为辅。常见的表达方式有五种，即叙述、描写、抒情、议论和说明。一般来说，叙述和描写是记叙类文章的主要表达方式，说明是说明类文章的主要表达方式。

一、叙　　述

叙述是把人物经历、事件发展和事情变化过程表达出来的一种方式，是最基本、使用频率最高的表达方式。叙述是记叙类、议论类、说明类文体的主要表达方式。人物、事件、时间、地点、原因、结果是叙述具备的六大要素。叙述的顺序主要包括顺叙、倒叙、插叙、补叙、平叙等。

1. 顺叙

顺叙是最常见的叙述方式，即按照事件的时间发展顺序依次叙述，按部就班，使文章层次、段落与事件的开端、发展、高潮、结局的进程基本一致。顺叙是最基本、最常见、使用频率最高的叙述方式，使读者在阅读时头绪清楚，对事件一目了然。如鲁迅先生《理水》第三节就采用了顺叙的方式，从头到尾叙述了在水利局举办的宴会上发生的事情。

局外面也起了一阵喧嚷。一群乞丐似的大汉，面目黧黑，衣服破旧，竟冲破了断绝交通的界线，闯到局里来了。卫兵们大喝一声，连忙左右交叉了明晃晃的戈，挡住他们的去路。

“什么？——看明白！”当头是一条瘦长的莽汉，粗手粗脚的，怔了一下，大声说。

卫兵们在昏黄中定睛一看，就恭恭敬敬的立正，举戈，放他们进去了，只拦住了气喘吁吁的从后面追来的一个身穿深蓝土布袍子，手抱孩子的妇女。

……

这时候，局里的大厅上也早发生了扰乱。大家一望见一群莽汉们奔来，纷纷都想躲避，但看不见耀眼的兵器，就又硬着头皮，定睛去看。奔来的也临近了，头一个虽然面貌黑瘦，但从神情上，也就认识他正是禹；其余的自然是他的随员。

这一吓，把大家的酒意都吓退了，沙沙的一阵衣裳声，立刻都退在下面。禹便一径跨到席上，在上面坐下，大约是大模大样，或者生了鹤膝风罢，并不屈膝而坐，却伸开了两脚，把大脚底对着大员们，又不穿袜子，满脚底都是栗子一般的老茧。随员们就分坐在他的左右。

“大人是今天回京的？”一位大胆的属员，膝行而前一点，恭敬的问。

“你们坐近一点来！”禹不回答他的询问，只对大家说，“查的怎么样？”

大员们一面膝行而前，一面面面相觑，列坐在残筵的下面，看见咬过的松皮饼和啃光的牛骨头。非常不自在——却又不敢叫膳夫来收去。

“禀大人，”一位大员终于说。“倒还像个样子——印象甚佳。松皮水草，出产不少；饮料呢，那可丰富得很。百姓都很老实，他们是过惯了的。禀大人，他们都是以善于吃苦，驰名世界的人们。”

“卑职可是已经拟好了募捐的计划，”又一位大员说，“准备开一个奇异食品展览会，另请女隗小姐来做时装表演。只卖票，并且声明会里不再募捐，那么，来看的可以多一点。”

……

“放他妈的屁！”禹心里想，但嘴上却大声的说道：“我经过查考，知道先前的方法：‘湮’，确是错误了。以后应该用‘导’！不知道诸位的意见怎么样？”

静得好像坟山；大员们的脸上也显出死色，许多人还觉得自己生了病，明天恐怕要请病假了。

这部分叙述的是在大员们举办宴会，个个故作风雅之时，突然闯进一伙与宴会气氛不太相合的人，这是大禹带着他的同事现身了。接着大禹和顽固派就“湮”还是“导”展开了面对面的较量。

顺叙不等于平铺直叙，应对材料有所取舍，重点突出、主次分明、详略得当。也可适当“留白”，以充分调动读者的阅读兴趣，留下较大的想象空间。

2. 倒叙

倒叙是把人物、事件结局，或人物经历、事件发展过程中的某一重要部分提到文章前面来写，其余内容仍按事件的发展顺序叙述。如莫泊桑《米龙老爹》采用了倒叙方式。《米龙老爹》描述了普法战争中一个普通法国农民米龙老爹孤胆杀敌的故事，小说成功地塑造了一个机智勇敢、大义凛然的农民英雄形象，表现出法国人民抗击侵略者的英雄主义和维护民族尊严的爱国主义精神。《米龙老爹》开篇先写了一幅丰收在即、充满喜悦之情的田园风光，然后再抚今思昔，顺理成章地引出往日艰苦斗争的故事。这样的悬念增添了小说引人入胜的艺术魅力，也引起了读者的阅读兴趣，一箭双雕。

需要注意的是，由倒叙到顺叙的过渡应自然，衔接恰当。

3. 插叙

插叙是在叙述主要事件过程中，出于某种表达需要，暂时中断原来的叙述线索，插进一段与它有关的另一事件的叙述，然后再继续原来的主线。插叙能使文章情节更丰富，内容更充实，人物形象更完整，文章主题更深化。

张恨水在写完《啼笑因缘》后说：“什么叫穿插，一部小说不能写一件事，要写许多事，这许多事，若是写完了一件，再写一件，时间空间，都要混乱，而且文字不容易贯穿。所以《水浒》‘月夜走刘唐’，顺插上了‘宋公明杀阎惜娇’那一大段；‘三打祝家庄’又倒插上了‘顾大嫂劫狱’那一小段。”可见插叙就是在叙述一个故事情节中插入另一情节。特别是篇幅比较长的文章，人物多，头绪多，作者不能只写一条线索，否则既不利于读者掌握文章整体情节的发展，也不利于突出主题，致使结构和内容都比较分散。

如鲁迅的《故乡》在写“我”和“母亲”谈到闰土时，就插入了少年闰土和“我”的友谊，表现在艰辛生活和痛苦精神摧残下，森严的等级观念早已植入闰土脑中，他已接受并默认了那条横亘在自己和童年伙伴之间那条不可逾越的界限。如此，闰土的形象便更加鲜明地呈现在读者面前。

值得注意的是，插叙时不可节外生枝，使内容过于游离，也不可喧宾夺主，要分清主次。

4. 补叙

补叙是当一个事件叙述到某处时，有意暂时留下空白，到文章后面的某个地方或结尾处再补充叙述出来。清代著名理论家李绂曾说："叙中所阙，重缀于后，为补叙。"补叙的情节多为影响事件发展的关键性环节，易产生强烈的戏剧效果。如莫泊桑《项链》的结尾，玛蒂尔德在辛勤劳动十年，还清全部债务后的一个星期日，见到了伏来士洁夫人。犹豫后，玛蒂尔德告诉对方，当年将所借项链丢失、又买来一串新的金刚钻项链赔偿的事实。下面是两人的对话，最后一句即是补叙。

"你可是说从前买了一串金刚钻项链来赔偿我的那一串？"

"对呀，你从前简直没有看出来，是吗？那两串东西原是完全相同的。"

说完，她用一阵自负而又天真的快乐神气微笑了。

伏来士洁太太很受感动了，抓住了她两只手：

"唉。可怜的玛蒂尔德，不过我那一串本是假的，顶多值得五百金法郎！……"

这个补叙出乎所有人的意料，这条假项链更加尖锐地讽刺了小资产阶级的虚荣心和他们追求享乐的思想，使读者读起来倍觉酸楚和同情。

再如《水浒传》中《智取生辰纲》一节，在黄泥岗松林内，以晁盖为首的七个好汉假扮贩枣的客商，从杨志手里劫走了生辰纲。同一桶酒，为何晁盖等人喝没事，杨志及众军汉一喝就被蒙汗药麻翻了呢？此时，作者才慢慢补叙了晁盖、吴用、公孙胜、刘唐、阮小二、阮小五、阮小七这七个人，以及如何使用障眼法、以瓢下药的经过，使叙事于平淡中见波澜。这比按照事件的正常发展顺序叙述，更能吸引读者的注意力。

插叙和补叙容易混淆，二者的根本区别在于插进、补充的内容是不是整个事件不可或缺的有机组成部分。插叙插入的是基本事件外的相关情况，不属于该事件的构成部分，只起到补充、丰富内容的作用，删去它虽然会影响主题的深刻性，但并不影响事件的完整性。补叙的内容则是基本事件发展中的重要环节，去掉会影响事件本身的完整性，因此，补叙的内容必须有。如果《项链》的结尾不补叙出来，那么主题便体现不出来。如果《智取生辰纲》中未补充出以瓢下药的经过，则会大大影响文学作品的真实性。

5. 平叙

平叙也称分叙，指叙述同一时间内在不同地方发生的两件或多件事，或一件事的若干组成部分。平叙通常采取先说一件，再说一件的叙述方法，所谓"花开两朵，各表一枝"，适用于情节复杂的文学样式。

魏巍《谁是最可爱的人》一文就采用了平叙的写法。作者选用抗美援朝中"松骨峰战斗""马玉祥火中救小孩""和战士的交谈"几个典型事件，各有侧重地揭示了志愿军战士的优秀品质，说明他们确实是我们最可爱的人。这里如果不采用平叙的方式，就很难叙述得有条不紊。

二、描　　写

描写是用生动形象的语言，把人物的状态、动作或景物的性质、特征具体描绘出来，使之富有表现力和感染力。按照描写的对象来分，描写主要有人物描写和环境描写，而人物描写又可以细分为肖像描写、心理描写、语言描写和行为描写。不管哪种描写，都是为表现主题、刻画人物服务的。下面我们简要地介绍这些写作中常见的描写方法。

1. 环境描写

人物生活在一定环境中，既然有环境，就需要通过全面、立体的角度反映环境，这就是环境描写。环境描写是一篇文章的有机组成部分，主要包括自然环境描写和社会环境描写。

(1)自然环境描写

自然环境描写主要指景物描写，如山川河流、草木虫鱼、风雨雷电、日月星辰等。任何文章的景物描写都不是单纯为写景而写景，作者总会赋予景物一定的思想和感情，做到情景交融、景中有情、情中有景，正如王国维在《人间词话》中所说："昔人论诗，有景语情语之别，不知一切景语皆情语也。"如朱自清《荷塘月色》中的景色描写：

曲曲折折的荷塘上面，弥望的是田田的叶子。叶子出水很高，像亭亭的舞女的裙。层层的叶子中间，零星地点缀着些白花，有袅娜地开着的，有羞涩地打着朵儿的；正如一粒粒的明珠，又如碧天里的星星，又如刚出浴的美人。微风过处，送来缕缕清香，仿佛远处高楼上渺茫的歌声似的。这时候叶子与花也有一丝的颤动，像闪电般，霎时传过荷塘的那边去了。叶子本是肩并肩密密地挨着，这便宛然有了一道凝碧的波痕。叶子底下是脉脉的流水，遮住了，不能见一些颜色；而叶子却更见风致了。

这里朱自清描写的是清华园中极其普通的一个荷塘，作为传世名篇，其过人之处便在于朱自清不是为了写景而写景，更重要的是景中蕴含了自己的感情。由田田的荷叶、如水的月光到热闹的蝉声和蛙声，无一不融入了作者的感情，在欣赏月色下荷塘的淡淡喜悦中突出了作者不满黑暗现实却又无法超脱的哀愁："热闹是它们的，我什么也没有"，实现了情景交融。正如老舍所说："写家的本事不完全在能把普通的地点美化了，而在乎他把任何地点都能整理得成一个独立的景。"①只有融合了作者感情的景才是独一无二的。

(2)社会环境描写

社会环境描写指对人物所处时代、社会和生活环境等的描写，是自然景物外的人为环境，如地域风貌、风土人情、社会关系等。社会环境是作品中人物活动的场景，相对于自然环境来说，更能表现人物的性格特征，并有效深化主题。如鲁迅《孔乙己》开篇对鲁镇酒店格局的描写即属于社会环境描写。

鲁镇的酒店的格局，是和别处不同的：都是当街一个曲尺形的大柜台，柜里面预备着热水，可以随时温酒。做工的人，傍午傍晚散了工，每每花四文铜钱，买一碗酒，——这是二十多年前的事，现在每碗要涨到十文，——靠柜外站着，热热的喝了休息；倘肯多花一文，便可以买一碟盐煮笋，或者茴香豆，做下酒物了，如果出到十几文，那就能买一样荤菜，但这些顾客，多是短衣帮，大抵没有这样阔绰。只有穿长衫的，才踱进店面隔壁的房子里，要酒要菜，慢慢地坐喝。

这段描写为随后出场的孔乙己做好了铺垫，那个"排出九文大钱""站着喝酒而穿长衫的唯一的人"。

2. 肖像描写

肖像描写即外貌描写，是对人物外形、体貌特征等的描写，包括人物的身材、容貌、服饰、表情、仪态、习惯等。肖像描写是文学作品塑造人物形象、展示

① 胡絜青编：《老舍论创作》，上海文艺出版社1980年版，第79页。

人物性格的重要手段，最重要的是以形传神，凸显此人与彼人的区别，揭示作品中人物的思想品质、精神面貌和性格特征。如曹雪芹《红楼梦》中对林黛玉的肖像描写：

两弯似蹙非蹙罥烟眉，一双似喜非喜含情目，态生两靥之愁，娇袭一身之病。泪光点点，娇喘微微。闲静时似娇花照水，行动处如弱柳扶风。心较比干多一窍，病如西子胜三分。

曹雪芹笔下的林黛玉着墨不多，虽只简单勾勒，便抓住了她最生动、典型的气质神韵，使人心生爱怜，并寄寓深切的同情。再如《红楼梦》中对王熙凤的肖像描写：

只见一群媳妇丫鬟围拥着一个人从后房门进来。这个人打扮与众姑娘不同，彩绣辉煌，恍若神妃仙子：头上戴着金丝八宝攒珠髻，绾着朝阳五凤挂珠钗；项上戴着赤金盘螭璎珞圈；裙边系着豆绿色宫绦，双衡比目玫瑰珮；身上穿着缕金百蝶穿花大红洋缎袍袄，外罩五彩刻丝石青银鼠褂；下着翡翠撒花洋绉裙。一双丹凤三角眼，两弯柳叶吊梢眉，身量苗条，体格风骚，粉面含春威不露，丹唇未启笑先闻。

此处的王熙凤浓妆艳抹，服饰装扮极尽奢华，妖艳凌人，在黛玉面前显得俗不可耐。曹雪芹借此揭示了王熙凤的庸俗、空虚和贪婪。正如老舍先生说的："真正美丽的人，是绝不多施脂粉，不乱穿衣服的。"再看巴尔扎克《欧也尼·葛朗台》中对葛朗台的肖像描写：

至于体格，他身高五尺，臃肿，横阔，腿肚子的圆周有一尺，多节的膝盖骨，宽大的肩膀；脸是圆的，乌油油的；下巴笔直，嘴唇没有一点儿曲线，牙齿雪白；冷静的眼睛好像要吃人，是一般所谓的蛇眼；脑门上布满皱纹，……鼻尖肥大，顶着一颗满着血筋的肉瘤……

人物与人物之间极大的区别性也表现了肖像描写对人物性格刻画的功劳，使人物神形兼备。

3. 心理描写

心理描写即对人物内心思想情感、思想活动进行描写，以直观的方式展现人物的内心世界，反映人物的性格特征，以表现人物丰富、复杂的思想感情。法国作家雨果说过："有一种比海更大的景象，是天空；还有一种比天空更大的景象，那就是人的内心世界。"心理描写就是打开人物心灵、刻画人物性格、表达主

题思想的重要手段之一。如丹麦作家安徒生《卖火柴的小女孩》:

她的一双小手几乎冻僵了。啊,哪怕一根小小的火柴,也会对她有好处的!她敢从成把的火柴里抽出一根,在墙上擦燃了,暖和暖和手吗?她抽出了一根火柴。哧!燃起来了,冒出火焰来了!她把小手拢在火焰上。多么温暖多么明亮的火焰啊,简直像一支小小的蜡烛。这是一道奇异的火光!女孩觉得自己好像坐在一个装着闪亮的铜脚铜捏手的大火炉前面。火炉里的火烧得旺旺的,暖烘烘的,她觉得多么舒服啊!但是——怎么回事呢?——她刚把脚伸出去,想把脚也暖和一下,火柴灭了,火炉不见了。她只拿着一根烧过了的火柴,坐在那儿。

她又擦了一根。火柴燃起来了,发出亮光来了。亮光落在墙上,那儿就变得像薄纱那么透明,她可以从那儿一直看到屋里:桌上铺着雪白的台布,摆着精致的盘碗,填满了苹果和葡萄干的烤鹅正冒着热气。更妙的是,这只鹅从盘子里跳下来,背上插着刀和叉,摇摇摆摆地在地板上走着,一直向这个可怜的小女孩走来——这时候,火柴又灭了,面前没有别的,只有一堵又厚又冷的墙。

这里展现了火柴燃起时小女孩的内心世界,突破了外界环境的限制,刻画了她的单纯及对温饱的渴求,深刻揭露了资本主义社会的黑暗。

4.语言描写

语言描写即描写人物的语言,包括人物独白、对话或谈话。语言描写是塑造人物形象、表现人物情感、反映人物内心世界的重要手段,所谓“言为心声”。鲁迅也说过:“如果删掉了不必要之点,只摘出各人的有特色的谈话来,我想,就可以使别人从谈话里推见每个说话的人物。”如吴敬梓《儒林外史》中,范进的岳父胡屠户对范进中举前后的态度截然不同,这在对胡屠户前后的语言描写中表现得非常清楚。中举前,范进去岳父家借钱,被胡屠户骂了个狗血喷头:

不要失了你的时了!你自己只觉得中了一个相公,就“癞虾蟆想吃起天鹅肉”来!我听见人说,就是中相公时,也不是你的文章,还是宗师看见你老,不过意,舍与你的。如今痴心就想中起老爷来!这些中老爷的都是天上的“文曲星”!你不看见城里张府上那些老爷,都有万贯家私,一个个方面大耳?像你这尖嘴猴腮,也该撒抛尿自己照照!不三不四,就想天鹅屁吃!趁早收了这心,明年在我们行事里替你寻一个馆,每年寻几两银子,养活你那老不死的老娘和你老婆是正经！你问我借盘缠，我一天杀一个猪还赚不得钱把银子，都把与你去丢在水里，叫我一家老小嗑西北风！

范进中举后，胡屠户立刻换了一副嘴脸：

我那里还杀猪！有我这贤婿，还怕后半世靠不着也怎的？我每常说，我的这个贤婿，才学又高，品貌又好，就是城里头那张府、周府这些老爷，也没有我女婿这样一个体面的相貌。你们不知道，得罪你们说，我小老这一双眼睛，却是认得人的。想着先年，我小女在家里长到三十多岁，多少有钱的富户要和我结亲，我自己觉得女儿像有些福气的，毕竟要嫁与个老爷，今日果然不错！

吴敬梓以敏锐的眼光捕捉了胡屠户最富个性和典型意义的语言，通过对范进中举前后，其岳父胡屠户的语言描写，刻画了一个自私自利、势利绝顶又愚昧庸俗的市井小丑的形象，可谓入木三分。

5. 行为描写

行为描写也称行动描写，即描写人物的举止、行为、动作，展现人物性格、心理等特征，这也是作者刻画人物性格的重要手段之一。茅盾也说："人物的性格必须通过行动来表现。"如鲁迅《阿Q正传》对阿Q临刑前画押行为的描写：

阿Q要画圆圈了，那手捏着笔却只是抖。于是那人替他将纸铺在地上，阿Q伏下去，使尽了平生的力画圆圈。他生怕被人笑话，立志要画得圆，但这可恶的笔不但很沉重，并且不听话，刚刚一抖一抖的几乎要合缝，却又向外一耸，画成瓜子模样了。

这里鲁迅先生再次表现了阿Q登峰造极的"精神胜利法"。阿Q的行为虽异乎常人，却非常符合他的性格和心理。对他来说，失败也是胜利。既然如此，临刑前就应当表现出胜利英雄的一面，就是一定要把那个圈画圆。行为描写和人物性格彼此呼应，高度契合。

再如鲁迅《药》中对群众围观法场的行为描写：

老栓也向那边看，却只见一堆人的后背；颈项都伸得长，彷佛许多鸭，被无形的手捏住了的，向上提着。静了一会，似乎有点声音，便又动摇起来，轰的一声，都向后退；一直到老栓立着的地方，几乎将他挤倒了。

清朝反动政府处决革命者，竟引得群众围观。对这些围观群众麻木行为的描写，正反映了当时中国国民落后的精神状态，也表现了长期封建制度的压迫致使人民群众不觉悟，以及辛亥革命严重脱离人民群众的致命弱点，极为深刻。

三、抒　　情

抒情是以形式化的话语组织，象征性地表现个人内心情感的一类文学活动，是主观、内在的。情感是人对客观世界的特殊反映形式，在掌握材料、形成思路的基础上，作者对于客观世界所固有的情感、体验和态度必然会渗透进创作，将其表达出来，即是抒情。抒情是各类文章中不可或缺的重要因素。抒情方式主要有直接抒情和间接抒情两种，后者居多。

1. 直接抒情

直接抒情即直抒胸臆，指不借助辅助手段，直陈肺腑，直接抒发感情，表达对人物和事件的爱憎态度，常用于抒发强烈、直露的情感，较为热烈。如汉乐府《上邪》呈现的炽热爱情，即是一种直接抒情：

上邪！我欲与君相知，长命无绝衰。山无陵，江水为竭，冬雷震震，夏雨雪，天地合，乃敢与君绝！

再如三毛在《永恒的母亲》文末抒发了她对母亲的感情：

想对母亲说：真正了解人生的人，是她；真正走过那么长路的人，是她；真正经历过那么多沧桑的，全然用行为解释了爱的人，也是她。在人生的旅途上，母亲所赋予生命的深度和广度，没有一本哲学书籍能够比她更周全。

母亲啊母亲，在你女儿的心里，你是源，是爱，是永恒。

母亲啊母亲，在你女儿的心里，你是源，是爱，是永恒。

你也是我们终生追寻的道路、真理和生命。

直接抒情多较直白、率真，行文中必须注意铺垫，逐层推进，以期取得良好的表达效果。

2. 间接抒情

间接抒情指借助一定的手段把感情表达出来，将其渗透在写景、叙事、说理中，使情、景、事、理融为一体。与直接抒情相比，间接抒情较为曲折、委婉、细腻，更符合中国人含蓄的民族性格，表达效果不逊于直接抒情。正如刘勰《文心雕龙·神思》所云："夫神思方运，万途竞萌；规矩虚位，刻镂无形。登山则情满于山，观海则意溢于海，我才之多少，将于风云而并驱矣。"这是作者将艺术生命转移到自然对象身上，达到了物我的交融互通、情理契合。

间接抒情主要通过以下几种方式展现。

(1)寓情于景

寓情于景指作者把要抒发的感情、要表达的思想寓于景物中,情景交融,通过对景物的描写达到间接抒发感情的目的。正如王夫之所说:“情景名为二,实不可离……巧者则情中景,景中情。”景和情,情和景,二者本就密不可分。如茅盾的散文《水》,就是通过“水”传达了作者的一腔深情。

水车的尾巴浸着浅绿色的河水,辘辘地从上滚下来的叶子板格格地憨笑似的,一边跟小河亲一下嘴,一边就喝了满满一口,即刻又辘辘地上去,高兴得嘻嘻哈哈地把水吐了出来……小河也温柔地微笑,河面漾满了一圈一圈的笑窝。

这一段的描写是快乐的。

小河也渐渐瘦了……满脸土色,吐着叹息的泡沫。

河心里的泥土开始起纹,像老人的脸,小车也都禁口。

后两段的描写则是痛苦的。土地神像没有给辛苦劳作的农民带来风调雨顺,从小河的喜悲中即可看出。茅盾也由此得出了“当神不能做得像个神的时候,人们对于神的报复是可怕的”结论,至此景物与作者的感情已经天衣无缝地契合起来了。

再如郁达夫《沉沦》中感情和景物的结合也很出色,能够起到渲染小说情境的作用:

向四边一看,太阳已经打斜了,……有一座高山,……饱受了一天残照,山的周围酿成一层朦朦胧胧的岚气,反射出一种紫不紫红不红的颜色来。

在“紫不紫红不红的颜色”笼罩下,一个忧郁又略带感伤的主人公形象也显得愈加孤单。

(2)寓情于事

寓情于事指在回忆往事、陈述经历时,将鲜明的主观感情色彩寄寓其中,于细节中见真情。如冰心《我的老伴》通过很多生活细节,将自己和丈夫 56 年共同生活的足迹展现在读者面前。从萍水相逢到新婚之夜,从教书生活到抗战中的颠沛流离……我们可以读出那种忠诚、坚贞的爱情。

这里不妨插进一件趣事。一九二三年我初到美国,花了五块美金,照了一两张相片,寄回国来,以慰我父母想念之情。那张大点的相片,从我母亲逝世后文藻就向我父亲要来,放在他的书桌上,我问他:“你真的每天要看一眼呢,还只是一件摆设?”他笑说:“我当然每天要看了。”有一天我趁他去上课,把一张影星阮玲玉的相片，换进相框里，过了几天，他也没理会。后来还是我提醒他："你看桌上的相片是谁的？"他看了才笑着把相片换了下来，说："你何必开这样的玩笑？"还有一次是一个阳光灿烂的春天上午，我们都在楼前赏花，他母亲让我把他从书房里叫出来。他出来站在丁香树前目光茫然地又像应酬我似地问："这是什么花？"我忍笑回答："这是香丁。"他点了点头说："呵，香丁。"大家听了都大笑起来。

再如杨朔的作品也尤其擅长记人、叙事，专注于情景、人物的集中描绘。其作品中人物的神态、语言、行动都被描绘得非常生动，情感也便寄托其中。

(3)寓情于理

寓情于理指通过议论抒发感情，议论是抒情的一种特殊手段。这个"理"不需要严密的逻辑论证，以抒情为目的，以情感人，而不是以理服人。如鲁迅先生《忆韦素园君》就是从平凡的生活中选取素材，在对韦素园君的回忆中不仅饱含深情地肯定了其作为普通人的精神，还进行了富有哲理的分析。鲁迅说韦素园君有着"愿意切切实实的，点点滴滴的做下去的意志"，而且表现尤为突出，他虽然"生着病"，却仍然"拼命的对付着内忧外患"，以至于"太认真"，在当时污浊的社会中，这种"认真"或许就是致命的。鲁迅说道：

是的，但素园却并非天才，也非豪杰，当然更不是高楼的尖顶，或名园中的美花，然而他是楼下的一块石材，园中的一撮泥土，在中国第一要他多。他不介于观赏者的眼中，只有建筑者和栽植者，决不会将他置之度外。

鲁迅认为如韦素园君一般的普通人是伟大的，读者在鲁迅先生中肯、辩证的分析之余，也会慢慢意识到平凡人、平凡事是与整个社会相互联结的，应站在更高的立足点上，从事物的内在联系中得到更加深刻的认识。这里得出的道理不是孤立存在的，而是附着于艺术形象之上，情和理的结合便能使散文达到画龙点睛的艺术效果。

(4)寓情于物

寓情于物即托物言志，指具有某种特征的物象成了作者激发情思、进行创作的起点，此时的物象已具有明显的象征意味，传达了作者的思想、情感、理想或愿望。

当代著名作家刘白羽的散文创作就尤其注重言"志"，以景、物、人为寄托思想之所在。如刘白羽的代表作《长江三日》一面用浓重的色彩描写、渲染长江三峡的壮丽美景、雄壮的气势、惊心动魄的航程，一面也不忘托物言志，使读者在乘风破浪中感受生活和人生的哲学。这样一来，读者在阅读过程中就不仅是融入其中，欣赏三峡的美好风光，更会启发思考，从而使散文也具有了鼓舞斗志、催人进取的力量。

四、议　　论

议论就是作者对客观事物进行评论，表明自己的观点和态度。

不同文体中议论的具体表现方式不尽相同。记叙文中的议论一般都是在叙述或描写的基础上，引发作者对人物、事件等的评价，以此来增强表达效果。如魏巍《谁是最可爱的人》中，在用典型事例记叙了志愿军的事迹后，用一段议论文字表达了作者对志愿军战士的骄傲和崇敬之情：

朋友们，用不着多举例，你已经可以了解我们的战士是怎样一种人，这种人是什么一种品质，他们的灵魂是多么美丽和宽广。他们是历史上，世界上第一流的战士，第一流的人！他们是世界上一切伟大人民的优秀之花！是我们值得骄傲的祖国之花！我们以我们的祖国有这样的英雄而骄傲，我们以生在这个英雄的国度而自豪！

再如老舍《自传难写》：

自古道：今儿个晚上脱了鞋，不知明日穿不穿；天有不测的风云啊！为留名千古，似应早早写下自传；自己不传，而等别人偏劳，谈何容易！以我自己说吧，眼看就快四十了，万一在最近的将来有个山高水远，还没写下自传，岂不是大人的一个缺憾？

这个开头十分引人注意，使读者产生了极大的阅读兴趣。读者一看开头就会想为什么“今儿个晚上脱了鞋，不知明日穿不穿”呢？自然会继续看下去。

议论文中的议论是文章的主要表达方式，以说理为主，包括论点、论据和论证三个要素。论点指作者对所论述问题提出的观点、看法、主张和态度等。有的文章不仅有中心论点，还有数个分论点。论据则是论点赖以成立的根据，必须充分有力，包括事实论据和理论论据。说得形象一些，这两个论据一个是“摆事实”，一个是“讲道理”。论证是论点和论据之间的逻辑关系，就是如何利用已有的论据来证明观点的过程和方法。

具体的论证方法有以下几种。

1.举例论证

举例论证又称归纳论证、事实论证、例证法，指抓住事实和论点之间的关系，选择有说服力的事实，恰当地为进一步阐述论点服务，是一种最基本、最常用的论证方法。如《为学》中为了证明“天下事，为之则难者亦易，不为则易者亦难”的道理，就讲了一个故事作为例子：

蜀之鄙有二僧，其一贫，其一富。贫者语于富者曰：“吾欲之南海，何如？”

富者曰：“子何恃而往？”

曰：“吾一瓶一钵足矣。”

富者曰：“吾数年来欲买舟而下，犹未能也。子何恃而往！”

越明年，贫者自南海还，以告富者。富者有惭色。

西蜀之去南海，不知几千里也，僧富者不能至而贫者至焉。人之立志，顾不如蜀鄙之僧哉？

有了事实作为根据，得出的结论也能站得住脚，更有说服力。

2. 对比论证

对比论证是比较不同性质事物或同一事物的不同阶段，来证明论点正确性的论证方法。对比能更加突出事物的本质，很有说服力。

如李斯《谏逐客书》一文，文章先是正面阐述了先王纳客，秦国国强民盛。然后又转而从反面加以论述，说明“向使四君却客而不内，疏士而不用，是使国无富利之实，而秦无强大之名也”。这里将正反对比，意在表明不仅秦国富庶、强大，必须有客卿；而且秦国统一天下，也必须有客卿这一不可辩驳、客观存在的事实。

3. 比喻论证

比喻论证就是通过打比方来论证道理的方法。比喻论证大多具有一定的修辞特色，能把抽象、深刻的道理以形象的方式呈现出来，使抽象的道理具体化，深刻的道理浅显化，论证效果生动。如孟子的作品中就有很多地方都用到了比喻论证。《孟子·梁惠王上》：“王好战，请以战喻。填然鼓之，兵刃既接，弃甲曳兵而走，或百步而后止，或五十步而后止；以五十步笑百步，则何如？”这里，孟子就是使用比喻论证的方法指出梁惠王的统治不尽心，只知道享乐、害民，对百姓的剥削与别国是一样的，正如战争中不管是逃跑五十步，还是逃跑一百步，性质是完全相同的一样，使道理通俗易懂，形象、具有较强的说服力，深入浅出。

再如荀子的《劝学》也是通过比喻论证的方法——“积土成山，风雨兴焉；积水成渊，蛟龙生焉；积善成德，而神明自德，圣心备焉”，验证了“知识需要积累”的观点，使人印象深刻。

4. 类比论证

类比是类推、比较之意，把两种相同或相似的事物放在一起比较，得出与之有关的结论，这种论证方法就是类比论证。如鲁班是春秋时期鲁国的木匠，传说鲁班就是因为手被草叶划破，获得灵感，发明锯条的，这就是类比。两种相似事物之间有相关性，即草叶两边的锋利小齿会割破人的手指，把草叶的锯齿打成铁片就可以锯树，二者之间的关系就是类比。

孔子《论语·雍也》："夫仁者，己欲立而立人，己欲达而达人，能近取譬，可谓仁之方也。"孔子这里关于"仁"伦理性质的解释，也使用了类比的方法，即将自己与别人进行类比。别人与自己是同类，那么自己想要达到和确立的事情，自然也应使别人达到和确立；反之，自己不想达到和确立的事情，自然也不该强加到别人身上。不管做人还是做事，仁者都应以己推人。

再如《战国策·邹忌讽齐王纳谏》中也用了类比的论证方法。邹忌的妻、妾、客都认为邹忌比城北徐公貌美。有一天，徐公来拜见邹忌，邹忌"孰视之，自以为不如"。反复思考后，邹忌认识到："吾妻之美我者，私我也；妾之美我者，畏我也；客之美我者，欲有求于我也。"即正因为妻、妾、客都有所顾虑，他们才会对我有不合事实的夸赞。由此臣民对齐王的吹捧，恐怕也有不妥之处：

于是入朝见威王，曰："臣诚知不如徐公美。臣之妻私臣，臣之妾畏臣，臣之客欲有求于臣，皆以美于徐公。今齐地方千里，百二十城，宫妇左右莫不私王，朝廷之臣莫不畏王，四境之内莫不有求于王：由此观之，王之弊甚矣。"

这里邹忌即是以自身的经历类比齐王，得出直言不易的道理，以此劝诫齐王应纳谏除弊，只有广泛听取各方面的意见和建议，才能兴国。

应该注意的是，类比论证更侧重的是类似事物的类推、比较，由已知推出未知，以说理为主；而比喻论证则是用打比方的方式，将抽象的道理形象化，使人便于理解，以描写为主。

5. 引申论证

引申论证需首先假设对方的论点是正确的，然后从这一论点进行引申、推论，从而得出一个极其荒谬可笑的结论，驳倒对方原本就错误的论点，进而使作者主张得以确立的论证方法。如唐弢的《琐忆》，是唐弢通过七件琐事，回忆了老师鲁迅先生，表现了鲁迅"横眉冷对千夫指，俯首甘为孺子牛"的品格。其中记述了一件小事，说的是鲁迅先生辛辣地讽刺国民党地方官僚禁止"男女同学，男女同泳”的。鲁迅先生对此幽默地说道：

同学同泳，皮肉偶而相碰，有碍男女大防。不过禁止之后，男女还是一同生活在天地中间，一同呼吸天地中间的空气。空气从这个男人的鼻孔里呼出来，被那个女人的鼻孔吸进去，又从那个女人的鼻孔呼出来，被另一个男人的鼻孔吸进去，淆乱乾坤，实在比皮肉相碰还要坏。要彻底划清界线，不如再下一道命令，规定男女老幼，诸色人等，一律戴上防毒面具，既禁止空气流通，又防抛头露面。

这里鲁迅先生由“禁止男女同学、同泳”同意“皮肉偶而相碰”是有妨害的出发，认为空气是你呼出来，我吸进去，比起“同学、同泳”可谓有过之而无不及，这当然是更不能接受的。解决办法就是不管男、女、老、幼，都“一律戴上防毒面具”，如此便万事大吉了，得出了这个可笑至极的结论，在博人一笑的同时引人思考，表达效果是相当出色的。

再如对于“如何看待高雅作品”这个问题上，鲁迅说：“倘若说，作品愈高，知音愈少，那么推论起来，谁也不懂的东西，就是世界上的绝作了。”这种以对方论点为出发点的推论，显然得出了无法令人信服的结论。

引申论证是从对方论点是正确的这一前提出发，进行论证，随后得出一个可笑的结论。这与归谬法有所区别，归谬法立足于反驳，而不是证明，且引申论证具有诙谐、幽默的色彩。

6.引证论证

引证论证就是引用权威性的论述，或公理、定理及名人名言等来证明论点的论证方法。这种方法因引用的论据具有权威性而很有说服力，引用的名言、警句、俗语等大多是耳熟能详的。如毛泽东《改造我们的学习》中在给主观者画像时，就引用了一副对联，非常形象：“墙上芦苇，头重脚轻根底浅；山间竹笋，嘴尖皮厚腹中空。”①如梁启超在《为学与做人》中就采用了引证论证的方法：

一个人若是意志力薄弱，即便有丰富的知识，临时也会用不着；即便有优美的情操，临时也会变了卦。然则意志怎么才能坚强呢？头一件须要心地光明。孟子说：“浩然之气，至大至刚。行有不慊于心，则馁矣。”又说：“自反而不缩，虽褐宽博，吾不惴焉；自反而缩，虽千万人，吾往矣。”俗语说得好：生平不做亏心

① 毛泽东：《改造我们的学习》，载中共中央文献研究室编《毛泽东著作专题摘编（上）》，中央文献出版社2003年版，第261页。

事，夜半敲门也不惊。

梁启超在证明心地光明时，引用了孟子的话和俗语进行论证，表达效果好。

五、说　明

说明就是用言简意赅的文字，把事物的形状、性质、特征、关系、结构、功能、成因、结果等解说清楚，使人对事物整体有明晰的认识，是一种客观、冷静的表述。语言一般浅显平实，简单明了。

说明是说明文的主要表达方式。说明可以是具体事物，如草木虫鱼鸟兽畜等；也可以是抽象事理，如概念、制度等。记叙文可以使用说明，主要介绍背景、人物、事物的特点等，偏重于知识性、科学性，不带思想倾向和感情色彩。议论文中的说明大多解释某些概念、现象等知识，不像议论一样发表意见、看法和观点，较客观，不含作者的主观感情色彩。如毛泽东《矛盾论》中说道：

研究问题，忌带主观性、片面性和表面性。所谓主观性，就是不知道客观地看问题，也就是不知道用唯物的观点去看问题。……所谓片面性，就是不知道全面地看问题。

这里对“主观性”“片面性”的解说就采用了说明的方式。

常见的说明方法有以下几种。

1. 定义说明

定义说明就是下定义，即用简明准确的语言，指出被说明对象的本质特征，揭示事物的特有属性，将事物之间区分开。如“党政机关公文”的含义是：

党政机关公文是党政机关实施领导、履行职能、处理公务的具有特定效力和规范体式的文书，是传达贯彻党和国家的方针政策，公布法规和规章，指导、布置和商洽工作，请示和答复问题，报告、通报和交流情况等的重要工具。

这个定义就明确告诉读者“党政机关公文是什么”的问题，指出了公文的性质、作用和特点，准确严密。

定义说明是科学的方法，表述要准确、严谨，说清楚事物的内涵和外延，同时应避免使用形象化、模糊的表达方式。

2. 分类说明

复杂的对象往往从单方面不易说清楚，可根据对象的形状、性质、成因、功用等属性的异同，按照一定的标准分成不同类型，然后依照类别逐一加以说明，这就叫分类说明。如《辞海》就把文字分成三种类型进行说明：

文字可分为象形文字、表意文字、拼音文字等。象形文字、表意文字起源最早，现今世界上应用拼音文字的语种最多。

在使用分类说明时，必须遵守分类规则，统一分类标准，使大类分出的小类之间互相排斥，界限明晰，正确反映事物的客观类别。再如钟华的《关于史记》中使用了分类说明的方法：

《史记》由本纪、表、书、世家、列传五个部分组成。本纪按年代顺序记叙帝王的言行和政迹；世家记载诸侯国的兴衰；列传主要记载各种代表人物的活动；表按年代谱列各时期的重大事件；书是有关经济、政治和文化制度的专篇。

这样一来，读者对《史记》的内容便有了大致的了解，十分清晰。

3. 举例说明

举例说明就是举实例来说明事物、事理，即选取典型的、有代表性的事例来说明事物，使之具体化，便于理解，增强说服力。如阿德勒的《何谓"名著"》中：

有一类书却应先读，以便有利于名著阅读，那就是名著的作者读过的别的"名著"。以欧几里德的《几何学基础知识》和牛顿的《物理学的教学原理》为例。读欧几里德的这本书无须事先学习数学，因为该书本身便是名副其实的几何入门和基础算术入门。牛顿的书则不然，因为牛顿运用数学来解决物理问题，他的著作深受欧几里德关于比例和面积的论述的影响，若不先读欧几里德的书的话，恐怕连科学家也难以一下子读得懂。

这里作者就使用了举例说明的方法，说明有些名著就是通俗易懂、不卖弄学问的，就像欧几里德的《几何学基础知识》，如果能够按照历史顺序读，就能在理解更多科学巨著时事半功倍。

举例说明主要包括两种，一是代表性列举，一是穷尽性列举。应根据文章内容的需要选择使用。如：

据有关调查资料，浙江省蛇类约有 54 种，其中无毒蛇 39 种，有毒蛇 15 种。这些毒蛇是：银环蛇、眼镜蛇、五步蛇、蝮蛇、竹叶青、龟壳花蛇、山烙铁头、泥蛇、水泡蛇、绞花蛇、繁花蛇、丽纹蛇、玫瑰蛇、青环海蛇、黑头海蛇。

上面这段文字列举的 15 种毒蛇就使用了穷尽列举的说明方法。

4. 数字说明

数字说明就是用精确、具体的数字来说明事物的特征，使之具体易懂。如刘权杰《巍巍中山陵》中就有多处使用了数字说明的方法：

自碑亭再北，地势陡然高峻，由此上至祭堂前平台，全部砌以宽大的石阶。石阶分为八段，每段三十余步至五十余步不等，共二百九十级。石阶尽处，就是宽一百三十五米深三十米的大平台，中央则矗立着陵园的主体建筑——祭殿。平台是全陵的制高点。与入口处石坊的垂直高度差超过七十米。这里视野辽阔，气象万千，既便近观，又宜远眺。

这里作者使用数字说明的方法介绍了中山陵里碑亭北面的祭堂、平台，还有石阶的情况，凸显石阶的规整和平台之大，给人一个既具体又完整的印象。这些数字也说明了中山陵建筑的精确性。

需要注意的是，引用的数字应力求准确无误，即便是估计的数字，也要有可靠的来源，经调查核实后方能使用。不准确的数字非但不能用来说明问题，还会误导他人。

5. 引用说明

引用说明指在说明的时候，援引权威性资料、典籍、名言、诗词等说明客观事物或被说明对象的情况。引用说明着重于充实说明对象，增强文学性、趣味性，关键不在于证明。如周国文在《后现代乡愁》中说：

也许我们可以说乡愁就是一匹罗曼蒂克的思想骏马在故乡与他乡之间的赛跑。它是“马伫塞外雄关，望天山怀张骞”、“车过河北高阳，临易水追荆轲”的别样思绪。毕竟乡愁的存在是一种幸福的燃烧，是甘甜的烛光照亮脚下的路。

周国文在这里引用诗词说明了自己对“乡愁”的理解，既在古人身上找到了共鸣，又极大地增强了文学色彩。

6. 比较说明

比较说明就是把可比的几样事物或同一事物的不同阶段、不同侧面进行比较，借以说明事物的性质、特征。比较不是说明的专有方法，只是借用比较，突出事物之间的差异，给人留下深刻、鲜明的印象。如：

水是液体。石块和木块是固体，有一定的形状，无论放在桌子上或者盒子里，都不会改变自己的形状。水就不同，它没有一定的形状，会因为盛放的器具的不同而改变形状。

如此一比，液体和固体的区别便显而易见了。

除了以上几种常见的说明方法，还有比较说明、比喻说明、图表说明等等。

一般来说,作者可根据文章的表意需要,将五种表达方式组合起来,如叙议结合,以达到最佳的表达效果。

【思考与练习】

1.分析并归纳海子《面朝大海,春暖花开》的主题(作品见阅读部分)。

2.阅读下面的文字,根据要求完成作文。

森林边住着一个猎人,他平日里总习惯带上自己的那条忠实的猎狗到山上和林中打猎。猎狗品种优良,追捕猎物时速度飞快,反应敏捷。对于锁定的目标,几乎从未失手过。猎人对它很满意,经常嘉奖它,对它特别信任。

有一次,主人用枪射击一只狐狸,但是不够准,叫狐狸跑了。于是猎狗朝着狐狸逃跑的方向猛追过去。狐狸窜进森林,森林里树木丛生,道路弯曲,狐狸对路径非常熟悉。但猎狗也不含糊,追捕的过程紧张极了。狐狸跑不过猎狗,眼看就要被追上了,突然狐狸一个大转身,窜到了另一条小路上,猎狗一不留神,身子撞到了路边的大树上,擦伤了皮,顿时感到有点儿疼。

"唉!我为什么追得这么累?即使追不到狐狸,我也不会饿肚子啊!"刚刚有这个念头闪过,它的速度就已慢下来了。狐狸就在这个空隙逃跑了。

"算了,反正现在早脱离了主人的视线,主人又看不到。"猎狗跑着跑着,又起了放弃的念头,速度更加迟缓起来。

狐狸终于摆脱了猎狗的追捕,猎狗也回到了主人的身边。

要求:全面围绕材料、理解材料,试从不同角度确定两个以上的主题,并比较哪个更深刻。根据立意,自选文体写一篇文章。

3.文章有很多开头方式,开头不单指文章的第一句话怎么写,而涉及整篇文章的结构安排和整体设想,是个如何切入的问题。中学时老师教过一些固定的开头方式,你觉得这些方式好吗?为什么?

4.下面是一篇被打乱顺序的文章,试分析打乱后产生了哪些问题,并根据自己的想法,把它调整过来。

①例如开会前的五分钟静默,又如亲人好友,久别重逢,执手无言。这种寂静像怀着胎,充满了未发出的声音的隐动。②寂静能使人听见平常所听不到的声息,使道德家听见了良心的微语,使诗人们听见了暮色移动的潜息或青草萌芽的幽响。③寂静并非是声响全无。声响全无是死,不是静;所以但丁说,在地

狱里，连太阳都是静悄悄的。寂静可以说是听觉方面的透明状态，正好像空明可以说是视觉方面的静穆。④你愈听得见喧闹，你愈听不清声音。惟其人类如此善闹，所以人类相聚而寂不作声，反欠自然。⑤不讲别的，只是脚步声一项，已够教你感到像《红楼梦》里的赵姨娘，有人在踹你的头。每到忍无可忍，你会发两个宏愿。⑥二愿住在楼上的人变得像基督教的"安琪儿"或天使，身体生到腰部而止，背生两翼，不用腿脚走路。你存心真好，你不愿意楼上人像孙膑那样受刖足的痛苦，虽然他何尝顾到你的头脑，顾到你是罗登巴煦所谓"给喧闹损伤了的灵魂"？⑦人籁还有可怕的一点。车马虽喧，跟你在一条水平线上，只在你周围闹。惟有人会对准了你头脑，在你顶上闹——譬如说，你住楼下，有人住楼上。⑧一愿住在楼下的自己变成《山海经》所谓"刑天之民"，头脑生在胸膛下面，不致首当其冲，受楼上皮鞋的践踏。（节选自钱锺书《一个偏见》）

5. 请根据下面两个题目，用不同的方法各拟三个开头和结尾。

(1)从明天开始

(2)享受自由

6. 根据下面这段文字的描写，试着想象油画《游艇上的午餐》的场景。

雷诺阿画的《游艇上的午餐》，充满了多么鲜艳的色彩，多么明亮的光线，像是让观众目击了一群欢快的年轻人，在映照阳光的游艇上聚会。那搂着小狗的少女，天真地翘着嘴，像是跟它诉说着什么。坐在另一张桌子旁边的姑娘却在默默地喝酒。她注视着自己嘴边的杯子，一定是在想着心事吧。夹在他们的中间，还有两组男女在交谈的画面，靠在游艇的栏杆那一边，一个少女弯着丰满的右臂，撑住了栏杆，她用手掌托着自己的面颊，慢条斯理地说着话，跟她对话的那个男青年，只能见到肥厚的脊背，看来他是在用心地聆听着。在他背后的两个男青年，也静静地听着一个少女的高谈阔论。

7. 根据下面的材料，用归谬法写一篇反驳的文章。（提示：归谬法是一个非常简单而又实用的强大推理工具，其最大优势在于它使得我们能够辨别一个陈述是否为真。具体操作方法：先假定某个陈述为真，然后挖掘与之相关的信息进行推理，若在推论过程中发现了矛盾，即可断定最初的陈述为假。）

在生产力中，劳动力是最重要的。劳动力是谁生的？是女人生的。因此，在生产力中，女人是最重要的。

8. 试着运用多种表达方式，向周围人介绍一下你的大学和你所在的院系。

第二章　文学类文体

文学与文章是两个既相互联系又相互区别的概念。就广义的文章来说，它所指的对象要远远大于文学，它既包括一切应用的文体，也包括散文、诗歌等文学类的文体。而就狭义的文章来说，它乃指文学类文体之外的一切具有相对完整结构的文字篇章。我们这本教材的写作部分，重点是放在实用类的文体上。但是，一位素质全面发展的大学生，会写一手抒情性强、有文采的文章，或是能对周遭发生的事件和社会现象，有理有据地表达自己的观点和想法，也是非常重要的。因此，我们在这章选择了两种与大学生的学习和生活关系比较密切的文学类文体：散文和杂文。

第一节　散　　文

一、散文的含义

“散文”名成近代，实存远古。“散文”一词最早见于南宋罗大经《鹤林玉露》中的《文章有体》：“山谷诗险妙天下，而散文颇觉琐屑局促。”散文原是记叙文的一个门类，渐渐分化、离析后，自成体系。散文的含义经历了由广义到狭义的演变。朱自清先生在《什么是散文》中说：“所谓广义的散文，是与韵文和骈体文相对而言的，不重骈偶、不押韵的文字都叫散文；所谓狭义的散文，是与诗、小说、戏剧等文学体裁并列的一种文体。”

广义的散文主要针对韵文而言，大多不重视骈偶对仗，凡是不甚追求协和押韵的文章，均统称为散文。从战国时期诸子百家的争鸣之作，到汉唐各流派的名篇，这些历代经史子集绝大部分都属于散文的范畴。五四运动前后，出现了像鲁迅、郭沫若、茅盾这样的文坛领袖，散文才逐渐成为与戏剧、小说、诗歌、杂文、报告文学等并驾齐驱的独立文学样式。正如诗人余光中所说："广义的散文天地宏阔，凡韵文不到之处，都是它的领土。"

狭义的散文主要指以记事或抒情为主，篇幅短小、表达灵活的一种独立文学体裁。一篇散文通常有一个或多个中心思想，表达方式以抒情、记叙、议论等为主。

至于广义的散文和狭义的散文的关系，散文学家徐迟表述得非常形象，他说："广义的散文好比是狭义的散文的塔身、塔基。狭义的散文好比是广义散文的塔顶、塔尖。塔尖、塔顶不能无塔身、塔基。有时，尖顶已塌，身基还在，然有了塔基、塔身，就会有塔顶、塔尖。"我们这里谈的，主要指狭义的散文。

二、散文的种类

根据反映内容和表现方式的不同，散文可分为三类，包括记叙散文、抒情散文和议论散文。从表达方式上看，记叙散文不排斥适当的抒情、描写甚至议论；议论散文可以有描写或抒情成分的穿插；抒情散文也需要恰当的叙述和议论，以增强客观的力量。

1. 记叙散文

记叙散文以叙事、对人和景物的描写为主，通过对事情的叙述，对人物的描写和景物的描绘，传达出作者的真情实感。叙述是记叙散文的重要表达方式。南朝文学批评家钟嵘在《诗品》中说过："感荡心灵，非陈诗何以展其义？非长歌何以骋其情？"如果叙述游离于感情之外，文章便会枯燥、没有光彩，给人支离破碎的感觉。叙事应质朴、亲切，并自然融合了作者的感情。

记叙散文可以写人，可以记事，也可以写景，三者常水乳交融地结合在一起。写人的记叙散文重在刻画人物，如鲁迅的《藤野先生》、朱自清的《背影》、朱德的《回忆我的母亲》等；记事的记叙散文重在记录事件，如冰心的《往事》、吴伯箫的《菜园小记》、鲁迅的《从百草园到三味书屋》等；写景的记叙散文重在描写风景，并将风景与感情融合起来，如柳宗元的《永州八记》、贾平凹的《静虚村记》等，这些都是十分优秀的代表作品。老舍《我的母亲》即是其记叙散文的代表作：

兄不到十岁，三姐十二三岁，我才一岁半，全仗母亲独立抚养了。父亲的寡姐跟我们一块儿住，她吸鸦片，她喜摸纸牌，她的脾气极坏。为我们的衣食，母亲要给人家洗衣服，缝补或裁缝衣裳。在我的记忆中，她的手终年是鲜红微肿的。白天，她洗衣服，洗一两大绿瓦盆。她作事永远丝毫也不敷衍，就是屠户们送来的黑如铁的布袜，她也给洗得雪白。晚间，她与三姐抱着一盏油灯，还要缝补衣服，一直到半夜。她终年没有休息，可是在忙碌中她还把院子屋中收拾得清清爽爽。桌椅都是旧的，柜门的铜活久已残缺不全，可是她的手老使破桌面上没有尘土，残破的铜活发着光。院中，父亲遗留下的几盆石榴与夹竹桃，永远会得到应有的浇灌与爱护，年年夏天开许多花。

……

有客人来，无论手中怎么窘，母亲也要设法弄一点东西去款待。舅父与表哥们往往是自己掏钱买酒肉食，这使她脸上羞得飞红，可是殷勤的给他们温酒作面，又给她一些喜悦。遇上亲友家中有喜丧事，母亲必把大褂洗得干干净净，亲自去贺吊——份礼也许只是两吊小钱。到如今如我的好客的习性，还未全改，尽管生活是这么清苦，因为自幼儿看惯了的事情是不易改掉的。

这篇散文是老舍追忆母亲之作，全文把简单的生活细节寓于深情之中，表现了母亲的朴实、勤俭和吃苦耐劳，在巨大生活压力面前不屈不挠，面对危险时挺身而出保护孩子的勇气，以此传达出的是自己对母亲的深切怀念，感情真挚，打动人心。

2.抒情散文

抒情散文是以抒发感情为主的散文，表达对现实生活的情感体验或评价。抒情散文或直接抒情，或间接抒情；间接抒情时一般多有依附，或托物言志，或借景抒情，灵活运用比兴、象征、拟人等手法，带有强烈的感情和浓郁的主观色彩，冲击读者的心灵。抒情散文的表达方式以抒情为主。

如三毛在《梦里花落知多少》中大胆表达了自己对荷西的感情，十分炽热：

那一个晚上，荷西睡去了，海潮声里，我一直在回想少年时的他，十七岁时那个大树下痴情的男孩子，十三年后在我枕畔共着呼吸的亲人。

我一时里发了疯，推醒了他，轻轻地喊名字，他醒不全，我跟他说："荷西，我爱你！"

"你说什么？"他全然地骇醒了，坐了起来。

"我说，我爱你！"黑暗中为什么又是有些呜咽。

“等你这句话等了那么多年,你终是说了!”

“今夜告诉你了,是爱你的,爱你胜于自己的生命,荷西——”

那边不等我讲下去,孩子似的扑上来缠住我,六年的夫妻了,竟然为着这几句对话,在深夜里泪湿满颊。

这样的文字足可以见其真挚的情感,深深打动了读者。

3.议论散文

议论散文又称哲理散文,其以发表议论为主,但又不同于依靠抽象概念进行严密的判断推理的一般议论文,而是用具体的形象来说理,多借助对事情的叙述、生动的描绘和感情的抒发表达观点,是逻辑性、形象性和抒情性的结合。哲理散文的关键不是用逻辑论证的方式阐述观点。

哲理散文要求情感与哲理内在结合起来,情感赋予散文的是趣,哲理赋予散文的是味,只有二者和谐共生,才能使散文散发出无尽的魅力,才能用诗性的话语传达出深邃的人生真谛。哲理散文承载的不仅是单纯的感性体验,更凸显了生命的意义。所以哲理散文常令读者有如沐春风之感,体会文字中蕴含的激情,而获得一种至上、理性的力量。

先秦诸子散文是哲理散文的典范。如庄子的散文常用寓言,通过故事中的小花、小草、小动物,阐释人生的哲理。老舍的《鲁迅先生逝世两周年纪念》也将理与情很好地结合起来,表现了老舍对鲁迅深深的崇敬之情。

让我们看看鲁迅先生吧。在文艺上,他博通古今中外,可是这些学问并没把他吓住。他写古文古诗写得极好,可并不尊唐或崇汉,把自己放在某派某宗里去,以自尊自限。古体的东西他能作,新的文艺无论在理论上与实验上,他又都站在最前面;他不以对旧物的探索而阻碍对新物的创造。他对什么都有研究的趣味,而永远不被任何东西迷住心。他随时研究,随时判断。他的判断力使他无论对旧学问或新知识都敢说话。他的话,不是学究的掉书袋,而是准确的指示给人们以继续研讨的道路。

这里老舍对鲁迅先生的评价既客观又精辟,言简意赅。

著名作家毕淑敏也多以她独特的审美经验和思想修养,体验、关注、聆听着深刻而复杂的生活,其中有对人类使命的探究、对理想的追求、对人性的叩问、对生存的洞察……阅读时读者会不知不觉地跟随作者去感慨、接受,并体会由此带来的快感。如毕淑敏的《我很重要》开篇便首先把焦点暴露出来,令读者感叹作者的坦诚和勇气：

当我说出“我很重要”这句话的时候，颈项后面掠过一阵战栗。我知道这是把自己的额头裸露在弓箭之下了，心灵极容易被别人的批判洞伤。

随后作者从教育说起：

许多年来，没有人敢在光天化日下表示自己“很重要”。我们从小受到的教育都是——“我不重要”。

作为一名普通士兵，与辉煌的胜利相比，我不重要。

作为一个单薄的个体，与浑厚的集体相比，我不重要。

作为一个奉献型的女性，与整个家庭相比，我不重要。

作为随处可见的人的一分子，与宝贵的物质相比，我们不重要。

我们——简明扼要地说，就是每一个单独的“我”——到底重要还是不重要？

下文便将作为个体的人的感情与理性结合了起来，传统教育使我们隐忍、谦虚，我们似乎已经习惯了从事业出发判断我们是否重要，其实只要换个角度，从现实生活出发，就会发现我们其实很重要。对于父母、伴侣、孩子或是朋友，我们自身都是无法复制、独一无二的。于是作者发出了这样的呼喊：

没有人能替代我，就像我不能替代别人。我很重要。

……

我对自己小声说。我还不习惯嘹亮地宣布这一主张。我们在不重要中生活得太久了。

……

让我们昂起头，对着我们这颗美丽的星球上无数的生灵，响亮地宣布——

我很重要。

作者的这种呼喊在很大程度上引起了读者的共鸣，使读者重新审视自己的价值，尊重自我，并重新思考自己的人生，捍卫自己的尊严，这是一种尊重生命的现代意识，使读者充分体会到了阅读过程中的精神愉悦。

三、散文的主要特征

一篇好的散文应具备如下三个主要特征。

1. 形散神聚，章法自如

行散神聚是散文的本质特点。也就是说，散文在题材广泛、句式表达自由的前提下，整体结构应谨严、脉络清晰、主题鲜明，使“散”和“聚”这对矛盾成为高度统一的集合体、辩证体。“形”指散文的题材、内容，“神”指散文中蕴含的思想、情趣、感情等。“形散神聚”说的是虽从表面看文章漫无边际，但实际上全文由主题头尾贯穿。散文题材的“散”是它与其他文体相比的优点；同时散文又忌“散”，如果没有深刻的主题，只有空虚的内容，则没有任何意义。只有将散文的表达方式和结构、主题都恰当地结合起来，才能实现真正的“形散神聚”。

对于“形”和“神”的关系，现代作家李广田在《中国现代散文理论》中有段论述，十分生动、形象：

散文之所以为散文就在于“散”，就像我所举的那比喻，像河流自然流布一样。不过话得说回来，散文既然是“文”，它也不能散到漫天遍地的样子，就是一条河，它也还有两岸，还有源头与汇归之处，文章当然也是如此。所以，我宁愿告诉你，好的散文，它的本质是散的。但也须具有诗的圆满，完整如珍珠；也具有小说的严密，紧凑如建筑。

贾平凹的散文创作就没有恪守现有模式，而根据文章表情达意的需要，随时调整结构。他的《酒》就在结构上布局精巧、颇有创新。《酒》的开篇先写父亲戒了酒，之后批评“我”酒喝得厉害，经过几件小事后，父亲临走前又特意去买了一瓶酒，一边劝我戒酒，一边语重心长地教诲我：

人生是三节四节过的，哪能一直走平路？搞你们这行事，你才踏上步，你要安心当一生的事儿干了，就不要被一时的得所迷惑，也不要被一时的失所迷惘。这就是我给你说的，今日喝喝酒，把那些烦闷都解了去吧。来，你喝喝，我也要喝的。

通篇散文是以“酒”为线索，通过“禁酒——买酒——劝酒”来安排结构，以此追忆父亲。看似随意，实则表意集中。正如鲁迅先生所说：“散文的体裁，其实是大可以随便的。”散文不必像小说、戏剧那样，要塑造人物、描写环境、设置情节，甚至创造冲突和高潮。散文只需要围绕一定的主题，至于大到结构、小到表达方式均可自如组织、综合运用。

2. 意新旨深

“意”指“立意”，“旨”指“旨意”，意新旨深指散文在构思和写作中，要注意提炼和挖掘主旨，使之上升到一定层次。不同散文创作的立足点及其要表现的感情不同，风格也各有差异，但对于主题深刻性的追求则基本相同。如对于时间的流逝，从孔子的“逝者如斯夫，不舍昼夜”，到陶渊明的“盛年不再来，一日难再晨”，到刘希夷的“年年月月花相似，岁岁年年人不同”，再到晏殊的“无可奈何花落去，似曾相识燕归来”，乃至王九龄的“世间何物催人老，半是鸡声半马蹄”，不同人都发出了不同的感慨。

丰子恺在《渐》中通过很多人、事、物的变化表达了他对生活中“渐变”现象的独到感悟，联想丰富，立意新颖。

使人生圆滑进行的微妙的要素，莫如“渐”；造物主骗人的手段，也莫如“渐”。在不知不觉之中，天真烂漫的孩子“渐渐”变成野心勃勃的青年；慷慨豪侠的青年“渐渐”变成冷酷的成人；血气旺盛的成人“渐渐”变成顽固的老头子。因为其变更是渐进的，一年一年地、一月一月地、一日一日地、一时一时地、一分一分地、一秒一秒地渐进，犹如从斜度极缓的长远的山坡上走下来，使人不察其递降的痕迹，不见其各阶段的境界，而似乎觉得常在同样的地位，恒久不变，又无时不有生的意趣与价值，于是人生就被确实肯定，而圆滑进行了。假使人生的进行不像山坡而像风琴的键板，由 do 忽然移到 re，即如昨夜的孩子今朝忽然变成青年；或者像旋律的“接离进行”地由 do 忽然跳到 mi，即如朝为青年而夕暮忽成老人，人一定要惊讶、感慨、悲伤，或痛感人生的无常，而不乐为人了。故可知人生是由“渐”维持的。这在女人恐怕尤为必要：歌剧中，舞台上的如花的少女，就是将来火炉旁边的老婆子，这句话，骤听使人不能相信，少女也不肯承认，实则现在的老婆子都是由如花的少女“渐渐”变成的。

除立意新颖，散文在思想上也应高瞻远瞩，使读者在阅读中能体会到强烈的艺术感染力。茅盾在这点上做得就很突出，他的散文经常自觉反映当时社会的世态人情、风云变幻，并将其与自己的心灵结合起来，体现出作者眼中社会轨迹的变化，极其深刻。郁达夫评价道：“茅盾是早就从事写作的人，唯其阅世深了，所以行文每不忘社会。”就连茅盾自己也不否认，他说：“未尝为要创作而创作——换言之，未敢忘记了文学的社会意义。”茅盾的抒情散文《严霜下的梦》，通篇少有具体的人物和事件，而是充满了梦境：

能够真心地如实地享乐梦中的快活的，恐怕只有七八岁以至十一二的孩子罢？在大人们，谁也没有这等廉价的享乐罢？说是尹氏的役夫曾经真心地如实地享受过梦的快乐来,大概只不过是伪《列子》杂收的一段古人的寓言罢哩。在我尖锐的理性,总不肯让我跌进了玄之又玄的国境,让幻想的抚摸来安慰了现实的伤痕。我总觉得,梦,不是来挖深我的创痛,就是来嘲笑我的失意;所以我是梦的仇人,我不愿意晚上再由梦来打搅我的可怜的休息。

……

——我的陶醉的心,猛击着我的胸膈。呀!这不客气的小东西,竟跳出了咽喉关,即使我的两排白灿灿的牙齿是那么壁垒森严,也阻不住这猩红的一团!它飞出去了,挂在空间。而且,这分明是荒唐的梦了,我看见许多心都从各人的嘴唇边飞出来,都挂在空间,连结成为红的热的动的一片;而且,我又见这一片上显出字迹来。

——我空着腔子,努力想看明白这些字迹;头是最先看见:"中国民族革命的发展"。尾巴也映进了我的眼帘:"世界革命的三大柱石"。可是中段,却很模糊了;我继续努力辨识,忽然,轰!屋梁凭空掉下来。好像我也大叫了一声;可是,以后,什么都不知道,什么都已消灭!

梦境中展现出的是痛苦、孤独和令人窒息的悲凉气氛,梦中也许有光亮,但那不是期待中的曙光,更不是喷薄而出的万丈阳光。《严霜下的梦》中少见明确所指的象征,但不需分析,读者便可从作者的笔尖感受到一种心灵流露出的浓郁情调,这是作者对反动政权不抱任何幻想的理智,是一种清醒的理智。

3.题材广泛,短小精悍

题材就是写进作品的社会生活,复杂的社会生活导致散文的题材范围十分广泛,天上地下无处不有、无所不及。散文题材可以是历史的、故乡的、动物的、植物的、制度的、儿童的、母子的、父子的、文化的、抗战的、宗教的、道德哲理的、关注生命的等等。只要是作者生活所及、思绪所到的人、物、情、理,均可成为散文的题材。鲁迅先生说:"题材应听其十分自由选择。"周立波也说过:"举凡国际国内的大事、社会家庭的细故、掀天之浪、一物之微、自己的一段经历、一丝感触、一撮悲欢、一星冥想、往日的凄惶、今朝的欢快,都可以移于纸上,贡献读者。"[①]这些说的都是散文选材的自由。

中国文学史中表现母爱题材的作品很多,表现父爱题材的则相对较少,但

① 周立波:《散文特写选(1959—1961)》,人民出版社1963年版,序言第2页。

也不乏精品，如朱自清的《背影》、杨绛的《回忆我的父亲》等。贾平凹也曾创作过数篇以父亲为题材的散文，如《酒》《祭父》《关于父子》等。他通常在追忆天伦和对家庭琐事的叙述中，表现父子之间的淡淡感情及对彼此的关爱。在散文《祭父》中，贾平凹行文随意自然，不见做作的痕迹，随着感情的流动，将自己记忆中虽平淡却让人永远无法忘记的琐事娓娓道来，如服侍久病的母亲、看护叔伯的子女、饥荒年月卖猪、给儿子带素馅包子等。贾平凹就这样将自己对父亲去世的悲痛融入了漫不经心的讲述中，以小见大。这种悲伤不是撕心裂肺的呼号，但字里行间折射出的却是作者那颗早已破碎的心。

再如历史文化题材，余秋雨写过很多这类题材的散文，以表现人文关怀为主。人文关怀指作者对人生、社会、艺术等现象的关注，侧重对积淀在历史文化中的历史文化质的追索。阅读时，读者能够跟随作者的脚步，走进文化意识的河流，引发对人生的思考。余秋雨散文中对历史文物、名胜古迹的修缮、开发与保护即体现了人文关怀，由此也使人联想到中国文化保护和留传的艰辛历程。如其散文《废墟》中说道：

不管是修缮还是重建，对废墟来说，要义在于保存。圆明园废墟是北京城最有历史感的文化遗迹之一，如果把它完全铲平，造一座崭新的圆明园，多么得不偿失。大清王朝不见了，熊熊火光不见了，民族的郁忿不见了，历史的感悟不见了，抹去了昨夜的故事，去收拾前夜的残梦。但是，收拾来的又不是前夜的残梦，只是今日的游戏。

作者在这里提出废墟的留存是以全体生命和无生命和谐共处为理想，批评了工业文明、物质丰富导致人对自然的、对历史古迹的背离和破坏，反映了当前呼唤自然生态建设启发下对人类生态建设的关注，开拓了新境界。

冰心写过很多儿童题材的散文，如《冰心游记》《寄小读者》《再寄小读者》《三寄小读者》《冰心小说散文集》《归来之后》《我们把春天吵醒了》《小桔灯》等。散文表现了冰心对孩子爱祖国、爱人民的教育。如《最可爱的姑娘》中描写了福建惠安八姑娘跨海征服海岛，战胜“石头、野草、缺水、台风、暴雨、野兽”带来的种种困难，最后把荒岛变成了花果满园的“仙岛”，作者对祖国的赞美和歌颂无形中给孩子幼小的心灵产生了深刻的影响。

一般说来，散文笔法灵活、短小精悍，只要能表现出作者的真情实感，哪怕简单的事件、片段的情节也都会在散文中各得其所，大到一山一石，小到一草一木，有时甚至不需要完整的情节、丰满的人物或激烈的矛盾冲突。如茅盾笔下抗日根据地的风景画面，许地山笔下的落花生，丰子恺有关西湖船的叙述，杨朔关于蜂蜜和小蜜蜂的描写，等等。对散文来说，短小精悍不仅要篇幅紧凑，结构简约，更要在内容上体现出深刻的思想性。历史上散文的名家名篇大多符合这一特点，如西汉武帝刘彻《求茂才异等诏》全文仅 68 字，唐代李白《春夜宴桃李园序》仅 121 字，唐代韩愈《伯乐相马》151 字，《左传·曹刿论战》219 字。到了现当代，鲁迅《记念刘和珍君》近 3000 字，杨朔《荔枝蜜》近 2000 字，茅盾《白杨礼赞》近 1300 字等。

四、散文的写作要求

王国维在《人间词话》中说，“散文易学而难工”，要想写出好的散文，必须注意以下几点要求。

1.讲究意境

意境是抒情性作品中呈现的生活图景及其蕴含的思想感情融为一体后形成的艺术境界，多采用情景交融、虚实相生的方法，使读者读起来韵味无穷。意境是散文的重要审美因素，是情与景、意与境和谐统一的艺术境界，既是一种人格化的物境，又是一种物化的人格。只有当诗情与哲理融为一体，散文才能启人心智，产生巨大的感染力量。因此意境也是分辨散文艺术感染力大小的重要依据之一。

如朱自清《荷塘月色》由情出发，营造了一种淡淡的味道，描绘了小路、荷塘、花朵、月色、树影、雾气等，展现出一幅幅优美又恬静的图景，这是可看可感的。此外还有可听的蝉声和蛙声，与此对应的却是作者内心情感的复杂和无奈，那是一缕难以排遣的忧愁。这样情与景的相互融合，使读者感受到作者如荷花般“出淤泥而不染”的志向和不与黑暗的社会势力同流合污的高贵品性。

再如刘白羽的散文《日出》。作者在飞机上看日出，起飞时“黑夜沉沉，满天繁星”。飞机飞上天空，“已游动着一线微明”，随后变得“像一片红云了，像一片红海了”，“把夜空愈抬愈远，而且把它们映红了”。此时俯瞰，下面已是“黑色无边”。作者继续写道：“这是晨光与黑夜交替的时刻，这是即将过去的世界与即将到来的世界交替的时刻，你乍看上去，黑夜似乎还强大无边，可是一转眼，清冷的晨曦变为磁蓝色的光芒。原来的红海上簇拥出一堆堆墨蓝色云霞。一个奇迹就在这时诞生了。”几行文字，便将太阳冲破云霞，飞跃而出的壮观景象展露无遗。有了太阳，便有了明媚的晨光，“再向下看，云层像灰色急流，在滚滚流开，好把光线投到大地上去，使整个世界大放光明……黎明时刻的种种红色、灰色、黛色、蓝色都不见了，只有上下天空一碧万顷，空中的一些云朵，闪着银光，像小孩子的笑脸。”这番细致的描绘寄托着作者以日出象征祖国的情感，也呈现了景和情交织后形成的意境：光明和黑暗只有经过激烈的搏斗，才能迎接明媚的早晨，迎接充满生机与活力的新世界。读者也深受意境的感染，沐浴在光明中。

再如杨朔的散文追求的是一种淡泊飘逸的韵致，主张用淡淡的笔墨轻轻勾画出清奇淡雅的水墨画意境，像他的《海市》《画山绣水》《泰山极顶》《樱花雨》等都是这样。

意境是传统抒情文学中的最高境界。王国维说：“故能写真景物，真感情，谓之有境界，否则谓之无境界。”可见，如果意境中缺少真情实感，都会或多或少地削弱意境的审美表现。

2. 善于联想和想象

文学来源于生活，又高于生活，为使散文能够达到虚实相生、形神兼备的表达效果，使意境蕴含深邃的思想深度，作者就需要在客观存在之外，展开联想和想象的翅膀，由眼前之景引发开，使作品具有更宽阔的视角，展现出更丰富的图景，并由最初的感性上升到理性高度，形成艺术真实。

联想和想象是一种心理活动过程。联想是根据事物相互联系的客观规律，由一事物想到另一事物的心理过程，它能超越时空的限制，把反映出事物本质的现象联系起来，借以感染读者。想象则是在头脑中改造记忆表象、创造新形象的过程。以“回忆”为例，联想常以回忆的形式出现；想象的产生也大多伴随回忆，只是这种回忆与联想相比，更间接、更隐秘、更不易察觉罢了。

展开丰富的联想和想象对于散文创作是非常重要的，莫言在《十年一觉高粱梦》中曾说：

我认为一个作家——何止是作家呢——一个人的最宝贵的素质就是能不断地回忆往昔。往昔就是历史，历史是春天里的冬天，秋天里的夏天，夏天里的春天，冬天里的秋天。秋天，我坐在一条弯弯曲曲的河堤下，看着堤岸上的柳树不断地把一片片细眉般的黄叶抛掷到水面，黄叶在忧郁的瓦蓝河面上缓缓漂流，那时候，我的眼前腾起一阵阵轻烟般的薄雾，在薄雾中显出一条条纵横交错、通往过去的羊肠小路，沿着这些小路往里走，无数曾经在这块土地上甜蜜地恋爱过、辛勤劳动过、英勇斗争过、自相残杀过的人们，一个个与我相遇。他们急急忙忙地向我诉说，他们认认真真地为我表演，他们哭、笑、忧、惧、骂、打，他们播种、收割、偷情做爱、生儿育女……幻想再现历史，追忆逝去岁月，是一种创造性的思维。

如朱自清的散文《匆匆》开篇写道：

燕子去了，有再来的时候；杨柳枯了，有再青的时候；桃花谢了，有再开的时候。但是，聪明的，你告诉我，我们的日子为什么一去不复返呢？

作者在这里借用燕子来去、杨柳枯青、桃花开谢这些形象引发读者联想为何时间总是匆匆流逝，联想和想象便使原本不可触摸的时间变得可看、可感：

于是——洗手的时候，日子从水盆里过去；吃饭的时候，日子从饭碗里过去；默默时，便从凝然的双眼前过去。我觉察他去的匆匆了，伸出手遮挽时，他又从遮挽着的手边过去，天黑时，我躺在床上，他便伶伶俐俐地从我身上跨过，从我脚边飞去了。等我睁开眼和太阳再见，这算又溜走了一日。我掩着面叹息。但是新来的日子的影儿又开始在叹息里闪过了。

散文中丰富的联想和想象还能扩大散文的意境，使“形散”的文章实则“神聚”。像朱自清的《荷塘月色》由“日日走过的荷塘”开始描写，随后联想到江南“采莲的事情来了”，并想象了采莲的场景：

采莲的是少年的女子，她们是荡着小船，唱着艳歌去的。采莲人不用说很多，还有看采莲的人。那是一个热闹的季节，也是一个风流的季节。……于是又记起《西洲曲》里的句子：

采莲南塘秋，莲花过人头；低头弄莲子，莲子清如水。

想到这里，朱自清又回到现实，所有的一切“令我到底惦记着江南了”。朱自清漫步荷塘，随后对所见荷塘展开描写和联想、想象，表现的是朱自清由“颇不宁静”到求静（“像超出了平常的自己，到了另一世界里”），再由暂时的宁静（“在茫茫的月色下，什么都可以想，什么都可以不想，便觉是个自由人”）到出静，最后回归现实。这种联想清晰地反映出作者在“四一二”反革命时的心绪变化，虽不满于现实，却又看不到出路。

3. 文笔优美

散文的语言要优美，朱自清说散文的语言可以是"谈话风"，郁达夫也说散文中的语言只要"辞能达意，言之成文就好了，一切字数、骈对、出韵……之类的人工限制与规约，是完全没有的。"①如余光中《听听那冷雨》：

杏花。春雨。江南。六个方块字，或许那片土地就在那里面。而无论赤县也好神州也好中国也好，变来变去，只要仓颉的灵感不灭美丽的中文不老，那形象，那磁石一般的向心力当必然长在。因为一个方块字是一个天地。太初有字，于是汉族的心灵他祖先的回忆和希望便有了寄托。譬如凭空写一个"雨"字，点点滴滴，滂滂沱沱，淅沥淅沥淅沥，一切云情雨意，就宛然其中了。视觉上的这种美感，岂是什么 rain 也好 pluie 也好所能满足？翻开一部《辞源》或《辞海》，金木水火土，各成世界，而一入"雨"部，古神州的天颜千变万化，便悉在望中，美丽的霜雪云霞，骇人的雷电霹雹，展露的无非是神的好脾气与坏脾气，气象台百读不厌门外汉百思不解的百科全书。

行文中，作者用感情的起伏带动语言的变化，这种变化并非千篇一律，而是随着感情在跳动，随着那"点点滴滴，滂滂沱沱，淅沥淅沥淅沥"的雨在跳动。

冰心创作过很多儿童题材的散文，由于受阅读对象的影响，她的散文文笔大多流畅、清新，表意清楚、准确，富有活力和朝气，读起来令人耳目一新。如《西西里岛》中对西西里岛的描写就十分形象、生动，易于调动小读者的阅读兴趣，文笔优美，不枯燥：

一眼望去，不是无际的平沙，就是峋嶙的礁石，上面还有耸立的碉堡，而眼前一片无边的海水，更永远是反映着空阔的天光，幻变无极，仪态万千，海水是很蓝的；在晴朗的天空之下，更像古诗上所说的"水如碧玉山如黛"了，光艳得不可描画！那颜色是一层层的，远处是深蓝，稍近是碧绿，遇有溪河入海处，这一层水又是微黄的。

这段文字描述的西西里岛好似一幅山水画，层次分明，色彩丰富。读者阅读时，会不自觉地由景色联系到国家，进而由别的国家转而引起对自己祖国的热爱，热爱这片热土和在这片热土上辛勤劳作、生生不息的人民。

---

① 郁达夫：《中国新文学大系·散文二集》，上海文艺出版社 1981 年版，第 2 页。

【范文】

姑姑语录

张爱玲

我姑姑说话有一种清平的机智见识，我告诉她有点像周作人他们的。她照例说她不懂得这些，也不感到兴趣——因为她不喜欢文人，所以处处需要撇清。可是有一次她也这样说了："我简直一天到晚的发出冲淡之气来！"

有一天夜里非常的寒冷。急急地要往床里钻的时候，她说："视睡如归。"写下来可以成为一首小诗："冬之夜，视睡如归。"

洗头发，那一次不知怎么的，头发很脏很脏了，水墨黑。她说："好像头发掉色似的。"

她有过一个年老唠叨的朋友，现在不大来往了。她说："生命太短了，费那么些时间和这样的人在一起是太可惜——可是，和她在一起，又使人觉得生命太长了。"

起初我当做她是说：因为厌烦的缘故，仿佛时间过得奇慢。后来发现她是另外一个意思：一个人老了，可以变得那么的龙钟糊涂，看了那样子，不由得觉得生命太长了。

她读了苏青和我对谈的记录（一切书报杂志，都要我押着她看的。她一来就声称"看不进去"我的小说，因为亲戚份上，她倒是很忠实地篇篇过目，虽然嫌它太不愉快。原稿她绝对拒绝看，清样还可以将就）。关于职业妇女，她也有许多意见。她觉得一般人都把职业妇女分开作为一种特别的类型，其实不必。职业上的成败，全看一个人的为人态度，与家庭生活里没有什么不同。普通的妇女职业，都不是什么专门技术的性质，不过是在写字间里做人罢了。在家里有本领的，如同王熙凤，出来了一定是个了不起的经理人才。将来她也许要写本书，关于女人就职的秘诀，譬如说开始的时候应当怎样地"有冲头"，对于自己怎样地"隐恶扬善"……然而后来她又说："不用劝我写了，我做文人是不行的。在公事房里专管打电报，养成了一种电报作风，只会一味地省字，拿起稿费来太不上算了！"

她找起事来，挑剔得非常厉害，因为："如果是个男人，必须养家活口的，有时候就没有选择的余地，怎么苦也得干，说起来是他的责任，还有个名目。像我这样没有家累的，做着个不称心的事，愁眉苦脸赚了钱来，愁眉苦脸活下去，却是为什么呢？"

从前，有一个时期她在无线电台上报告新闻，诵读社论，每天工作半小时。她感慨地说："我每天说半个钟头没意思的话，可以拿好几万的薪水；我一天到晚说着有意思的话，却拿不到一个钱。"

她批评一个胆小的人吃吃艾艾的演说："人家唾珠咳玉，他是珠玉卡住了喉咙了。"

"爱德华七世路"（爱多亚路）我弄错了，当做是"爱德华八世路"，她说："爱德华八世还没来得及成马路呢。"

她对于我们张家的人没有多少好感——对我比较好些，但也是因为我自动地黏附上来，拿我无可奈何的缘故。就这样她也常常抱怨："和你住在一起，使人变得非常唠叨(因为需要嘀嘀咕咕)而且自大(因为对方太低能)。"

有一次，她说到我弟弟很可怜地站在她眼前："一双大眼睛吧嗒吧嗒望着我。""吧嗒吧嗒"四个字用得真是好，表现一个无告的男孩子沉重而潮湿地眨着眼。

她说她自己："我是文武双全，文能够写信，武能够纳鞋底。"我在香港读书的时候顶喜欢收到她的信，淑女化的蓝色字细细写在极薄的粉红拷贝纸上(是她办公室里省下来的，用过的部分裁了去，所以一页页大小不等，读起来淅沥沙啦作脆响)。信里有一种无聊的情趣，总像是春夏的晴天。语气很平淡，可是用上许多惊叹号，几乎全用惊叹号来做标点，十年前是有那么一派的时髦文章的罢？还有，她老是写着"狠好"，"狠高兴"，我同她辩驳过，她不承认她这里应当用"很"字。后来我问她："那么，'凶狠'的'狠'字，姑姑怎么写呢?"她也写作"狠"。我说："那么那一个'很'字要它做什么呢？姑姑不能否认，是有这么一个字的。"她想想，也有理。我又说："现在没有人写'狠好'了。一这样写，马上把自己归入了周瘦鹃他们那一代。"她果然从此改了。

她今年过了年之后，运气一直不怎么好。越是诸事不顺心，反倒胖了起来。她写信给一个朋友说："近来就是闷吃闷睡闷长。……好容易决定做条裤子，前天裁了一只腿，昨天又裁了一只腿，今天早上缝了一条缝，现在想去缝第二条缝。这条裤子总有成功的一日罢?"

去年，她生过病，病后久久没有复原。她带一点嘲笑，说道："又是这样的恹恹的天气，又这样的虚弱，一个人整个地像一首词了!"

她手里卖掉过许多珠宝，只有一块淡红的披霞，还留到现在，因为欠好的缘故。战前拿去估价，店里出她十块钱，她没有卖。每隔些时，她总把它拿出来看看，这里比比，那里比比，总想把它派点用场，结果又还是收了起来，青绿丝线穿着的一块宝石，冻疮肿到一个程度就有那样的淡紫红的半透明。衬上挂着做个装饰品罢，衬着什么底子都不好看。放在同样的颜色上，倒是不错，可是看不见，等于没有了。放在白的上，那比较出色了，可是白的也显得脏相了。还是放在黑缎子上面顶相宜——可是为那黑色衣服的本身着想，不放，又还要更好些。

除非把它悬空宕着，做个扇坠什么的。然而它只有一面是光滑的，反面就不中看；上头的一个洞，位置又不对，在宝石的正中。

姑姑叹了口气，说："看着这块披霞，使人觉得生命没有意义。"

原刊1945年5月《杂志》月刊第15卷第2期

选自《张爱玲典藏全集》第4卷，哈尔滨出版社2003年版，第51-54页

第二节 杂　文

一、杂文的含义

杂文是一种以形象说理为主、表达方式灵活多变的文学样式，兼有政论和文学两种因素。杂文须同时具备思想性和艺术性，并将逻辑思维与形象思维有效结合起来，既要以理服人，又要以情感人，形式不拘一格，笔调风趣幽默。

我国的杂文历史可以追溯到先秦时期，当时诸子百家争鸣所作之文，均将叙事与说理紧密结合来阐明观点，像孟子、荀子、庄子、韩非子等，都喜欢在论辩时使用打比方、说故事的方法，将道理生动、形象地展现出来。到两汉、唐宋之后的各个历史时期，杂文的类型更多，文章也更加异彩纷呈。像韩愈的《马说》、柳宗元的《黔之驴》、明宗臣的《报刘一丈书》等，笔锋犀利，寓意深刻，充分发挥了杂文战斗性的特点，论事说理都有很强的哲理性。

"杂文"一词最早见于南朝宋范晔的《后汉书》，随后南朝梁刘勰在《文心雕龙》的《杂文》篇中也曾谈及。不过，杂文作为一种独立文体出现，还是五四运动时的事，以鲁迅先生为主要代表，他的《中国人失掉自信心了吗》《"友邦惊诧"论》等都是杂文相当重要的代表作品。瞿秋白曾说："杂感（即杂文）这种文体，将要因为鲁迅而变成文艺性论文的代名词。"钱理群先生也称赞鲁迅的杂文是"近代中国的百科全书……要了解中国的国情，就要了解创造这特别国情的中国人；要了解中国人，莫过于细心阅读鲁迅杂文这一文献。"事实的确如此。根据内容、形式、表现手法的"杂"，杂文可分为政论式、短评式、随感式等，多冷嘲热讽、辛辣尖锐。

二、杂文的主要特征

一篇好的杂文应具备以下五个特征。

1. 战斗性

战斗性是杂文的生命，如果杂文失去战斗性，也就随之失去了其存在的价值。所以有人说，杂文就是没有媚骨的散文。杂文是形象性与说理性的结合，形象性体现为精神享受，说理性则体现为战斗力量。因此，杂文应该是"匕首"，是“投枪”，能和读者一同杀出一条血路；同时，“也能给人以愉快和休息……是劳作和战斗之前的准备。”夏衍在《杂文三忌》中也说：“杂文是诛伐邪恶、匡正时弊的武器。”因此，战斗性是杂文与生俱来的基本特征之一。

鲁迅在《作“杂文”也不易》中，结合自己创作的体验，曾说道：“不错，比起高大的天文台来，‘杂文’有时确很像一种小小的显微镜的工作，也照秽水，也看脓汁，有时研究淋菌，有时解剖苍蝇。从高超的学者看来，是渺小、污秽，甚而至于可恶的，但在劳动者自己，却也是一种‘严肃的工作’，和人生有关，并且也不十分容易做。”鲁迅先生是这样说的，也是这样做的。对于虚伪表象下掩盖的真实，鲁迅先生早已洞悉，他嘲讽道：

我总不相信国粹家、道学家之类的痛哭流涕是真心，即使眼角上确有珠泪横流，也须检查他手巾上可浸着辣椒水或生姜汁。什么保存国故，什么振兴道德，什么维持公理，什么整顿学风……心里可真是这样想？一做戏，则有台的架子，总与后台的面目不相同。但看客虽然明知是戏，只要做得像，也仍然能够为它悲喜，于是这出戏就做下去了；有谁来揭穿的，他们以为扫兴。……只要看他们的善于变化，毫无特操，是什么也不信从的，但总要摆出和内心两样的架子来。①

鲁迅用嘲讽的态度彻底揭穿了那些所谓“国粹家”“道学家”的虚假面目，毫不留情。

伴随杂文战斗性的，还有犀利、深刻和泼辣。杂文应根据行文对象，把握好战斗和讽刺的分寸及尺度。好比鲁迅，对待敌人是“横眉冷对千夫指”，态度是“我以我血荐轩辕”，鲁迅坦言：“对于旧社会和旧势力的斗争，必须坚决，持久不断，而且注重实力。……我们急于要造出大群的新的战士，但同时，在文学战线上的人还要‘韧’。”②对待自己麻木的同胞，鲁迅则是“哀其不幸，怒其不争”，两种态度确有所分明。这点毛泽东也曾加以肯定，1957 年 3 月 12 日，毛泽东在中国共产党全国宣传工作会议上说道：“鲁迅式的杂文可不可以用来对付人民内

① 鲁迅：《华盖集续编·马上的日记（七月二日）》，载鲁迅《鲁迅全集》第三卷，人民文学出版社 1981 年版，第 312 页。

② 许寿裳：《我所认识的鲁迅》，人民文学出版社 1978 年版，第 3 页。

部的错误和缺点呢？我看可以。”①

2. 论辩性

论辩就是旗帜鲜明、有针对性地进行议论与辩驳，对特定的事物和问题进行具体分析、辨别真伪。杂文的论辩性体现在一针见血地讲清道理、解决问题，一般以逻辑为依据，摆事实，讲道理。毛泽东曾精辟分析过杂文的论辩性，他说：“有人说，几百字、一二千字一篇的杂文，怎么能作分析呢？我说，怎么不能呢？鲁迅不就是这样的吗？分析的方法就是辩证的方法。所谓分析，就是分析事物的矛盾。不熟悉生活，对于所论的矛盾不真正了解，就不可能有中肯的分析。”②

鲁迅的杂文就善于通过纷繁复杂的表面现象准确地捕捉事物的本质，在精当剖析之余，给对方以重创。曾有一篇题为《提倡辣椒救国》的文章，由北方人用辣椒使小孩止哭，引发到整个中国也可以用辣椒止住讨厌的哭声。鲁迅则随即发表《止哭文学》，昭示提倡者意在“给人一辣而不死，‘制止他讨厌的哭声’，静候着拔都元帅”。如此制止哭声，等待入侵者，恰恰就是“辣椒救国”提倡者的卑鄙用心，用它来扼杀中国人民的反抗呼声，其狠毒之心昭然若揭。

从“论”的角度说，杂文不同于议论文。议论文多有固定的结构模式，一般按照“提出问题——分析问题——解决问题”的思路组织行文。杂文则较为灵活，不受结构的限制，论述时更加形象，使用很多手法来增强杂文的表现力，使其富于文学色彩。

3. 形象性

形象说理是杂文区别于一般议论文体和文学作品的重要标志。

战斗性是杂文的重要特点之一，但并非所有杂文都是剑拔弩张的。杂文作者仍然可以通过自己的情绪、体验等反映现实生活，使用修辞方法，恰当地抒情，形象地表义。如夏衍的杂文《春天的设计》就能使人强烈地感受到春天的美丽和进步的力量：

春来了，这是人民翻身的春天。

---

① 毛泽东：《在中国共产党全国宣传工作会议上的讲话》，载中共中央文献研究室编《毛泽东著作专题摘编(下)》，中央文献出版社 2003 年版，第 1618 页。

② 毛泽东：《在中国共产党全国宣传工作会议上的讲话》，载中共中央文献研究室编《毛泽东著作专题摘编(下)》，中央文献出版社 2003 年版，第 139 页。

从来就是冬闲这个名词，但据我所知，农人即使在严寒的冬天，也不比其他季节空闲。

当冰雪封锁了大地的时候，勤谨的农人正修缮着农具，选择着穗籽，积蓄着力量，换言之就是设计着春天。

现在，寒冬就要消散，大地翻身的春天就要到了，那么让我们检点一下自己，我们是不是已经有了足够的力量和计划，可以大踏步地上前去迎接这一个春天。

该文通篇采用象征手法，体现了杂文少见的、唯美的一面。

杂文本就是逻辑性与形象性的结合，除说清问题、讲明道理，它在艺术上的感染力也能引人深思。一如鲁迅在《华盖集续编·小引》中所说的："这里所讲的仍然并没有宇宙的奥义和人生的真谛。不过是，将我所遇到的，所想到的，所要说的，一任它怎样浅薄，怎样偏激，有时便都用笔写了下来。说得自夸一点，就如悲喜时节的歌哭一般，那时无非借此来释愤抒情。"

朱自清的杂文数量虽不多，但质量很高，在文学性和形象性上表现很突出。如他的《低级趣味》：

如果说话有书卷气是文雅，客厅里摆设些古董是古雅，临事从容不迫是闲雅，打扮素净是淡雅。那么村话粗话就是俗，重重的胭脂厚厚的粉就是俗。人如此，诗也如此。

美学上的"雅""俗"概念不太容易说清，朱自清便采用巧妙、形象的方式做一对比，如果"文雅""古雅""闲雅""淡雅"是"雅"，那么"村话""粗话""重重的胭脂厚厚的粉"就是"俗"了。

再如鲁迅《立此存照（三）》中也形象刻画了中国人"精神胜利"的一面：

譬如病人，患着浮肿，而讳疾忌医，但愿别人糊涂，误以为他肥胖。妄想既久，时而自己也觉得好像肥胖，并非浮肿；即使还是浮肿，也是一种特别的好浮肿，与众不同。如果有人当面指明：这非肥胖，而是浮肿；且并不"好"，病而已矣。那么，他就失望，含羞，于是成怒，骂指明者，以为昏妄。然而还想吓他，骗他，又希望他畏惧主人的愤怒和骂詈，惴惴的再看一遍，细寻佳处，改口说这的确是肥胖。于是他得到安慰，高高兴兴，放心地浮肿着了。

鲁迅在这里以形象化的手法将中国人抽象的"精神胜利法"呈现出来，比起单调论说的效果好。

想让杂文写得生动形象，还可以利用故事的感染性。如鲁迅《论雷峰塔的倒掉》就使用了民间故事，秦牧《鬣狗的风格》引用了美国作家杰克·伦敦小说中的故事。有的作者甚至自己编故事，像鲁迅《推己及人》中就编了一个自己写不出作品而怪孩子吵闹的故事，借以讽刺一些掩盖自己无能的作家。

总之，杂文论辩性和形象性的相互契合，不仅能使其表现出战斗锋芒，更能展现出杂文的魅力，二者缺一不可，只有紧密结合，才能使杂文获得巨大的生命力。

4. 幽默性

杂文是一种幽默、讽刺的艺术。为达到最佳的艺术表达效果，杂文需要营造出看似轻松、善意的氛围，还要不乏热辣、讽刺，通过曲折、夸张、风趣的语言，对无理的、可笑的、可鄙的现象或事物进行揭露，同时配合多种修辞方法使用。这种幽默并不是作者刻意尖酸刻薄，表现的是作者洞察事物的敏锐和深刻。

如 2004 年的新年，时任日本首相小泉再次公开参拜靖国神社，激起中国人的公愤。当时有篇杂文名为《小泉的"神社秀"并非坏事》，就采用幽默、诙谐的方式加以讽刺：

人家对以往的侵略历史死不认账，对战犯和炮灰顶礼膜拜，都是为现实服务的，都是给活人看的。试想一下，你把侵略战争的炮灰搞臭了，以后再需要炮灰，谁还能主动冲上去？小泉们的思维是正常的。

这篇杂文的语言极尽揶揄，讽刺了日本侮辱中国人情感的做法。通篇行文虽看上去没那么"刺耳"，实则相当严厉。

幽默性能大大增加杂文的表现力和生命力。杂文的幽默以轻松、戏谑、深刻为主要特征，使人发笑，引人思考。但鲜明的战斗性也决定了杂文的幽默必然是沉重的，不像笑话一般轻松，可能是灰色幽默，也可能是黑色幽默。以幽默方式表达的讽刺，大多是正话反说、反话正说、自相矛盾或一语双关等，使人读起来妙趣横生。表面上看是肯定的，实则持否定、批判的态度。

在中国传统文化中，"面子"常指体面、情面，它关系到一个人的尊严或名声。在中国人心目中"面子"的重要性是不言而喻、心照不宣的。鲁迅的杂文《说"面子"》就使用戏谑、幽默的语言对一类人进行了嘲讽，这类人就是"要面子"而"不要脸"的人：

"要面子"和"不要脸"实在也可以有很难分辨的时候。不是有一个笑话么？一个绅士有钱有势，我假定他叫四大人罢，人们都以能和他攀谈为荣。有一个专爱夸耀的小瘪三，一天高兴地告诉别人道："四大人和我讲过话了！"人问他"说什么呢？"答道："我站在他门口，四大人出来了，对我说：滚开去！"当然，这是笑话，是形容这人的"不要脸"，但在他本人，是以为"有面子"的，如此的人一多，也就真成为"有面子"了。别的许多人，不是四大人连"滚开去"也不对他说么？

读后，读者会觉得可笑，但笑过，又会让人再也笑不出来。这正是鲁迅杂文突出的幽默特点，这种幽默寓于深刻的思想内容之中，是增强杂文表达效果的辅助手段。这是长时间磨炼的结果，很难模仿。茅盾就曾批评那些鲁迅的模仿者："没有他那样的天才，没有他那样深厚的学养，勉强学他的独特的讽刺和幽默的作风，难免要'画虎不成'罢。"

三、杂文的写作要求

写作杂文时，应注意以下三个问题。

1. 选材大中取小，立意以小见大

杂文短小的篇幅决定了其内容必须集中、精粹。杂文写作往往由小到大，由点及面，由个别到一般，大处着眼，小处落笔。杂文大多会对一件小事深入分析，引出深刻的道理，选材时大中取小，立意时则小中见大。

杂文的取材和立意要处理好"小"和"大"的关系，"小"指杂文的取材，"大"指杂文的立意。取材"小"不是生硬地将大问题压缩，故意舍大求小，而是要从众多事件、问题中选取最尖锐、最有代表性、最能反映事物本质的那个点，这样才能以小见大。对此，鲁迅在《书信集》中曾说："太伟大的变动，我们会无力表现的，不过这也无须悲观，我们即使不能表现它的全盘，我们可以表现它的一角，巨大的建筑总是一木一石叠起来的，我们何妨做做这一木一石呢？"

杂文的取材范围非常广泛，秦牧说过，作家应该有三个仓库：一个直接材料的仓库装从生活中得来的材料，一个间接材料的仓库装书籍和资料中得到的材料，另一个就是日常收集的群众语言的仓库。杂文作者需要从广泛的材料中找到一个相对较小的突破口，从一个点分散开，这个点可能是一首歌、一幅画、一个人等。像鲁迅的杂文《再论雷峰塔的倒掉》就从"雷峰塔"这个小点揭示了一个意义深远的主题，即"要破坏旧的，但不要寇盗式的破坏和奴才式的破坏；要建设，但不要修补老例，我们要做革新的破坏者"。

杂文的立意应以小的取材达到"以小见大"的效果，即从一个小点清晰、透彻地看到事物的本质，使主题深刻，在“大”“小”之间实现辩证统一。选材要大中取小、小题大做，从重要的社会现实中找出能反映事物本质的小点，再从这个小点折射出重大的社会意义，从而加深主题。正如唐弢说的：“杂文要写得深入，就要大中取小，抓能反映事物的最本质最核心的一点，弹动那根绷得最紧的时代的弦。”

1934 年林语堂在《〈人间世〉发刊词》中提出“宇宙之大，苍蝇之微，皆可取材”，由此很多作家便开始以“苍蝇”为题进行杂文创作。如茅盾的《苍蝇》：

不过金苍蝇的为害还是容易了然的。就是没有科学知识的人罢，因为早就见过它喜欢住在粪窖里，而且拍一下，它身里满满的粪汁就射了出来，所以对它早就有了戒心。一般人容易忽略的是青蝇，俗名饭苍蝇。它来时并没金苍蝇那么嗡嗡嗡声势煊赫，它那一身的麻衣也颇有“平民”式的意味，或者你也可以说它俨然“处士风度”。它似乎卑谦，悄悄地钉在一个角落里会许多时候一动不动。它又好像很能战斗似的，看中了一个酒糟鼻子的时候会一而再再而三地进攻，不是荷马就称赞过“勇敢的苍蝇”么？你拍一下，它也不像金苍蝇那样射出一泡粪，它肚子里好像干净得很。而且平常时候它亦只在饭篮旁边爬，表示它并非趋腥附膻之徒。

要是你不用显微镜去照，你就不会知道这位“处士风度”的勇敢的苍蝇，它身上原来带着和金苍蝇所有同样的十万八千病菌！

在阴沉的天气，这种饭苍蝇特别多。我们偶尔静下来用心听，就会听得它们嘤嘤地叫道：“杂文，杂文！不要杂文！”

原来它们也颇能自知它们是经不起显微镜来照的，而杂文却是专检查无论地方的病菌的显微镜。

该文针对的是当时反对杂文的走狗文人和帮闲文人，茅盾将他们比喻成散布病菌的苍蝇。苍蝇们进攻平民百姓，还叫嚣“不要杂文”，敏锐的作者借苍蝇之口告诉大家，幽默之余尽显嘲讽，凸显杂文“以小见大”的行文特点。

2. 虚实结合

杂文的“虚实结合”主要针对构思而言。作为逻辑性和形象性的统一体，杂文的“虚”主要指讲道理，“实”主要指摆事实。“实”是为了证明“虚”，“虚”是“实”论述的结果。只有将道理融于具体事实中，才能使杂文的观点找到合适的突破口，易于为读者接受。

杂文常常就实论虚，它所讨论的问题，多数不是抽象概括后形成的“一般”，而主要以形象、生动的“个别”出现，反过来“个别”又能反映、归纳出“一般”，体现事物的规律。如鲁迅《论雷峰塔的倒掉》虽然表面写的是法海用来镇压白蛇娘娘的雷峰塔倒掉了这个事实，却潜在揭示了封建秩序维护者的可悲下场，运用了虚实结合的手法。

再如韩羽的杂文《“红眼”与“势利眼”》也采用了虚实结合的手法。《“红眼”与“势利眼”》借用了钟馗捉鬼和钟馗嫁妹两个民间传说，说的是美男子钟馗进京赶考，中途遇见一群小鬼。小鬼们得了“红眼病”，想道：“我难看，你也别想好看。我算是没门中进士了，你也休想中得进士。谁也别想好！”后来钟馗冤死，机缘巧合，钟馗嫁妹时，小鬼却与钟馗打得火热。后来小鬼们觉得钟馗很厉害，也不敢轻举妄动，便“收起了‘红眼病’，又害起‘势利眼病’来。”文末，韩羽嘲讽道：“看来，‘红眼病’的并发病是‘势利眼病’。”“红眼”实指一种病，虚指嫉妒；“势利眼”的构词方式与“红眼”相似，却没有指病的实义。韩羽的杂文将“红眼病”和“势利眼病”当作两种眼病，还认为二者是并发症的关系，构思非常独特。

再如鲁迅的《拿来主义》，当时中国正处于20世纪30年代，包括思想文化在内的各个领域都处于新旧交替时期。在应如何对待文化遗产的问题上，分歧很大，观点莫衷一是。鲁迅在《拿来主义》中使用虚实结合的方法对这个问题作出了很好的阐释。《拿来主义》的前半部分以大量事实为依据，论述国人由先前的“闭关主义”变成了现在的“送去主义”。随后，文章由实转虚，提出“我们要运用脑髓，放出眼光，自己来拿！”的观点。其后，文章又从事实出发进行论证，得出最终的结论。

> 总之，我们要拿来，我们或使用，或存放，或毁灭。那么，主人是新主人，宅子也就会成为新宅子。然而首先要这人沉着、勇猛，有辨别，不自私。没有拿来的，人不能自成为新人；没有拿来的，文艺不能成为新文艺。

这是鲁迅常用的方法，在概括主题的同时增强思想辐射力，即先从具体事实说起，引申发挥，形成虚实结合的思路，进而提升到广阔的思想境界。

有的杂文由虚引实，有的杂文以实引虚，关键还是要抓住虚实之间的内在联系，使二者的结合不显得生硬，过渡自然。相反，如果从道理到道理，即从虚到虚，总是在概念里兜圈子，就会让人感觉枯燥、空洞，没有实质内容；如果从事实到事实，即从实到实，则让人感觉道理浅显，不明确也不深刻。

3. 形象生动，幽默风趣

杂文需要借助必要的推理，通过论证揭示事物的本质规律，但这并不意味写杂文只是概念加举例的机械证明过程。杂文也可以灵活地将多种表达方式与议论说理自然结合，使文章形象生动，声色并茂。

用幽默的语言在谈笑风生、冷嘲热讽中阐发道理，是杂文的又一显著特征。杂文的语言经常是建立在深刻基础上的曲折、夸张、风趣，结合恰当的修辞方法，能达到亦庄亦谐的表达效果。鲁迅先生尤其擅长这种幽默。鲁迅一生创作杂文 600 余篇，语言幽默，常用戏谑的方式来达到讽刺的效果，在旁敲侧击中置敌人于死地，让人读起来十分痛快。如鲁迅《论"费厄泼赖"应该缓行》中有一段讲到叭儿狗的文字，语言非常生动，既诙谐又不失庄重，寓意也很深刻：

叭儿狗一名哈吧狗，南方却称为西洋狗了。但是，听说倒是中国的特产，在万国赛狗会里常常得到金奖牌，《大不列颠百科全书》的狗照相上，就很有几匹是咱们中国的叭儿狗。这也是一种国光。但是，狗和猫不是仇敌么？它却虽然是狗，又很像猫，折中，公允，调和，平正之状可掬，悠悠然摆出别个无不偏激，惟独自己得了"中庸之道"似的脸来。因此也就为阔人，太监，太太，小姐们所钟爱，种子绵绵不绝。它的事业，只是以伶俐的皮毛获得贵人豢养，或者中外的娘儿们上街的时候，脖子上拴了细链子跟在脚后跟。

一小段文字便将叭儿狗的奴才相展露无遗。这种道理读者一看就懂，一想就通，非常形象。

邻居有叟，平常不大回家，每次归来必令我闻知。清晨有三声喷嚏，不只是清脆，而且洪亮，中气充沛，根据那声音之响，我揣测必有异物入鼻，或是有人插入纸捻，那声音撞击在脸盆之上有金石声！随后是大排场的漱口，真是排山倒海，犹如骨鲠在喉，又似苍蝇下咽。再随后是三餐的饱嗝，一串串的咯声，像是下水道不甚畅通的样子。可惜隔着墙没能看见他剔牙，否则那一份刮垢磨光的钻探工程，场面也不会太小。

上面这段选自梁实秋的《旁若无人》，这篇杂文讽刺的是缺乏社会公德和道德修养的人，笔法幽默，如"苍蝇下咽""像是下水道不甚畅通"等的表述，使读者仿佛身临其境，感受到极尽厌恶之情。

幽默能为杂文的艺术效果起到锦上添花的作用，但这种幽默不是油嘴滑舌。鲁迅先生十分反对杂文中的油腔滑调，他在《北人与南人》中说过：

不过做文章的是南人多，北方却受了影响。北京的报纸上，油嘴滑舌，吞吞吐吐，顾影自怜的文字不是比六七年前多了吗？这倘和北方固有的"贫嘴"一结婚，产生出来的一定是一种不祥的新劣种！

鲁迅认为如果“油嘴滑舌”和“贫嘴”结婚了，那肯定没什么好果子，是“新劣种”，这与幽默有着天壤之别。

除了语言，杂文的幽默还体现在思想的幽默上。如鲁迅《而已集·小杂感》中：

蜜蜂的刺，一用即丧失了它自己的生命；犬儒的刺，一用则苟延了他自己的生命。

他们就是如此不同。

楼下一个男人病得要死，那间壁的一家唱着留声机；对面是弄孩子。楼上有两人狂笑；还有打牌声。河中的船上有女人哭着她死去的母亲。

人类的悲欢并不相通，我只觉得他们吵闹。

一见短袖子，立刻想到白臂膊，立刻想到全裸体，立刻想到生殖器，立刻想到性交，立刻想到杂交，立刻想到私生子。

中国人的想像惟在这一层能够如此跃进。

这是《小杂感》中的三则，从中可窥探鲁迅先生深刻的思想，对人性的认识可谓入木三分。有些人表面上道貌岸然，实则内心十分黑暗、空虚。

以上是杂文写作过程中需要注意的问题。茅盾在谈及杂文创作时，曾说：“大题不许大做，就只好小做做了。而这‘做’字就很难。太尖锐，当然通不过；太含浑，就未免无聊；太严肃，就要流于呆板；而太幽默呢，又恐怕读者以为当真是一桩笑话。”①可见，要写好杂文，无疑要将各个方面都有效地整合起来，方能成就佳作。

【范文】

有钱能使“磨”推“鬼”

文件编号：000555

文件名称：国家发明专利申请书

申请人：杂文作者张聿温

① 茅盾：《茅盾散文集·自序》，河北教育出版社1994年版，第2页。

申请事项：新说法——有钱能使“磨”推“鬼”

申请理由：鉴于国家发明专利有一定权威性，特本着严肃认真、一丝不苟的态度，将申请理由罗列于此：

1. 古为今用。西晋鲁褒作有《钱神论》，唐张延赏判狱有“钱十万，可通神矣”的句子。钱既能通神，自然也能通鬼。

2. 洋为中用。西方有“狗咬人不是新闻，人咬狗才是新闻”的流行公式，实行拿来主义，借而鉴之，则国人“有钱能使鬼推磨”的口头禅，不如改为“有钱能使磨推鬼”更邪乎。

3. 符合现实思潮。当前享乐主义、拜金主义、极端个人主义在一些人中流行，原本腐朽没落的东西借改革开放、发展社会主义市场经济之机，沉滓泛起。

4. 对大量活生生的事例进行形象而深刻的概括。比如，轰动全国的周口假药案，金钱居中作了精彩表演。周口地区第一兽药厂从1988年正式投产到1992年8月被查封，长达6年时间几乎没有生产过一批真药，该厂制售的假农药和假兽药共计1.4万余件，非法经营额达230余万元，祸及全国6省几十个县市。从1988年到1991年12月，4年时间该兽药厂先后7次“东窗事发”被立案查处，均平安通过，不了了之。如果把该兽药厂比作“鬼”的话，沈丘县委书记刘炜东、县农委副主任赵海滨应该算是“磨”了吧，该兽药厂应该围着书记们“转”才是；只因为刘炜东收了兽药厂送的现金1.4万元，赵海滨向兽药厂索要了一台录像机，刘炜东、赵海滨就替兽药厂说话、编造假《调查报告》欺骗上级，“磨”就开始围着“鬼”转了。再比如，震惊全国的江苏灌云县特大强奸、轮奸案，金钱和权势联姻也演出了一场“磨”推“鬼”的丑剧。自1990年9月至1992年3月，灌云县10名“衙内恶少”动用7辆公家小轿车、吉普车、面包车、客货两用车，于光天化日之下在繁华市区、公路上，甚至学校门口，劫持17名幼、少女实施残暴的强奸、轮奸。案发后，由于罪犯家长是副县长、卫生局长等头面人物，利用手中的权势和金钱展开频繁活动，结果出现了为罪犯改动年龄这类“磨”推“鬼”的咄咄怪事。

申请说明：“有钱能使‘磨’推‘鬼’”这一新说法的专利倘能获准，本申请人无意垄断，在这里预先声明，届时将作无偿技术转让。凡用来剖析拜金主义、抨击腐败风气、揭露权钱交易、讽刺各类鬼魅，均可大胆使用，免除“侵权”之虞。倘这一新说法能进一步增强人们对拜金主义的憎恶，能教育人们正确认识、对待金钱，警觉自己不要成为金钱的俘虏，不要弄得“磨”“鬼”错位而使自己也变成了“鬼”，则申请人足矣！

附注：此件主送国家发明专利局，抄送全国语言文字改革委员会、新俚语大典编委会、《中国青年报》“求实篇”专栏。

原载1993年10月20日《中国青年报》“求实篇”

【思考与练习】

1. 从亲情、友情、爱情中任选一个角度，写一篇叙事散文，题目自拟。

2. 以春、夏、秋、冬任一季节为对象，写一篇托物言志的抒情散文。

3. 谈谈你对广义散文和狭义散文的理解。

4. 任选一篇自己喜欢的散文，谈谈你对散文“形散神不散”的理解和认识。

5. 从下列物象中任选一个作为寓意物，找出它的特点，确定寓意，展开想象和联想，写一篇寓意散文，要求立意新颖、有创意。

青松、水仙、红叶、桥、路、梯、夕阳、虹、蜡烛、煤、雪。

6. 根据下面的材料，写一篇杂文。要求突出杂文的主要特征，观点明确。

集市上，一个卖枣子的大声喊道：“大枣小核，小枣没核……”结果路人纷纷买枣，一会儿工夫，两大筐枣子就全卖完了。旁边一个卖核桃的见了十分眼红，也学着吆喝起来：“大核桃小仁，小核桃无仁……”可是，经他这么一喊，一个来买核桃的都没有了。

7. 选读几篇风格不同的杂文，谈谈你对杂文写作要求的理解。

第三章　行政公文

第一节　行政公文概述

公务文书，从广义上讲，只要是有关公务的文章都可列入其中。但本章阐述的是狭义的公务文书，它的写作与运转受到各种公文处理办法的规范，因此称法定公文。我国现行的最为重要的公文处理方面的规范性文件是《党政机关公文处理工作条例》(2012 年 4 月 16 日由中共中央办公厅和国务院办公厅联合印发，从 2012 年 7 月 1 日起施行)。

本章所述的公文指的是由这一处理办法规范的党政机关的公文。

一、公文的概念、特点与性质

党政机关公文是党政机关实施领导、履行职能、处理公务的具有特定效力和规范体式的文书，是传达贯彻党和国家方针政策，公布法规和规章，指导、布置和商洽工作，请示和答复问题，报告、通报和交流情况等的重要工具。

这一概念明确了公文的性质，它是承载管理信息的工具。因此，在公文写作中，放在第一位的是公务的处理、公务信息的处理加工，作者应该把主要精力放在工作如何开展的思考上，整理出正确、科学、切实可行的管理信息。写作是第二位的，它服务于公务信息的传达。公文写作的最高境界是把正确的管理信息毫无损耗地传递给受文者。

从这一概念中，还可以看出公文具有以下特点。

1.作者的法定性

公文的作者不是指公文的起草者，而是指发布公文的机关或个人。在我国，不是谁都可以发布公文的。它应该具有国家法律法规赋予的管理权力。各级党委及所属部门；国家权力机构，如各级人大；国家行政领导机构，如各级政府；各级政府下属的业务管理机构，如省农业厅、市文化局；具有管理职能的人民团体和各类协会，如妇联、消费者保护协会；具有法人地位的企事业单位；以及可以以个人名义行使领导权力的高级领导，都有权起草和发布公文。

2. 内容的规定性

上述作者虽然可以制发公文，但在内容上有严格的限定。一要有关公务活动，不能用公文办理私人事务；二要在自己管理的权限范围内制发公文，不能超越自己的职权范围；三要符合国家法律法规，公文中不能有与现行法律和当前政策相抵触的内容；四要切实可行，公文中提出的措施和办法要真正能解决问题。

3. 效力的权威性

正是因为公文代表了制发机关法定的权力，因此它有着法定的效力，任何单位或个人接到公文，都必须按照公文规定的去做，阳奉阴违、拖延抵触都意味着失职渎职，上级部门可以追究其领导责任。

4. 体式的规范性

公文不同于其他应用文，是非常严肃的文体，因此在体式上有着严格的规范。什么情况用什么文种，要遵循《党政机关公文处理工作条例》的规范，不能乱用；公文的格式，包括纸张的质量和规格、印刷的质量要求、文面要素及位置等，都要执行《党政机关公文格式》（GB/T 9704—2012，2012 年 6 月 29 日由国家质量监督检验检疫总局、国家标准化管理委员会发布）这一国家标准。

二、公文的种类及分类

1. 公文的种类

公文的种类是由国家统一发布的，它会根据公文实践中出现的情况变化而微调。现行的党政机关的公文有 15 种。

①决议。适用于会议讨论通过的重大决策事项。

②决定。适用于对重要事项作出决策和部署、奖惩有关单位和人员、变更或者撤销下级机关不适当的决定事项。

③命令(令)。适用于公布行政法规和规章、宣布施行重大强制性措施、批准授予和晋升衔级、嘉奖有关单位和人员。

④公报。适用于公布重要决定或者重大事项。

⑤公告。适用于向国内外宣布重要事项或者法定事项。

⑥通告。适用于在一定范围内公布应当遵守或者周知的事项。

⑦意见。适用于对重要问题提出见解和处理办法。

⑧通知。适用于发布、传达要求下级机关执行和有关单位周知或者执行的事项,批转、转发公文。

⑨通报。适用于表彰先进、批评错误、传达重要精神和告知重要情况。

⑩报告。适用于向上级机关汇报工作、反映情况,回复上级机关的询问。

⑪请示。适用于向上级机关请求指示、批准。

⑫批复。适用于答复下级机关请示事项。

⑬议案。适用于各级人民政府按照法律程序向同级人民代表大会或者人民代表大会常务委员会提请审议事项。

⑭函。适用于不相隶属机关之间商洽工作、询问和答复问题、请求批准和答复审批事项。

⑮纪要。适用于记载会议主要情况和议定事项。

2.公文的分类

在公文管理过程中,人们常常根据不同的标准,将公文分成不同的类别。

(1)根据行文关系,可分为上行文、下行文和平行文

行文关系是指发文机关与收文机关之间的公文往来关系,这种关系是根据机关的组织关系、领导关系和职权范围确定的。

上行文指下级机关、下级业务部门向它所属的上级领导机关和上级业务主管部门所发送的公文。请示、报告是典型的、运用最广泛的上行文;议案从法律意义上讲也是上行文;部分提出意见或建议的意见也是上行文。

下行文指上级领导机关对所属的下级机关的一种行文。比较典型的有命令、决定、通知、通报、批复。一些面向群众的公告、通告也被视作下行文。会议纪要和部分指导工作的意见也是下行文。

平行文是指同级机关或者不相隶属的、没有领导与指导关系的机关之间的一种行文。函是唯一的平行文。

(2)根据秘密程度和阅读范围，可分为秘密公文、普通公文和公布公文

秘密公文是指内容涉及国家的秘密，需要控制知密范围和知密对象的公文。根据《中华人民共和国保守国家秘密法》第十条的规定，秘密等级分为绝密、机密、秘密三级：绝密级国家秘密是最重要的国家秘密，泄露会使国家安全和利益遭受特别严重的损害；机密级国家秘密是重要的国家秘密，泄露会使国家安全和利益遭受严重的损害；秘密级国家秘密是一般的国家秘密，泄露会使国家安全和利益遭受损害。文件的密级越高，传送、阅读、保管的要求也就越严。秘密公文应当在公文指定位置标明密级和保密期限，还要标明份数序号。

普通公文是不涉及国家秘密，不需要保密的公文，以文本的形式发送、处理。

公布公文是指不以文本形式处理，而是通过广播电视播放、报刊登载、公开张贴等形式进行公布的公文。《党政机关公文处理工作条例》第三十一条规定“经批准公开发布的公文，同发文机关正式印发的公文具有同等效力”。

(3)根据处理的时限要求，可分为紧急公文和普通公文

紧急公文在发送方式和处理时限上有特殊的要求，分成特急、加急两级。普通公文只需要按一般程序处理即可。

(4)按公文所起的作用，可以将公文分为指挥性公文、规范性公文、报请性公文、知照性公文、记录性公文

指挥性公文是指上级领导机关对下级机关或部门发出的用以领导和指导工作的公文，它需要下级严格贯彻执行，如命令、决定、意见、批复等。

规范性公文是指上级机关根据法律、法规制发的，要求下级机关及人员严格遵守的有关行为规范内容的政策性公文，如决定，以及部分规定性通知。

报请性公文是指下级机关制发的、向上级机关汇报工作、反映情况、请示问题时所使用的陈述性、请求性公文，如报告、请示、议案，以及部分意见。

知照性公文是指机关单位制发的、需要收文单位周知或遵守，以及机关之间联系工作、通报情况时所用的公文，如通知、通报、函。

记录性公文是指记录传达公务活动信息的公文，如会议记录。

三、公文格式

公文格式指的是公文印制要遵照的文面规格和要求。根据《党政机关公文

格式》的规定，公文格式有严格的限定。

1. 公文用纸及排版要求

公文用纸为 GB/T 148 中规定的 A4 型纸，其幅面尺寸为 210 mm × 297 mm；版心尺寸为 156 mm × 225 mm；版心左留订口 28 mm ± 1 mm，上留天头 37 mm ± 1 mm。

公文正文用 3 号仿宋体字，一般每面排 22 行，每行 28 个字。

2. 公文格式各要素的划分

《党政机关公文格式》将版心内的公文格式各要素划分为版头、主体和版记三个部分。公文首页红色分隔线以上的部分称为版头；公文首页红色分隔线（不含）以下、公文末页首条分隔线（不含）以上的部分称为主体；公文末页首条分隔线以下、末条分隔线以上的部分称为版记。页码位于版心外。

（1）版头部分

版头部分公文的构成要素有公文份数序号、密级和保密期限、紧急程度、发文机关标志、发文字号、签发人等项目。

①公文份数序号，简称公文份号，是将同一公文文稿印制若干份时给每份编的顺序号。一般用 6 位 3 号阿拉伯数字，顶格编排在版心左上角第一行。数字不足时，前用“0”补齐。这一要素只在涉密公文中使用。

②密级和保密期限。涉密公文必须标明密级，用 3 号黑体字顶格标注在左上角第二行。如果只标密级，两字之间空一个字的位置，如“绝　密”；如同时需要标注保密期限，秘密等级两字之间不空字，密级和期限之间插入黑色实心五角星，如“秘密★15 年”。保密期限用阿拉伯数字标注。

③紧急程度。分两级：“特急”和“加急”，一般用 3 号黑体字，顶格编排在左上角；如需同时标注份号、密级和保密期限、紧急程度，按照份号、密级和保密期限、紧急程度的顺序自上而下分行排列。

④发文机关标志。需要套红印刷，字体选用小标宋体字，字号酌定，符合庄重、美观、醒目的要求。一般格式的发文机关标志由发文机关名称加“文件”二字组成，如“浙江省文化和旅游厅文件”。命令的发文机关标志由发文机关全称加“命令（令）”组成，如“中华人民共和国国务院令”。会议纪要的发文机关标志由主持召开会议的机关名称、会议名称和纪要组成，如“××省人民政府常务会议纪要”。函的发文机关标志只标发文机关名称，不标“文件”二字。

不同格式的发文机关标志的位置稍有差异。一般格式的发文机关标志的上边缘距版心上边缘 35 mm(上行文与下行文相同);命令的发文机关标志上边缘距版心上边缘 20 mm;会议纪要的发文机关标志上边缘距版心上边缘 35 mm;函的发文机关标志上边缘距上页边 30 mm。它们都需要居中排布。

联合行文时,主办机关名称在前,以连署顺序从上到下居中排列,“文件”二字置于发文机关名称右侧。

民族区域自治地区,发文机关名称可以并用自治民族的文字和汉字两种文字印刷,将自治民族文字排在上面或前面。

⑤发文字号,是发文机关给所发文件编的文件代号,由发文机关代字、年份(加六角括号“〔〕”)和序号组成。机关代字由机关办公厅(室)统一编排,一经确定,就不能轻易改变。年份要写全四位,置六角括号内,放在机关代字之后。序号不标虚位,不加“第”字,如“国发〔2022〕2 号”。

几个机关联合发文,只标主办机关的发文字号。

发文字号的标注位置有以下几种情况:下行文,在发文机关标志下空 2 行,用 3 号仿宋体字居中排布;上行文,在发文机关标志下空 2 行,居左空 1 字标识(如果是联合行文,则要视情况平行下移);会议纪要不标发文字号;函的发文字号标在武文线下居右空 1 字;命令的发文字号只标序号,在发文机关标识下空 2 行,居中排布。

⑥签发人。由“签发人”三字加全角冒号和签发人姓名组成,居右空 1 字,编排在发文机关标志下空 2 行位置。“签发人”三字用 3 号仿宋体字,签发人姓名用 3 号楷体字。如有多个签发人,签发人姓名按照发文机关的排列顺序从左到右、自上而下依次均匀编排,一般每行排两个姓名,回行时与上一行第一个签发人姓名对齐。

⑦版头中的红色分隔线。一般格式在版头区和主体区之间用一条 156 mm × 1 mm 的红色细线隔开,位于发文字号下 4 mm 处。命令格式和会议纪要格式中没有分隔线。函在发文机关标志下 4 mm 处印一条红色双线(上粗下细),距下页边 20 mm 处印一条红色双线(上细下粗),线长均为 170 mm,居中排布。

(2)主体部分

主体部分包含的公文要素有标题、主送机关、正文、附件说明、成文日期、公文生效标识(署名、印章)、附注。

①标题。《党政机关公文处理工作条例》第九条规定，公文标题“由发文机关名称、事由和文种组成”，因此不能随意省略其中的要素。事由要准确概括公文主要内容。除法规名称，不加标点符号。例如《中国人民银行关于国家货币出入境限额的公告》。

公文标题一般用2号小标宋体字，编排于红色分隔线下空2行位置，分一行或多行居中排布；回行时，要做到词意完整，排列对称，长短适宜，间距恰当，标题排列应当使用梯形或菱形。

②主送机关，指公文的主要受理机关，应当使用机关全称、规范化简称或者同类型机关统称。公文的主送机关要准确，否则会影响到公务的办理。主送机关用3号仿宋体字在标题下空1行居左顶格标识，回行时仍应顶格，根据机关类型中间用顿号和逗号，末尾加冒号。如果主送机关名称太多，而使公文首页无法显示正文时，可将主送机关移到版记区抄送机关之上，作变通处理。

③正文，是公文的核心。一般由开头、主体、结束语组成。公文首页必须显示正文。一般用3号仿宋体字，编排于主送机关名称下一行，每个自然段左空2字，回行顶格。文中结构层次序数依次可以用“一、”“（一）”“1.”“（1）”标注；一般第一层用黑体字、第二层用楷体字、第三层和第四层用仿宋体字标注。

开头多阐述发文的缘由。常见的开头方式有目的式、根据式、目的根据混合式、形势判断式、引述来文式等。

中间部分多用分条列项式展开对事实的陈述、对事理的分析、对工作的要求，并在段首用主题句或主题词领起内容的表述，达到观点清晰、意图明确的表达效果。

结尾多用习惯用语结束全文，并提出办理要求，如“特此函达”“特此通知”“当否，请批复”“以上请求如无不妥，请批准”等。

④附件说明。公文如有附件，应在正文下空1行居左空2字用3号仿宋体字标注“附件”二字，后标全角冒号和附件名称。如有多个附件，使用阿拉伯数字标注附件顺序号（如“附件：1. 行政大楼施工预算表”）；附件名称后不加标点符号。附件名称较长需回行时，应当与上一行附件名称的首字对齐。

附件应当另面编排，并在版记之前，与公文正文一起装订。“附件”二字及附件顺序号用3号黑体字顶格编排在版心左上角第一行。附件标题居中编排在版心第三行。附件顺序号和附件标题应当与附件说明的表述一致。附件格式要求同正文。

如附件与正文不能一起装订，应当在附件左上角第一行顶格编排公文的发文字号并在其后标注“附件”二字及附件顺序号。

⑤成文日期与生效标识。

加盖印章的公文：成文日期一般右空 4 字编排，印章用红色，不得出现空白印章。单一机关行文时，一般在成文日期之上、以成文日期为准居中编排发文机关署名，印章端正、居中下压发文机关署名和成文日期，使发文机关署名和成文日期居印章中心偏下位置，印章顶端应当上距正文(或附件说明)一行之内。联合行文时，一般将各发文机关署名按照发文机关顺序整齐排列在相应位置，并将印章一一对应、端正、居中下压发文机关署名，最后一个印章端正、居中下压发文机关署名和成文日期，印章之间排列整齐、互不相交或相切，每排印章两端不得超出版心，首排印章顶端应当上距正文(或附件说明)一行之内。

不加盖印章的公文：单一机关行文时，在正文(或附件说明)下空 1 行右空 2 字编排发文机关署名，在发文机关署名下一行编排成文日期，首字比发文机关署名首字右移 2 字，如成文日期长于发文机关署名，应当使成文日期右空 2 字编排，并相应增加发文机关署名右空字数。联合行文时，应当先编排主办机关署名，其余发文机关署名依次向下编排。

加盖签发人签名章的公文：单一机关制发的公文加盖签发人签名章时，在正文(或附件说明)下空 2 行右空 4 字加盖签发人签名章，签名章左空 2 字标注签发人职务，以签名章为准上下居中排布。在签发人签名章下空 1 行右空 4 字编排成文日期。联合行文时，应当先编排主办机关签发人职务、签名章，其余机关签发人职务、签名章依次向下编排，与主办机关签发人职务、签名章上下对齐；每行只编排一个机关的签发人职务、签名章；签发人职务应当标注全称。签名章一般用红色。

成文日期中的数字：用阿拉伯数字将年、月、日标全，年份应标全称，月、日不编虚位(即 1，不编为 01)。

⑥附注。公文如有附注，用 3 号仿宋体字，居左空 2 字，标注在成文日期下一行，并用圆括号括起，如“(联系人：张×，电话：××××××)”。

(3)版记部分

版记部分位于公文最后一页的下端，有抄送机关、印发机关与印发日期等项目。

①抄送机关，是指除主送机关外需要执行或者知晓公文内容的其他机关。如有抄送机关，一般用4号仿宋体字，在印发机关和印发日期之上一行、左右各空1字编排。“抄送”2字后加全角冒号和抄送机关名称，回行时与冒号后的首字对齐，最后一个抄送机关名称后标句号。

如需把主送机关移至版记，除将“抄送”二字改为“主送”外，编排方法同抄送机关。既有主送机关又有抄送机关时，应当将主送机关置于抄送机关之上一行，之间不加分隔线。

②印发说明，是对公文制发情况的记载，一般说明公文印制的主管部门、印制时间及印制份数。普通公文和紧急公文一般说明印制单位和时间，秘密公文一般说明印制单位和份数。印发机关和印发日期一般用4号仿宋体字，编排在末条分隔线之上，印发机关左空1字，印发日期右空1字，用阿拉伯数字将年、月、日标全，年份应标全称，月、日不编虚位（即1不编为01），后加“印发”二字。

③版记中的分隔线。版记中的分隔线与版心等宽，首条分隔线和末条分隔线用粗线（推荐高度为0.35 mm），中间的分隔线用细线（推荐高度为0.25 mm）。首条分隔线位于版记中第一个要素之上，末条分隔线与公文最后一面的版心下边缘重合。

（4）页码

一般用4号半角宋体阿拉伯数字，编排在公文版心下边缘之下，数字左右各放一条一字线；一字线上距版心下边缘7 mm。单页码居右空1字，双页码居左空1字。公文的版记页前有空白页的，空白页和版记页均不编排页码。公文的附件与正文一起装订时，页码应当连续编排。

（5）式样

A4型公文用纸页边及版心尺寸见图1；公文首页版式见图2；联合行文公文首页版式1见图3；联合行文公文首页版式2见图4；公文末页版式1见图5；公文末页版式2见图6。

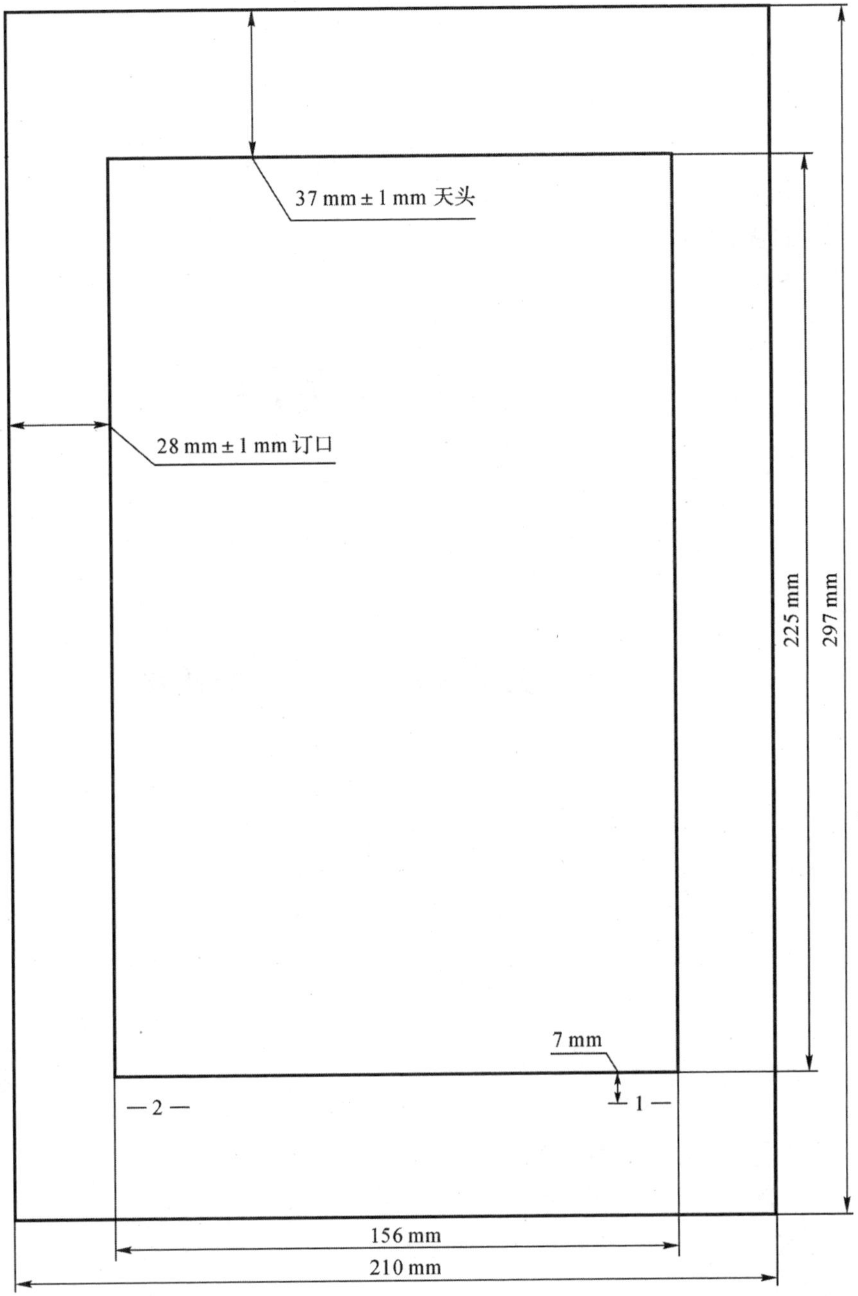

图 1　A4 型公文用纸页边及版心尺寸示意

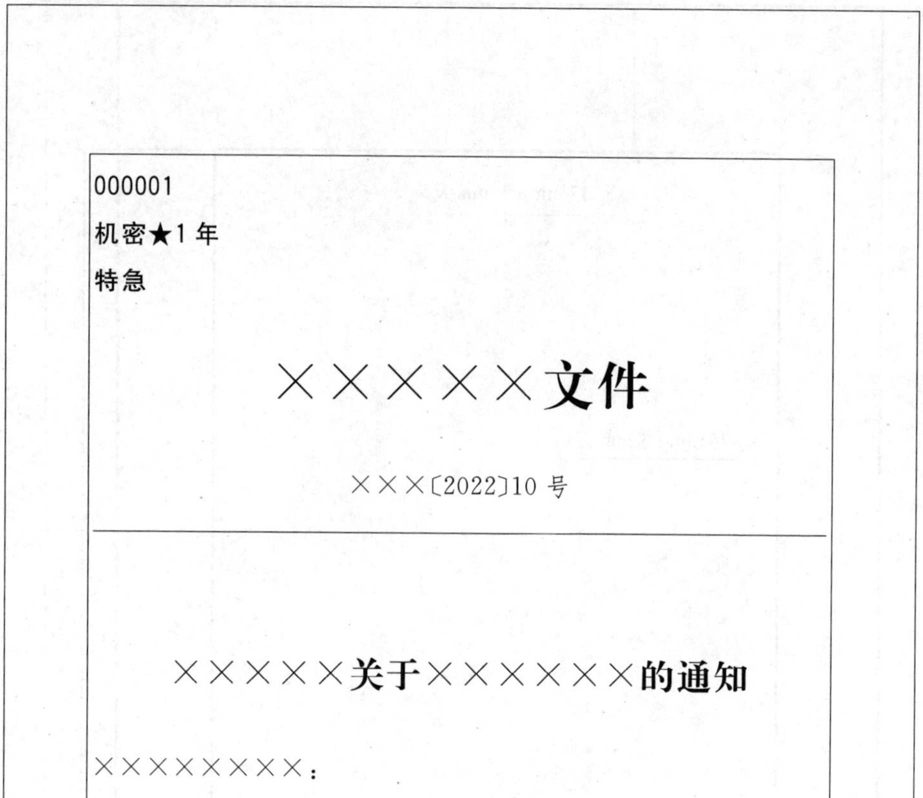

000001

机密★1 年

特急

××××× 文件

×××〔2022〕10 号

×××××关于×××××××的通知

×××××××××：

××。

××。

×××××××××××××××。

×××××××。××

—1—

图 2　公文首页版式

注：版心实线框仅为示意，在印制公文时并不印出。

000001

机密★1 年

特急

××××××

×　　×　　×文件

××××××

×××〔2022〕10 号

××××××关于×××××××的通知

××××××××：

　　×××××××××××××××××××××。

　　×××××××××××××××××××××××××

×××××××××××××××××××××××××××

××××××××××××××××××××××。

　　×××××××××××××××××××××××××

×××××××××××××××××××××××××××

—1—

图 3　联合行文公文首页版式 1

注：版心实线框仅为示意，在印制公文时并不印出。

000001
机　密
特　急

××××××
×　　×　　×
××××××

×××〔2022〕10号　　　　　　签发人：×××　×××
×××

×××× 关于 ××××× 的请示

×××××××××：

××××××××××××××××××××××。

×××。

××××××××××××××××××××××××

—1—

图4　联合行文公文首页版式2

注：版心实线框仅为示意，在印制公文时并不印出。

××××××××××××××××。

　　×××××××××××××××××××××××××
×××××××××××××××××××××××××××
××××××××××××××××。

2022年7月1日

　（××××××）

抄送：××××××××，××××××，××××××，×××××
　　×，××××××。

×××××××××　　　　2022年7月1日印发

—2—

图5　公文末页版式1

注：版心实线框仅为示意，在印制公文时并不印出。

××××××××××××××。

××。

××××××××××××

2022年7月1日

(××××××)

抄送:××××××××,××××××,××××××,××××××,××××××。

×××××××××　　2022年7月1日印发

—2—

图6　公文末页版式2

注:版心实线框仅为示意,在印制公文时并不印出。

四、公文行文规则

行文规则是发文机关在行文时必须遵守的具体规定和准则。在《党政机关公文处理工作条例》中专设一章加以说明，共五条。概括而言，有以下四点。

1. 大力精简文件，控制发文数量

“行文规则”中第一条就是“行文应当确有必要”，它要求发文应该符合两个必要条件：一是公文的内容确实是从工作实际中产生，必须传达。如果不是从工作实际出发，没实际效果，属于形式主义的，要坚决摒弃。二是这一内容只能用公文这一工具传达，而不能用其他更经济有效的方式传递。如果从这两方面严格把关，可发可不发的不发，就能有效地减少发文数量，提高行政工作的效率。

2. 提高发文质量，保证办事效率

对于必须制发的公文，“行文规则”提出了“讲求实效，注重针对性和可操作性”的要求。它首先要求提高公务信息处理的质量，公文的作者必须具备良好的法律、政策素养和很强的调查研究及解决问题能力，他们处理的信息才能真正解决问题。其次要提高公文作者的写作水平，保证公文能完整无缺地传递必要的信息。还要注意传递的方式，选择最高效的行文方式，从而最大限度地提高工作效率。

3. 注重隶属关系，尊重机关职权

机关之间的隶属关系和职权范围是确定行文关系的重要前提，也是制定行文规则的重要依据。同一组织系统的上下级之间有领导和被领导关系，上下级业务部门之间是指导与被指导关系，它们都属于有隶属关系。可以使用上行文或下行文。但在行上行文时，一般不得越级。同一组织系统的同级机关之间或不同组织系统的各机关之间是平行关系或不相隶属关系，不能用上行文或下行文行文，只能用函互相行文。

同时要尊重机关职权。一方面不能越权，因此，政府各部门一般不得向下一级政府正式行文；部门内设机构除办公厅（室）外不得对外正式行文；须经政府审批的事项，经政府同意也可以由部门行文，文中应当注明经政府同意；部门之间对有关问题未经协商一致，不得各自向下行文。如擅自行文，上级机关应当责令纠正或撤销。同时机关应有的职权要得到尊重，因此，政府各部门依据部门职权可以相互行文和向下一级政府的相关业务部门行文；属于部门职权范围内的事务，应当由部门自行行文或联合行文；属于主管部门职权范围内的具体问题，应当直接报送主管部门处理；除上级机关负责人直接交办的事项外，不得以机关名义向上级机关负责人报送“请示”“意见”“报告”。

4.正确确定主送和抄送

机关行文应当分清主送和抄送。向上级机关的行文，或者要求对方办理答复的行文，应当主送一个机关，切勿多头主送，以免误事。确实需要其他机关阅知的，可以抄送。抄送机关不能太滥，这会增加对方处理公文的工作量，“规则”还明确规定“请示”不得抄送给其下级机关。但有些公文必须抄送，向下级机关或者本系统的重要行文，应当同时抄送直接上级机关；上级机关向受双重领导的下级机关行文，必要时应当抄送其另一上级机关。

五、公文的写作要求

草拟公文应该做到：

①符合国家法律法规和党的路线方针政策，完整准确体现发文机关意图，并同现行有关公文相衔接。

②一切从实际出发，分析问题实事求是，所提政策措施和办法切实可行。

③内容简洁，主题突出，观点鲜明，结构严谨，表述准确，文字精练。

④文种正确，格式规范。

⑤深入调查研究，充分进行论证，广泛听取意见。

⑥公文涉及其他地区或者部门职权范围内的事项，起草单位必须征求相关地区或者部门意见，力求达成一致。

⑦机关负责人应当主持、指导重要公文起草工作。

第二节 下行文

一、决　　定

1.决定的含义

决定适用于对重要事项作出决策和部署、奖惩有关单位和人员、变更或者撤销下级机关不适当的决定事项。

决定是一种非常重要的指挥性公文，对下级有很强的约束力，必须强制执行。它的内容一般都非常重要，它是由领导集团或权力机构针对重要事项或重大行动作出的安排和部署，一经实施，便会对社会产生重大影响。如 1993 年全国人大制发的公文《关于惩治生产、销售伪劣商品犯罪的决定》，对净化我国商品市场作用巨大。同时，决定有很强的政策性，这样才能对下级机关和人民群众起到正确的指引和导向作用。

2.决定的种类

比较常见的决定有：

①部署性决定。适用于对重大行动或重要事项作出决策或部署，有很强的指挥性。特别重大的行动还需决策机构开会讨论通过。如《浙江省人民政府关于切实加强安全生产工作的决定》。

②处置性决定。主要用于对某些性质重要、影响巨大的个人或事件作出决定，如授予先进人物荣誉称号、开展向先进人物学习活动、对责任事故作出处理等。例如《国务院关于授予赵春娥、罗健夫、蒋筑英全国劳动模范称号的决定》《国务院关于大兴安岭特大森林火灾事故的处理决定》。

③知照性决定。用于公布需要周知的重大决定，如设置机构、安排人事、召开会议等。例如《全国人民代表大会关于设立中华人民共和国澳门特别行政区的决定》。

3.决定的写法

决定由标题、主送机关、正文和成文日期组成。

(1)标题

由发文机关名称、事由和文种组成。如《最高人民法院关于加强与人大代表联络工作的决定》。

(2)主送机关

大多数决定是普发性公文，通过报纸、政府网站发布，因此省略主送机关。如果决定只在一定范围内下发，就要用“各”领起写明主送机关。

(3)正文

不同的决定有不同的写法。

部署性决定，一般由决定理由、决定事项和执行要求三部分构成。理由部分要写明作出重大决策的目的、依据，或分析其重大意义，以充分的理由增强下级机关执行的自觉性。决定事项涉及下级机关和人民群众的实践活动，不能违背国家法律法规和有关政策，同时要考虑周全，提出的措施、办法要切实可行。执行要求要简短、明确。

处置性决定，一般由决定理由（个案事实及分析）、决定事项和期望要求三部分组成。理由部分先要在深入调查的基础上概括叙述个案的具体事实，然后分析个案的原因、性质。决定事项要简短、明确，起到教育下属的作用。期望要求应写得具体、明确。

知照性决定，写法比较简单。一般先写明作出决定的原因及法定依据，然后把要告知下级机关或人民群众的决定事项简要、有序地陈述清楚即可。

成文日期用阿拉伯数字书写，上押印章。

【范文】

国务院关于在北京市暂时调整有关行政审批和准入特别管理措施的决定

国发〔2017〕55号

各省、自治区、直辖市人民政府，国务院各部委、各直属机构：

根据《国务院关于深化改革推进北京市服务业扩大开放综合试点工作方案的批复》（国函〔2017〕86号），国务院决定，即日起至2018年5月5日，在北京市暂时调整下列行政法规、经国务院批准的部门规章规定的行政审批和准入特别管理措施：

暂时调整《营业性演出管理条例》第十条、《娱乐场所管理条例》第六条、《中华人民共和国外资银行管理条例》第三十四条、《外商投资民用航空业规定》第三条、《外商投资产业指导目录》中“禁止外商投资产业目录”第22项规定的有关行政审批和资质要求、股比限制、经营范围限制等准入特别管理措施（目录附后）。

国务院有关部门、北京市人民政府要根据上述调整，及时对本部门、本市制定的规章和规范性文件作相应调整，建立与试点工作相适应的管理制度。

北京市服务业扩大开放综合试点期满，国务院将根据实施情况对本决定的内容进行调整。

国务院

2017年12月10日

二、通　　知

1. 通知的含义

通知适用于发布、传达要求下级机关执行和有关单位周知或者执行的事项，批转、转发公文。

通知是机关中使用频率最高、用途最广的一种在机构内部运转的知照性公文。

2. 种类

根据通知的用途，可将通知分为：

①批转性通知。主要用于批转下级机关呈报上来的公文，如《上海市人民政府批转市政府体改办等四部门关于巩固和完善本市农村合作医疗补充意见的通知》。

②转发性通知。主要用于转发上级机关或不相隶属机关制发的公文。如《浙江省公安厅转发公安部关于认真做好全国换发第二代居民身份证工作的通知》。

③印发性通知。主要用于在单位内部印发机关自己制定并要实施的规章制度。如《国务院关于发布〈国家行政机关公文处理办法〉的通知》。

④布置性通知。用于部署、布置单位举办的各种活动。如《公安部关于认真做好全国换发第二代居民身份证工作的通知》《××大学关于举行校庆三十周年纪念活动的通知》。

⑤规定性通知。用于为解决工作中存在问题而在单位内部公布新的政策规定，如《中共中央办公厅国务院办公厅关于坚决制止干部用公款旅游的通知》《国务院办公厅关于在近期严格控制赴三峡工地参观考察的通知》。

⑥周知性通知。用于传达要求下级机关周知的事项，如《赤峰市人民政府关于组建赤峰市行政服务中心的通知》。

⑦任免性通知。用于人事任免，如《杭州市人民政府关于余联科等同志职务任免的通知》。

3. 各类通知的写法

通知一般都由标题、主送机关、正文和成文日期组成。

标题，由发文机关、事由和文种组成，事由要准确地概括通知的具体内容。

主送机关，用“各”领起下属的机关或部门，如国务院下发的通知的主送机关是“各省、自治区、直辖市人民政府，国务院各部委、各直属机构”。

正文，不同的通知写法也不一样。

批转性通知的写法分简式和繁式两种。简式只有一段文字，先表明同意下级机关的公文，然后作出批转决定，最后提出办理要求。繁式是在简式基础上另外加一段文字，主要是就下级机关公文中涉及的工作作简要的指示，阐述其意义、指出工作原则、提出工作要求。

转发性通知写法基本上与批转性通知相同，只是第一段文字中不需表明态度，直接转发文件。

印发性通知的正文一般只有一段文字，先叙述印发的文件通过的法定程序，表明其合法性，然后作出印发决定，最后说明开始实施的具体时间。如果文件提出了新的政策规定，前后规定有冲突，还要说明同时废止前规定。

布置性通知的正文一般由开头、主体和结尾三部分组成。开头先阐述开展某项工作的目的和依据，然后作出开展工作的决定，最后用“现将有关事项通知如下”过渡到主体部分。主体部分多用“分条列项”方式对即将开展的工作作具体的布置，考虑要周全，完整指出要做哪些具体的工作，由谁去做，达到什么要求，什么时间完成，并提出切实可行的措施保证工作的完成。结尾部分简要提出落实本通知的办理要求。

规定性通知的正文一般由开头、主体和结尾三部分组成。开头先概括叙述工作中存在的问题，然后分析其危害，这样可以引起收文机关对该问题的重视，最后用目的式过渡句“为了……，现将有关事项通知如下”过渡到主体部分。主体部分要在深入调查的基础上，弄清楚存在问题的现状、产生的原因，并据此提出解决这一问题的新的政策规定。规定一定要有针对性，并且具备操作性，切实可行。写作上采取“分条列项”方式，内容安排上要有逻辑性，条理清楚，先写应遵守哪些规定，再写如果违反应如何处罚。结尾提出接到本通知后的办理要求，如果通知中的政策规定与以前的规定有冲突，必须加以说明。

周知性通知种类繁多，写法不一。大多数通知只需写明要求下级机关周知的事项即可。如果是设立组织机构的通知，则要写明设立该机构的目的、作出设立机构的机关、新设机构的职责范围、隶属关系以及结构组成和人员组成，还要写明办公地点和联系方式。

任免性通知一般只需写明通过该人事任免的法定程序和任免的具体安排即可。

成文日期用阿拉伯数字书写,上押印章。

【范文】

关于做好社会保障卡查询服务工作的通知

各市州人力资源和社会保障局:

随着我省社会保障卡持卡人数逐步增加,群众对社会保障卡的关注度显著提高,尤其是部分未领卡群众,对个人的社会保障卡制卡进度非常关心。为向群众提供优质的查询服务工作,现就有关事项通知如下:

一、查询服务渠道

目前,我省个人社会保障卡查询服务主要有以下四种渠道。分别是:省人力资源社会保障公共服务网(www.hn12333.com);12333 咨询服务热线;“智慧人社”手机 APP;微信公众号。

二、查询服务工作要求

1.请各市州人力资源社会保障部门尽快将个人社会保障卡查询服务纳入 12333 咨询服务热线受理范围。

2.各市州人力资源社会保障部门官方网站、经办服务大厅(包括经办窗口),乡镇(街道)劳动保障站,社区,合作银行网点均要在醒目位置提供网站地址、“智慧人社”手机 APP、微信公众号二维码。

3.各市州人力资源社会保障部门制作宣传挂图、宣传手册时要增加网站地址、“智慧人社”手机 APP、微信公众号二维码。同时,有企业端平台的市州应在平台端提供查询服务渠道。

4.利用电视、广播、报纸等媒体宣传社会保障卡相关内容时,要对外公布查询服务渠道。

湖南省人力资源和社会保障厅

2016 年 3 月 17 日

三、通　　告

1.通告的含义

通告适用于在一定范围内公布应当遵守或者周知的事项。

它与通知一样同是一种知照性公文,但它不在机构内部运转,受文对象是或者主要是机构系统之外的社会公众,所以此类公文往往在报纸上刊发或者在现场张贴。

在通告的写作实践中，常见的问题有：一、把应该用“通知”告知下级部门要遵守的事项夹杂在“通告”中，降低了办事效率；二、把应该要社会公众遵守的事项用“通知”来告知，扰乱了行文的隶属关系，超越了发文机关的职权范围；三、把在一定范围内告知社会公众应当遵守的事项，用“公告”行文，损害了“公告”发文的严肃性。因此，一定要把握好“通告”与相关文种的区别。

2. 通告的种类

通告根据其用途，一般分为：

①布置性通告。主要用于政府的业务部门为了开展好自己主管的工作，要求辖区内有关单位或群众配合，而对该项工作作具体的部署和布置，如《国家税务总局深圳市税务局关于2021年度居民企业所得税汇算清缴工作的通告》。

②规定性通告。主要用于政府机关或者政府机关的职能部门为了加强管理而告知社会公众应当遵守的行为规范，如《北京市人民政府关于维护天安门广场治安秩序的通告》。

③周知性通告。主要用于服务性企业告知用户、政府职能部门告知社会公众应当知道的事项，如《广西壮族自治区人力资源和社会保障厅关于2010年公务员考试重考的通告》。

3. 各类通告的写法

(1)布置性通告

结构和写作要求与布置性通知大致相同。

标题由发文机关名称、事由和文种组成，拟稿时这三个要素不要随意省略。

正文部分由开头、主体和结尾三部分组成。开头一般先叙述开展此项工作的目的和依据，作出开展此项工作决定的机关名称，最后用“为了……，现将有关事项通告如下”过渡到主体部分。主体部分的写作多采用分条列项方式，先要写明遵守通告的社会公众的具体范围，通告没有主送机关，受文对象一般在主体部分的第一条中加以说明，然后对如何开展工作作具体的布置，考虑要周全，要求要明确。最后写明对不遵守本通告的单位或个人可能采取的处罚措施。

成文日期用阿拉伯数字书写，上押印章。

(2)规定性通告

一般由标题、正文和成文日期三部分组成。

标题的写法与要求与布置性通告相同。

正文一般先写清应遵守本通告的具体范围，显而易见的除外，然后根据内容重要的先后顺序逐条作出明确具体的规定，最后说明如果违反上述规定可能采取的处罚措施，这一内容也可以穿插在具体的规定后面逐一说明。

成文日期用阿拉伯数字书写，上押印章。

(3)周知性通告

标题和成文日期的写作同上，正文部分的写作视告知事项的多少采取一段式或分段式写法，但都要先叙述制发通告的缘由，然后叙述要受文对象周知的事项，最后可用“特此通告”结束全文。

【范文】

食品药品监管总局关于非法经营疫苗案件查处工作有关事项的通告

〔2016〕62号

山东省食品药品监督管理局公布了非法经营疫苗案涉案嫌疑人员名单。为彻底查清涉案疫苗来源、流向，严惩违法犯罪行为，现将有关事项通告如下：

一、依据《中华人民共和国刑法》《中华人民共和国药品管理法》等法律法规的规定，不具备疫苗经营资质而经营疫苗，是违法犯罪行为，依法最高可处五年以上有期徒刑；明知他人不具备合法经营资质、仍提供疫苗的，依法可作为共同犯罪，追究刑事责任。山东省食品药品监督管理局公布的涉案嫌疑人员，应在2016年3月23日前向所在地县级以上食品药品监管部门或公安机关主动报告违法经营疫苗情况，包括疫苗的品种、来源、去向等。逾期不报告的，依法从严惩处。

二、各药品生产经营使用单位要立即开展自查，凡与涉案嫌疑人员有过疫苗交易或存在从非法渠道购入疫苗、向个人销售疫苗情形的，应在2016年3月25日前主动向当地食品药品监管部门或公安机关报告。

向个人销售疫苗的，应报告销售的品种、数量、标示生产企业名称、批号、销售去向、销售时间等；从非法渠道购入疫苗的，应报告来源以及购入疫苗的品种、数量、标示生产企业名称、批号、购入时间等；已经使用或继续销售的，还应报告使用或销售的详细情况。

三、地方各级食品药品监管部门要密切关注山东省公布的本地区涉案嫌疑人员名单和协查线索，会同公安机关立案调查，尽快核实涉案嫌疑人身份，及时查明疫苗非法购销情况。

对向庞某销售疫苗的线索，要查明销售单位和人员，以及销售的品种、数量等；对从庞某购进疫苗的线索，要查明购进单位和人员，以及购进的品种、数量等。对医疗卫生机构购入、使用涉案疫苗以及相关人员涉案的线索，要及时通报当地卫生计生部门，以便查明最终销售去向及使用人员情况。上述调查情况，要逐级向上级食品药品监管部门报告，并及时向社会公布。

四、公众如了解掌握涉案嫌疑人员情况，可拨打投诉举报电话 12331 向食品药品监管部门举报，也可向当地公安机关反映。

特此通告。

食品药品监管总局

2016 年 3 月 19 日

四、通　　报

1. 通报的含义

通报适用于表彰先进，批评错误，传达重要精神和告知重要情况。

通报是一种告知性下行文，主要功能是表彰下属单位或个人的先进事迹、批评下属单位或个人的错误行为，目的是提高人们的认识，起到教育和规范作用。因此，通报的事实一定要具备典型性。

2. 通报的种类

通报，根据内容可分为：

①表彰性通报。主要用于表彰下属单位或个人的先进事迹。在应用上，应注意与表彰先进的“决定”的区别。“决定”一般用于按照奖励条例的规定进行的定期表彰或因为事迹突出而临时表彰，一般要授予荣誉称号或记功。而通报往往针对下属在某项工作上的突出行为或好人好事进行表扬，让大家学习先进，如《国务院办公厅关于表彰奖励中国女子足球队的通报》。

②批评性通报。一般用于对下属单位工作中重大错误或个人造成较坏社会影响的错误行为进行通报，主要目的是教育群众，引以为戒，避免此类错误的再次发生，而不是重在宣布对错误的处理结果，如《国务院办公厅关于××省××市××县擅自停课组织中小学生参加迎送活动的通报》。

③情况通报。主要用于将上级机关掌握的重要精神或情况通报给下级，以便下属在开展工作或处理问题时有针对性，如《广东省人民政府办公厅关于人大代表建议和政协提案办理情况的通报》。

3. 各类通报的写法

通报一般都由标题、主送机关、正文和成文日期四要素组成。

标题由发文机关名称、事由和文种构成。事由要准确概括通报的具体内容,同时要避免在标题中出现标点符号。

主送机关有两种情况:如果通报是以文件形式下发,则要写上发文机关,写法与"通知"的主送机关相同;如果是用张贴形式发布,则省略主送机关,标题下直接写正文。

正文的写法,不同的通报有不同的写法。

表彰性通报的正文一般由先进事迹、分析评价、通报决定、希望和号召四部分组成。首先要概括叙述表彰的先进事迹,这是通报的事实依据,通过叙述,也可以起到表扬的作用。然后要分析提炼其中体现的值得大家学习的精神品质。再用"为了表彰先进,……,××决定给予通报表扬",宣布通报决定。最后,一般另起一段,向下属提出希望和号召,学习先进,把工作做得更好。

批评性通报的正文一般由错误事实、分析评论、通报决定、工作要求四部分组成。首先在深入调查的基础上概括叙述通报的错误事实,如果涉及几个案例,要一一叙述。然后分析犯错误的原因,指出错误事实违反的规定,给错误定性。再宣布通报决定,也可以通报给责任人的处理决定,起到警示作用。最后,可以原则性提出做好工作的要求,也可以针对错误的成因提出具体的、切实可行的、要下属执行的规定。

情况通报的正文一般由缘由、事项和要求三部分组成。缘由部分写清楚发通报的原因,事项部分要有条有理地将通报的情况叙述清楚,并作合适的分析。最后可以针对通报的情况对下属提出工作上的原则性要求。

成文日期用阿拉伯数字书写,上押印章。

【范文】

关于2016年1月全国工程质量终身责任制落实情况的通报

建质质函〔2016〕13号

各省、自治区住房城乡建设厅,直辖市建委(规委),新疆生产建设兵团建设局:

按照《住房城乡建设部办公厅关于请按月报送工程质量终身责任制落实情况的通知》(建办质函〔2014〕844号)要求,截至2016年3月10日,全国31个省、自治区、直辖市和新疆

生产建设兵团向我部报送了2016年1月《工程质量终身责任制落实情况月报表》,现将有关情况通报如下:

一、"两书一牌"制度落实情况

2016年1月,全国新办理质量监督手续的工程共10172项,其中已签署法定代表人授权书、工程质量终身责任承诺书的工程有10093项,覆盖率为99.22%,与上月基本持平,江苏、浙江、山东等25个省(区、市)和新疆生产建设兵团覆盖率达100%。全国共有4273项已经开工、正在建设的工程补签了法定代表人授权书和工程质量终身责任承诺书。

2016年1月,全国新办理竣工验收备案工程12027项,其中有11384项工程设立永久性标牌,覆盖率为94.65%,较上月下降2.69个百分点,江苏、安徽、湖北等18个省(区、市)覆盖率达100%;有10865项工程建立质量信用档案,覆盖率为90.34%,与上月基本持平,安徽、浙江、湖南等12个省(区、市)覆盖率达100%。

二、监督执法检查及整改落实情况

据统计,2016年1月,各地共检查工程36500项,其中省级住房城乡建设主管部门检查工程844项,市县级住房城乡建设主管部门检查工程35656项。

各地共下发监督执法检查整改单16333份、行政处罚书696份,处罚相关单位568个,处罚相关人员164名,实施信用惩戒502起,曝光违法违规典型案例211起。从行政处罚数量看,广西、湖南、浙江3个省(区)处罚力度较大;从曝光典型案例数量看,天津、北京、海南3个省(市)曝光力度较大。

三、下一步工作要求

从各地上报情况看,仍有部分地区工程质量终身责任制落实效果较差。其中,海南、广东、云南、江西、河南和四川等6个省法定代表人授权书、工程质量终身责任承诺书签署率未达到100%,四川、吉林、海南、宁夏、甘肃、云南、河南、内蒙古、贵州等9个省(区)和新疆生产建设兵团永久性标牌覆盖率低于全国平均水平,部分地区监督执法检查力度不够,重检查、轻处罚现象仍然突出。

请各地按照工程质量治理两年行动和《建筑工程五方责任主体项目负责人质量终身责任追究暂行办法》有关要求,严格贯彻落实工程质量终身责任制,并于每月10日前将上月落实情况报我司。

附件:2016年1月全国工程质量终身责任制落实情况统计表

中华人民共和国住房和城乡建设部工程质量安全监管司

2016年3月14日

五、批　复

1. 批复的含义

批复适用于答复下级机关的请示事项。它是一种被动制发的、指挥性下行文。

2. 批复的种类

根据批复的内容的不同,批复分为:

①答复请求指示的请示的。如《国家税务总局关于水利工程水费征收流转税问题的批复》。

②答复请求批准的请示的。有两种:一种是同意的,如《国务院关于同意陕西省铜川市人民政府驻地迁移的批复》;一种是不同意的,如《中共中央办公厅、国务院办公厅关于重建何香凝故居问题的批复》。

3. 批复的写法

批复,都由标题、主送机关、正文和成文日期组成。

标题由发文机关名称、事由和文种组成。答复请求指示的请示,标题中的事由可照搬来文"请示"的事由,只要请示的事由准确而且概括,因为请示和批复是关于同一事由的一来一往的公文。答复请求批准的请示,同意的,标题的事由可加上"同意"二字,表明态度,起到先睹为快的效果;不同意的,标题中的事由不需加上"不同意"三字,态度要模糊。

主送机关应是所答复的"请示"的发文机关。

正文部分先要引述来文,规范的要求是"引述来文,要先引标题,后引发文字号",因此常见写法是"你×《关于××××××的请示》(××〔××××〕××号)收悉",然后作答复。如果答复的内容较为简短,可不分段,引述来文后直接作答。如果答复的内容较为繁复,则用"经研究,现答复如下"过渡,再分条列项逐一叙述。

答复请求指示的请示,答复意见既要有针对性,又要意见明确,让下级有所遵循。答复请求批准的请示,如果是同意的,不需叙述同意的原因,但要把同意的范围作明确的说明,不能因为"请示"中已经说明,在"批复"中就把它省略。如果是不同意的,则必须简要说明理由。理由要正当,做到以理服人。表述时点到为止,不可加以论证说明,否则会损害上级机关的权威性。

一段式的批复,在答复完毕后,一般要用"此复""特此批复"结束全文。

成文日期用阿拉伯数字书写,上押发文机关印章。

【范文】

国务院关于同意调整打击生产销售假药部际联席会议制度的批复

国函〔2014〕53号

食品药品监管总局：

你局关于调整打击生产销售假药部际联席会议制度的请示收悉。现批复如下：

同意调整打击生产销售假药部际联席会议(以下简称联席会议)制度。

(一)联席会议牵头单位为食品药品监管总局，召集人由食品药品监管总局局长担任，副召集人由食品药品监管总局分管负责同志担任。

(二)增加商务部为成员单位，将成员单位中原卫生部、原广电总局、原食品药品监管局分别调整为卫生计生委、新闻出版广电总局、食品药品监管总局，监察部不再作为成员单位。

(三)联席会议工作规则调整为：联席会议原则上每年召开一次全体会议。根据国务院领导同志指示、成员单位要求或工作需要，可以临时召开会议。联席会议由召集人或召集人委托的副召集人主持。研究具体工作事项时，可视情况召集部分成员单位召开会议，也可邀请中央宣传部、高法院、高检院等其他相关部门和单位参加会议。联席会议以会议纪要形式明确会议议定事项，经与会单位同意后印发有关方面，同时抄报国务院。联络员会议根据需要不定期召开，由联席会议办公室负责召集。联络员会议研究年度重点工作建议，协调落实联席会议议定事项，对提交联席会议审议的议题进行预备性研究协调。

联席会议不刻制印章，不正式行文，请按照有关文件精神认真组织开展工作。

自本批复印发之日起，《国务院关于同意建立打击生产销售假药部际协调联席会议制度的批复》(国函〔2009〕42号)停止执行。

附件：打击生产销售假药部际联席会议制度

国务院

2014年4月29日

六、会议纪要

1.会议纪要的含义

会议纪要适用于记载、传达会议情况和议定事项。

不是所有会议都会形成会议纪要。只有比较重要的会议，同时又没有用新闻公布会议内容或发表会议决议，但需要将会议精神向下级机关传达，以便指导下级机关的工作时，才会形成会议纪要。

会议纪要作为文种，新中国成立后才出现，但一直不是正式公文，所以它只能用“报告”向上级汇报，或用“通知”下发给各下级机关。1987年，它被列为正式公文文种，就不再需要用“通知”批转或转发了。

2. 会议纪要的种类

根据会议纪要的性质和撰写的目的，可分为：

①决议性会议纪要。一般是具有领导职能的机关或机构召开会议，经过与会者的商议，对某些事项或问题作出了一致决定。纪要记载了会议的主要精神和议定事项，作为传达和部署工作的依据，它是所有会议纪要中最常见的，如《全国农村工作会议纪要》。

②协调性会议纪要。由代表着不同利益的相关机构联合召开会议，就某个牵涉各方利益的问题进行协商，最后达成一致意见。纪要记载了大家认可的方案，作为对各方约束的依据，如《2019年广州国际龙舟邀请赛筹备协调会会议纪要》。

③研讨性会议纪要。研讨工作、交流经验的会议，不需要形成一致意见。纪要只是为了记载会议的基本情况，供需要了解会议信息的阅读，如《××学院政治思想教育工作座谈会纪要》。

3. 会议纪要的写法

会议纪要由标题、正文和成文日期组成。

标题最常见的形式是“会议名称加文种”，中间可省去“会议”两字。用于交流的研讨性会议纪要也可以采用主辅标题的形式，如《功德日增凝聚力　灵根长发万年枝——增强民族凝聚力座谈会纪要》。

正文一般分为会议概况、会议内容、结束语三个部分。

会议概况部分一般要简要介绍会议目的、会议时间、会议地点、会议主办机关、会议议题、会议主要成果、出席者等会议的基本情况。

会议内容部分是纪要的核心。写作者不仅要参考会议记录，还要全程参与会议，保证纪要能忠实地反映会议的精神，不可以出现曲解会议精神或缺漏重要内容的错误。同时要有很强的概括分析能力，把会议参与者的发言提炼成会议达成的一致意见，并把这些意见条理化。还要注意，会议上争论、还没达成共识的内容不可以出现在会议纪要中。

写作上一般采用第三人称客观叙述，常用“会议认为”“会议指出”“会议强调”“会议提出”“会议要求”“会议决定”等词语领起对会议精神的叙述。

结束语往往是对下级机关、有关群众或与会者的希望和要求。在比较重要的会议纪要中出现，一般性纪要可以不写。

成文日期用阿拉伯数字书写，可以不盖会议主办机关的印章。

【范文】

关于化工园区房屋拆迁补偿标准调整的会议纪要

时间：2013年3月12日上午9点

地点：某化学工业园区管委会第七会议室

出席领导：李×　孔××　鲁×　王×

列席：郭××　许×　施×　朱×　宋××　邢×　林×　许××　王×

记录整理：王×

2011年3月12日，区委书记、化工园区工委书记李×同志在南京化学工业园区管委会第七会议室主持召开园区征地拆迁工作会议。会议听取南京市国土资源局化工园区分局副局长朱×同志关于《化学工业园区房屋拆迁补偿标准调整的思路》汇报后，经研究，议定如下事项：

一、鉴于化工园区2011年上半年有多个市级以上重大项目亟待实施，如扬子炼油厂改造、塞拉尼斯一体化，等等，考虑到园区两街镇拆迁遗留问题已基本处置到位，本着“平稳过渡、有利拆迁”的原则，在以往拆迁政策的基础上，参照市政府有关文件并结合园区实际，经研究对其中五项补偿标准和安置房基准价进行适当调整，具体调整如下：

1.原房补偿款：钢筋砼调整为600元/平方米，砖混一等调整为500元/平方米，砖木一等调整为420元/平方米，木结构调整为300元/平方米，简易结构一等调整为180元/平方米，披房一等调整为90元/平方米；

2.购房补偿款调整为1420元/平方米；

3.搬家费：以产权户为单位，按照合法居住房屋建筑面积计算，调整为12元/平方米，超过220平方米的按220平方米计算，不足1000元的补足至1000元；

4.过渡费：以产权户为单位，按照合法居住房屋建筑面积计算，6元/月平方米，超过220平方米的按220平方米计算，不足600元的补足600元，过渡期超过2年的，超期部分按8元/月平方米，超过220平方米的按220平方米计算，不足800元的补足800元；

5.提前搬家奖励费：按照合法居住房屋建筑面积计算，执行200元/平方米，超过220平方米的按220平方米计算，每个产权不足30000元的补足30000元；

6.安置房基准价格调整为2450元/平方米。

二、长芦街道办事处尽快开展新项目征地拆迁工作，玉带镇在拆迁扫尾工作束后立即投入新项目征地拆迁工作中。

三、玉带镇出于规划原因调整安置点，拆迁补偿安置方式由原来的统拆统建变为货币化拆迁，拆迁补偿标准与长芦街道相对统一。

四、在做好新项目征地拆迁工作的同时，长芦、玉带两街镇要高度重视维稳工作，提高风险防患意识，切实做好风险评估，并制定预案，确保拆址工作平稳过渡，顺利进行。

五、化工园区国土分局与长芦街道、玉带镇一起加强沟通协作，尽快拿出化学工业园区房屋拆迁补偿方案细则并开展相应的培训工作，同时玉带镇要尽快明确安置房的实施细则。

2013 年 3 月 15 日

第三节　上行文

一、报　告

1. 报告的含义

报告适用于向上级机关汇报工作、反映情况、答复上级机关的询问。

报告是陈述性上行文，早在新中国成立前，中国共产党已经建立了报告制度，它保证了上级机关及时了解下情，以便作出正确的决策和指导。

在公文实践中，报告的用途曾经几度调整，造成报告的使用经常出现不规范现象：一是沿用新中国成立前的写法，用“请示报告”向上级机关呈文请示；二是向上级提出意见或建议仍用“报告”而不是“意见”。对此，应该明确现行的公文处理办法中“报告”已经不再承担这两项功能，它们分别由“请示”和“意见”担当。在公文实践中不能再滥用“报告”。

2. 报告的种类

根据它们的用途，报告可分为：

①汇报工作的报告。主要用于下级向上级机关定期汇报全面工作，或者及时向上级机关汇报上级交办的重要工作的进展情况，如《××市爱国卫生运动委员会关于创建国家级卫生城市的报告》。

②反映情况的报告。主要用于报告上级需要定期掌握的专题情况，如物价，如工业生产运转情况，如治安等；以及本单位发生的重大事件，如《铁道部关于193次旅客列车发生重大颠覆事故的报告》。

③答复询问的报告。主要用于报告上级机关交办事项的完成情况，如《××大学工会关于校工会干部待遇情况的报告》，就是答复上级工会询问而制发的。

3. 报告的写法

报告的结构一般由标题、主送机关、正文、成文日期四部分组成。

标题由发文机关名称、事由和文种三要素组成。如果内容紧急，在标题的文种前加上“紧急”两字，并在正文中说明紧急的原因。

主送机关写直属的上级机关或业务指导机关，一般不要越级行文，尤其是汇报工作、反映情况的报告。答复询问的报告不受这一规定的约束，谁询问的就写给谁，可以越级，也可以写给领导个人。如果越级，要把文件抄送给越过的机关。

正文部分，不同的报告有不同的写法。

定期汇报全面工作的报告。开头先概括陈述总的情况，然后用“现将××情况报告如下”过渡到主体部分，主体部分要将总的情况分成若干个方面，逐一陈述做法、成绩和经验，失误、不足与教训。最后可简要陈述下一阶段的工作思路。

反映专题情况的报告。开头部分先要陈述行文的缘由，然后用“现将有关情况报告如下”过渡到主体部分。主体部分，既要用事实和数据详细陈述某一情况的具体表现，还要分析它们的特点、形成这一情况的原因以及有什么规律。最后可以提出针对性的建议供上级参考。如果是重大事件的报告，开头部分先简要陈述事故的经过、后果以及补救、善后的情况。然后分析事故产生的原因以及事故的性质，并报告对责任人的处理情况。还要汇报事故发生后采取了哪些措施，做了什么工作防范此类事故再次发生的。最后，如果本单位负有领导责任，还要自请处分。

答复询问的报告。开头先要简单陈述上级于何时用何种方式询问了什么问题，然后叙述本单位如何重视、深入了解的，最后用“现将有关情况报告如下”过渡到下文。中间部分要根据上级想要了解的重点，有针对地进行陈述。领导没有问及的，不需陈述，领导问到的，要详细具体地陈述，让领导看了满意。最后用“特此报告”结束全文。

成文日期用阿拉伯数字书写，上押印章。

反映专题情况和答复询问的报告，也可在附注处写上联系人及联系方式，以方便上级进行更加深入的了解。

【范文】

关于对大保高速公路建设中税费负担情况的检查报告

省人民政府：

根据省政府第46次省长办公会议决定，由省发展计划委员会×××副主任带队，省财政厅×××副厅长、省交通厅×××副厅长、省发展计划委员会、省财政厅、省交通厅、省国土资源厅等有关部门领导和人员参加的大保高速公路建设税费负担检查组，于7月6日至9日，分别到大理、永平、保山等地，对大保高速公路指挥部反映的工程建设中涉及的税费负担情况进行检查。现将有关情况报告如下：

一、基本情况

大保高速公路是我省的重点基础设施建设项目，起于大理市西平坡，止于保山大官市，全长116千米，跨经大理州和保山地区的大理、漾濞、巍山、永平、保山等五县市，工程批准概算70.44亿元。在省委、省政府的领导下，以及大理、保山两地州五县市地方党委、政府和沿线各族人民的大力支持帮助下，从××××年××月××日开工至今，已累计完成投资33亿元，工程进展顺利。据大保公路指挥部初步统计，在工程建设中，省、地、县有关部门要求大保公路建设施工单位按国家和省有关法律、法规的规定，应缴纳各种税费27项。大保公路指挥部认为，交通部批准的概算中，只含建安营业税和征地拆迁费二项，其余税费不在概算中，不予缴纳。检查组先后在大理、永平、保山召开了三个座谈会，认真听取了地方政府和有关收费单位的意见。大理州反映大保公路建设中的收费情况，前两年反映不太突出，今年反映较大，州政府曾召集有关收费单位进行了统计，有9个部门依据国家和省有关规定，提出了应征收的23项税费项目。目前，州地税局已征收了建安营业税，大理市和巍山县收取了耕地补偿费，永平县已收取了27项税费中的10项。其他税费有关部门只是提出了征收意向，还未正式实施。保山市反映，去年市政府曾组织财政、物价等部门对涉及保山市7个乡镇的收费进行了清理，没有发现乱收费情况。对大保公路建设收费，只有土地、公安、地矿部门按规定收取了费用，其余部门有的已提出了征收意向，正在协商。工商、环保、技术监督等部门没有提出要向大保公路建设收费的问题，对于乡镇村社乱收费的情况已责令有关部门调查，该处理的要坚决处理。对乡村道路被施工车辆轧坏修复问题，不作为收费，应由双方协商，施工单位相应给予一定的补偿。大理、永平、保山的政府领导表示，坚决支持国家重点建设，涉及对大保公路建设的有关收费暂停征收，待省政府具体明确应该征收哪些费用后，遵照执行。

经查，大保公路指挥部反映的27项税费，其中税收5项、基金1项、各种收费21项。涉及地税、地矿、林业、土地、水利、省文物考古队、技术监督、环保、工商、公安、乡镇村社等11个部门或单位。根据地方政府和收费单位提供的收费依据，检查组初步核实，除环保部门提出的生态破坏资源补偿费和个别乡镇村社提出的5项收费无法律、法规依据，没有发现州(地)县(市)地方政府越权审批收费项目的情况。在已收取的费用中，有个别项目提高了收费标准收费的现象，检查组已明确指出，并责令立即纠正。

二、存在问题

通过对大保公路建设中税费负担情况的检查，总体上讲，地方各级政府和有关收费单位对支持大保公路建设态度是积极的，提出的应征收税费基本上都有法律、法规依据，没有发现靠收费增加地方或单位收入的现象。客观上讲，多数收费单位只提出了征收意向，还没有正式实施征收，所以乱收多收情况不太突出。但这次检查也确实发现了一些不可忽视的问题，主要表现在：

(一)收费单位对相关政策业务学习不够，仍在提出收取已被省政府明令取消的收费项目。如大理州技术监督部门提出的已被省政府第三批取消的厂内机动车辆牌费、行车执照费涉企收费项目，检查组已责令停止征收。

(二)越权自定收费项目、提高收费标准。永平县环保部门提出收取生态破坏资源补偿费、固体废弃物排污费、施工噪声超标排污费三项，其中生态破坏补偿费属越权自定收费项目；固体废弃物排污费收费标准高于我省规定的现行标准。永平县在征收暂住人口治安管理费时，提高标准收取。保山市个别乡镇村社提出石料开采山本费等5项收费要求，向施工单位收取费用，检查组已责令地方政府纠正。

(三)属于个人缴纳的费用，不得纳入大保公路建设费用开支，不得向项目建设单位收费。如个体工商户和个体运输户的管理费、暂住人口治安管理费等。

三、对大保公路建设中涉及的有关税费的处理意见和建议

检查组通过对大理、永平、保山的检查，在认真听取地方政府及有关收费单位意见的基础上，通过认真讨论研究，检查组成员对处理大保公路建设中涉及的27项税费的原则和初步意见达成了共识，报请省政府研究决定。

(一)各地和各有关部门应全力支持国家重点建设

大保公路是我省的重点建设项目，各级人民政府以及有关收费单位要本着积极支持的态度，在不违反国家有关法律、法规的基础上，尽量用足用好国家有关法律、法规和收费政策中相关的减免政策。对有减免政策规定的，应一律实行减免；没有减免政策，但收费标准有一定幅度的，应按标准的下限收取，对属于个人承担的费用，应由个人缴纳，不得向建设单位收取；对可以收也可以不收的，应不再收取；对合理但不合法的收费，暂停征收；对既不合理又不合法的，要坚决予以纠正。最大限度地支持和保证大保高速公路的工程建设，为云南经济发展作出贡献。

(二)具体处理意见

1.税收问题应按照国家税法的规定予以征收。在具体税种上，凡有减免政策的，尽量实

行减免；征收有一定幅度的，按幅度下限征收。

2. 相应法律、法规规定应征收的，用于补偿农户，保护环境和确保安全施工的，如：征地拆迁费、森林植被恢复费、生产设备安全技术性能监督检查费等，应及时缴纳。

3. 法律、法规有规定，但可以不征或减免的应不征或减免。如：矿产资源补偿费，应按规定办理采矿许可证，由采矿权人提出减免申请，报主管部门审批。

4. 经省以上批准的符合法律、法规规定的收费且收费标准有幅度，应按下限收费的，如：水土保持补偿费、按下限每平方米 1 元的标准收取；征收管理费按征地费用的 2%收取（临时用地管理费统一规范为征地管理费）。

5. 属于个人缴纳的费用，不得向大保公路建设单位征收，如个体工商户和个体运输户管理费、暂住人口管理费。

6. 一些收费虽有政策规定，但理解不一致的，应实事求是处理。如：水土流失防治费（政策规定自己治理的不收费，自己不治理或无力治理的才收）。施工噪声超标排污费（施工现场远离城镇、不妨碍或极少妨碍人们的工作、学习、生活，不应收费）。固体废弃物排污费（政策规定有专用堆放场等设施堆放的，暂不收费）。水资源费（大保公路建设不直接利用水利工程取水，而是利用江河取水。省政府 41 号令规定从江河取水的也要缴纳水资源费，但为支持重点项目建设，可根据 41 号令第 3 条第 5 款“国家和省另有规定的”暂不征收水资源费的规定，建议省政府明确对大保公路建设暂不征收水资源费）。

7. 按规定应收取的耕地开垦费，标准按原省土地局上报省政府同意明确的开垦费标准再行降低，具体为一级基本农田 3000 元/亩，二级基本农田 2000 元/亩，其他耕地 1000 元/亩，由建设单位交纳。

8. 属于合理但不合法的，应暂停收费。如：临时用地复垦保证金（省政府批准，但未办理有关收费许可证手续）。

9. 一些部门、乡镇要求收取的费用和补偿没有收费依据，属于乱收费，应由地方政府予以纠正。如：生态破坏资源补偿费、乡村道路修复养护费、治安爆炸物品管理责任费、买水费、理顺灌溉沟渠费、石料开采山本费等。另外，施工单位在施工过程中，难免会涉及一些和地方群众利益不一致的事项，施工单位应本着力所能及、不增加工程预算的原则，主动处理好和地方群众的关系。

10. 对于合法收费，设计单位在编制工程概算时，建议按标准下限予以纳入。

附件：大保公路建设涉及税费项目清单

云南省发展计划委员会

2000 年 7 月 21 日

二、请　　示

1.请示的含义

请示适用于向上级机关请求指示或批准。

请示是一种典型的报请性上行文。它在下级机关“无法”“无权”“无力”的情况下使用。“无法”指不知如何做,常见的有两种情况:一是工作中出现了新情况、新问题,没有现成的法律法规可以遵循的,为了工作不出差错,需行文请示上级;二是在执行上级文件过程中,对文件精神有不同理解,且无法统一的,需上级机关明确的。“无权”指受机关职权范围限制,无权决定的,在工作中,遇到从本单位工作实际出发需开展的工作,但本单位的职权不足以拍板决定,需要行文请示,请上级机关批准。“无力”指即将开展的某项工作,虽然本单位有权决定,但实施时遇到人力、物力、财力等方面的具体困难,需要上级帮助解决的,也要行文请示。

“请示”在公文实践中常常与相关文种混淆,较为常见的有:一是将“请示”写成“请示报告”;二是将向上级机关提出工作上建议的“意见”(建议性报告)写成“请示”。发生这种错误的主要原因是《党政机关公文处理条例》在历次修订中,对“报告”“请示”“意见”的用途进行过改动,一方面宣传不到位,另一方面公文有程式性,前后相因,导致文种误用现象持续发生。

避免这种错误,要正确理解现行《党政机关公文处理条例》中对相关文种的界定,弄清它们的区别。第一,向上级机关提出意见或建议,并希望上级机关批转,这一功能已经由“意见”这一文种承担,不能写成建议性“报告”,更不能写成“请示”。第二,“请示”与“报告”有很大区别:“请示”适用于向上级机关请求指示或批准,要求上级机关必须答复,而“报告”适用于向上级机关汇报工作、反映情况、答复询问,一般不需要答复;“请示”用的是请求性语气,而“报告”用的是陈述性语气;“请示”都要事前行文,而“报告”事前、事中、事后都可行文。

2.请示的种类

根据行文目的,请示可分为:

①请求指示的请示。在下级机关不知如何办理时,即“无法”的情况下,向上级机关行文请求指示,如《××市国家税务局关于毛毡制品营业税税率问题的请示》。

②请求批准的请示。在下级机关“无权”或“无力”的情况下，行文上级机关请求批准或请求帮助，如《广东省人民政府关于丹霞山风景名胜区列为国家重点风景名胜区的请示》。

3.请示的写法

请示都由标题、主送机关、正文、成文日期、附注五部分组成。

标题由发文机关名称、事由和文种组成。事由要准确概括请示的具体内容，不能太宽泛，头大身子小，让收文单位抓不住重点。文种要准确，不能写成“关于请求××××的报告”或“关于××××的请示报告”。

主送机关的确定要遵循公文的行文规则。一般不能越级请示，要写自己的上一级机关；不能多头主送，接受双重领导的机关，要分析请示的事项是由哪个上级分管的，把它列为主送机关，另一上级机关可作为抄送机关；不能直接写给领导个人；还有要注意党政分开，政府机关不能向上级党委行文请示。

正文部分，不同的请示有不同的写法。

①请求指示的请示，如果是对上级文件有不同理解，在正文中既要交代清楚问题的缘起，还要陈述清楚两种不同的意见是什么，各自的理由是什么，以便上级了解请示的重点，作出正确的分析判断。如果是工作中遇到新情况、新问题，无法可依的，在正文中既要详细描述新情况、新问题的具体表现，以便上级机关准确把握情况，作出正确的分析；还要有自己的分析判断，提出自己如何处理这些新问题的想法，供上级参考。要避免简单地把问题上交，并且不把情况叙述清楚，这样上级很难作出有针对的正确的批复。最后可用“妥否，请批复”结束全文。

②请求批准的请示，首先要把请求批准什么即请示事项写得明确具体，写得明确是公文行文的基本要求，请示事项也要“直述不曲”，写得具体，领导才会明白自己批准了什么。如果既不明确也不具体，上级机关是很难批准的。其次要说明理由，理由要充分，充分的理由一定要用事实和数据说话，显示出请示事项的现实必要性，不能用空洞的大而无当的理由泛泛而谈；同时，还要说明它的可行性。如果既是必要的又是可行的，上级机关就没有理由不批准。最后可用“以上请示如无不妥，请批准”提出办理要求。

成文日期用阿拉伯数字书写，上押印章。

在“附注”处要写上联系人和联系方式，以便上级及时询问、了解具体情况，及时答复。

【范文】

关于申请改变××职业技术学院隶属关系的请示

××省人民政府：

××职业技术学院于1958年建校，隶属省××厅管理。多年来，该学院为行业人才培养作出了重要贡献。根据国家教育部、省教育厅关于高等职业技术教育的有关精神和我市教育事业发展的实际，为进一步落实科教兴国战略，加快我省职业技术人才培养的步伐，特申请改变该职业技术学院的隶属关系，归属××市人民政府管理。主要理由和有关情况如下：

一、××职业技术学院的概况与改制主要理由

……

二、××职业技术学院的发展前景预期

……

特此请示，请批示。

××市人民政府

2015年7月25日

第四节 平行文

一、函

1. 函的含义

函，适用于不相隶属机关之间商洽工作、询问和答复问题，请求批准和答复审批事项。

函是机关之间办理日常公务的交往性公文。它有很特定的行文关系，即只用于不相隶属机关之间。在公文实践中，只要是不相隶属机关之间的行文，只能用“函”，不能用其他的正式公文。

2. 函的种类

根据行文方向，函可以分为去函和复函。

根据内容性质，去函可以分为：

①商洽性函。机关在工作中遇到具体的困难，需要不相隶属的机关帮助解决，可去函商洽。这类函就是商洽性函，如《××市人事局关于商借培训教室的函》。

②询问性函。机关在工作中遇到布置如何办理的疑难问题，需要某不相隶属机关帮忙解答，可去函询问。这类函就是询问性函，如《教育部电化教育局关于调查电教教材编制情况的函》。

③请批性函。主要用于机关团体、企事业单位向政府职能部门行文请求审核批准有关事项，如行文工商局要求核发营业执照；行文卫生局核发卫生许可证等，如《××大学关于在我校南门增设交通安全标识的函》。

根据写作内容和写作方式的不同，复函可分为：

①答复询问性函的复函。如《最高人民法院关于自然人死亡后其名誉受到侵害其直系亲属是否有权提起诉讼问题的函》。

②答复请批性函、商洽性函的复函。如《国务院办公厅关于同意在国家质量监督检验检疫总局在局徽上使用国徽图案的复函》。

3.函的写法

①商洽性函。一般由标题、主送机关、正文、成文日期、附注五部分组成。标题由发文机关名称、事由和文种“函”组成，事由要写明商洽的具体事项。正文部分一般先要陈述为什么开展某项工作，然后叙述遇到了什么具体困难，为什么要致函对方请求帮助。再写清楚要求对方解决哪些具体的困难，要把自己的要求写明确、写具体，以便对方考虑能不能帮得上忙。有些商洽性函还可以写上自己愿意为对方的帮助支付的代价。最后用“盼速函复”结束全文。成文日期之下，在“附注”处还要写上联系人和联系方式，以便对方及时沟通洽谈。

②询问性函。也由标题、主送机关、正文、成文日期、附注五部分组成。正文部分一般先要叙述工作中遇到的疑难问题的缘起，把前因交代清楚，把对方解答问题时要了解的具体情况陈述清楚，以便对方思考问题。然后叙述致函对方的原因（显而易见、不必解释的可以不写），以及要对方解答哪些问题。最后用“盼速函复”结束全文。

③请批性函。也由标题、主送机关、正文、成文日期、附注五部分组成。正文部分要写清楚要求对方审批的具体事项，并阐述具体、充分、令人信服的理由，最后用“请审批”或“以上请求如无不妥，请批准”明确办理要求。在“附注”

处也要写上联系人和联系方式。

④答复询问性函的复函。写作方式和写法与答复请求指示的请示的批复大致相同，不再赘述。

⑤答复商洽性函、请批性函的复函。写法与答复请求批准的请示的批复大致相同，也有同意的和不同意的两种。可参见本章第二节中“批复的写法”，这里不再赘述。

【范文】

国务院办公厅关于同意成立
2022年第19届亚运会组委会的函

国办函〔2016〕27号

浙江省人民政府、体育总局：

你们《关于2022年第19届亚运会组委会机构设置方案的请示》（浙政〔2016〕21号）收悉。经国务院领导同志批准，现函复如下：

一、同意成立2022年第19届亚运会组委会（以下简称组委会）及其组成。组委会主席由体育总局局长刘鹏、浙江省人民政府省长李强担任。

二、组委会内设机构由组委会根据工作需要自行确定。

国务院办公厅

2016年3月18日

【思考与练习】

1.海东市卫生健康委员会、市场监督管理局、公安局向市政府提交了一份严厉打击制售伪劣药品活动的意见，请求批转各街道和市级各机关贯彻执行。市政府同意了这一请求，请以市政府名义制发一份公文，要求格式规范，内容正确。

2.指出下列公文的错误之处，并说明原因。

请　示

为加强我系学生的综合素质，由我系学生会组织策划的2021年春季学期篮球赛于2021年3月中旬开赛。分别组织了班级男子篮球赛和班级女子篮球赛。历时一个月时间，我系各班级赛出了友谊、赛出了风格。特向系领导申请本次活动经费：

在本次比赛活动中，共支出口哨费用20元，用于购买裁判员口哨4个。

按照此方案，本次活动，颁发锦旗费用400元，口哨费用20元，共计420元整。

望系领导批准！

计算机系学生会体育部

二零零二一年四月十三日

3.写公文

请根据以下材料，代××市塑料二厂拟写一份公文。发文号自拟，发文日期酌定。

(1)某市塑料二厂购买了某市海威企业有限公司组装生产的“TK-89”型自动考勤打卡机，两年来，使用良好。但近来发现打印出现短痕，造成“3”“6”“8”“9”等字难以辨认，估计是打印头断针。该厂在本市寻找多家电脑维修部，均说无此配套打印头。该厂在找不到该产品维修部又无生产厂电话号码的情况下，只好致函海威企业有限公司，询问在本市就近有无维修部，如何递交修理，维修费用多少，以什么方式付款。

(2)某市海威企业有限公司接到上题某市塑料二厂来函后，认为搞好售后服务是企业的命根子。该公司已有好几种型号的产品打进了某市市场，而在某市尚无维修网点。为了稳定市场。开拓市场，建立信誉，应尽快在某市建立维修部。于是作出决定，派出售后服务部经理，领一名技工前往某市上门维修，然后在该市找到合适的合作者，设立“某市海威企业有限公司产品售后服务部”。

请酌其内容，拟写一份复函给某市塑料二厂。发文字号自拟，发文日期是收文的第三天。

4.指出下列公文的错误之处，并说明原因。

关于外出培训的通知

公司所属各单位党组织：

为适应企业快速发展、不断满足施工规模扩张的需要，进一步提高宣传报道人员素质，建设一支热爱企业新闻报道、忠于企业发展的宣传人才队伍，公司党委决定近期在河南举办一期新闻报道和企业文化培训班，现将有关事宜通知如下：

1. 参培人员及条件 各单位务要选派1～2人参加，特别是在办公室岗位上工作人员要积极参加，鼓励工程管理类、中文类等大学本科毕业生参加学习。参培人员应具有一定的文字基础，热爱新闻宣传工作。

2. 培训内容：新闻写作常识、企业文化及党务、团务管理等方面业务知识。

3. 培训时间：初定10月中上旬。

4. 推荐报名各单位详细填写《培训人员登记表》，加盖公章后于9月28日下午6:00前传真至公司党委工作部。公司将在各单位推报人员的基础上，择优确定参培人选。

当前，企业愿意或能够从事新闻宣传工作的人员越来越少，影响了项目的办文质量，希望各单位从促进企业发展、建设优秀人才队伍的高度，积极推荐人选，保证落实参培人员。

附件：《培训人员登记表》

公司党委工作部

2021年9月20日

5. 根据下列材料，代北京市××区教育局写一份通报，表扬张月红同学的精神，并号召全区学生向她学习。按公文格式写，要求有版头、文号、标题、主送、成文日期、公章、主题词、抄送、印发日期。字数约400字。

10月20日下午，张月红同学路过天坛南里建设银行储蓄所门前，捡到一捆钱，左等右等不见人来认领，就把钱交给银行。经银行人员查验，为人民币一万元。当丢钱的裴福顺老人跌跌撞撞沿途寻找到银行，拿到失而复得的一万元时，感动得泪流满面。老人抽出一沓钱，硬要塞给张月红，张月红婉拒。老人问她叫什么名字，她说："我是育才学校的学生。"

第四章　事务文书

第一节　概　　述

一、事务文书的概念

事务文书是党政机关、社会团体、企事业单位在处理机关日常事务时所使用的各种文书的总称，是用来沟通信息、总结经验、探究问题和指导工作的一类文书。

事务文书主要包括计划、总结、调查报告、简报、工作研究、典型材料、公示和大事记等。它的写作目的非常明确，针对性也很强。事务文书产生和运用于机关的具体事务之中，与机关的日常事务和中心工作联系密切。事务文书的应用范围十分广泛，它的制文机关不像行政公文那样有严格的法定性限制，而是各机关、团体、单位均可使用。它的行文方向也比行政公文灵活得多，无固定的上行、下行或平行的区别，有些甚至可以通过传播媒介向社会大众公布（如调查报告、经验总结等）。它的内容可以反映情况，交流经验，也可以研究问题，部署工作。它应用的广泛性、灵活性、多样性，使它在公务活动中发挥着重要的作用。

事务文书用于处理日常事务，与行政公文不同，在实际使用中，它不能作为公文的文种来单独行文。如一个计划、一篇总结、一份调查、一则简报，都不能独立发文，如要制成文件，它也只能以某种通用公文的文种形式来行文（如用通知、通报、指示等形式），它自身成为一份公文中的附件。

二、事务文书的类别

事务文书的文体种类很多,大体有以下几类。

1.报道类文书

这类事务文书重在反映事实情况或事物发展变化过程,以叙述为主,交流信息,互通情报,在叙述事实中包含或引出结论,如简报、情况调查等。

2.探究类文书

这类文书重在研究工作经验或问题,探讨规律,以扬长避短,推动今后工作。它表现从感性到理性的认识深化过程,有一定的分析概括,有明确的建设性意见或看法,如总结、工作研究、经验调查等。

3.预计类文书

这类文书重在部署工作,预测方向,对未来的工作进行安排,对工作的进程、目标、任务、措施等作总体的构想,使日常工作或管理有序化,有利于掌握工作主动权,如计划、预测报告、可行性报告等。

4.记录类文书

这类文书主要作用是录以备考,对已发生的事实、已有的材料作简要的记述或摘录,以备将来应用之需,带有一定的资料性、文献性,如大事记、摘编、文书目录等。

5.规章类文书

用于制定规章制度,对有关人员的行为作出规范要求,如章程、条例、办法、规定、细则、守则等。

6.司法类文书

涉及诉讼事件所用的文书,如行政诉讼文书。

这一章,我们重点学习日常学习、工作和生活中最常见的计划、总结、调查报告和简报这四种事务文书。

三、事务文书的主要特点

1.真实性

事务文书反映的是当前工作中的新情况、新经验、新问题。客观世界不断发展变化,新生事物层出不穷。信息准确,情况真实,材料无误,典型经验合乎规律,观点揭示普遍原则,表达实事求是,都是真实性的表现。事务文书不能虚构杜撰、弄虚作假,不能任意变动事实的客观存在,这一特点与新闻报道类文体颇有共同性。唯其真实,才能使工作中明白情况,把握动向,制定正确的决策。这种真实性,既来自作者严肃的写作态度与思想作风,也来自作者深入细致的调查研究功夫。那种蓄意欺骗舆论或凭想当然而添枝加叶的虚假浮夸的反应,只会贻误工作,是万万要不得的。

2. 指导性

事务文书是处理日常事务的应用文体。它针对现实情况或工作中的问题,进行报道、总结或研究,目的是推动实际工作,解决实际问题,使党的方针政策得以贯彻落实,因此,它对实际工作具有现实的指导意义。一个计划,是为了使今后的工作按一定的目标任务而正常开展。一篇总结,回顾过去,认识事物规律,是为了指导今后更好地开展工作。一篇调查报告,反映情况或问题,有助于提高决策的科学性与可行性,对面上的工作亦有普遍指导作用。

事务文书这种指导性特点较之行政公文尤为突出。行政公文的制文法定性和行政约束力甚至强制性较为明显,而事务文书更多的是在指导的意义上给予积极的启示与正确的认识,在了解实际情况的基础上,明确工作方向与工作重点。

事务文书的指导性以真实性为前提,离开真实性,也就谈不上指导意义,甚至会误导工作。

3. 灵活性

较之公务文书,事务文书的体式更加自由灵活。在结构形式上,一般并没有规范化的体例格式;在表达方法上,它也更加多样化,叙述、议论、说明常常结合使用,个别文体(如调查报告),还允许作适当的必要的描写;在语言运用上,它更富生动性,显得形式多样还活泼多姿。行政公文的语言讲究庄重平实,不追求形象化与艺术性,形成独特的公文语体;事务文书的语言则可以适当注意生动活泼、形象风趣,如可以运用群众语言、口语俗语,可以在真实反映的前提下,讲究语言表达的艺术效果等。不过,事务文书表达的生动活泼、形象生动,仍有别于文学作品的艺术形象创造,不能搬用文学的艺术再现的方法与笔调来写作事务文书。

第二节 计　划

一、计划的概念

计划是为完成一定时期的任务而预先拟定目标、措施和完成时限的事务文书。计划是计划类文书的统称。常见的规划、方案、设想、安排、打算、要点等都属于计划的范畴。只是根据时限长短、内容详略、范围大小、成熟程度的不同而使用了不同的名称。

一般来说，"规划"是较全面、长远、适用范围较广的计划；"安排"是适用时间较短、范围较小、内容较单一、具体的计划；"打算"是短时期内简略的计划；"方案""要点"是指导性计划，适用于上级对下级布置工作、交代任务，其中"方案"侧重于具体的安排和办法，"要点"则是概括性的纲要；"设想"是初步的、尚未成熟的非正式计划。

"凡事预则立，不预则废。"无论是单位，还是个人，做任何事情，都必须事先有明确的目标，有周密的计划和安排。有了计划，就有了奋斗的方向，有了行动的步骤，有了检查的标准。计划是实现目标的关键环节，是提高效率的重要手段，是督促总结的具体依据。

二、计划的类别

按不同的标准可把计划分为不同的种类。常见的分类方法有以下几种。

按内容分，有工作计划、生产计划、学习计划、活动计划等。

按性质分，有综合性计划、专题性计划等。

按范围分，有国家计划、地区计划、部门计划、单位计划、科室计划、班组计划、个人计划等。

按时限分，有跨年度计划、年度计划、季度计划、月计划、周计划等。

按形式分，有条文式计划、表格式计划、条文与表格相结合式计划等。

三、计划的特点

1. 预见性

计划是机关、团体、单位乃至个人在对实际情况综合分析的基础上，结合当前的任务要求，对未来一段时间内所要进行的工作、开展的活动作出的科学的预见、预测。计划所提出的目标、步骤和措施等，都属于未来工作中的内容，必须予以充分考虑。做什么工作，如何去做，采取什么方法、步骤、措施，以及可能出现什么问题、遇到什么困难等，在制订计划时，都要预见到。没有科学的预见，就没有正确可行的计划。

2. 指导性

计划一旦成文，就对实践起一种指导和促进作用。人们依计划行事，就能目标明确，方向清楚，做到心中有数，明白事情的轻重缓急。知道什么时候该做什么，怎么做，应达到怎样的标准。增强了主动性和有序性，减少了盲目性和随意性，从而大大地提高了工作效率。

3. 可行性

一切计划都是要付诸实践的，是要在工作和活动中参照执行的。计划的内容应该具体明确，符合实际，切实可行。如果目标定得过高，即使经过努力也难以达到，就容易挫伤人们的积极性，打击人们的自信心，不利于计划的实现；如果目标定得过低，不具有挑战性，轻而易举就能达到，则不能充分激发人们的积极性和创造力，计划就发挥不了作用。措施、步骤如果抽象、含糊，执行起来就无从着手，计划同样容易落空。因此，缺乏可行性的计划只能是一种空想。

四、计划的结构

计划一般由三个部分组成，即标题、正文和落款。

1. 标题

标题的写法有两种：

①完整式。由“单位名称＋时限＋文种”三个要素构成，如《××学校 2022 年工作计划》。这里“××学校”是制订计划的单位名称，“2022 年”是计划执行的时限，“工作计划”是文种。这种标题让人一目了然。

②省略式，指对完整式标题中的要素有所省略的标题。

可以省略单位名称，如《2010—2011学年第一学期教学计划》。运用这种标题时，必须在正文之后的落款部分署明单位全称。

可以省略时限，如《××市旅游局关于开展“爱城市环境 做文明游客”的活动方案》。这种标题一般用于时限不明显的活动或临时的单项工作。

可以省略单位和时限，如《机构改革工作要点》。运用这种标题时，落款部分须署名清楚。

所制订的计划如果还需经过讨论后定稿，可在标题后面或下面用括号注明“征求意见稿”“草案”“讨论稿”等字样。

2.正文

正文是计划的核心部分，主要回答三个方面的问题，即“做什么”“怎么做”“何时做”。正文通常由前言、主体和结尾三部分内容组成。

(1)前言

前言是计划的总纲，用以统率计划全文。一般用简洁的文字说明制订计划的指导思想、主要依据和制订目的。有时还需要简要分析基本情况，说明制订计划的缘由，要写得简明扼要、灵活多样。

(2)主体

主体是计划的核心部分，用来表述计划的具体内容，是计划写作的重点。这部分要交代清楚计划的三要素：目标、措施和步骤。

目标，即回答“做什么”的问题。根据需要和可能，提出一定时期的任务和要求。在提出任务时，要确定重点，分清主次；在提出要求时，应写明数量界限和质量标准等问题。

措施，即回答“怎么做”的问题。为实现目标制订行之有效的办法和措施，是完成计划的保证。包括组织领导、任务分工、条件创造、物质保证、方式方法，等等。对于这些问题的考虑，必须用科学的态度，从客观实际出发，力求具体明确，切实可行，以便于执行落实。

步骤，即回答“何时做”的问题。列出实现计划的阶段划分和时间安排。每项任务的完成，都有它的阶段性。因此，在拟写时必须胸怀全局，统筹安排。分清主次，确定重点。明确行动的顺序，先做什么，后做什么，以及时间上的要求。这样，行动起来才能有条不紊，任务才能逐步完成。

计划的三要素是相互联系的。没有目标，或目标不明确，就谈不上措施、步骤;没有具体的措施,目标就难以实现;而没有明确的步骤,实现目标的效率、质量就没有保证。它们是相互依存、缺一不可的。

主体部分既可以采用条文式或列小标题的写法,也可以采用一般文章的贯通式写法,还可以采用表格的形式,或者把这几种写法综合起来,兼而用之。但是,无论什么计划,无论采用什么方式表达,都应当包括计划的三要素。

(3)结尾

结尾是计划的辅助、补充部分。主要用来阐述意义,收束全文。或突出重点,或强调有关事项,或提出号召和希望。一份计划是否要结尾,可根据实际情况灵活掌握,不强求一致。

3.落款

在正文的右下方写明制订计划的单位名称和时间。如果标题中已写明了单位名称的,这里可不必署名,只需标明制订计划的时间(年、月、日)就可以了。

五、计划的写作要求

首先,任何计划的制订都必须以国家的方针政策为指导,使计划成为国家方针政策的具体体现。正确处理好局部与整体、目前和长远的关系,确保计划指导思想的正确性。

其次,拟订计划必须从实际出发,实事求是。要进行调查分析,广泛听取各方意见,掌握基本情况,使计划订得切实可行,同时又留有余地,充分体现计划的科学性和实践性。切忌主观臆断,闭门造车,杜撰脱离实际的空头计划。

最后,在文字表达方面,计划一定要写得条理清楚,具体明确,便于记忆和执行。

【范文】

××区 2015 年工作计划

做好 2015 年经济社会发展工作,要按照区委四届八次全会的总要求,紧紧围绕我区科学发展跨越发展行动方案的总目标,把改革创新贯穿于经济社会发展各个领域,进一步激发市场活力,加快转型升级、促进优质增长、推动绿色增长,切实提高发展的质量和效益,全力保持经济社会持续健康、和谐发展。综合考虑国内外经济形势、我区“十二五”规划目标和区委四届八次全会提出的科学发展跨越发展的行动方案提出的目标,2015 年 GDP 增长 11%

的一揽子预期目标如下：

1.关于经济结构调整的目标。预计第一产业增加值增长1%。继续实施美丽乡村五年行动计划；继续推动农业服务业的发展，实施一批林下经济项目或花卉项目；促进现代设施农业发展，推动农业增产、农民增收。预计第二产业中的工业增加值增长12.5%，拉动GDP增长8.5个百分点。一是28个新建工业项目预计新增产值2.93亿元；二是20个新投产项目预计新增产值5.91亿元；三是10个重点技改项目预计新增产值2.34亿元；四是67家亿元企业预计新增产值22.2亿元。建筑业增加值增长11%，拉动GDP增长0.9个百分点。近年来我区建筑业增加值一般年均增长10%～20%。预计第三产业增加值增长8%，拉动GDP增长1.6个百分点。从第三产业七大行业增长情况看，交通运输、仓储业增长9.5%，批发零售业增长8%，住宿和餐饮业增长6%，金融业增长11.5%，房地产业增长7.5%，营利性服务业增长3%，非营利性服务业增长1.5%。

2.关于三大需求的目标。按照GDP增长11%的三大需求目标分别为：全社会固定资产投资增长20%；实际利用外资（验资口径）同比持平；出口商品总值增长8%；社会消费品零售总额增长12%。

3.关于节能减排的目标。GDP能耗达到0.482吨标煤/万元；COD、SO_2、NH_3-N、NOx等四项主要污染物减排完成市级下达任务。

4.关于人口和就业的目标。①加强计划生育基层基础工作，健全完善计划生育利益导向机制，不断提高出生人口素质，促进人口长期均衡发展，全面完成市委、市政府下达的各项人口计生主要责任指标任务。②实施积极的就业扶持政策，鼓励自主创业、就地就近就业，力争全年新增城镇就业7500人、农村劳动力转移就业2200人。

5.关于收入的目标。①公共财政总收入增长9%、公共财政预算收入增长8%。主要支撑点包括：存量企业可增收500万元；新投产的工业项目可增收1500万元；服务业项目可增收2100万元；建筑业企业税收增收2000万元；重点项目可实现建安税增长2400万元。②城镇居民人均可支配收入增长8%、农民人均可支配收入增长9%。全年转移农村劳动力0.22万人，促进农民增收；全区有外来员工4万多人，农民的租金收入逐年提高；完善征地农民的社保机制和农村土地流转制度，有效提高了农民收入。

为实现上述目标，结合《政府工作报告》提出的主要任务，2015年要着重抓好以下六方面的工作。

（一）着力特色产业的培育，提升产业竞争力

1.推动工业结构转型升级。（略）

2.巩固提升第三产业。（略）

3.加快发展现代农业。（略）

4.完善产业的支撑平台。（略）

（二）着力扩大有效投资和开拓市场，激发消费潜能

1. 强化项目带动效应。（略）

2. 努力保障出口稳增长。（略）

3. 积极促进消费加快增长。（略）

（三）着力推进宜居城镇建设，打造幸福家园

1. 全力推动167核心区建设。（略）

2. 大力推进小城镇建设。（略）

3. 深化美丽乡村建设。（略）

（四）着力深化经济领域改革，激发发展活力

1. 推进金融服务实体经济改革。（略）

2. 深化行政管理体制改革。（略）

3. 推进城镇化体制机制改革。（略）

4. 推进生态文明体制、机制改革。（略）

（五）着力推进生态文明先行示范区，建设清新洛江

根据已出台的《××区贯彻落实〈国务院关于支持福建省深入实施生态省战略加快生态文明先行示范区建设的若干意见〉的实施意见》，全力开展生态文明先行示范区建设。

1. 要加快制度建设。（略）

2. 要加强生态建设。（略）

3. 要抓好节能减排。（略）

4. 要保障节约用地。（略）

（六）着力推进依法治理和民生保障，营造和谐环境

1. 营造和谐稳定社会环境。（略）

2. 完善社会保障体系。（略）

3. 扎实推进公共服务均等化。（略）

做好2015年经济社会各项工作任务繁重，我们要全面落实区委的决策部署，自觉接受区人大及其常委会的指导、监督和区政协的民主监督，锐意进取、攻坚克难、求真务实、真抓实干，努力完成或超额完成今年确定的目标任务。

第三节 总　结

一、总结的概念

总结是机关、单位或个人对前一阶段的实践活动进行全面、系统的回顾、分

析、研究,从中找出经验教训,获得规律性的认识,以指导下一阶段实践的事务文书。

总结在日常工作、生活中有着重要的作用。它可以帮助人们积累经验,提高认识;可以引导人们探求规律,改进方法;人们还可以通过它来交流信息、保存资料。可以说,社会的发展,人类的进步,都是通过不断地实践,不断地总结完成的。日常工作、学习中常用的小结、心得、体会、回顾等都属于总结的范畴。只是它们的内容较单纯,时间跨度较短,适用范围较小而已。

总结与计划关系密切。总结是在工作结束之后对计划完成情况的鉴定;而前一阶段的工作总结又是制订后一阶段工作计划的依据。计划制订后,执行计划是实践过程,执行计划后进行总结是从感性认识上升到理性认识,其后再以这一阶段的理性认识去指导下一阶段计划的制订。然后再执行,再总结,不断提高,不断发展。所以,总结与计划是既相互制约,又相互促进的。如果说计划主要是提出"要做什么""如何去做",那么总结则应该说明"做了什么"和"做得怎样"。总结在鉴定成绩、发现问题、总结经验、找出教训、交流信息和认识规律等方面有着不可低估的作用。

二、总结的类别

总结的种类较多,标准不同,分类有别。

按内容分,有工作总结、生产总结、学习总结、活动总结等。

按范围分,有地区总结、部门总结、科室总结、个人总结等。

按时间分,有跨年度总结、年度总结、季度总结、月份总结等。

按性质分,有综合性总结、专题性总结等。此外,还可根据表达方式分为条文式、表格式和综合式等。

比如综合性总结又称全面总结,是对一个单位、一个部门在一定时期内的实践活动进行的全面、系统的总结。这种总结涉及面较广、时间较长、内容较多,能够展现工作的全貌,具有系统、全面的特点。

再如专题性总结又叫经验总结,是对一定时期的某项工作、某个活动进行的深入、细致的总结。这类总结往往侧重于总结某方面的突出成绩和典型经验,内容比较集中、单一,针对性较强,具有具体、细致、深刻的特点。

三、总结的特点

1. 客观性

总结是以大量的事实为依据，对前一阶段的实践活动进行回顾、分析和评价，内容完全忠实于客观事实。总结所用的材料都是从实践中收集而来，不添枝加叶，也不删减缩小，实事求是，真实客观；总结的观点是在对客观材料进行分析、研究的基础上提炼和概括出来的，不是主观臆断的，具有客观性。

2. 理论性

总结不只是反映已进行的实践活动的过程和情况，更重要的是对此过程和情况进行理性的分析、判断和研究，就事探理，从中发现规律，提高认识，完成从感性认识到理性认识的升华。其目的就是总结成绩，找出经验，以利于在今后工作中发扬优点，增强信心，鼓足勇气，再接再厉，夺取新的更大的胜利。同时也可以通过总结，发现问题，吸取教训，以免重蹈覆辙。只有这样，才能引导人们正确地认识和把握客观事物，更有效地指导下一阶段的实践。因而，总结具有较强的理论性。

3. 时效性

总结的目的在于把实践活动中的成功经验归纳出来，把教训分析出来，作出正确的评价，得出科学的结论。从而推广经验，吸取教训，开创新的局面。因此必须准确及时，讲究时效。如果下一时期的工作已经开始，甚至已经进行到了一定阶段，再去撰写前一时期的工作总结就显得滞后了。不过，有时时效也是相对的，对某些重大的经验或教训，往往需要不断总结、不断认识，才能有所收获。

四、总结的结构

总结的文体结构，一般包括标题、前言、正文和落款等四部分。

1. 标题

总结的标题有几种写法：

①公文式。由“单位名称＋时限＋文种”构成，如《××市 2020 年政府工作总结》。这种公文式标题有时可根据具体情况省略其中的某一项，或单位名称，或时限，如《2020 年科研工作总结》《××市统计工作总结》《实习总结》等。

②新闻式。标题直接反映总结的内容和主题，或提出总结要回答的问题，标题中不出现“总结”字样，如《建设校园文化是加强和改进学校思想政治工作的必由之路》《我们是如何做到教学与科研相结合的》。

③有时还可采用正题、副题相结合的方式。正题概括总结的主要内容，副题标明总结的单位、时限、内容和文种等，如《科学技术是第一生产力——××市××区 2020 年科技工作总结》。

2. 前言

前言也叫引言、序言或开头。通常是概括基本情况，交代总结所涉及的时间、背景和缘由等，内容一般都很简单，主要目的是引出正文。

3. 正文

正文是总结的主体部分，一般包括基本情况、取得的成绩、存在的问题和今后的打算等几个部分。

(1)基本情况

通常是概括说明某一时期所做的各项工作，该项工作的各个方面的具体情况，包括时间、地点、对象、原因、过程、结果、经验、成绩和问题等，要求简明扼要，概括力强。

(2)取得的成绩

这部分要对应基本情况，重点介绍工作中取得的主要成绩或经验。要坚持实事求是的原则，做到用事实材料说话、统计数据说话，不弄虚作假和虚报浮夸。同时，还要注意体现总结具有的评价性的特点，使主观评价与客观事实结合起来，有述有评，述评结合，不断地使经验和体会升华成理论与认识。

(3)存在的问题

总结工作中存在的问题要与总结成绩一栏对应，要做到实事求是，不虚瞒，不缩水。要从思想态度、工作方法等各个方面去分析原因，寻找根源，总结教训，提高认识。

(4)今后的打算

总结回顾过去的工作，是为了把下一阶段的工作做得更好。因此，在总结的最后，还可以针对现阶段存在的问题，谈谈今后的整改措施、决心和打算等。要求言简意赅，概括简明。

4. 落款

落款包括署名和日期。如果单位或个人的署名已经署于标题下,此处可以省略。

总结正文的写作没有固定统一的结构形式,应根据总结内容和性质的不同灵活安排。常见的结构方式有以下几种。

①板块式结构。就是按照事物的逻辑关系把全篇总结的内容分为若干个部分来写。如分为“基本情况、成绩和经验、问题和教训、努力方向”四个部分来写,或分为“基本情况、具体做法、实际效果、深刻体会、存在不足”五个部分来写,等等。通常用小标题或序数词来表示文章的层次。这种结构形式适用于各种类型的总结,具有纲目清楚、头绪分明的特点。写作时要做到主次分明,详略得当。

②贯通式结构。就是围绕总结的主题,按照事态发展的时间顺序来写,首尾贯通,一气呵成。这种结构形式主要靠清晰的思路来串联材料,靠分清层次来构架全篇,靠语言的过渡来贯通始终,比较难以把握。一般不太适合于问题复杂、篇幅较长的综合性总结,多用于内容比较单一的专题性总结。

③总分式结构。这种结构形式只在作全面总结时用到。先概述总体的情况,然后再分项分条逐步阐述,使人既能总览全局,又能把握重点。

五、总结的写作要求

1. 实事求是,点面结合

实事求是、点面结合是写好总结的重要原则。总结是对过去实践活动的回顾和评价,必须从实际出发,通过对丰富的真实材料的分析,如实地反映客观实际。写作时,既要选择有代表性的典型事例,又要搜集能反映全局情况的材料,做到点面结合,避免片面化、空洞化;评述分析不夸大,不缩小,不随意拔高,也不故意贬低,坚决杜绝弄虚作假。材料真,观点正,才能对实践中的成绩缺点、经验教训作出正确的评价,才能指导和促进下一阶段的实践。

总结的写作应立足于具体的事实材料,坚持“一分为二”的思想方法。既看到成绩,又看到问题;既肯定主流,又不回避支流;既明确成功的经验,又要找到失败的教训。要全面真实地反映事物的本质,切忌片面化和绝对化。

2. 探求规律，揭示本质

总结的目的就在于总结经验、探求客观事物的规律，以指导今后的实践。因此，对过去的实践，不应就事论事，只作客观的记录罗列。对于搜集的各种零散的材料，要根据一定的标准进行整理、分析和研究，判断性质，归纳类别，恰当定位。要对材料进行归纳整理和分析研究。同时还要在分析材料的基础上，归纳抽象出正确的观点，上升为理论性的认识。如果一篇总结能有理有据地总结出带有规律性的经验，能指导本单位和其他单位今后的实践，那就是一篇成功的总结。

3. 叙议结合，概括准确

叙议结合，是总结写作的主要方法。介绍情况、陈述做法、列举事例时，多用叙述，语言要求概括、简洁；分析经验、总结教训、评价得失时，多用议论，语言必须准确、精练。既可夹叙夹议，也可先叙后议，还可先议后叙。在充分占有材料的基础上，认真归纳、提炼出恰当的、新颖的观点，并使用典型的、有代表性的材料来支撑观点，力求使材料与观点水乳交融，有机统一。切忌"千人一面"，泛泛而谈，没有新意。此外，还要注意语言准确，形象生动，简明扼要，通俗易懂。

【范文】

××××年餐饮主管年终工作总结

目前餐饮行业环境相当严峻，如何搞好经营，餐饮部在酒店的正确领导下，全面落实酒店经营承包方案，以经济建设为中心，强化管理，上下一致，使餐饮部在餐饮业不景气，且承包任务重的情况下，稳步前进，取得了较好的经济效益和社会效益，现将主要工作总结如下。

一、各项经济指标完成情况

全年实现营业收入××××元，比去年的××××元，增长××××元，增长率××%；营业成本××××元，比去年同期的××××元，增加××××元，增加率××%；综合毛利率××%，比去年的××%，上升（或下降）××%；营业费用为××××元，比去年同期的××××元，增加（或下降）××××元，增加（或下降）率××%；全年实际完成任务××××元，超额完成××××元（定额上交年任务为38××××元）。

二、今年完成的主要工作

（一）落实酒店经营承包方案，完善激励分配制度，调动员工的积极性

今年，餐饮部定额上交酒店的任务为38××××元，比去年的32××××元，上升6××××元，上升率为××%。为了较好地完成任务，餐饮部领导制订了内部经营方案和

和效益工资分配方案，按照部门、岗位、技术、技能、劳动强度等方面的不同，把经济指标分解到各个分部门，核定了各分部门的营业额、出品额、费用额、毛利率，逐月核算，超额提成，充分体现了任务与效益工资挂钩的原则，使他们发挥各自的优势，能想方设法，搞好经营，调动了员工的积极主动性。今年人均月收入××××元，比去年同期的××××元，增加××××元，增长率为××%。

（二）抓好规范管理，强化协调关系，提高综合接待能力

1. 健全管理机构，由餐饮部领导、分部门经理组成的质量管理小组，全年充分发挥了作用，小组既分工，又协作，由上而下，层层落实管理制度，一级对一级负责，实行对管理效益有奖有罚，提高了领导的整体素质，使管理工作较顺利进行。

2. 完善餐饮部的会议制度。会议包括年终总结会、李度总结会、每月经营分析会、每周例会、每日检讨会、班前班后会、财务监督稽查会、卫生安全检查汇报会等，由于制度的完善，会议质量提高了，上级指令得到及时落实执行。

3. 建立出品估清供应监督制度。为了最大限度降低估清品种，协调各分部门做好出品供应工作，每天早、午、晚市检查出品供应估清情况，对当市估清的品种设专薄记录，同时到有关分部门核实查证，并要求管理人员签名，以分清责任。制度建立后，原来每市估清五六个来菜式的现象已成为历史，现在出品供应情况已处于正常化。

4. 加强协调关系。酒店分工细，环节多，一项工作的完成，有赖于各部门之间的协调合作，每周例会上反复强调，出现问题，部门之间不得相互责怪、推搪，要敢于承认错误，多发现对方的优点，搞好协调，今年大大减少了过去存在的一些脱节不协调的现象。

5. 提高综合接待能力。今年，部门全面抓好服务规范、出品质量，使接待能力大大提高。在做好各类社团宴会、酒会、喜宴、自助餐、会议餐接待的同时，还做好高级领导和各大公司、酒店的各类型宴会的接待，如接待了多个国家的总统、元首、总理和使团，国内的中央部委级领导、省长、司令员、军长、市长等领导；3 月 18 日晚市接待单位宴客、婚筵等订餐共 165 席，创开业以来日订餐总席数的最高纪录；9 月 29 日晚，接待婚筵共 75 席，创历史纯婚筵总席数的最高纪录。环境优美、价格合理、味道可口、服务一流，使宾客高兴而来，满意而归。

（三）开拓经营，发展增收渠道，扩大营业收入

今年在餐饮业不景气、生意难做的情况下，餐饮部领导经常进行市场调查，作经营分析，不断探索，大胆尝试，英明决策，走自己的经营路子。

第一，全年开设经营项目六个：自助中餐、自助火锅、海鲜任你吃、友谊夜总会、千年老龟火锅城、餐饮连锁店（筹备中）。

第二，开展联营活动，餐饮部与客房部、桑拿中心、茶艺馆相互配合，共同促进经营；如宾客凭住宿卡消费可享受八五折优惠，桑拿中心送餐业务，向茶艺馆提供香茶美点。

第三，全年开展促销活动八次，让利酬宾加州鲈鱼每条 1 元，贵宾房免最低消费，特惠菜

式益食家每款××元，还有优质服务月活动、文明礼貌月活动、推销有奖活动等。

第四，营业部与出品部，根据市场消费需要，每月定期推出新菜点18款。全年推出千年老龟汤等新菜共××款，扩大营业收入××万元，酒店通过一系列经营活动，提高了知名度，取得了良好的经济效益和社会效益。

(四)全员公关，争取更多的回头客

餐饮部领导把公关作为一项重要工作来抓，大小会议上，经常灌输公关意识和知识。营业部人员在旺场时充实到楼面与顾客沟通、点菜，以不同的形式征求他们的宝贵意见。逢节假日，向关系户电话问候，赠送中秋月饼、挂历、贺年卡等。通过大家的努力，今年餐饮部整体公关水平提高了，回头客比往年有所增加。

(五)增强员工效益意识，加强成本控制，节约费用开支

餐饮部领导经常强调成本控制、节约费用的重要性，增强了员工的效益意识，并要求员工付诸行动。同时完善有关制度，明确责任，依照制度去加强控制。全年完善了《费用开支规定》《原材料收、付、存制度》《堵塞漏洞制度》《原材料合理使用制度》《办公用品领用制度》《物品申购制度》《财务审核稽查制度》《收款员管理制度》等。今年全体员工已养成良好的节约习惯，合理开闭水掣、油掣、气掣、电掣，发现浪费现象，及时制止。另外，餐饮部领导、供应部经理定期进行市场调查，掌握市场价格动态，及时调整原材料的进货价。十月份推出的千年老龟汤，原来是整套半成品进货，为降低成本，后来改为自己进龟，自己烹制，近两个月来，节省成本3万多元。

(六)做好政治思想工作，促进经济效益的提高

餐饮部充分发挥党组织和工会组织的作用，关心员工，激发情感，增强凝聚力。

1. 组织员工参加羊城优秀厨师、优秀服务员技术大赛，参加酒店田径运动会、书法比赛、技能比赛、象棋比赛、乒乓球赛等等。参加酒店扶贫济困捐助活动，学习《三字经》活动，学英语50句活动。在各项比赛活动中，都取得较好的成绩，其中在酒店的田径运动会，就摘取6枚金牌、3枚银牌。

2. 全年本部门举行文明礼貌月技能知识抢答比赛、舞会、卡拉OK等文娱活动×次，出游×次，外出参观学习×次，各类型座谈会×次，妇女会×次，家访×次，探望病员×次。

各种活动，使员工形成了一个热爱酒店、团结奋发的强大集体，员工思想品德好，全年拾金不昧事迹有××件，员工队伍稳定，流动量小，今年月均人员流动量约××人。

(七)完善劳动用工制度和培训制度，提高员工素质

1. 严格劳动用工制度，餐饮部招聘新员工，符合条件的，择优录取，不符合条件的，一律拒收，不讲情面，保证招工的质量。同时，上级领导深入员工之间，挖掘人才，不断充实队伍，通过反复考察，全年提拔部长××人，领班××人。对违反酒店规定的员工，以教育为主，对屡教不改者，则进行处罚解聘，全年共处罚员工××人。由于劳动用工的严格性，员工素质

较高，办事效率大大提高。

2. 完善培训制度。为了使培训收到预期的效果，餐饮部领导首先明确了培训要具有目的性、实用性、时间性的指导思想。其次，成立了培训小组，制订了培训方案，采取理论与实际相结合，以老带新的方式，分期分批进行培训。例如，每月一次管理培训、安全卫生培训；每周两次促销培训、服务知识、服务技能培训等。再次，定期进行考核，全年开展“推销手册”“服务知识技能”“咨客服务规范”“酒店管理知识”“出品质量”“促销业务知识”“英语50句”“安全卫生知识”等培训达××次。

（八）重视食品卫生，抓好安全防火

1. 重视食品卫生，健全各项食品卫生岗位责任制，成立卫生检查组，明确各部门卫生责任人，制定了日检查、周评比、月总结的制度，开展了流动红旗竞赛活动，对卫生搞得好的分部门给予奖励，卫生差的分部门相应扣罚。由于全体员工的努力，全年未发现因食品变质而引起的中毒事故，顺利通过省市旅游局的星级酒店年审和国检。

2. 抓好安全防火工作，成立安全防火领导小组，落实各分部门安全防火责任人，认真贯彻安全第一、预防为主的方针，制定安全防火制度，完善安全防火措施，各楼层配备防毒面具，组织员工观看防火录像，并进行防火器材实操培训。出品部定期清洗油烟管道，做好各项设备的保养工作。地喱部定期检查煤气炉具的完好性，通过有效的措施，确保了餐饮部各项工作的正常开展和财产的安全，今年以来未发生任何失火事故。

（九）按照星级标准，完善硬件配套设施，美化了环境，稳定了客源，提高了经营气氛

全年增加设施总投资××万元，主要有：二楼东厅的改造，二楼南、北厅的装修，五楼走廊、洗手间的装修，友谊夜总会的开办、千年老龟火锅城的设备购置等。服务设施的完善，吸引了不少的回头客。

三、存在的问题

1. 出品质量有时不够稳定，上菜较慢。

2. 厅面的服务质量还不够高。

3. 防盗工作还做得比较差，出现失窃的现象。

四、明年的设想

1. 提高出品的质量，创出十款招牌菜式。

2. 抓好友谊夜总会、千年老龟火锅城的经营。

3. 加强规范管理，提高企业整体管理水平和服务质量。

4. 开设餐饮连锁分店。

第四节　调查报告

一、调查报告的概念

调查报告是对客观事物进行调查分析，将调查得来的材料加以研究而形成的书面报告。调查是前提，研究是关键，报告是结果。

调查报告是人们认识客观事物的本质和规律的重要途径，是解决实际问题的出发点，同时还是制定方针政策的主要依据。常见的"考察报告""调查汇报""调查综述""情况调查"等，都属于调查报告。调查报告的使用范围很广。制定正确的方针政策，解决各种实际问题，弄清事情真相，扶持新生事物，推广典型经验等方面，都离不开调查报告。

二、调查报告的类别

调查报告内容广泛，种类繁多，标准不同，分类各异。按内容分，可分为以下四种类型。

1. 情况调查

这种调查报告的内容较为广泛、全面，主要是反映社会政治、经济、文化、教育等方面的基本情况，或某一地区、某一系统、某一单位的基本情况，常常用来向上级汇报，成为决策者正确地制定某项方针政策或某项事业发展规划的依据。

2. 经验调查

这类调查报告以成绩突出的先进单位或先进个人在实践中取得的典型经验为主要内容，找出其中带有规律性的东西，供有关方面学习借鉴，起到示范引路作用。

3. 事件调查

这类调查报告主要反映现实生活中的新生事物。要求比较具体而完整地反映新生事物产生的时代背景及其发生、发展过程与所遇到的各种问题，阐明新生事物在现实生活中的意义和作用，揭示它的成长规律和发展方向，以帮助读者认识和了解新生事物，达到促进新生事物顺利发展的目的。

4. 问题调查

这类调查报告主要揭露现实生活中存在的社会弊病、丑恶现象、不良风气等，并分析其原因、性质和危害，寻找解决问题的途径，以引起广大读者的关心和有关部门的重视，有利于问题的早日解决。

三、调查报告的特点

调查报告主要有以下四个特点。

1. 真实性强

调查报告是根据调查研究的结果写成的。无论是研究新事物、总结经验，还是揭示问题和事情的真相，都要通过深入、细致的调查来掌握真实、准确的事实。以事实为依据的调查报告才有说服力。所以，用事实说话是调查报告的根本特点。离开了真实性，调查报告也就失去了它的科学价值。

2. 针对性强

任何一次调查研究都是有明确目的的，是有的放矢的。调查报告不是即兴的产物，而是针对人们普遍关心的事情或亟待解决的问题进行调查研究后写成的。针对的或者是当前工作中值得推广的典型经验，或者是急需扶持的新生事物、需要人们引以为戒的事物或事故，或者是人们较为关注的某个事件。针对性越强，调查报告的作用就越大。可以说针对性是调查报告的灵魂。

3. 规律性强

调查报告不能只停留在对事实的陈述和情况的介绍上，更重要的是要对事实和情况进行分析、研究，揭示事物的本质，得出对事物发展的规律性认识，包括科学的结论，普遍适用的经验、教训，解决问题的方法、意见等。能否揭示事物发展的规律是衡量一份调查报告好坏优劣的基本标准。

4. 时代感强

撰写调查报告的目的是为决策者制定方针政策提供依据，回答现实生活中人们最关心的问题，解决当前工作中亟待解决的问题。因此，调查报告的内容与事实联系非常紧密，体现了时代精神，具有与时俱进、时代感强的特点。

四、调查报告的结构

调查报告一般由标题、正文和署名三部分组成。

1. 标题

调查报告的标题，要求准确、简要并醒目地揭示内容。常用的标题形式有两种。

①公文式标题。由“事由＋文种”构成，如《关于青少年违法犯罪的调查》《湖南农民运动考察报告》等。

②新闻式标题。分为单行标题和双行标题两种形式。单行标题，如《××市整顿菜市场乱涨价现象成效显著》；双行标题，如《不要让子孙后代埋怨我们——关于××省河流污染情况的调查》。

2. 正文

调查报告的正文包括前言、主体和结尾三部分。

(1)前言

前言是正文的开头部分。根据具体情况选择说明以下内容：调查的目的、时间、地点、对象、经过、方法；调查对象的基本情况、历史背景、现实状况；调查后的结论等。这些方面的侧重点由调查人根据调查目的来确定，不必面面俱到。

前言的写法很多，没有固定的模式。可按调查的顺序，说明调查的基本情况；可开门见山，交代调查的结论；也可先提出问题，引起人们的关注；等等。无论哪一种方式，都要求紧扣主题，文字简练、概括，为主体部分的展开作好铺垫。

(2)主体

主体部分是调查报告的核心部分，是调查报告的主要内容所在。着重写明调查对象的具体情况，即事情产生的前因后果、发展过程、具体做法、取得的成绩、存在的问题等事实，并对调查的这些事实进行分析、研究，作出客观、科学的评价。主体部分内容丰富，涉及的材料众多，写作时要精心地组织材料，合理地安排结构，集中鲜明地表现主题。

主体部分常用的结构方式有三种。

纵式结构，即按事件起因、发展和结局的先后顺序或调查的时间顺序安排材料进行写作。这种结构方式适用于问题比较集中、内容比较单一的新生事物的调查报告和揭露问题的调查报告。它便于人们对事件的来龙去脉、前因后果有一个全面的了解。

横式结构，即按事物的内在联系组织、安排材料进行写作。把调查的内容按照不同的性质，分别归纳成几个部分来写。每个部分可用小标题概括提示，这种结构方式适用于内容比较丰富、涉及面比较广的典型经验调查报告和基本情况调查报告。它的特点是眉目清楚，中心突出，观点鲜明。

综合式结构，兼有纵式结构和横式结构的特点，是将这两种方式综合起来运用的一种方式。一般以事件发生、发展的脉络为线索，在叙述过程中又对某一问题从不同角度加以阐述。这种结构方式适用于内容较复杂、篇幅较长的调查报告。它有利于全面地反映各种事物之间错综复杂的联系。

(3)结尾

调查报告的结尾，可根据具体情况灵活掌握。或对调查报告作归纳说明，深化主题；或提出建议，以供参考；或对事物发展作出展望，给人启示；或指出问题，引起注意。不论哪种结尾，都要简洁有力，有话则长，无话则短。如果主体部分已把意思表达完整，就不必画蛇添足，另加结尾。

3.署名

调查报告一般都在标题之下写上调查人的姓名或调查组的名称。完成调查报告的日期则写在调查报告文尾的右下方。

五、调查报告的写作要求

1.选准论题，拟定提纲

作者撰写调查报告的目的，就是希望通过对大量材料的叙述与分析，透过事物的现象来揭示本质规律，从而解决工作中的具体问题。要达到这一目的，首先必须注意论题的选择，即选择既是社会迫切需要，又是作者能力所及的论题。也就是说，必须同时具备主客观两方面的因素，才能解决问题。在选准论题之后，要拟定详细的调查提纲，为调查工作的开展作好准备。

2.深入调查，占有材料

调查研究是写好调查报告的前提。要了解事情的真相，揭示事物的本质，必须深入实际，进行系统而周密的调查。调查的方法很多，如访问调查、问卷调查、实地勘查、查阅资料等。在进行调查时，要注意选择恰当的调查方法。只有掌握了一定的调查方法和技巧，调查工作才会迅速、有效。调查的目的是占有大量的能反映各方面情况的材料，包括正面的、反面的，现实的、历史的，个别的、一般的,综合的、具体的,等等。只有占有了大量、全面的第一手材料,调查报告才能做到言之有物,言之有据,观点才不会失之偏颇。

3. 仔细研究,提炼观点

调查报告不是资料的罗列、堆砌,它要求作者对调查得来的原始材料进行归纳、筛选,通过去粗取精、去伪存真,由此及彼、由表及里的分析、研究,分析现象与本质,找出事物内部的联系和规律,揭示事物的本质,从而提炼出正确鲜明的观点。只有用最能反映事物本质的、具有代表性的、说服力强的材料来证明调查报告的观点,才能使调查报告做到言之成理,具有普遍意义。

分析材料的方法有多种,常见的有定性分析、定量分析、因果分析、矛盾分析等方法。定性分析是对事物的各种因素及其性质的分析,定量分析是对事物的各种因素和性质与数量之间关系的分析,因果分析是对事物发展变化的原因及结果的分析,矛盾分析是分析事物内部矛盾和外部联系,探求事物之间存在的辩证关系。以上各种分析方法,可以根据需要单独或综合使用。

4. 叙议结合,简洁准确

调查报告要用事实说话,需要运用叙述;而对事实进行分析、综合,从中引出观点和结论,则需要运用议论。因而叙议结合、夹叙夹议是调查报告的主要表达方式。叙述要简洁、生动,议论要准确、恰当。叙述要抓住主要事实,简明扼要,切忌堆砌线索,罗列材料。分析讨论要有理有据,逻辑性强。观点表达要准确鲜明,画龙点睛。尤其是语言的运用,要在准确表达思想内容的基础上,适当运用一些修辞手法和口语化的语言,以求具体、生动、形象,具有吸引力和感染力。

【范文】

建设社会主义新农村调查报告

8月7日,我就建设社会主义新农村问题在安徽省郎溪县水鸣村进行了调研。与当地基层干部就新农村建设问题进行了交流和探讨。现将调研情况汇报如下:

总体认识:十六届五中全会提出建设社会主义新农村后,立即引起广大基层干部群众的强烈反响。他们认为,建设社会主义新农村的提出,既具有重大的现实意义,又具有深远的历史意义。

第一,建设社会主义新农村,是实现国家战略转轨,推动我国由传统社会向现代社会转变的历史抉择。当前我国经济社会发展正处在转轨变型的关键时期，党中央高瞻远瞩，借鉴一些发达国家的成功经验以及少数国家因战略调滞后造成发展缓慢的惨痛教训，适时地作出建设社会主义新农村的重大战略部署。这对于构建以城带乡、以工促农的长效机制，保持经济社会协调发展，推动我国向城乡一体化的现代化目标迈进，具有十分重大而深远的影响。

第二，建设社会主义新农村，是从根本上解决"三农"问题，扩大内需，保持经济持续稳定增长的现实需要。经过几十年的发展，一方面，我国工业由小到大、由弱变强，已经步入了工业化中期阶段，工业反哺农业、城市支持农村的能力日益增强；另一方面，近些年城乡差距的拉大，已成为全面建设小康社会的障碍。同时，由于农村经济发展十分缓慢、农村购买力不强，已直接影响到我国经济的持续稳定快速增长。中央提出建设社会主义新农村，确立"工业反哺农业、城市支持农村"的方针，必然从根本上解决长期困扰我们的"三农"问题，从根本上打破长期存在的城乡分割的二元经济社会结构，从根本上搞活农村市场，从而拉动经济快速增长、促进城乡经济社会的协调发展。

第三，建设社会主义新农村，是贯彻落实科学发展观、构建社会主义和谐社会的本质要求。树立科学发展观、构建和谐社会，是我们党对社会主义市场经济条件下经济社会发展规律在认识上的重要升华。其核心是坚持以人为本，推动经济社会全面、协调、可持续发展，实现社会主义物质文明、政治文明和精神文明共同进步。而建设社会主义新农村正好从理论和实践上体现了两者的本质要求。从理论上讲，社会主义新农村是指在社会主义制度下，反映一定时期农村社会以经济发展为基础、以社会全面进步为标志的社会状态；从实践上看，建设社会主义新农村是一个系统工程，既包括了政治、经济、文化、社会方方面面，也体现了城乡一体的长远发展目标与近期目标的统一。新农村之"新"，正是体现在落实科学发展观要求上、体现在建设和谐社会目标上、体现在统筹城乡发展格局上。总之，广大农村基层干部群众认为，中央提出建设社会主义新农村，具有鲜明的时代特征，完全符合农村实际，非常鼓舞人心。他们坚信，随着城乡一体化的推进，通过工业反哺农业、城市支持农村，农民致富、农业发展、农村进步的目标必将实现。

在这次调研的过程中，村干部普遍认为：就发展速度而言，本村向新农村发展的速度虽然不是很快，但很多工作都在有条不紊地进行着。17.4 平方千米的土地上养育着 4200 多人，2005 年人均纯收入已经达到 1950 元，家庭平均收入差不多是 5000 元左右，2006 年人均纯收入已经达到 2655 元，有了新突破，新的进展。这增加的分量不是由直接的农业生产带来的，更多的是外出务工带来的。由此可以看到，非农业的发展仍然是农民收入的另一种重要的来源。所以开展好农村外出务工人员的培训是必要的。

第五节 简 报

一、简报的概念

简报,顾名思义,就是简要的情况报道,是机关、团体、企事业单位用来汇报工作、反映情况、交流信息的一种具有一定新闻意义的事务文书。

日常工作中常见的"工作动态""情况反映""内部参考""简讯""信息交流"等都属于简报的范畴。简报最初只是下级向上级汇报工作的简要报告。后来由于社会实践发展自身的需要,简报的内容日趋多样,使用范围也逐渐扩大,发展成为目前这样具有指导性和交流性的内部刊物。

简报在日常工作中起着十分重要的作用。它虽然不是行政公文,不具有行政公文的约束力,但可以起到下情上报、上情下达及沟通内部情况的作用。它方便、灵活,可以定期编发,也可以不定期,人们称之为"内部刊物"。它可以用来向上级汇报工作、反映情况,便于上级机关掌握基层情况,及时推出相应的政策;也可以用来向下级传达上级指示、工作要求,指导、推动下级机关的工作;还可以用来在平级或不相隶属的部门之间交流情况、沟通信息,促进相互之间的联系和发展。可以说简报是日常工作中使用频率最高的一种事务文书。

二、简报的类别

简报的种类,按内容、性质和时间三个标准来划分,可分为不同的种类。

按内容分,有情况简报、经验简报、会议简报等。

按性质分,有综合简报、专题简报等。

按时间分,有定期简报、不定期简报等。

这里重点介绍按内容划分的三种简报。

1. 情况简报

这是最常见的一种简报,主要用于反映一个部门或单位日常工作的进展情况。包括对国家方针、政策的贯彻执行情况,完成上级布置的各项工作任务的情况,开展各种活动的具体情况,以及工作中出现的值得引起注意的新问题、新动向等。主要起到上传下达、沟通信息的作用。这类简报一般长期编发,可定期，也可不定期。

2. 经验简报

这种简报专门用来宣传工作中的先进典型或批评错误倾向，总结工作中的经验教训，起到及时推广带有普遍意义的经验、吸取有关教训的作用，促进工作更顺利、更有效地开展。它通常是配合某项中心工作或专门事项的开展而编发，一般不定期。

3. 会议简报

这种简报是反映一些大型会议的基本情况、主要精神的简报。内容包括会议概况，会议研究或探讨的问题，重要的或典型的发言，会议的决议、决定及主要精神等，有利于人们对会议情况做全面了解。会议简报通常是一个会议编发一期，也有一个会议编发多期的。一个会议编发多期简报的，一定要注意体现每期之间的连续性。否则，容易显得零乱、无序。

三、简报的特点

无论是哪一类的简报，都具有以下四个方面的特点，即“准、简、新、快”。

1. 准确

准确是简报最根本的特点。实事求是、尊重事实是简报编写者始终要遵循的基本原则。简报的内容必须真实准确，符合客观实践的本来面貌。所采用的材料必须经过调查核实，是准确无误的。简报反映的情况有正面的，也有反面的，既不准夸大，也不准缩小，因而具有绝对真实性。

2. 简明

简明性是简报最突出的特点。简报总是力求用最简洁的文字概括反映出最重要的内容，即“言简意赅”“文约意丰”。一般以千字文为宜。具有篇幅短小、内容精粹、文字简练的特点。

3. 新颖

新颖性是最能体现简报价值的特点。简报的作用能否实现，就在于简报是否反映了实际工作中的新观念、新事物、新动向、新方法、新经验、新问题。只有观念新、内容新的简报，才能引起人们的关注和重视，才能真正实现简报的价值。反之，如果简报反映的是人们早已熟知的情况、滞后陈旧的观点，它也就失去了存在的意义。

4. 快速

简报具有一定的时效性。对于实践中出现的新事物、新方法、新问题等新信息，简报要迅速及时地进行反映报道。特别是处于当今飞速发展的信息社会，信息传递的速度越快，带来的社会效益就越高。例如，当新生事物刚刚萌芽时，简报如能及时敏锐地加以报道，就能引导人们积极保护、扶持，推动其朝正确方向更快、更顺利地发展；当问题失误刚刚出现时，简报如能迅速准确地加以反映，就能提醒人们尽快采取措施，减少损失。所以说，简报一旦贻误了时机，它的作用就会大大缩小。

了解了简报的特点，还要注意简报与新闻的区别。新闻是面向社会的公开报道，而简报只是面向本单位、本部门的内部消息，有时还具有保密性；新闻取材不受限制，而简报取材限于本单位所属范围内的情况；在表达方式上，简报和新闻都采用以叙为主、叙议结合的方式，但新闻有时还可以采用描写和抒情等文学性表现手段，而简报则不能。

四、简报的结构

简报有比较固定的编写格式，由报头、正文和报尾三部分组成。

1. 报头

报头，又称版头。位于简报首页上方，占首页三分之一的版面，以间隔红线与正文部分分隔开来。报头内容包括简报名称、期号、编发单位名称、印发日期、密级、编号等。

①简报名称。在报头正中部位，一般用套红大号字标明是什么简报，如《工作简报》《会议简报》《考试简报》等。要求醒目大方。

②期号。在简报名称的正下方，按期序编写，有的还注明总期数，如“第 8 期(总第 16 期)”。注明总期数时，一般加上括号。

③编发单位名称。在期号左下侧、靠近分隔线的位置，注明编发单位名称。要求用全称，顶格写。

④印发日期。在期号右下侧、靠近分隔线的位置，写明印发的具体日期，包括年、月、日，与编发单位名称对称。

⑤密级。涉及保密内容的简报，根据秘密等级的不同，须在简报名称左上方、顶格处注明“秘密”“机密”“绝密”或“内部材料　注意保存”等字样。一般内

容的简报，无须标注。

⑥编号。在简报名称的右上方，与秘密等级对称处，标上简报的顺序号。保密简报印多少份，就必须编多少号，一份一号，以便保存、查找。不涉及保密内容的简报，一般不用编号。

2. 正文

正文是简报的核心部分，一般由标题、导语、主体和结尾四部分组成。

(1)标题

简报的标题没有固定的写法，大体上与新闻标题的拟写有些相似。必须揭示主题、简洁醒目。让人们一看标题，就能明确简报的基本内容和主题。标题可以采用陈述式，也可以采用提问式，如《××学校实行班导师责任制初见成效》《大学生志愿者为灾区儿童送温暖》《大学毕业生如何面对就业的挑战》等。还可采用正副标题相结合的形式，如《提高学生素质　增加就业砝码——文学院普通话培训成绩喜人》，正标题揭示简报的主题，副标题交代简报内容涉及的单位或部门、具体事件等要素，对正标题起补充说明作用。

(2)导语

简报的导语与新闻的导语相似，起概括、总领作用。一般要求用简明、准确的文字，交代清楚时间、地点、人物、事件、原因、结果等基本要素。点明简报最主要的内容，揭示全文的中心，给人一个总体印象。

简报导语的写作有以下几种情况。

第一，常用叙述的方式，开门见山，直接入题，概括交代简报的主要内容。让人一看简报的导语，就能把握简报的基本情况。

第二，采用下结论的方式，先用精辟、准确的文字将简报的结论表达出来，加深人们对简报关键内容的印象，然后在主体部分加以阐述和论证。

第三，采用提问的方式，先提出问题，引起人们的关注和思考，然后在主体部分加以分析和回答。

无论采用哪种方式来写作导语，都不能偏离简洁、概括的原则。

(3)主体

主体承接导语而来，是正文的主干部分。主体部分主要用具体典型的事实、准确的数据等对简报的内容进行展开、分析和论证。主体部分内容具体，材料较多。写作时要根据所要表达内容的具体情况，采用恰当的结构方式，做到条理分明，井然有序。常用的结构方式有纵式结构和横式结构两种。

纵式结构是按事情发生、发展和结局的时间先后顺序安排内容的方式。这种结构方式自然、连贯，适合用于进程单一的事件性简报。

横式结构是按事件的现象、原因和结果的逻辑顺序组织层次的方式。这种结构方式利于揭示事物的内部联系，适合用于比较复杂的评述式简报。

(4)结尾

简报要不要结尾，根据内容而定。内容比较单一、篇幅较短的，可以不要结尾，言尽意止，干净利落。情况较复杂、内容较多的，可以有个结尾，或小结全文，或作出评论。往往是一句话或几句话，简单明了。简报结尾不宜发出号召或提出要求，因为它只是一种情况报道，不能代表某个单位或部门发言。

3. 报尾

报尾位于简报末页下端，以两条间隔线与正文隔开，包括报送单位名称和印刷份数两项内容。在两线之间的左侧，依次列出报、送、发的单位名称，右侧下方则写明“共印××份”。

五、简报的写作要求

1. 内容必须准确真实

简报作为加强领导、推进工作的重要工具，主要是传递信息，通报事实。内容必须保证绝对真实、准确，否则就会造成不良后果。写作必须深入调查研究，不能走马观花、浮光掠影，更不可道听途说、“合理想象”。简报所选用的任何材料，包括人名、地名、时间、数字、引语等都必须准确无误，没有丝毫的重构、夸张、缩小和差错。简报内容必须忠实于事实，保证符合事物本来面貌。不能为了迎合上级而弄虚作假，也不能为了“赶潮头”而扭曲写作角度。

2. 内容应该紧扣主题

简报应该围绕本单位的实际，反映那些最重要、最典型、最新颖、最为群众所关心、最需要引起注意的问题。应着眼全局，抓住关键，有的放矢。不能每闻必录，每事必报。如果盲目地罗列现象、堆砌材料，就会成为“一盘散沙”，让人不知所云。

3. 简报需要注重时效

反映情况迅速及时是简报的一个重要特点。简报不求全，不需广，而必须迅速快捷。只有迅速及时地汇报工作、反映情况、交流信息，才能真正发挥简报的特点。否则,内容再好,成了“迟到的信息”“过时的报道”,也就失去了简报应该有的作用和本身的价值。

4.简报要求简明扼要

简报的写作必须注意做到简短、明快,用尽可能少的文字说清楚必须说明的情况。一份简报一个主题,内容集中,文字简洁,篇幅短小,干净利落。不用长篇大论,不写空话、套话,不拖泥带水。简报内容如果太多、太长,就不能称其为简报了。

【范文】

湖南省商标战略实施工作简报

2016年3月16日

2016年省工商局商标处工作要点

省工商局商标处根据国家工商总局、省局总体部署,为适应体制调整和职能转变的新形势、新要求,进一步加强对全省商标工作的组织、指导、监督和服务,深入推进商标品牌战略实施,经研究确定了省工商局商标2016年工作要点如下:

一、加强指导培育,促进商标品牌发展

1.研究制定并争取以省政府办公厅名义下发《关于深入推进商标品牌战略　加快商标品牌发展的实施意见》,完善鼓励、支持商标品牌发展政策措施。

2.研究制定《关于推进马德里国际商标注册的意见》,明确目标任务、工作措施和责任要求,促进马德里国际商标注册加快发展。

3.组织开展地理标志资源和已注册地理标志商标专题调研,掌握全省地理标志资源和已注册地理标志商标发展状况,加强分类指导,积极培育地理标志商标品牌。

4.在全省选择20家品牌企业作为商标处重点联系企业,加强对联系企商标注册、运用、保护和管理的重点指导,帮助联系企业运用商标品牌战略进一步做大做强。

5.进一步完善驰名商标申报、著名商标认定工作制度,启动著名商标认定的网上申报和审核,严格依规依程序开展驰名商标申报和著名商标认定,提高申报和认定工作质量。

二、强化监管执法,严查商标侵权行为

6.研究制定查处商标侵权案件有关问题的指导意见,加强对执法办案的具体指导,规范执法行为,提高执法水平。

7.组织开展假冒侵权问题相对突出、社会反映较大的重点市场的集中整治和专项执法行动,切实维护商标所有人权益。

8. 加大对国家工商总局、省局转办案件查处的指导和督办力度，确保查处到位。

9. 加强商标代理机构监管，探索建立商标代理机构信用档案，严厉查处商标代理违法行为。

10. 加强对打击侵权假冒工作的统筹协调，推动“双打”工作深入开展。

三、加强宣传培训，提升商标法制水平

11. 结合“4·26”世界知识产权日，组织开展商标集中宣传活动，增强全社会商标意识和法治意识。

12. 举办全省商标执法人员业务培训班，提高商标执法人员的业务素质和水平。

13. 组织召开查办商标侵权案件研讨会，探讨交流查处商标侵权案件的难点、热点问题和执法办案经验。

四、加强基础建设，提高监管服务效能

14. 建立全省商标基础数据库和商标监管系统，推进商标监管和服务信息化。

15. 建立商标工作联系点制度，将 14 个试点省管县作为首批商标工作联系点，提高试点县实施商标品牌战略工作水平。

16. 加强商标处人员政治素质、业务能力和作风建设，健全商标处各项工作制度，建设勤政务实、廉洁高效的商标监管人员队伍。

【思考与练习】

1. 事务文书的主要特点有哪些？

2. 事务文书有哪些写作要求？

3. 计划的主要特点是什么？请举例说明。

4. 计划的正文主要回答哪几个问题？

5. 计划的三要素是什么？

6. 什么是总结？结合实际谈一谈。

7. 总结的特点是什么？举例说明。

8. 总结的结构一般包括哪几部分？

9. 总结常见的结构方式有哪几种？

10. 按内容分，调查报告一般分为哪四种类型？

11. 调查报告的写作要求有哪些？

12. 什么是经验简报？请举例说明。

13. 简报导语的写作有哪几种情况？

第五章 毕业论文

毕业论文是高等院校毕业生提交的有一定学术价值的论述性文章，是测试学生对所学专业基本知识、基本理论和基本技能掌握程度的重要手段，是考核学生应用所学知识解决实际问题能力的有效方式，也是培养学生科研能力的重要途径。毕业论文的撰写，已被大多数高校列入教学计划，成为衡量毕业生是否达到学力水平的重要依据。

毕业论文也是获取学位必需的材料，从学位的不同来分，有学士论文、硕士论文和博士论文。本章所述毕业论文指本科生毕业论文，即学士论文。

第一节 毕业论文概述

一、毕业论文的种类

本科毕业论文因学科性质不同，有多种类型和方式。

以所属学科的不同，毕业论文可分为理科毕业论文、工科毕业论文、农科毕业论文、医科毕业论文和人文社科毕业论文及综合学科毕业论文。

以论文文体类型的不同，毕业论文可分为研究型毕业论文、报告型毕业论文和设计型毕业论文。研究型论文又分为论证型、考据型、评述型、争鸣型等类型。报告型毕业论文又分为实验报告型和调查报告型两种。

以取得的学位为标准，毕业论文分为本科毕业论文、硕士毕业论文和博士毕业论文。在本科教学阶段，毕业论文和学位论文合二为一，通过毕业论文答辩就可同时获得毕业证书和学士学位。据《科学技术报告、学位论文和学术论文的编写格式》(GB/T 7713—1987)，“学士论文应能表明作者确已较好地掌握了本门学科的基础理论、专业知识和基本技能,并具有从事科学研究工作或担负专门技术工作的初步能力。"这也是毕业论文的要求。研究课题一般在指导老师提供的范围内根据自己的兴趣选定,字数要求在8000左右,观点一般不要求有较强的创造性。

二、毕业论文的特点

毕业论文是学术论文的一种,具有学术论文的一般特点:鲜明的主题、翔实的材料、严密的论证。但它也有自己的特点。

1. 写作目的的特殊性

大学教学环节中设置毕业论文写作这一环节的目的,是检验学生对所学知识的掌握程度和应用能力,培养学生的科研能力。学生写作毕业论文则是为了毕业,获得毕业证书和学位证书。毕业论文与其他学术论文的写作目的完全不同。

2. 写作主体的非独立性

虽然毕业论文的写作主体是学生,但从论文选题、查找资料、编写提纲、论文修改,甚至格式修饰、论文装订,都离不开指导教师的指导,与其他学术论文相比,毕业论文作者有明显的非独立性。

3. 写作过程的限定性

毕业论文在选题上有限定,首先要体现出鲜明的专业色彩,因为它考察的是对所学专业的掌握程度。因此毕业论文选题很少跨越专业。其次难度不能过大,不能大大超出学生的研究能力。毕业论文在写作时间上有限定,从布置到完成,在四个月左右。毕业论文在字数上有最低限制,在格式上有严格规范。毕业论文布置时,学校会同时下发毕业论文的写作规范。

4. 写作水平的低层次性

毕业论文的写作对大多数学生而言是他们的首次科研实践,不仅课题研究是首次,论文写作也是首次。前三年,学生的主要任务是学习相关专业的基础理论和专门知识,到最后一年才开始课题研究和写作毕业论文,因此从学术水平上衡量,它不会很高。事实上,在评定毕业论文时也不把创新性作为能不能通过的重要标准。而其他的学术论文对创新性的要求是非常严格的,没有创新性的论文,一般不会获得发表。

第二节　毕业论文的写作过程

一、毕业论文写作的前期准备

1. 选题

选题是撰写毕业论文的第一步，课题选得如何，决定着论文的成败。一个好的选题，不仅体现出作者的研究方向和学术水平，决定着论文的学术价值，而且可以通过研究，弥补作者知识储备的不足，提高作者的研究能力。因此，必须重视论文的选题。

选择毕业论文的题目应坚持下列原则。

(1)实用性原则

遵循实用性原则，是毕业论文具有较高学术价值的重要保证。越是具有现实意义的题目，其实用价值就越高。具有现实意义的题目有三个来源：一是国家建设中的重大理论或实际问题；二是本地区、本部门、本行业在工作实践中遇到的理论和实践问题；三是个人工作实践中遇到的亟须解决的理论和实际问题。作者应该从第三学年开始，多关注自己所学专业领域的现实问题，从中发现需要解决但尚未解决而自己也有能力解决的问题。

(2)创新性原则

毕业论文成功与否、价值高低，很大程度上取决于文章是否有新意，即论文中是否提出新观点、新见解，是否找到具有先进性的新方法、新模型。毕业论文选题时选择前人没有研究过的课题，具有创新性；选择前人虽有研究，但比前人研究更加深入的课题，也具有创新性；选择前人虽有研究，但提出推翻前人观点的新结论的课题，也有创新性。作者应从这三方面考虑选题。

(3)可行性原则

毕业论文的写作是一种创造性劳动，它需要作者具备一定的主客观条件。从主观条件来说，选题的方向、大小和难易应与自己的知识积累、分析问题解决问题的能力、研究精力和经费相适应，课题必须是自己能解决的。从客观条件来说，要考虑是否能获得论文写作必需的资料。没有资料或资料不足都不可能写好论文。因此，选择课题首先要符合下列条件：一有丰富的资料来源；二符合自己的研究兴趣;三适合自己的研究专长。然后考虑选题难易适中、大小适度。这样的课题最容易完成,也最容易写好论文。

在毕业论文工作布置后,每个人都应遵循选题的基本原则,尽快确定选题的方向,并在广泛浏览的基础上,深入思考、仔细比较选择,确定自己的论文题目。越早选好题目,研究的时间越长,写作初稿和修改的时间越充裕,论文也越容易成功。

2.搜集资料

撰写毕业论文必须详尽地占有材料。一篇毕业论文,字数可能只有七八千字,但事先占有的材料往往多至几万甚至几十万字。写作前的材料准备,不仅起到支撑论文观点的作用,也可能对论文写作方向起到决定性的作用。

写作前要占有的材料包括:该研究课题相关的基本知识和理论,它是正确推理和判断的必要支撑;前人在该课题的研究,它有助于判断课题是否具有先进性,也能起借鉴作用;得出论文观点必须占有的第一手材料。没有这部分材料,课题的先进性就无从体现。

前两种材料,可以通过图书馆、资料室或互联网获得,并做好资料卡片或笔记。摘录资料时,必须记录出处。著作要记录作者、书名、出版社、版次。报纸要记录作者、文章题目、报纸名称、日期、版次。杂志要记录作者、论文题目、杂志名称、卷号、页码。以便核实引文的准确性,以及正确做好附录。

第一手材料,往往需要通过调查、实验的手段亲自获得。调查前要明确调查的目的和内容,选择合适的调查对象和方法,并事先制订周密的调查计划。调查中做好跟踪、调整工作,务必圆满完成调查任务。调查完成后要及时整理所得资料,保证资料的准确性、完整性和适用性。实验时要控制各种实验因素,准确记录实验的各种数据,准确定性实验变量对实验结果产生的作用。

3.整理、分析资料

整理和分析资料,形成结论,是科研工作的核心。整理资料的第一步是将前期搜集的资料条理化,根据每一则材料的意义分门别类。第二步要甄别材料的真伪,剔除虚假的、不符合科学性的材料。只有建立在真实材料基础上的科学研究,才能得出正确的结论。第三步要比较材料的优劣,淘汰陈旧的、不典型的重复的材料,保证材料的精当,节约研究的成本。在这过程中,实际上也在进行着资料的分析工作,即认知每一则材料的意义、材料与材料的联系,从而得出结论。当然，如果分析资料后发现仍不能得出结论，则要补充材料，保证材料的全面性，只有占有充分的材料才能得出科学的结论。

二、毕业论文的写作步骤

1. 毕业论文论点的确立

任何一篇论文都有论点，论点是毕业论文的灵魂。论点的确立应该建立在科学的研究基础之上，它需要对材料进行“由此及彼、由表及里”的分析、判断和推理，找出材料所反映的现象的本质，得出规律性的认识，从而形成文章的论点和逻辑体系。

在提炼、确立论点的过程中，如果发现材料虽然很多，但提炼不出精华，这说明材料还不够丰富，需要继续搜集相关的材料；如果材料蕴含的信息量很大，据此研究会因为精力不够无法完成，则要缩小研究范围，暂时舍去无关的材料，以便形成和毕业论文相适应的论点；如果研究后发现自己搜集的材料已被他人用过，也已得出和自己一样的结论，则可以将论点消化理解后，搜集其他的材料，用自己的方式另行构思，说明这一论点，也可以另外选择论述角度，重新搜集材料，提炼出自己的论点。

就毕业论文而言，论点的确立首先要遵循科学性、客观性的原则。第一便是要说服自己，如果自己都说服不了，那它更不可能说服别人。同时要能得到同学和指导教师的认可，这样动笔撰写就有了把握，因此在论点确立的过程中，要虚心向指导教师求教，以保证论点的科学、客观。其次，论点的确立还要遵循新颖、适中性的原则。即使在论点上没有创新，也要保证在材料上和论证上有新的内容，这才符合新颖的要求。同时要考虑论题的大小，论题过大，一篇毕业论文无法容纳；论题过小，即使深入论证，也达不到论文字数的要求。选择适中的论题，更容易写出优秀的论文。

2. 论点的展开和论据的选择

论文的中心论点确立之后，则要考虑这一论点从哪几个方面展开论证。因为论文如果只有中心论点而没有若干与之密切相关的从属论点，就会显得非常苍白，不能说服别人。因此，在确定了毕业论文的论点后，要回顾科研过程，厘清材料与材料间的逻辑联系，形成若干从属的论点。通过这些从属论点的论证证明论文的中心论点。

论点和分论点确定之后，则要考虑论据的选择，即在材料体系中选择相应的材料来说明论点和分论点。选择材料时一要辨析材料的适用性，要紧紧围绕论点来选材，不能把一些不能充分说明论点的材料搬来作牵强附会的解释，也不能把与论点无关的材料塞进论文，这会影响到论文观点的说服力和鲜明性。二要辨析材料的真实性，首先要求自己有客观、科学的态度，不能凭个人偏见选择材料；同时，对二手材料要核实出处，了解作者的观点，保证最大程度的正确性。三要辨析材料的典型性，找出较有代表性的材料，这样的材料才有较强的说服力。四要辨析材料的新颖性，要挖掘别人没有用过的、最新的材料，既能保证论点的新颖，也能从内容上给读者以新鲜感。

3.撰写论文提纲

在动笔撰写论文前，指导教师往往要求学生先编写提纲。它是论文写作程序中必要的一环，有利于学生厘清全文思路，避免论文成文后再作大的改动。也是指导教师了解论文思路、实施有效指导的重要依据。

编写提纲一般要走下列几步：第一步，先拟标题；第二步，在确定论点和分论点的基础上，考虑结构的安排，即从几个方面、以什么顺序论述论点，要细化到分论点的论证。安排结构时一定要保证每一部分均是论证论点必需的，而且各部分之间要有严密的逻辑性。同时要有全局观念，从整体性上考虑各部分的篇幅比重是否恰当。结构安排好后，要给每一部分写出主旨句或主旨段。第三步，给每一部分安排材料。要从论证论点的需要出发选择有充分说服力的材料，将材料编码和名称标注在每一个主旨句后面，以便写作时使用。

4.起草初稿

起草，是作者把自己的设计构思草拟成文，将无形的思想化成有形的文章的过程。一般需要作者集中精神和时间，按照论文提纲的顺序，一气呵成。因为论文提纲是作者反复思考、精心锤炼的结果，既反映了研究对象的内在规律，也体现了作者的认识过程。

起草文章开头部分，一要开门见山，直截了当。让读者一开头就了解文章的议题和相关背景。不要下笔千言，读者仍不知所云。二要抓住读者心理，开得漂亮。古人要求开头如“虎头”就是此意，它会产生强大的吸引力，吸引读者阅读下文。三要简洁。开头是为下文展开论证作铺垫的，不能写得过长，以免头重脚轻，结构失衡。苏轼说行文要“止于所当止”，就是要求不该讲的内容千万别讲。起草开头也应如此，应在中间部分展开的内容绝不能在开头阐述。

起草中间部分，首先要展开充分的论证。论证前要善于蓄势，对每一个分论点的论证都要深思熟虑，这样才能在论述时具有滔滔莽莽的气势。行文时不要惜字如金，吝啬笔墨，而应如苏轼所说，“行于所当行”，达到古人形容的“猪肚”般的效果，这样才会有巨大的说服力。其次要瞻前顾后，理性审视每一部分之间的逻辑联系和篇幅比例，务必使全文结构严谨，条理清楚，成为完美的整体。还要仔细审视每一个材料的意义，既要与论点统一，还要有强大的说服力。

结论部分的写作要短小精悍、干净利落，正如“豹尾”。或者归纳全文结论，总结研究成果。或者评价自身研究，指出研究局限，指明未来研究方向。避免草草收尾，不当止而止；或者画蛇添足，当止而不止。

5.修改定稿

修改贯穿于论文写作的全过程：构思时的反复推敲，直至提纲完成，是一种修改；写作初稿过程中经常推倒重写，也是一种修改；初稿完成后，对初稿审读，字斟句酌，也是修改；指导教师审阅后，根据提出的修改意见进行完善，也是修改。对论文而言，初稿完成后的修改尤为重要。

修改首先从审视文章论点开始，论点是否正确，符合实际和科学规律？论点是否集中、鲜明？分论点是否充分论证了中心论点？论点是否具有创新性？如果有，则需针对性地进行修改，甚至推倒重来。

其次，要审视文章结构，层次是否清楚？段落划分是否合适？内容安排是否具有逻辑性？前后是否互相照应？结构是否完整？有没有形成完美的整体？如果有问题，则需对内容作出调整。

再次，要审视文章的材料，是否真实？是否典型？是否新颖？是否与观点一致，有说服力？如果有上述问题，则需对材料加以修改：不真实的、与论题无关的，删除；不典型的、不新颖的，调整；材料不足以说明观点的，增补。

最后，要审视文章的语言，意思表达是否清楚？有没有结构残缺、混乱的病句？有没有啰唆、重复、表达不清的句子？有没有词不达意、用语不准确的地方？有没有错别字？标点符号是否用错？如果有上述问题，则需字斟句酌，一一改定。

论文初稿自己动手修改，可采用冷改法，先搁置一段时间，待自己冷静下来后再去审阅，往往会发现许多在起草时不易发现的问题；也可采用朗读法，会找到许多句子拗口、成分不全等语言上的毛病。另外，论文可请指导教师和同专业学长帮助修改，他们的意见也能弥补自己审视可能出现的“盲区”。

第三节　毕业论文的条款和参考文献格式

毕业论文上交时要按照学校规定的行款和格式打印成文。一般毕业论文必要的条款有封面、目录、内容摘要（中英文）、关键词、正文、注释、参考文献、致谢等。

一、毕业论文的条款

1. 封面

一般学校网站会提供统一的格式，封面上设计有学校校徽。在相应位置填上论文标题、所学专业、年级、姓名、学号、指导教师及完成时间等信息。

论文标题要与内容相符，大小适当，不能头大身子小，题目窄，内容宽；也不能头小身子大，题目太宽泛，而内容狭窄。标题还要注意具体明确，让阅读者一下就能把握论文的论题。

论文标题从语法结构上看，一般有三种形式：一是“关于”＋“论述对象”＋“的研究”，如“关于公有公共设施致害的国家赔偿的研究”；二是“论”＋“论述对象”，如“论《红楼梦》诗词的艺术特点”；三是“论述对象”＋“研究/浅论”，如“集团公司内审机制研究”。它们都在标题中只确定研究对象，而不表达作者观点。

如果论文标题较大，而论证对象仅是某一方面或某一角度，则可以采用副标题加以具体化，如“浅论域名纠纷中驰名商标的保护问题——宝洁公司诉北京天地公司域名案评析”。补救了“头大身子小”的毛病。

2. 目录

如果论文篇幅较长，设有分标题，则需在正文前设目录，显示论文庞大的体系，为读者的阅读提供指引。

目录的设置，一要准确，不仅内容与文章的纲目完全一致，而且页码要标注无误。二要完整，文章的各项内容都要在目录中显示出来。

3. 内容摘要

内容摘要也称提要，是论文内容不加注释和评论的简短陈述。即使不阅读论文，也能从中获得论文的基本信息。

摘要一般在论文定稿后着手写作，主要包含下列信息：研究的目的和意义；研究完成的主要工作；研究结论及成果；研究结论的学术意义。

摘要在写作内容上要求与正文内容保持高度一致，如实反映一次文献，不能出现论文中没有的关键词语；在写作态度上要客观、实事求是，最好用第三人称进行叙述，对研究不作主观评价；文字精练简洁，用最概括的语言表述，篇幅一般不超出 300 字。

4. 关键词

关键词是从论文中选出的反映论文主题概念的词或词语。论文完成后，作者通过阅读全文，特别是分析标题、小标题，找出能反映论文研究对象、独特研究方法和研究结果等信息的词或词语，同时对照科学技术文献出版社出版的《汉语主题词表》，把它们标注成关键词。关键词的选择要首选《汉语主题词表》中提供的规范词，如果规范词不能反映论文内容，可根据内容自由选择词语作为关键词。一篇论文一般选取 3～5 个关键词。

5. 正文

正文一般由绪论、本论和结论三部分组成。

绪论也称引言，是引出研究成果的部分，一般包括：研究的目的和意义，前人的研究成果和不足，本研究的思路及依据，预期的结果及应用价值等。引言的篇幅不可过长，视论文需要而定，没有硬性规定，但一般占全文字数的 10％～15％。

本论是论文的主体，是全面反映研究结果的部分，要求主题明确、内容充实、论证充分、条理清晰。篇幅占全文的 80％左右。

结论是本论的自然延伸，一般补充前文中没有涉及的有关内容：研究结果意义的讨论，本研究比前人研究的先进性，本研究的局限即未解决的问题，未来研究的方向等。写作上要求简练，篇幅一般占全文的 5％～10％。

6. 注释

论文中如需对有关表述进行解释，可设“注释”这一项目。注释分引用性注释和解释性注释两种：引用性注释是指作者在文中直接或间接引用的任何文献或者引用他人理论、观点借以支持自身论点而需要作出的说明；解释性注释是指对文中某些观点进行资料性的补充或者对文中某些不常见术语或史实的必要的解释。

“注释”可采用脚注或尾注的方式。在编辑 Word 文档时，用“插入引用(脚注或尾注)”功能使注释自动产生，正文中的注号用阿拉伯数字，不必加任何符号，标注在相关语句标点后的右上角。

7. 参考文献

参考文献是作者在论文中主要参考和引用的重要的和关键的专著和论文。毕业论文中列参考文献，不仅提供论述的科学依据，也表达出对前人研究的尊重，体现出应有的严谨的科学态度。

参考文献的格式必须按照《信息与文献参考文献著录规则》(GB/T 7714—2015)的规定编制。详见下文。

8. 致谢

毕业论文一般是在教师指导下，利用学校或公共图书馆的图书资料，以及实习单位提供的第一手材料写成的，因此在正文后，应设“致谢”，表达作者对他人对论文贡献的认可和尊重，这也体现出作者的科学道德。但篇幅上不宜过长。

二、参考文献的格式

1. 参考文献的类型

参考文献(即引文出处)的类型以字母方式标识，常见如下：

M—普通图书　C—会议录　N—报纸　J—期刊　D—学位论文　R—报告　EB—电子公告　Z—其他

2. 标注格式

(1)期刊类

格式：[序号]作者. 题名[J]. 刊名，出版年份，卷号(期号)：起止页码.

例：[1]夏鲁惠. 高等学校毕业设计(论文)教学情况调研报告[J]. 高等理科教育，2004(1)：46-52.

(2)专著类

格式：[序号]作者. 题名[M]. 版本. 出版地：出版社，出版年份：起止页码.

例：[2]葛家澍，林志军. 现代西方会计理论[M]. 3 版. 厦门：厦门大学出版社，2011：42.

(3)报纸类

格式:[序号]作者.题名[N].报纸名,出版日期(版次).

例:[3]李大伦.经济全球化的重要性[N].光明日报,1998-12-27(3).

(4)论文集

格式:[序号]作者.题名[C].出版地:出版者,出版年份:起始页码.

例:[4]伍蠡甫.西方文论选[C].上海:上海译文出版社,1979:12-17.

(5)学位论文

格式:[序号]作者.题名[D].出版地:保存者,出版年份:起始页码.

例:[5]张筑生.微分半动力系统的不变集[D].北京:北京大学数学系数学研究所,1983:1-7.

(6)研究报告

格式:[序号]作者.题名[R].出版地:出版者,出版年份:起始页码.

例:[6]冯西桥.核反应堆压力管道与压力容器的LBB分析[R].北京:清华大学核能技术设计研究院,1997:9-10.

(7)网络资源

格式:[序号]责任者.题名[EB/OL].(更新或修改日期)[引用日期].获取和访问路径.数字对象唯一标识符.

例:[7]李迅雷.下半年要对就业、消费和房地产风险给予更多关注[EB/OL].(2022-07-18)[2022-07-29].https://finance.eastmoney.com/a/202207182452718395.html.

【范文】(略)

第六章 公关礼仪文书

第一节 求职信

一、求职信的概念和作用

求职信是求职者向用人单位自我推荐的书面材料。当今社会，就业的双向选择是用人制度改革的必然趋势，求职者需要通过求职信作自我推销，实现就业或再就业；用人单位通过求职信建立对求职者的第一印象，了解求职者的思想、观念、学识、能力、个性和修养，选择合适的人才。求职信成为沟通两者的重要媒介。对求职者而言，它的写作质量直接关系到择业是否成功，能否进入理想的单位工作。

二、求职信的写作格式

求职信一般由标题、称谓、正文、落款和附件组成。

1. 标题

用较大的字体在求职信上端标注“求职信”或“自荐信”三字，要求醒目、大方，字体不可过于花哨。

2. 称谓

与一般书信相同，标题下顶格写上对收件人的称呼，以示尊敬。可直接写“尊敬的×××先生”，也可写“尊敬的××公司负责人”或“尊敬的××公司人事部负责人”，最好不要直接冠以最高领导职务，以免引起收件人的反感。

3. 正文

正文一般包括开头、主体和结尾三部分。

开头：先致以问候，然后作自我介绍，并说明写信的缘由（通过什么途径获知职位信息）。

主体：先介绍自己的基本情况，包括教育背景（毕业学校、所学专业及学历层次）和自身特长和优势（曾经获得的奖励和荣誉、社会实践和工作经历）。这一部分的陈述要突出重点，避免面面俱到，同时要突出自己与该职位相称的长处和优势，使用人单位认为你是该职位的最佳人选。

结尾：表达自己获得该职位的迫切心情及获得面试机会的愿望，并留下自己的联系方式（通信地址、电话号码、电子邮箱等）。最后可以礼节性地感谢对方花时间阅读来信和对你的关注以及对收件人或单位的祝愿。

4. 落款

在祝颂语的下一行偏右签上自己的姓名，并在姓名的正下方填上写信时间。

5. 附件

根据用人单位的需要，附上毕业证书、学位证书、职称证书、成绩档案、奖励证书、成果证明等复印件。

三、求职信的写作要求

1. 内容要真实

写就职信介绍自己时，要实事求是，绝不能伪造材料，脱离实际自吹自擂。经历造假是严重的道德问题，用人单位一旦发现求职信中有虚假信息，往往立即否决此人申请，不再考虑他是否真正具有胜任该职位的能力。

2. 优势要突出

写求职信介绍自己时，要有的放矢，突出自己的优势和长处。因此，在写作前要对该职位应该具备的知识和能力进行深入的分析，在这基础上，寻找自身胜任该职位的条件，重点加以突出，让读信人感觉你是该职位的不二人选。而不能不管求聘职位，千篇一律地介绍自己的求学经历、工作经历和爱好习惯。

3. 行文要简洁

求职信仅仅起引荐自己的作用，因此，行文要简洁，对自己的情况介绍不要详细展开，这是简历承担的功能。如果求职信过长，势必影响读信者的工作效率，造成他的反感，这会影响求职信的效果。

4. 态度要诚恳

写求职信是一种交际手段，掌握好介绍时的分寸十分重要。写作时态度要诚恳、谦恭，语气要委婉，切不可用命令的口吻强人所难，也不能一味谄谀丧失做人的尊严。态度诚恳、语言得体，也能反映出求职者的修养和品位。它会留给读信者良好的印象，这是成功的“通行证”。

5. 书写要工整

求职信附在个人简历前，一般要手写，以示对读信者的尊重。不仅要格式规范，没错别字，体现写信人良好的文化素养，而且要文面整洁，没有字迹潦草、涂涂改改，体现写信人严谨的工作作风。如果手写字体羞于见人，也可藏拙，用打印件，但要整洁大方，不必作过多修饰。而署名则必须手写，以示尊重。

【范文】

求职信

尊敬的××领导：

我从××上的招聘广告中获悉贵酒店欲招聘一名领导秘书，特冒昧写信应聘。

四个月后，我将从北京××工商学院酒店物业管理系毕业。身高 1.65 cm，相貌端庄，气质颇佳。在校期间，我系统地学习了现代管理概论、社会心理学、酒店管理概论、酒店财务会计、酒店客房管理、酒店餐饮管理、酒店前厅管理、酒店营销、酒店物业管理、物业管理学、住宅小区物业管理、应用写作、礼仪学、专业英语等课程。成绩优秀，曾发表论文多篇。熟悉电脑操作，英语通过国家四级，英语口语流利，略懂日语，普通话标准。

去年下半学期，我曾在××五星级酒店客房办化验室实习半个月，积累了一些实际工作经验。我热爱酒店管理工作，希望能成为贵酒店的一员，和大家一起为促进酒店发展竭尽全力，做好工作。

我的个人简历及相关材料一并附上，如能给我面谈的机会，我将不胜荣幸。

联系邮箱：××××××

联系地址:北京××工商学院酒店物业管理系

联系电话:××××××

此致

敬礼!

求职人:××

2022年2月22日

附件:1. 个人简历1份

2. 四级证书1份

3. 成绩单1份

……

第二节 感谢信

感谢信是写信人为表达对他人给予自己的帮助和支持的感激之情而写的公关礼仪文书。写信者或受信者都可以是个人或单位,感谢信既可以寄给对方,也可以发给大众传播媒体发表。

感谢信的格式与一般书信相似。

标题可以只写文种"感谢信",也可以写成"致×××的感谢信"。

称谓要顶格书写以示尊重,后加冒号,个人可在姓名前加"尊敬的",姓名后加上职名或"先生(女士)"。

正文一般有事由和致谢两部分。事由要陈述清楚对方给予帮助和支持的背景、时间、地点、经过和结果,叙述中尤其要突出对方的帮助和良好的效果。致谢部分要诚挚地表达对对方的谢意,颂扬对方的高尚品格。

结尾可写上对对方的良好祝愿或对对方的敬意。

落款处写明写信的单位名称或个人姓名及身份,以及写信时间。单位名称上还需加盖印章。

写感谢信,事由陈述要客观真实,对对方高尚品格的颂扬要中肯,感激之情的表达要诚恳真挚,发自内心。

【范文】

致××医院的感谢信

尊敬的××医院皮肤科领导：

今天我怀着万分感激的心情给你们写这封信，感谢贵医院的好医生和几位好护士，他们把病人当成了自己的亲人，他们的医德医风令人敬佩令人感动，他们的热情深深地感染了我们，使我们再也无法抑制自己的感激之情！为了表达我们对他们的敬意与谢意特拿起笔来给你们写这封感谢信。

××主任、××医生高尚的医德，精湛的医术，悉心周到的服务，有求必应；各位护士细心、周到、温柔、体贴的服务，急病人之所急，想病人之所想，优秀的服务技能准确到位，这些都无不令我们为之感动。太想让更多的患者知晓这样好的医护人员，为此，让我们在这里对所有参加医治的医护人员表示最衷心的感谢！向他们道一声："你们辛苦了！"声声道谢都无法表达我们的感激之情，就让这封信略表一下我们对××主任、××医生和医护人员的一片敬意吧！他们的高昂的工作热情，他们高超的医术和高尚的医德令我们万分敬佩！他们不愧为白衣天使！我们深为贵医院能有这样好的医护人员而感到自豪、感到骄傲！

所以，我们在此特别致信以感谢医院的各位领导，××主任、××医生、护士长及各位护士。正是你们的热忱服务，加上你们的精湛技术，让和我一样的诸多患者，轻轻松松地解除了病痛困扰，能够健康地重归生活！衷心祝愿贵院越办越好，给更多的患者带来关爱和健康。祝贵院事业蒸蒸日上，在医学领域里取得更大的成绩！

患者：××　××　××

××××年××月××日

第三节　贺　　信

贺信是对某一单位或个人在某一方面取得了重大成就、召开了重要会议、举办了盛大庆典（开业、奠基）或正逢有重大意义的纪念日等表达祝贺之情的信件，它在国与国、单位与单位、人与人的交往中起着非常重要的沟通和联络感情的作用。

贺信的格式通常包括标题、称谓、正文和落款四部分。

标题可以直接写上文种，如"贺信（电）"；也可写成"热烈祝贺××××××

(事由)”。

称谓写收信的单位名称或个人的称呼,顶格书写,后加冒号。

正文一般由三部分构成。先要交代祝贺的事由,并表达祝贺;然后对对方的成就表示赞扬,要强调对方的主观努力,并高度评价这些成就的重大意义;最后表达希望和祝愿。

落款处写上祝贺人的职务和姓名或单位名称,以及写信日期。

贺信的写作要体现出喜庆的气氛,语言明快简练;叙述和称赞成绩要让对方感受到你的由衷喜悦,评价意义要客观中肯,实事求是。内容要紧扣祝贺事件,精练集中,篇幅不宜过长。

【范文】

贺　信

浙江师范大学:

欣闻贵校五十周年华诞,谨向贵校全体师生员工表示热烈的祝贺和诚挚的问候!

贵校自1956年创办以来,艰苦创业、开拓创新,坚持“砺学砺行,维新维实”的优良传统,扬殷殷教泽,结满园硕果。特别是近年来,全校上下团结一致,立新图变,锐意进取,不断深化体制改革,加强学科建设,将学校建成为一所具有相当规模,基础较为深厚、办学效益显著,具有鲜明特色的重点大学。

我们相信贵校定能以建校五十周年庆祝活动为契机,秉承优良传统,创新办学理念,不断开创学校建设发展的新局面,为社会输送更多的优秀人才。希望两校今后进一步加强交流和合作。

祝浙江师范大学的明天更加美好!

苏州大学(印)

二〇〇六年九月二十三日

第四节　竞聘演讲稿

竞聘演讲是竞聘者为了获得某一职位,在评议会上面对评委和听众,阐述自己的竞聘优势、上岗后的工作设想和打算的公开演说。竞聘演讲稿则是事先准备好的书面材料。

竞聘演讲稿的结构一般包括标题、称谓、正文和文尾。

标题可写成“竞聘书”或“竞聘演讲词”。

称谓是对听众的称呼，可写成“各位领导、各位评委、同志（同事、乡亲）们：”。称谓要得体，要针对不同的听众选择合适的称呼。

正文一般由开头、主体、结尾三部分组成。

开头可以开门见山陈述自己想要竞聘的岗位，以及感谢大家给自己这样一个展现自我的机会。再用“下面我谈谈自己的优势及工作打算”过渡到主体部分。

主体部分先要陈述自己的基本情况：学历、年龄、政治面貌、工作经历及获奖情况，并从品德、能力、以往成绩等方面强调自己的竞争优势。然后阐述自己对所聘岗位职责的理解，承诺任职后的工作目标，并较为详尽地阐述施政方案：抓好哪几方面工作、采取哪些措施、实现什么目标。

结尾部分一般表达自己面对竞聘成功或失败的态度：竞聘成功，则努力工作，作出成绩，回报大家的信任；竞聘失败，也会努力做好现有工作，不断提升自己的能力。并再次感谢大家。

文尾部分包括署名、日期。演讲时不必说出。

演讲词的写作要考虑演讲时的表现效果。一要口语化，现场怎么讲，演讲词就怎么写，既要继承书面语言的精练、准确和简洁，又要发扬口语的通俗易懂、生动风趣，做到讲起来朗朗上口、充满感情，听起来声声入耳、动人心弦。避免卖弄文采、华而不实或絮絮叨叨、啰唆随便，这样只会让听众不明所以、昏昏欲睡。二要集中，紧紧围绕演说主题，不要东拉西扯，离题万里。竞聘演讲往往会规定演讲的时间，因此内容上力求集中。写完后，可试讲一遍，了解演讲词的篇幅是否合适，以便对内容作出调整。三要明确，让听众记住并理解你的观点。这不仅要求演讲内容条理清晰，而且在技术上对演讲词作适当的处理，在段首用主题句提纲挈领，或在段尾有意重复、强调重要观点，这样听众更容易记住你的发言。

【范文】

综合科科长竞聘演讲稿

尊敬的各位领导，各位评委，各位同事：

大家好！

首先感谢党组给予我展示自我的舞台和施展才华的机会！中层干部实行公平、公正、公开地竞争上岗，这是深化人事制度改革的重大举措，也是我办加强干部队伍建设的有益尝试。我一是拥护，二是支持，三是参与。我将珍惜这次提高自己、锻炼自己的机会，勇敢地走上台来，接受大家的评判。

我叫××，××市人，生于1966年1月，1983年考入电子技术学院电子计算机工程专业，1986年加入党组织，1987年本科毕业，获工科学士学位。由于上过大学，当过兵，我的个性特征，可以说是文武兼备，刚柔相济，具有日本西铁城石英表的风格——“温文尔雅，豪迈奔放”。

今天，我竞争的职位是综合科科长，理由有三点。

第一点，我认为这有利于提高自己的综合素质，全面发展自己。古语说得好：流水不腐，户枢不蠹。我在大学期间一直从事共青团的工作，分配在××警备区机要科后，从事技术工作，多次参加技术比武，荣立过三等功。在司令部管理科期间主要从事机关日常管理工作和5个直属连队的政治工作。1995年转业到编办，1997年主持行政编制科业务。每一次地域的变迁和工作变化，对我人生阅历的增长和能力的培养都是一次难得的机遇。我觉得越是新的工作环境，越富有吸引力和挑战性，越是能够学到新知识，增长新才干，开拓新视野，挖掘新潜力。挑战与机遇同在，压力与动力并存，这次竞争新的岗位，目的就在于锻炼自己，获取多方面实践经验，提高自身综合素质。

第二点，我认为自己具备担当该职务所必需的政治素养和个人品质。

第一，我工作认真负责、勤勤恳恳、任劳任怨，干一行、爱一行、专一行。尤其是13年的军旅生涯，培养了我严明的组织纪律性、吃苦耐劳的优良品质、雷厉风行的工作作风，这是干好一切工作的基础。

第二，我思想比较活跃，接受新事物比较快，爱学习、爱思考、爱出点子，工作中注意发挥主观能动性，超前意识强，这有利于开拓工作新局面。

第三，我办事稳妥，处世严谨，在廉洁自律上要求严格，这是做好一切工作的保证。

第四，我信奉诚实、正派的做人宗旨，能够与人团结共事，而且具有良好的协调能力。

第三点，我认为自己具备担当此任所必需的知识和能力。

从综合科的职能看，综合性较强、职能繁杂，担负着政工、办公室内务、文字综合及机构的管理等多项工作。综合科长必须具备一定的政策理论水平、文字综合能力、组织协调能力和管理经验。从我自身素质和能力看，我认为我能够履行好上述工作职责。

第一，我具备一定的政策理论水平。由于参与了上一轮机构改革工作，并主持行政科业务工作，熟悉机构编制管理政策，加之平时注重学习，尤其是注意收集报纸杂志上有关大政方针政策的信息和动向，因此能够在工作中把握正确的方向，保持较高的政治敏锐性。

第二，我具备一定的文字综合能力。本身具有良好的文学基础，加之长期机关工作的锻炼，尤其是近年来编办领导的加压和培养，使我兼备文字方面的能力和优势。现已形成十余万字的文字材料，每年都有一篇文章在省级以上的刊物发表。

第三，我有一定的组织协调能力和管理工作经验。综合科的工作，除了财务，其他所有工作我都在不同时期不同程度地实践过。政治工作、机关内部管理工作、保密工作、接待工作等，我都曾在××警备区司令部机要科和管理科期间，积累了一定经验。我对机构的管理和年报统计工作更是驾轻就熟，曾完成百余家机构设置、调整的批复，亲手建立了机构编制管理的数据库系统。

以上决定了我能够更快地进入综合科科长角色，开展工作。如果我能够竞争上综合科科长这个职位，我将在党组的领导下，坚持“一个原则”，实现“两个转变”，抓好“四项工作”。具体地讲：

(一)坚持“一个原则”

就是坚持“上为党组分忧、下为干部服务”的原则。综合科工作千头万绪、纷繁复杂，涉及政工、机构管理、调研、文秘、档案、信息、财务、后勤服务等等，既是“忙家”“杂家”，又是“管家”，很多具体的事情涉及干部的切身利益。因此，必须把服务于党组的“中心”工作和服务于干部群众作为工作的出发点和落脚点。把“参与政务”“管理事务”“搞好服务”三大职能统筹兼顾，合理安排，做到：调研围绕中心转，协调围绕领导转，服务围绕大家转，信息围绕决策转。从而使工作目标更明确，重点更突出。

(二)实现“两个转变”

一是实现角色的转变。由在行政编制科时一个人独立工作向组织领导者角色转变。既当指挥员，又当战斗员，带领综合科全体同志，思想上同心，目标上同向，行动上同步，事业上同干。发挥整体优势，创造一个良好的工作氛围。

二是实现思维方式的转变。从原来的“领导交办，办就办好”的思维方式向“怎样去办，怎样办好”的方式转变，围绕党组中心工作制订科室工作计划，有安排、有检查，保证工作落到实处。

(三)抓好“四项工作”

一是抓好学习强素质。在党组领导下一方面抓好政治理论的学习，一方面抓好业务知识的学习，同时还要抓好科技等其他知识的学习。只有不断地学习，才能不断地提高干部的综合素质和整体素质。

二是抓好调研摸实情。综合科要为领导决策提供服务，当好参谋助手，这就要求我们必须把调研工作作为一项重要任务来抓。必须在充分的调查研究的基础上，为机构改革方案的制订、各项实施方案的出台、机构调整的各项意见，提供准确真实的依据。

三是抓好制度促管理。我办“三讲”教育开展以来，办公室很多管理制度得以制订、补充和完善，如何将这些制度落实，并根据形势发展需要加以修订，这将是综合科的一项长期而重要的工作。作为综合科科长，一定要在党组的领导下，将制度落实工作常抓不懈。

四是抓好勤政树形象。编办是党委、政府的职能部门，只有勤政、廉政，才能保持在社会上的良好形象。作为综合科科长，必须以高度的责任感，加强自身的勤政廉政建设。具体地讲，在廉政上要做到“三有三只”：有权不滥用，只求搞好工作；有钱不乱花，只讲自觉奉献；有成绩不骄傲，只想如何开创新局面。在勤政方面，做到“三勤”：一是腿勤，不怕多跑路，不怕多流汗，舍得花气力，把工作做实做细；二是脑勤，勤学善思，注重研究剖析矛盾，解决工作中的难点问题，为领导多出点子，多献计策；三是嘴勤，多向领导汇报情况，多向各科室和有关部门通报情况，加强沟通，密切协作，树立廉洁高效的社会形象。

各位领导，各位评委，各位同事，古人说：“不可以一时之得意，而自夸其能；亦不可以一时之失意，而自坠其志。”竞争上岗，有上有下，无论上、下，我都将以这句话自勉，一如既往地勤奋学习、努力工作。最后，我想用一句歌词来结束我的演讲：“你选择了我，我选择了你，让我们一起风雨兼程，跨越九九。”

谢谢大家！

编选自《综合部竞聘演讲稿4》，载中国人才指南网，http://www.cnrencai.com/jingpin/1974019.html。

第五节　致辞(欢迎辞、欢送辞、答谢辞)

在公务活动中，为增进双方友谊，洽谈有关事宜，往往需要进行各种有组织的公关社交活动，如庆典、会议、宴请、展览。在这些活动中，需要通过欢迎辞、欢送辞对来宾表达或感谢或挽留、祝福等感情，通过答谢辞对主人表示感激。致辞已成为重要的礼仪文书。

一、欢　迎　辞

欢迎辞是在迎接宾客的仪式上，主人为表示对贵宾的热烈欢迎而作的礼仪性致辞。中国是个礼仪之邦，无论是国事活动，还是单位的各种欢迎仪式(欢迎与会、欢迎参观、欢迎报到等)，都可以用欢迎辞表达主人的心意和情感，营造良好的社交气氛，增强宾主双方的理解、交流和友谊，促进双方合作的顺利开展。

欢迎辞一般由标题、称谓、正文和落款四部分构成。

1. 标题

只在欢迎辞起草过程中使用，在标题中最好写明欢迎的场合和致辞人的姓名、职务，以免错用。如《习近平为米兰世博会中国馆开馆发表欢迎辞》。

2. 称谓

顶格书写，称谓后加冒号。欢迎辞常常在特定仪式上对所有在场对象宣读，因此，要先称呼在场的所有人员，既要称呼到场的重要来宾，又要照顾到其他在场人员。对贵宾的称呼要体现出尊敬和亲切，用“尊敬的”或“亲爱的”领起，姓名后加上职务和头衔。对其他人员的称呼，可用“女士们”“先生们”“朋友们”“同志们”来泛称，表示对他们的尊重。

3. 正文

首先要交代发言者代表谁或什么单位致辞，以及对哪些对象表示热烈的欢迎和诚挚的问候。其次要高度评价宾客来访的重要意义及作用，叙述双方交往经历及已取得的成果，并可向在场人员介绍来宾的成就、品行。最后可再次表示欢迎，并表达对对方的良好祝愿及双方合作美好前景的期待。

4. 落款

发言时无须读出，写作时可在文末署上致辞人姓名、职务和成文日期。

二、欢送辞

欢送辞是在欢送宾客的告别仪式上，主人对即将离去的客人（长住者对远行者）所作的表示惜别和衷心祝福的发言。它表达了发言者（及代表的单位）对离去者的美好感情，起到沟通和增强感情的作用，也为对方的来访活动画上一个圆满的句号。

欢送辞一般由标题、称谓、正文和落款组成。标题、称谓、落款的写法与欢迎辞相同，不再赘述。正文部分首先要表明发言者代表谁、代表什么单位向哪些人表示欢送，并表达惜别之情。其次回顾这次相聚，叙述双方结下的友谊、取得的成果，积极肯定双方合作的意义，赞赏对方的努力及作出的贡献。同时要表明继续合作的良好愿望以及照顾不周的歉意。

最后再次表示真诚的欢送，并传达希望宾客再次来访的愿望。

三、答谢辞

答谢辞指在主人举办的欢送仪式上，由宾客发表的对主人的热情接待表示感谢的致辞。也可以是在颁奖仪式上，获奖者对获得奖项表示感谢的致辞。

答谢辞一般由标题、称谓、正文和落款四部分组成。

1.标题

常见的写法是致辞场合加“答谢辞”，如《在×××举办的欢迎宴会上的答谢辞》。

2.称谓

写法与欢迎辞和欢送辞相同，首先称呼主人一方的最高领导，如“尊敬的××主席”；然后称呼主人一方其他人员，如“尊敬的××集团公司的朋友们”。

3.正文

开头先要说明发言者代表谁致辞，并表达对主人热情接待的感激之情。如果是获奖感言，则要首先表达自己获奖后的激动心情以及对颁奖单位的衷心感谢。主体部分要叙述主人热情接待的具体事实以及所给予的支持和帮助，感谢对方的热情款待，高度评价双方合作的重大意义，并祝愿主人事业发达和双方友谊长存。如果是获奖感言，则要回顾奋斗历程，畅谈人生感想以及对授奖活动的赞颂。最后再次表达感谢和祝愿。

4.落款

署上发言人的姓名、职务和日期。

四、致辞的写作要求

1.感情真挚、措辞得体

致辞是重要的礼仪文书，能起到增强双方友谊、加强双方合作的作用。在发言时要做到以情感人，字里行间透露出发言者发自内心的真情实感，恰到好处地使用礼貌用语，切忌过分使用溢美之词，以免让对方产生虚假、不实的感觉。同时要避免使用粗俗失礼的语言，从而体现出发言者良好的气质和风度，给对方留下良好的印象。

致辞作为礼仪文书，应充分了解发言的语言环境，做到“在什么山上唱什么歌”。在写作前要详细了解对方的历史、观念、风俗以及民族禁忌，然后根据这些确定发言的内容和表达方式。尽量避免提及双方有争议的观点和看法，即使有必要阐明自己观点，也要注意措辞谨慎、表达委婉，既含蓄表达出自己的见解，又避免针锋相对。这可以为双方继续合作打下良好基础。

2. 语言简练、朗朗上口

致辞大都在一定的仪式上进行，篇幅要短小精悍。表达的内容一般点到为止，不作详细的论证或说明，避免冗长烦琐、拖泥带水，影响仪式的进行。同时语言要简洁精练，尽量用朗朗上口的短句表达思想，注意语调、语速抑扬顿挫的变化，让发言清晰地传入听众的耳中，作用于听众的心理，产生情感的共鸣。篇幅短小，可避免听众产生厌烦情绪；语言简练，可避免不知所云、昏昏欲睡。

【范文一】

在同各界优秀青年代表座谈时的讲话①

（2013年5月4日，上午）

习近平

青年朋友们，同志们：

今天是五四青年节。在这个属于青春的日子里，很高兴来参加"实现中国梦、青春勇担当"主题团日活动，同各条战线的优秀青年代表一起交流，聆听大家抒发与祖国共奋进、与时代齐发展的青春感受。

首先，我代表党中央，向全国各族各界青年，致以节日的问候！向荣获中国青年五四奖章的青年朋友们，向中国大学生和全国高校辅导员年度人物、中国青年创业奖获得者、全国农村青年致富带头人标兵、"西部计划"优秀志愿者等优秀青年代表，表示热烈的祝贺！向各行各业的先进青年典型，表示由衷的敬意！

我们同青年朋友们到航天城来，就是要实地感受载人航天精神，激励包括广大青年在内的全国各族人民为实现中华民族伟大复兴的中国梦而奋斗。

刚才，不同领域的优秀青年代表作了很好的发言。在你们身上，充分体现了当代青年报效祖国的远大志向、朝气蓬勃的精神风貌、自强不息的意志品格、甘于奉献的思想境界，也充分体现了广大青年对中国特色社会主义的坚定信念、对实现中华民族伟大复兴的必胜信心。

青年最富有朝气、最富有梦想。近代以来，我国青年不懈追求的美好梦想，始终与振兴中华的历史进程紧密相联。在革命战争年代，广大青年满怀革命理想，为争取民族独立、人民解放冲锋陷阵、抛洒热血。在社会主义革命和建设时期，广大青年响应党的号召，向困难进军，向荒原进军，保卫祖国，建设祖国，在新中国的广阔天地忘我劳动、艰苦创业。在改革开放历史新时期，广大青年发出团结起来、振兴中华的时代强音，为祖国繁荣富强开拓奋进、

---

① 摘自习近平：《在同各界优秀青年代表座谈时的讲话》，载《人民日报》2013年5月5日第2版。

锐意创新。在最近的芦山抗震救灾中，大批青年临危不惧、顽强拼搏，广大青年心系灾区、无私奉献，为抗震救灾作出了重要贡献。

历史和现实都告诉我们，青年一代有理想、有担当，国家就有前途，民族就有希望，实现我们的发展目标就有源源不断的强大力量。

【范文二】

在欢送驻港部队大会上的讲话[①]

（一九九七年六月三十日）

刘华清

驻香港部队全体官兵同志们：

遵照中央军委江泽民主席的命令，你们就要雄赳赳、气昂昂地进驻香港，担负起香港防务的神圣使命。在这庄严的时刻，我代表党中央、中央军委，代表全军官兵，向同志们表示热烈的欢送和亲切的慰问！

香港回到祖国的怀抱，五星红旗和香港特别行政区区旗在这块土地上庄严升起，百年民族耻辱终于洗雪，香港将从此开辟历史的新纪元。这是中国人民一百多年来前赴后继、英勇斗争的结果，是中华民族振兴的历史丰碑，是本世纪具有深远影响的重大事件。此时此刻，全党全军全国各族人民，包括广大的港澳台同胞、海外侨胞，无不欢欣鼓舞，扬眉吐气。

香港顺利回归祖国，是邓小平同志"一国两制"构想的胜利，是以江泽民同志为核心的党的第三代中央领导集体坚持"一国两制"方针，成功推进香港回归的胜利。这一伟大胜利，生动体现了中华民族强大的凝聚力和创造力，象征着我国的综合国力正日益强盛，中国人民正以崭新的面貌自立于世界民族之林。

香港顺利回归祖国，实行"一国两制"、"港人治港"、高度自治，保持长期繁荣稳定，将有力地促进祖国统一大业和社会主义现代化建设，将为国际社会解决类似历史遗留问题提供一个成功范例，将对维护亚太地区以及世界的和平与稳定发挥重要作用。

中国人民解放军进驻香港，是中国政府对香港恢复行使主权的重要标志，是维护国家主权和安全，保持香港繁荣稳定的重要保证。驻香港部队是具有光荣传统的部队组建起来的，曾经屡建战功，英雄辈出。组建以来，坚持高标准，严要求，艰苦创业，团结奋斗，精心做好进驻的各项准备工作，取得了出色的成绩。现在，驻香港部队即将开赴香港，祖国和人民对你们寄予厚望。

---

① 摘自刘华清：《在欢送驻港部队大会上的讲话》，载中共中央文献研究室编《十四大以来重要文献选编（下）》，人民出版社 1999 年版，第 2544 -2547 页。

希望你们坚定不移地贯彻邓小平同志"一国两制"的伟大构想，增强维护香港繁荣稳定的使命感和责任感。深入学习邓小平建设有中国特色社会主义理论，结合实际深刻理解"一国两制"构想的重大意义，把官兵的思想真正统一到"一国两制"的方针上来。认真执行中央关于处理香港问题的一系列方针政策，坚决服从命令，听从指挥，忠实履行防务职责，为香港的繁荣稳定贡献力量。

希望你们牢记全心全意为人民服务的宗旨，忠于党，忠于祖国，忠于人民，忠于社会主义。深入地开展爱国主义教育，增强民族自尊心和自豪感，激发广大官兵献身国防事业的政治热忱。继续保持谦虚谨慎、不骄不躁的作风，尊重香港特别行政区政府，尊重香港的社会制度和生活方式，热爱香港人民，时时处处维护香港人民的利益，以实际行动赢得香港人民的拥护和爱戴。

希望你们坚持从严治军，依法履行职责，严守纪律，秋毫无犯。严格遵守香港特别行政区基本法和驻军法，严格遵守香港特别行政区的法律法规，处处依法办事。认真落实我军条令条例和规章制度，加强部队管理，保持高度稳定和集中统一。自觉执行三大纪律八项注意，做到军容严整，文明礼貌，充分展示我军优良的作风和奋发向上的精神面貌。

希望你们切实加强精神文明建设，引导官兵树立高尚的道德情操。发挥我军政治工作的优势，保持部队官兵政治上的坚定和思想道德上的纯洁。教育官兵树立正确的世界观、人生观和价值观，艰苦奋斗，淡泊名利，无私奉献，大力弘扬正气，抵制歪风邪气，确保部队能够经受住特殊环境和复杂情况的考验，永葆人民军队的政治本色。

希望你们大力加强军事训练，强化官兵全面素质，深入贯彻新时期军事战略方针，居安思危，常备不懈。认真学习高科技知识，熟练掌握手中武器装备，打牢技术战术基础。根据香港防务和驻军特色，增强训练的针对性，提高部队合成作战能力和在各种复杂情况下遂行任务的能力。

我相信，驻香港部队一定能够按照邓小平新时期军队建设思想和江主席关于军队建设的一系列重要论述，继承和发扬人民军队的优良传统，始终保持我军威武之师、文明之师的良好形象，不负重托，不辱使命，圆满完成各项任务，让党中央、中央军委放心，让全国人民放心。

祝同志们顺利进驻香港，为祖国和人民再立新功！

【范文三】

尊敬的各位同事们、朋友们，女士们、先生们：

大家晚上好！

我们送走了满载收获的20××年，迎来了充满希望的20××年。

刚刚过去的一年，对我们来讲，是极不平凡的一年。一年来，广大员工团结奋进，埋头苦干，各个公司都取得了辉煌的成就。这得益于我们集中大家的智慧和力量，得益于各部门做了大量艰苦细致、卓有成效的工作，得益于我们有一支尽心竭力、兢兢业业、富有朝气活力的团队，在此，我代表公司向你们表示衷心的感谢！

20××年，我们的任务更加繁重，但也是我们超越辉煌的又一个起点！衷心希望广大员工在新的一年里继续发扬迎难而上、开拓进取的精神，执行公司提出的各项政策，振奋精神、再接再厉，为推进公司发展再上新台阶作出新的、更大的贡献！

最后，请允许我代表公司管理层，并以我个人的名义，向在座的各位同仁及你们的家人致以衷心的祝福，祝大家在新的一年里身体好，家庭好，生活好，学习好，工作好，一切都好！

下面，我提议，

为了我们公司的明天更美好，

为了同事们、朋友们身体健康、工作顺利，

干杯！

【思考与练习】

1.假如你即将毕业，需要应聘求职。请你合理虚构自己的个人学历、持证数量及能力素质情况，向某公司写一封求职信。

2.2022 年 2 月 5 日晚，伴随着北京冬奥会短道速滑项目的结束，由武大靖、范可新、曲春雨、任子威组成的团体在 2000 米混合团体接力 A 组决赛中获得冠军，为中国队赢得了 2022 北京冬奥会的第一枚金牌！请以你所在学院的名义给中国男子短道速滑团体的成员发一封贺信或发一封贺电。

3.请根据下面的材料撰写一篇贺信。

今年 10 月 1 日是光速计算机公司成立十周年纪念日。该公司是一家注重自力更生、艰苦创业的公司，不但在计算机软件开发方面取得了重大成就，而且培养了大批人才。多年来，该公司曾为起航房地产开发公司培训了 20 名技术人员。

试根据以上材料，以起航房地产开发公司总经理的名义给光速计算机公司员工发一份祝贺对方十周年庆典的贺信。

要求格式规范，语言简练，符合贺信写作的要求。字数不超过 300 字。

4.鸿翔职业技术学院旅游管理系王主任带领酒店管理专业的部分师生到上海希尔顿酒店参观学习，受到了酒店领导和员工的热情欢迎和款待。希尔顿酒店在师生到来时召开了欢迎会，临别时召开了欢送会。请你为酒馆总经理代写一篇欢迎辞和欢送辞，并为王主任代写一篇答谢辞。

主要参考书目

王力.古代汉语[M].北京:中华书局,1999.

朱东润.中国历代文学作品选[M].上海:上海古籍出版社,2002.

徐中玉.古文鉴赏大辞典[M].杭州:浙江教育出版社,1989.

萧涤非,等.唐诗鉴赏辞典[M].上海:上海辞书出版社,1983.

唐圭璋.唐宋词鉴赏辞典[M].南京:江苏古籍出版社,1999.

蘅塘退士.唐诗三百首[M].北京:中华书局,1978.

葛兆光.唐诗选注[M].杭州:浙江文艺出版社,1999.

唐圭璋笺注.宋词三百首笺注[M].北京:人民文学出版社,2013.

徐中玉,齐森华.大学语文[M].10版.上海:华东师范大学出版社,2013.

张卫中.文学欣赏与应用写作[M].杭州:浙江大学出版社,2005.

钱谷融,吴宏聪.中国当代文学作品选[M].上海:华东师范大学出版社,1999.

钱理群,温儒敏,吴福辉.中国现代文学三十年[M].修订本.北京:北京大学出版社,1998.

朱维之,赵澧,黄晋凯.外国文学简编(欧美部分)[M].6版.北京:中国人民大学出版社,2011.

屠岸,章燕选编.外国诗歌经典100篇[M].北京:人民文学出版社,2003.

徐中玉.新编大学写作[M].上海:复旦大学出版社,2004.

吴俊.大学写作[M].2版.上海:华东师范大学出版社,2010.

张达芝,张波.应用写作教程新编[M].2版.杭州:浙江大学出版社,2014.

郝维.应用文写作教程[M].北京:商务印书馆,2004.

张耀辉.实用写作[M].北京:北京大学出版社,2004.

再版后记

《阅读与写作》第一版于2010年出版，两年后遇到了国家对公文处理办法的修订，即2012年4月16日由中共中央办公厅和国务院办公厅联合印发了《党政机关公文处理工作条例》，将原来分属党委系统和政府系统的公文处理办法合而为一。于是我们即刻着手对教材写作部分第三章的行政公文进行了较大的修改，并于2013年6月出版了第二版。

为贯彻全国本科教育会议精神，深入推进浙江省高校教育信息化工作，促进"互联网＋教育"背景下"十三五"高校教材建设工作，2018年10月浙江省高等教育学会教材建设专业委员会发布了《关于开展浙江省高校"十三五"第二批新形态教材建设项目申报工作的通知》，由于《阅读与写作》是由多所高校教师联合编写，符合申报条件，且属于优先鼓励申报的范畴，因此我们即刻着手进行申报，并于2019年4月被列为浙江省普通高校"十三五"第二批新形态教材建设项目。

本次修订主要以嵌入二维码的纸质教材为载体，共嵌入了43段共约500分钟的视频材料。同时对于教材使用中陆续发现的各类问题进行了修改、完善。

本次修订时，或因为工作调动，或因为退休等，原来编写教材的人员有了比较大的变动。同时也有新的老师参与了本次教材的修订工作，胡晓梅博士搜集了拍摄视频所需资料，并对教材进行认真细致的校阅。文娟博士修订了写作部分第三章行政公文、第四章事务文书、第六章公关礼仪文书等部分，重点对范文部分进行了修订，搜集了最新的案例。孟超博士修订了写作部分的第一章写作基础知识、第二章文学类文体写作等部分，并协助对全书进行了细致的校阅。

本书的修订得到了浙大宁波理工学院教务处领导、传媒与法学院领导的大力支持，浙江大学出版社陈丽勋编辑为本书的修订做了大量的工作，在此，对所有关心和支持本书修订出版工作的领导和老师表示最诚挚的感谢！

陈雪军

2022 年 3 月 27 日于杭州华家池畔